한국교육의 패러다임 전환

5·31 교육개혁 그리고 20년

안병영 | 하연섭

다산출판사

이 책은 한국교육개발원에서 위탁 수행한 교육정책네트워크
현장지원연구의 일환으로 수행된 연구를 토대로 발간된 것임

글머리에

올해는 흔히 '5·31 교육개혁' 이라고 불리는 김영삼 정부의 제1차 〈신교육체제〉 교육개혁방안이 발표된 지 만 20년이 되는 해이다. 1995년 5월 31일 이후 2년 남짓한 기간 동안 세 번 더, 모두 4차에 걸쳐 발표된 교육개혁방안은 우리나라 교육정책의 '패러다임 전환' 으로 불러 마땅한 획기적인 성과물로서, 이후 역대 정권들이 그 이념적 성격에 관계없이 교육정책의 근간으로 받아들여 왔다. 이런 의미에서 문민정부의 교육개혁방안은 지난 20년간 한국 교육의 중심축이었다고 볼 수 있다.

우리나라의 국가정책 중, 5·31 교육개혁만큼 장기적 · 거시적 관점에서 치밀하게 구상 · 기획되고, 실천된 포괄적인 정책방안은 그 유례를 찾아보기 어렵다. 한국 최초의 민주정부가 주도한 이 방대한 개혁 패키지는 기존의 '권위관계' 에 기초한 위계적, 획일적, 공급자 위주의 교육체제를 자율과 경쟁, 다양화와 특성화에 기초한 수요자 중심의 열린교육체제로 바꾸는 역사적 작업이었다. 그러나 5·31 교육개혁에 대한 평가는 크게 엇갈린다. 많은 이가 이른바 '문명사적 변화' 에 대응하여 한국 교육의 큰 물줄기를 바로 잡은 역작이라고 상찬하는가 하면, 적지 않은 이가 신자유주의에 편승한 시장주의적 교육개혁으로 한국 교육의 본질을 그르친 실패작이라고 폄훼하기도 한다. 그러나 어느 누구도 5·31 교육개혁의 생명력과 영향력을 부인하는 사람은 없다.

그간 5·31 교육개혁에 관한 다수의 저서와 연구보고서가 나왔다. 그러나 대부분이 공식적 문건이나 자료들을 체계적으로 정리 · 서술하는 데 그쳤고, 정책과정에 대한 심층적 · 분석적 연구는 별로 없었으며, 성찰적 · 미래지향적 분석이나 평가와는 거리가 멀었다. 이제 5·31 교육개혁 20주년을 맞이하여, 5·31 교육개혁과 그 이후의 한국 교육의 변화과정을 객관적, 분석적, 성찰적 관점에서 깊이 있게 고찰하고, 이를 바탕으로 우리 교육의 미래방향을 정립할 시점에 이르렀다고 생각한다.

이 책에서 필자 두 사람은 교육개혁 추진배경 및 그 철학적 기초, 정책의 창안 및 집행과정을 면밀하게 분석하고 이를 객관적으로 평가하며, 문민정부 이후 역대 정부의 교육개혁의 분석을 통하여 5·31 교육개혁의 주요 정책들이 어떻게 승계, 변용, 발전되었는지를 심도 있게 조명하고 종합적으로 평가한 후, 이를 바탕으로 우리 교육의 미래방향을 제시하고자 한다.

* * *

이 책의 몇 가지 특징을 서술하면 다음과 같다.

첫째, 5·31 교육개혁에 관한 대부분의 저작들이 개혁의 경위와 내용을 대외적으로 공표된 '공식적' 자료를 바탕으로 '기술'하는 데 치중하고 있다. 따라서 정책이 어떻게 형성되고 시행되는지, 그 '살아 있는' 역동적 정책과정이 드러나지 않는다. 개혁을 주도한 공식적 기관과 추진체계, 그리고 산출된 정책의 리스트와 내용만으로는 정책과정에 관여하는 다양한 참여자들의 복잡한 상호관계와 상충하는 이해관계, 그리고 그 과정에서 연출되는 갈등과 경쟁, 협력과 합의의 역동적 과정을 담아낼 수 없다. 그런가 하면 대부분의 기존 연구에서는 실제로 정책을 창안하고 이를 집행했던 주역들, 즉 사람의 모습이 드러나지 않는다. 역사는 결국 사람이 만든다. 기존의 연구에서는 교육개혁위원회, 청와대, 교육부가 등장하지만,

그 안에서 '누가,' '무엇을,' '어떻게' 했는지는 다루지 못하였다. 이 책을 위해 필자는 이명현, 박세일을 비롯해서 5·31 교육개혁의 정책과정에 참여했던 30여 명의 인사들과 인터뷰를 했다. 실제 일의 주역들, 즉 '사람'과 그들 간의 역동적 상호작용의 '살아 있는' 정책과정을 파악하기 위해서였다.

둘째, 모든 정책에서 그 형성과정은 매우 중요하다. 즉 정책방안을 안출한다고 정책과정이 끝나는 것이 아니다. 5·31 교육개혁이 대통령에게 보고되고 그것을 대통령이 수용 · 발표하는 일련의 과정은 엄격하게 말하자면, '정책발의'이다. 이를 실제 정책으로 만들고 집행하는 일은 교육부가 하는 일이다. 5·31 교육개혁의 참된 가치는 그것이 단순한 정책안으로 그치지 않고, 정책집행으로 이어졌고, 그에 따라 정책산출이 이루어졌다는 것이다. 물론 정책집행은 정책의 청사진, 즉 개혁방안의 기본정신과 내용에 준거해서 이루어지지만, 그것은 분명 또 하나의 창조적 과정이다. 개혁안 특유의 이상주의를 정책생태계의 현실에 맞게 조율하고, 입법과정을 통해 법제적 형식을 갖추고, 구체적 프로그램화 과정을 거쳐 집행으로 옮기는 일련의 작업은 단순한 관리 · 기술적 과정이 아니라, 그 자체가 무수한 미시적 정책결정과 이해관계의 조정을 포함하는 정치과정이다. 산출된 정책이 당초의 정책의도와 차이가 나는 경우도 바로 그 때문이다. 그런데 실제로 5·31 교육개혁의 집행과정에 관한 논의는 어떤 저서에서도 찾아보기 어렵다. 이 책에서는 주요 쟁점 개혁안의 집행과정에서 야기되는 다양한 정치 · 행정적 갈등과 그 조정과정을 파헤쳐 보려고 애썼다.

셋째, 문민정부 이후 역대 정부들도 시대와 정책생태계의 변화 그리고 정권의 이념적 성향에 따라 교육개혁을 전개했다. 여기서는 정부별로 그 변화의 흐름을 분야별로 추적 · 분석한다. 이 작업은 역대 정권의 교육정책의 특색을 부각시키는 한편, 5·31 교육개혁의 주요 정책들이 김대중, 노무현, 이명박 정부를 거치면서 어떻게 유지, 수정, 진화 혹은 폐지되었는가를 체계적으로 보여준다. 아울러 문민정부 이후의 교육개혁을 종합 평가함으로써, 한국 교육의 현주소와 5·31 교육개혁의 명암을 분명하게 드러내고자 하였다.

넷째, 이상의 논의를 바탕으로 한국 교육의 미래방향과 이를 추진하기 위한 전략을 제시하였다. 그리고 마지막으로 한국의 새로운 교육개혁을 위하여 '미래한국교육위원회(가칭)' 의 창설을 제의하면서 책을 마무리하고 있다.

* * *

시간의 흐름과 더불어 5·31 교육개혁은 이제 지나간 시대의 옛이야기가 되고 있다. 그러나 그것은 한국의 정책 역사, 특히 교육정책사의 살아 있는 전설이다. 그리고 아직도 우리 교육 전체를 관통하는 큰 물줄기이다. 그런데 이 연구과정에서 드러난 것은, 20년의 세월이 흐르는 동안 5·31 당시의 초기 자료들은 이미 많이 유실되었고, 참여자들의 기억들도 많이 퇴색되었다는 것이다. 하여 자칫하면 5·31 교육개혁에 대해 천편일률적으로 기술된 영혼 없는 공식자료들만 남을 우려가 크다. 따라서 부족하나마 이 책에서 시도한 '살아 있는' 정책과정의 복원은 당시 우리나라의 정치지도자와 정책개혁가들의 시대적 고뇌와 그들의 정책쇄신 의지, 그리고 그 꿈을 이루기 위한 관료제의 노력을 재현하는 데, 또 그 과정에서 겪어야 했던 성공과 실패의 역사를 탐색, 재조명했다는 면에서 의미가 있다.

이 책은 지난 20년간의 한국 교육정책의 살아 있는 역사책이다. 따라서 한국 교육을 탐구하는 교육연구가, 교육정책관료, 교사, 교육학을 전공하는 대학생, 대학원생, 그리고 한국 교육에 관심이 큰 시민들에게 도움이 될 것으로 믿는다. 외람되나마, 이 책이 이들에게 한국 교육정책사의 핵심 교본이 되었으면 하는 소망이다.

필자들은 5·31 교육개혁을 비롯한 한국 교육개혁의 역사를 논구하면서, 이 책을 통해서 비단 교육영역뿐만 아니라, 모든 정책영역에서 개혁이 성공하기 위해서 어떤 조건이 필요한가 그 핵심적 조건을 밝혀 보려고 나름대로 많은 노력을 경주했다. 따라서 이 책이 여러 국가정책 영역에서 '거시적 개혁' 을 꿈꾸는 정치, 행정 지도자들, 그리고 정책과정이나 정책기획을 연구하는 정치학, 행정학, 정책학 연구자들에게 도움이 되었으면 하는 심경이다.

* * *

필자 안병영은 문민정부에서 5·31 교육개혁이 가장 세차게 진행되던 시기(1995.12.~1997.8.)에, 그리고 이후 참여정부 시절에(2003.12.~2005.1.) 두 번 교육부 수장으로 재직했다. 문민정부 시절, 5·31 교육개혁의 창안 및 집행과정에 직·간접적으로 관여했고, 교육부를 떠난 후 7년만에 이념적으로 차이가 있는 참여정부에서 다시 교육정책을 관장하며 그간의 추이를 점검하고 이후의 방향을 세우는 데 일조할 수 있었다.

한편, 필자 하연섭은 연세대학교 행정학과의 안병영의 동료이자 제자이다. 하연섭은 참여정부에서 안병영 교육부총리의 정책보좌관(국장급)으로 지근거리에서 안병영을 도우며 교육정책의 형성과정에 깊이 참여했다. 하연섭은 참여정부 이후 지난 10년간 교육부의 주요 정책과정에 많이 참여하여 한국 교육의 이론과 실제에 관해 많은 경험을 축적, 이미 교육정책 연구가로서 일가를 이루고 있다.

필자 두 사람은 이런 연고로, 그간 한국 교육의 어제와 오늘, 그리고 내일에 대해 많은 토론을 했고 생각을 나누었다. 이 책은 두 사람의 공동작업의 결정체이다. 집필은 나누어 진행하고, 서로의 글을 나눠 읽으며 마무리했다. 제2부 문민정부의 교육개혁은 안병영이, 그리고 제3부 문민정부 이후 역대 정권의 교육개혁은 하연섭이 집필했고, 서론에 해당하는 제

1부와 제4부 결론은 공동집필했다. 그리고 마지막 보론(補論)은 안병영이 썼다.

* * *

이 책을 쓰는 데 실로 많은 분들의 도움을 받았다. 우선 안병영과의 인터뷰에 응해 주신 30여 명 모든 분께 심심한 감사의 말씀을 드린다. 이분들과 나눈 내용은 일일이 그 말씀을 옮기기보다는 책 내용에 녹여 담으려고 노력했다. 워낙 많은 분들의 도움을 받았으나, 특히 아래 몇 분에게는 더 없이 깊은 감사의 말씀을 드린다. 서남수 전 교육부장관은 전체 원고를 통독하고, 진솔한 조언과 더불어 적잖은 비판을 아끼지 않았다. 그의 지적에 따라 다시 쓴 부분이 적지 않다. 5·31 교육개혁 과정에 직접 관여했던 정기오 교원대학교 정책대학원 교수는 그의 투철한 교육이론 기반과 한국 교육사에 대한 비상한 기억력을 통해 큰 도움을 주었다. 급하면 전화를 걸어 그를 크게 괴롭혔다. 교육부의 김규태 국장의 도움도 잊을 수 없다. 안병영의 연세대학교 제자이자, 1996~1997년간 장관 비서실에서 필자를 도왔던 그는 전체 원고를 거듭 읽으며, 구석구석 문제점을 찾아내고 빈틈을 메워보려 애쓰고, 숨은 자료를 찾아 몇 달간 동분서주했다. 교육부의 정일용 국장도 5·31 당시 교육개혁위원회에 파견되었던 경험을 바탕으로 값진 조언을 많이 해 주었다.

고려대학교의 신현석, 상명대학교의 장덕호 두 분 교수님도 전체 원고를 통독하고 구체적 조언과 더불어 한국 교육의 미래에 관해 귀한 조언을 해 주셔서 많은 깨우침을 받았다. 이 책을 쓰는 데 2014년 수행한 한국교육개발원의 연구과제 '한국의 교육개혁 : 평가와 과제'가 중요한 계기가 되었다. 그런 의미에서 한국교육개발원에 감사의 말씀을 드린다. 그리고 연구할 수 있는 기회를 마련하는 데 큰 도움을 준 교육부의 김혜림 서기관에게도 특별한 감사의 말씀을 전한다.

이분들 외에도 당연히 고마움을 피력해야 할 분들이 실로 부지기수이다. 지면관계로 일일이 감사의 말씀을 드리지 못함을 크게 죄송하게 생각한다. 자료와 원고정리 등으로 고생을 한 연세대 하연섭 교수 연구실의 임유미, 신가희, 강혜원 등 여러 조교들에게도 따듯한 고마움을 전한다. 끝으로, 어려운 시기에 흔쾌히 출판을 허락해 주신 다산출판사의 강희일 사장님과 편집을 맡아준 다산출판사의 직원들께도 감사의 말씀을 드린다.

안병영, 하연섭을 대표해서

안병영 씀

차 례

1부

한국 교육의 역사적 전환

제 1 장

5·31 교육개혁과 한국 교육의 패러다임 변화

1. 왜 '5·31 교육개혁' 인가?

2015년은 흔히 '5·31 교육개혁' 이라고 불리는 김영삼 문민정부의 제1차 교육개혁방안('신교육체계')이 발표된 지 만 20년이 되는 해이다. 1995년 5월 31일 첫 번째 발표가 있은 후, 2년 남짓한 기간 동안 세 번 더, 모두 4차례에 걸쳐 교육개혁방안이 발표되었다. 120개의 과제로 정리된 이 엄청난 규모의 교육개혁 정책 패키지는 한국 교육 전반에 걸쳐 포괄적으로 작성된 최초의 종합적이고 체계적인 교육개혁방안으로서, 그 미래지향성과 개혁성 때문에 한국 교육의 '패러다임 전환' 으로 평가되고 있다.

당시의 상황을 복기(復棋)해 보자. 1993년 2월, 민주화의 열풍 속에서 출범한 김영삼 정부는 한국 역사상 최초의 민주정부로서, 다른 정부들이 지니지 못했던 '정치적 정당성' 이라는 무척이나 소중한 정치적 자산을 확보하고 있었다. 또한 김영삼은 이미 후보시절부터 '교육대통령' 을 자처하며 '교육혁명' 을 표방했기 때문에, 그가 주창하는 교육개혁은 국민적 열망과 기대 속에서 태동했다.

5·31 교육개혁이 세차게 추진되던 1990년대 중반, 세계는 새 천년을 눈앞에 두고 세계화, 지식 정보화라는 거대한 변화의 소용돌이 속에 있었다. 김영삼과 깊게 교감하면서 5·31 교육개혁에 앞장섰던 개혁가들은 이러한 역사적 · 거시적 변화의 물결을 이른바 '문명사적 전환'으로 파악하고, 이에 능동적으로 대응하기 위하여 한국 교육의 큰 틀을 혁신적으로 바꾸는 역사적 작업에 나섰다.

김영삼 문민정부의 교육개혁이 그전 혹은 그 이후의 다른 교육개혁과 다른 점은 ① 전체 교육체계의 구조적 개혁을 시도한 종합적 개혁방안이라는 점, ② 문명사적 전환에 대응하기 위한 국가전략의 차원에서 교육개혁을 추진한 점, 그리고 ③ 강력한 정치적 리더십과 조직적 추진체계, 그리고 재정적 뒷받침을 통하여 실효성 있게 사업을 추진했고, 그중 많은 것을 실천에 옮겼다는 점을 들 수 있다.

하지만 5·31 교육개혁의 핵심기구였던 대통령 직속의 교육개혁위원회는 정권 출범 후 1년이 지나서야 창립되었고, 개혁안의 작성과정 또한 지나치게 오래 걸렸다. 그러다 보니 교육개혁사업이 시종 시간에 쫓기면서 추진되어, 문민정부가 끝날 무렵까지 총 120개의 개혁과제 중 집행단계까지 옮겨진 것은 87개, 전체의 약 73% 수준에 그쳤다. 따라서 뒤늦게 발표된 교육개혁안 중 적지 않은 과제들의 집행책임을 후속 정권에 맡길 수밖에 없었다. 그러나 놀랍게도 문민정부의 뒤를 이은 역대 정권들도, 그 이념적 성격이나 가치지향에 관계없이 5·31 교육개혁을 자신의 교육정책의 근간으로 받아들였다. 이에 따라 문민정부의 교육개혁방안은 지난 20년간 한국 교육의 중심축을 이루면서, 교육의 모든 영역에 큰 영향을 미쳤다. 국가정책 중 대부분이 정권이 바뀌면 하루아침에 사라지거나 그 기조나 내용이 크게 변개되는 게 다반사임을 감안할 때, 이는 매우 예외적인 일임에 틀림없다.

뒤에서 다시 논의하겠지만 5·31 교육개혁에 대한 역사적 평가는 엇갈린다. 적지 않은 이가 성공적인 '교육혁명'이었다고 상찬하는가 하면, 어떤 이는 그것은 신자유주의 이데올로기의 정화(精華)로 한국 교육의 본질을 그르치게 만든 실패작이라고 크게 폄훼하기도 한다. 그러나 어느 누구도 5·31 교육개혁이 지니는 강인한 생명력과 그 영향력을 과소평가하는 이는 없다.

따지고 보면 우리나라 국가정책 중 5·31 교육개혁만큼 장기적 · 미래지향적 관점에서 치밀하게 구상 · 기획되고, 그 대부분이 실천에 옮겨졌을 뿐 아니라, 몇 개의 정권을 거치며 생명력을 이어 온 개혁정책은 유례를 찾아보기 어렵다. 그런 의미에서 5·31 교육개혁은 국가정책이나 교육정책을 연구하는 많은 이들에게 더할 수 없이 귀중한 정책연구 사례이다.

그간 우리 학계 및 교육계에서도 5·31 교육개혁에 관해 다수의 저서와 연구보고서가 나왔다. 그러나 대부분이 5·31에 관한 공식적인 문건이나 자료들을 정리 · 서술하는 데 그쳤고, 그에 관한 심층적 · 분석적 연구나 성찰적 · 미래지향적 평가는 별로 없었다. 우리는 이제 5·31 교육개혁 20주년을 맞아 5·31 교육개혁과 그 이후의 한국 교육의 변화과정을 객관적 · 분석적 · 성찰적 관점에서 되새겨 보고 이를 바탕으로 한국 교육의 미래과제를 탐색할 때가 되었다. 그 필요성을 부연하면 다음과 같다.

5·31 개혁 당시와 오늘을 비교하면 그 시대적 배경이 크게 변했다. 당시 우리는 선거에 의한 민주주의를 처음 경험한 민주주의의 여명기에 있었다. 그러나 그간 민주주의로의 이행과정이 비교적 순조롭게 진척되어 몇 차례 수평적 정권교체가 이루어졌고, 정치적 민주주의 기반도 비교적 공고해졌다. 그런가 하면, 당시 격류처럼 밀어닥쳤던 문명사적 변화들, 즉 세계화, 정보화, 그리고 지식사회화도 이미 우리의 삶 속에 깊숙이 들어와 일상화 단계에 들어섰고, 이들 현상들이 수반하는 빛과 그림자도 이제 어느 정도 판별이 되었다. 경제적 지표를 보아도 5·31 교육개혁이 태동하던 1995년은 우리나라의 1인당 국민소득이 막 1만 달러에 이르렀을

때였는데, 이제는 바야흐로 1인당 국민소득 3만 달러 시대가 열리고 있다. 세계무대에서 우리의 위상도 그때와는 차이가 크다.

그동안 우리 교육도 많이 변했다. 교육정보화가 크게 진척되어 세계 선도국가가 되었고, 교육환경도 많이 개선되었다. 초·중등학생들의 학업성취도도 크게 신장되어 많은 나라의 부러움을 사고 있으며, 대학의 경쟁력도 눈에 띄게 강화되었다. 그러나 다른 한편, 우리 교육의 대표적 쟁점이었던 대학입시정책, 사교육비경감대책 등을 비롯하여 지방교육자치제도, 교육행정에 대한 민주적 통제, 사학의 자율과 통제 등 해묵은 문제들은 어느 것 하나 시원스레 해결된 것이 없다. 그런가 하면 무상급식 등 교육복지와 연관하여 새로운 쟁점들은 계속 부상하고 있다. 이들 대부분의 쟁점들은 이미 교육쟁점이라기보다 사회적 쟁점 내지 정치적 쟁점의 성격을 띠고 있다.

돌이켜보면, 문민정부가 5·31 교육개혁을 통해 우리 교육의 '새 판'을 짠 후, 역대정권들이 수많은 교육개혁을 추진하여 왔다. 그런데 따지고 보면 문민정부 이후의 개혁들은 대부분이 미시적 차원의 부분 개혁, '땜질' 개혁이었고, 시대적 통찰력이나 확고한 국정철학에 입각한 '큰 틀' 속에서의 개혁이 아니었다. 따라서 개혁조치들이 문제의 본질과 핵심에 깊이 있게 파고들지 못했고, 그 결과 문제해결에도 한계가 있을 수밖에 없었다.

5·31 교육개혁은 민주적 정당성과 국민적 열망 속에서 이루어졌기 때문에 그 바탕에는 묵시적인 '사회적 합의'가 있었다. 그래서 5·31 교육개혁이라는 '큰 판', '새 판'을 짤 수 있었다. 그러나 이후 우리 사회에는 이념적 양극화가 빠른 속도로 진행되었고 그에 따른 가치갈등 때문에 주요 쟁점에 대한 사회적 합의를 이루기가 어려웠다. 그 결과 문민정부 이후의 교육개혁이 하나같이 미시적 · 부분적이었고, 그 내용도 대체로 임시변통에 머무를 수밖에 없었던 것이다.

5·31 교육개혁 이후 20년이 흘렀지만, 개혁의 산물들은 아직도 우리 교육 여기저기에 그 빛과 그림자를 함께 드러내며 만만찮은 비중으로 살아남아 있다. 이 시점에서 한국 교육이 한 단계 크게 도약하기 위해서는 지난 날 '5·31'이 그랬듯이 이제 다시 큰 틀에서 '새 판'을 짜야 할 필요가 있다. 이를 위해 가장 시급한 일은 5·31 교육개혁을 성찰적 입장에서 되돌아보는 일이다. 5·31 교육개혁의 정책과정과 정책내용에 대한 정밀한 분석은 분명 우리에게 적잖은 교훈과 새로운 통찰력을 선사할 것이다. 아울러 역대 정부에서 5·31 교육개혁의 주요 정책들이 어떻게 승계, 변용, 발전, 혹은 폐지되었는지, 또 어떠한 새로운 개혁시도가 있었는지 면밀히, 그리고 심도 있게 추적할 필요가 있다. 이러한 과정을 통하여 5·31 교육개혁 20년 후 한국 교육의 참모습을 보다 바르게 조명하고 객관적으로 평가할 수 있을 것이다. 마지막으로 위의 논의를 바탕으로 '새 판'을 짜는 데 지침이 될 한국 교육의 미래과제와 전략을 제시할 필요가 있다.

이 책은 바로 이를 위한 작은 시도이다. 이 책은 크게 4부로 구성되어 있다. 제1부 제1장은 5·31 교육개혁이 한국 교육의 전개과정에서 갖는 중요성을 역사적 관점에서 살펴보며, 5·31 교육개혁의 시대적 배경과 기본 구상을 설명하고 있다. 또한 한국 교육의 역사적 전개과정 속에서 5·31 교육개혁이 어떤 위치를 차지하고 있는지를 설명하기 위하여 해방 이후 제6공화국까지 한국 교육의 처음 50년 동안의 진화과정을 살펴본다. 이어 독자들의 이해를 돕기 위하여 5·31 교육개혁방안이 발표된 1995년의 사회경제적 특징 및 교육의 현황과 2015년 현재의 사회경제적 변화상과 교육의 현재 모습을 비교하고 있다. 제2장은 이 책에서 다루고 있는 5·31 교육개혁이 무엇인가를 네 차례에 걸쳐 발표된 교육개혁방안을 중심으로 정리해 놓고 있다.

제2부는 5·31 교육개혁의 형성, 집행, 평가를 다루고 있다. 제3장은 신교육체계의 창안과정, 제4장은 교육개혁의 집행과정을 다루고 있으며,

제5장에서는 5·31 교육개혁에 대한 평가를 시도하고 있다.

제3부는 문민정부 이후의 교육개혁을 다루고 있다. 제6장은 김대중 정부의 교육개혁과 교육정책, 제7장은 노무현 정부의 교육개혁과 교육정책, 그리고 제8장은 이명박 정부의 교육개혁과 교육정책을 살펴보고 있다. 제9장에서는 5·31 교육개혁 이후 한국 교육정책의 흐름을 비판적 시각에서 종합적으로 검토하고 있다.

끝으로, 제4부에서는 우리나라 교육정책의 미래방향을 제안하며 이 책을 마무리 짓고 있다.

2. 5·31 교육개혁의 시대적 배경과 기본 구상

시대적 배경

변혁의 시대

20세기 말 우리가 경험했던 변화의 격랑은 그 진폭이나 심도에 있어 실로 미증유의 것이었다. 냉전시대의 종식, 국민국가의 약화, 복지국가의 퇴조, 그리고 산업사회의 쇠퇴는 한마디로 지난 시대의 장송(葬送)을 의미한다. 무엇보다도 1989년 소련 및 동구 사회주의의 몰락으로 50년 가까이 지속되었던 냉전의 역사가 종언을 고하면서 지난 200년간 실로 많은 사람들의 심혼을 흔들어 놓았던 공산주의가 하루아침에 세계무대의 뒤안길로 물러갔다. 그런가 하면 급하게 밀어닥친 세계화의 격류 속에서 경제적 국경과 국가의 보호막이 무너지면서 400년 이상 세계 역사에서 중추적 역할을 수행했던 '국민국가의 침식'이 가시화되었다. 또한 영국의 산업혁명 이후 200년 이상 근대화의 표상이었던 산업사회가 빠르게 퇴조하고 있다. 아울러 20세기 중반 이래 오랫동안 서구 민주적 산업국가의 전형(典型)이었던 복지국가도 이제 그 기축이 흔들리고 있다. 그런 가운데 그동안 그들이 차지했던 자리 위에서 세계화, 정보화, 지식사회화가 빠르게, 그리고 역동적으로 진행되고 있다. 이 엄청난 역사적 · 거시적 변혁을 5·31 교육개혁의 주도 세력은 '문명사적 변화' 라고 명명했다.

변화의 소용돌이는 여기서 끝나지 않았다. 세계 곳곳에서는 이미 1970년대 중반부터 이른바 '제3차 민주화 물결(the third wave of democratization)' (Huntington, 1991)[1]이 세차게 진행되고 있었다. 그에 따라 적지 않은 나라들이 권위주의적 정치체제의 질곡에서 벗어나 적어도 선거를 통하여 정권교체가 가능한 '선거 민주주의' 내지는 '절차적 민주주의' 로 바뀌고 있었다. 이들 나라들이 지향하는 목표가 바로 우리가 흔히 말하는 정치적 민주주의 내지는 자유민주주의였다. 한국도 1987년 6월 민주항쟁을 분수령으로 민주주의로의 이행이 가속화되어 1993년 2월, 마침내 한국 역사상 최초의 명실상부한 민주정부, 김영삼 문민정부가 탄생했다. 이로써 우리나라도 세계적 민주혁명의 대열에 합류하게 되었다.

1990년대 중반, 5·31 교육개혁이 창안되던 당시, 그 시대적 배경에는 이처럼 세계적 규모의 문명사적 변화와 민주혁명의 열풍이 불어닥치고 있었다. 따라서 5·31 교육개혁의 진면목을 바르게 살피기 위해서는 그 변혁의 시대에 세계를 풍미했던 역사적 · 거시적 현상의 본질에 대한 분석적 논의가 필요하다. 따라서 여기서는 현재가 아닌, 당시의 상황인식을 바탕으로 이 현상들을 살펴본다. 실제로 세계화, 정보화 및 지식사회화는 서로 밀접히 연관되며, 많은 것이 동시에, 그리고 중첩적으로 일어난다. 그러나 여기서는 각각의 특성을 부각시키기 위해 나누어 설명한다.

---

1) 헌팅톤은 세계 역사에서 제1차 민주화의 물결을 1820~1926년간, 그리고 제2차 물결을 1945~1962년간으로 설명하고 있다.

민주화

5·31 교육개혁이 움트던 1990년대 초, 한국은 민주화의 거대한 역사적 물결 속에 있었다. 무엇보다 역사상 최초로 탄생한 민주정부에 대한 국민적 열망과 기대는 가히 폭발적이었다. 온 국민은 김영삼 문민정부가 민주적 개혁정치를 통하여 권위주의 질서의 그늘 아래 있었던 우리 사회의 모든 영역에서 '새 판'을 짜주기를 애타게 요구하고 있었다. 그러므로 5·31 교육개혁도 바로 이러한 역사적 시간과 민주화의 열망, 그리고 문민정부 개혁정치의 맥락 속에서 이해하지 않으면 안 된다.

김영삼 문민정부의 초기 개혁에서 가장 큰 성과는 그동안 한국 정치의 가장 두드러진 권력의 '유보적 영역(reserved area)' (Diamond, 1994; O'Donnell, 1993)이었던 군부를 문민통치의 슬하로 가져왔다는 것이다. 김영삼 정부는 '하나회' 숙청을 신호탄으로 군부의 탈(脫)정치화에 성공함으로써 민주적 제도개혁의 첫 단추를 바르게 꿰었다. 이어 공직자 재산공개, 금융실명제 도입, 통합선거법과 정치자금법을 포함하는 정치관계 법령의 개정 등 고강도의 개혁정치를 단행했다. 이러한 문민정부의 결의에 찬 일련의 개혁정치는 기존의 군부 권위주의체제의 부패구조를 청산하고 정치적 민주화의 기반을 다지는 데 크게 기여했다. 그러나 따지고 보면, 김영삼의 초기 개혁정치는 통치자의 카리스마에 크게 의존하는 '위로부터의 개혁' (안병영, 1993)이었으며, 그 방식은 국민적 열망과 여론을 동원해서 기득권세력의 반격을 제압하는 일종의 민중주의적 성격을 짙게 띠고 있었다(송호근, 1997).

일단의 민주주의 이론가들은 민주주의를 정치적 민주주의와 사회경제적 민주주의로 나눈다. 이때 정치적 민주주의는 민주주의를 개인적 자유, 기본권의 보장, 공정선거 및 정치활동의 보장 등 형식적 · 절차적 맥락에서 개념화한다. 한편, 사회경제적 민주주의는 민주주의를 높은 수준의 대중 참여, 경제적 권력의 분산과 부의 형평분배 등과 같은 실질적 · 사회경제적 맥락에서 정의한다(Schmitter and O'Donnell, 1986; Huber *et al.*, 1997). 당시 문민정부가 추구하는 민주주의는 다분히 정치적 민주주의였고, 그것은 대체로 우리가 이해하는 자유민주주의 바로 그것이었다. 진보적 관점에서 볼 때, 사회경제적 민주주의는 민주주의의 형식보다 내실(內實)을 강조한다는 점에서 민주주의의 심화(deepening)로 이해할 수 있다. 그러나 정치적 민주화를 위한 정밀한 그리고 지속적 노력 없이 처음부터 사회경제적 민주화를 추구하는 일은 매우 위험한 일이다. 섣불리 정치적 민주주의의 기반 없이 사회경제적 민주주의를 서두르는 경우, 자칫 극좌 사회주의체제나 남미의 포퓰리즘에서와 같이 반(反)민주주의의 수렁에 빠질 수 있기 때문이다. 따라서 당시 김영삼 정부가 초기 민주화 단계에서 우선 정치적 민주주의의 기반을 바르게 세우려고 노력한 것은 당연하고 바른 포석이었다. 정치적 민주주의가 추구하는 핵심적 가치는 자유, 다원성, 경쟁, 참여 등으로 집약된다. 따라서 김영삼이 추구했던 민주주의는 1980년대 이래 학생 운동권 및 재야세력 안에서 크게 기세를 올렸던 급진좌편향의 민중주의적 민주주의 인식과는 근본적으로 차이가 있었다(안병영, 1993; 1998a).

김영삼 문민정부가 집권초기 경제 불황을 타개하기 위해 제시한 것이 '신경제 5개년 계획'이었다. 이 계획의 기조가 국가 경제개입의 축소와 시장기능의 강화에 역점을 두었다는 점에서 문민정부는 이미 신자유주의의 세계적 물결을 타고 있었다. 특히 김영삼 정부는 그 중반기에 이르러 '세계화'에 크게 경도되면서, 1980년대 이후 서서히 진행되었던 경제자율화 정책이 급물살을 탄다. 이는 한국의 OECD 가입과 규제완화 및 금융자율화로 이어졌다.

이상을 종합할 때, 김영삼 문민정부는 민주주의를 정치적 민주주의 내지 자유민주주의로 이해했고, 일련의 개혁정치가 그 바탕을 세우는 데 기여했다. 그런가 하면, 그 역사적 시간에 김영삼 주도의 민주화가 '세계화'와 결부되면서, 자유시장경제적 면모가 더욱 강화되었다.

문민정부의 민주화 열망은 교육영역에도 투영되어, '권위관계'에 기초한 기존의 중앙집권적, 위계적 교육체제를 자치와 자율에 바탕을 둔 민주적 교육질서로 전환하고, 교육과정과 교육방식을 민주적으로 바꾸는 데 크게 영향을 미쳤다.

세계화

1989년 소련 및 동구 사회주의의 몰락으로 세계를 양극화시켰던 이념과 체제의 벽이 무너지면서, 세계경제는 하나의 자본주의 시장경제 내에 통합되었다. 이로써 국경을 초월하는 단일의 '글로벌 경제권'이 형성된 것이다. 세계경제의 이러한 개방화와 통합화의 물결은 국가 간의 상호의존성을 크게 높이는 한편, 이들 간의 경쟁을 격화시키고, 국경을 넘어 자본, 상품, 지식, 그리고 사람의 이동을 크게 증대시킨다. 자본의 무한 팽창욕구, 첨단 정보통신의 발달과 교통의 발달은 점차 세계를 하나의 생활권으로, 이른바 '지구촌'으로 전환시켰다. 우리는 이러한 현상을 세계화(globalization)라고 불렀다.

세계화의 격류는 1990년대에 들어서면서 가속화되었다. 특히 자본과 재화의 초국적 유동성, 전 지구적으로 조직화되는 글로벌 생산네트워크, 그리고 급진적으로 세계화되는 금융체제는 세계화의 가장 두드러진 특징이다. 이처럼 세계화는 경제적 세계화에 의해 주도되어 왔으나, 경제영역을 넘어 우리의 삶 전체로 확산되어 시·공의 개념을 혁명적으로 바꾸어 놓은 측면도 있다.

세계화는 단순히 시장추동적(market-driven) 현상만은 아니다. 이는 동시에 정치적 · 이념적 함의(含意)를 지닌다. 세계화는 초국가적 이데올로

기로서 세계도처에서 앵글로색슨식 신자유주의적 자본주의를 확산시키면서 이념적으로 탈규제, 민영화, 정부감축, 그리고 사회보호의 축소를 조장했고, 그 과정에서 서구 복지국가의 표상이었던 사회권, 국민적 연대, 사회적 평등의 이념을 위축시켰다.

거시적 관점에서 볼 때, 세계화와 신자유주의는 자유의 확산과 시장적 효율성의 제고를 통하여 기업과 시장에게 큰 힘을 실어준다. 그러나 국민국가 및 노동의 상대적 약화를 초래하며 소득의 불평등과 사회적 양극화를 야기할 위험이 높아졌다. 초기 세계화 과정을 토대로 판단할 때, 세계화는 전 지구적으로 선진 자본주의 국가들에게 유리하게 불균형적으로 진행된다. 따라서 세계화가 급류처럼 진행되던 1990년대에 많은 논자들은 세계화의 흐름에 성공적으로 편승한 국가, 계층, 집단이나 개인은 승승장구하나, 그렇지 못한 국가나 경제주체들은 자칫 나락으로 떨어질 수 있다는 우려를 마치 강박관념처럼 공유하고 있었다(안병영, 1998c; 1999; 2000).

그 때문에 많은 이들은 세계화가 이 시대의 불가역(不可逆)의 흐름일진대, 이를 거부하기보다는 이에 보다 능동적 · 창조적으로 대응하는 것이 더 슬기롭다는 생각을 했다. 아울러 세계화라는 시대적 도전에 부응하기 위하여 시장기제의 활성화와 경쟁력의 강화는 불가피하다는 점에 많은 이가 동의했다. 그러나 이러한 입장을 큰 틀에서 수용하는 논자들 중에도 적지 않은 이들이 경제적 효율성을 높이기 위한 세계화 노력과 함께 세계화의 그림자들, 특히 소득의 불평등과 사회적 양극화를 줄이기 위해, 사회적 정의와 형평을 위한 별도의 노력도 함께 이루어져야 한다는 점을 강조했다(Cox, 1997).

20세기의 끝자락에서 지구촌의 많은 나라들은 치열하게 전개되는 세계화의 도전에 대응하여 나름대로의 생존 및 발전 전략을 모색하고 있었다. 그런데 서구의 선진 여러 나라들은 일찍이 민주주의를 제도화하고, 이후 복지국가 건설을 통하여 사회적 안전망을 튼실하게 구축한 다음에 세계화와 신자유주의의 거센 도전을 받았다. 따라서 이들 나라들은 세계화의 부정적 충격을 흡수하고, 세계화의 이점을 키우는 과정에서 상대적으로 유리한 입장에 있었다. 그러나 우리의 경우, 복지국가의 기반이 극히 취약한 가운데 세계화와 민주화의 격류에 동시에 맞서다 보니, 세계화 전략을 기획하는 일 자체가 어렵고, 힘에 부쳤다.[2] 김영삼 정부의 세계화추진위원회가 국가발전원리의 첫 번째 원리로서 '생산성'을, 또 세계화 추진의 첫 번째 원칙으로서 '일류화'를 앞세운 것을 보면(세계화추진위원회, 1998: 22-33), 김영삼 정부의 세계화도 신자유주의의 영향을 많이 받았음을 알 수 있다.

바로 이러한 시대적 맥락 아래서 교육개혁방안을 추진했던 것이다. 5·31 교육개혁을 주도한 개혁가들은 세계화 시대의 큰 물줄기를 따라 국가경쟁력 강화에 많은 정책적 관심을 피력하였다. 이것이 교육 이념으로 표현될 때, 수월성 강조로 나타났다. 그러나 개혁방안 곳곳에는 형평성과의 조화를 추구하는 노력도 엿보였다.

정보화

새 천년을 목전에 둔 시점에서 세계화와 더불어 우리의 삶을 크게 바꾸어 놓을 거대한 역사적 흐름은 정보화였다. 컴퓨터와 통신의 결합이 주도하는 정보화 사회에서 인간은 시공을 초월하여 '사이버 스페이스'에서 상호 교류한다. 1990년대에 진입하면서 이미 디지털 혁명이 세계를 흔들기 시작했고, 디지털과 지식의 결합은 자본주의 세계의 게임의 법칙을 바꾸고 있었다. 이에 모든 나라가 디지털 지식혁명의 대열에서 이탈하지 않으

2) 이러한 상황에서 탄생한 김영삼 정부의 '세계화 비전'은 21세기를 겨냥한 장밋빛 청사진이었다. 거기에는 미래에 대한 지나친 낙관주의가 깔려 있었다. 새로운 역사적 흐름에 적극적으로 대응하려는 결연한 의지와 사명감은 돋보였으나, '성급하고 준비 안 된' 그리고 '본질추구보다는 수단적' 성격이 두드러졌다(Moon and Mo, 1999).

려고 온갖 노력을 경주하고 있었다.

기본적인 정보통신기술 능력을 갖추지 못한 개인은 정보화사회에서 사회생활을 하는 데 있어 어려움을 겪게 된다. 가까운 장래에 거의 대부분의 사회활동들이 온라인상에서 이루어질 공산이 크다. 따라서 다가오는 세계에서 정보화 능력은 모든 이가 구비해야 할 필수 요소라는 생각이 이미 많은 이의 뇌리에 강하게 부각되었다.

정보화 사회의 도래에 대한 우려의 목소리는 있었으나, 이 흐름이 불가항력적인 대세이고, 따라서 이에 대한 대비가 필요하다는 데 대해서는 큰 이론이 없었다. 그런 의미에서 세계화에 비해 이념적 논쟁이 적었다. 특히 교육정보화의 시급성에 대해서는 모두가 공감하는 입장이었다. 교육정보화를 위한 기반구축, 교육용 소프트웨어 개발 보급, 정보기술 활용교육의 강화 및 교육정보화 지원체계 구축에 대한 논의가 봇물처럼 쏟아졌다.

지식사회화

20세기 마지막 4반세기에 이르면서 서구 선진자본주의 국가들은 후기 산업사회(post-industrial society), 지식사회(knowledge society) 내지 서비스경제로 빠르게 이행하고 있다. 이러한 변화는 이미 1960년대에 다니엘 벨(Daniel Bell)이 예견한 바 있었으나 당시에는 많은 이가 귀를 기울이지 않았다. 주지하듯이 산업사회는 소품종 대량생산, 표준화된 생산공정, 대규모 공장설비와 대량의 육체노동이 주축이 되는 포디즘(Fordism)적 생산체계이다. 이에 반해 탈공업화와 서비스경제로의 이행을 특징으로 하는 지식사회는 다품종 소량생산, 극소전자기술 및 하도급, 다기능 지식노동자들이 중시되는 이른바 '포스트 포디즘(post-Fordism)' 체제이다. 산업사회에서는 중후장대(重厚壯大)의 하드웨어가 바탕이 되는 데 반해, 후기 산업사회 및 지식사회에서는 경박단소(輕薄短小)의 소프트웨어가 중심에 서게 된다.

지식사회는 정보와 지식이 세상을 주도한다는 점에서 앞서 언급한 정보사회와 궤를 같이하나, 보다 전체사회의 구조적 변화의 측면에서 접근하는 방식이다. 지식사회에서는 생산요소로서 '노동'과 '자본'의 중요성은 점차 감소하는 한편, '지식'의 중요성은 더욱 증가한다. 이제 지식이 개인 및 국가 경쟁력의 핵심요소이자 가치창출의 원천이 되며, 아울러 사회적 행동 및 합리성의 근거가 된다. 산업사회가 지식사회로 옮겨가는 과정에서 정보혁명, 디지털혁명이 크게 작용했고, 세계화도 이를 가속화하는 데 크게 기여했다.

여기서 정보와 지식의 관계를 따져볼 필요가 있다. 정보는 지식 그 자체가 되지 못한다. 정보는 특정인에게 국한되지 않으며, 현대 테크놀로지에 힘입어 신속하게 엄청난 분량으로 보급될 수 있다. 한편, 지식은 정보를 흡수하여 가공할 수 있는 개인의 능력에 따라 크게 달라진다. 한 개인의 지식은 명확히 조직되어 소통될 수 있을 때에야 비로소 사람들에게 유의미하게 전달될 수 있다. 같은 맥락에서 오늘날 정보통신기술의 활용능력이 중시되는 것은 그 자체의 중요성 때문이라기보다, 그것을 활용하여 수많은 정보를 수집 · 가공하여 고부가가치의 지식을 창출해 내고, 이를 통해 현실의 제반 문제를 해결할 수 있기 때문이다. 지식사회에서 전문지식과 창의력을 갖춘 지식근로자[3]와 고숙련 노동자에 대한 편향적 수요가 증대하는 것도 바로 그 때문이다.

지식사회에서는 개인적으로, 또 사회적으로 습득해야 할 지식이 폭증하고, 기존지식의 생존주기는 계속 짧아진다. 따라서 급변하는 산업구조

---

3) 창조적 직종 내지 상징분석직(symbolic analyst)에 종사하는 창조적 근로자들(creative workers)은 정보통신, 금융, 생명공학 등 다양한 분야에서 종사하며, 글로벌 경제에 기여하는 고부가가치 때문에 다른 직업집단보다 높은 소득을 올리고, 풍성한 사회적 혜택과 명예를 누린다(Reich, 1991).

와 고용시장의 변화에 대응해서 '지속가능한 고용능력(sustainable employability)'을 유지하기 위해 개별 경제주체는 전 생애주기에 걸쳐 계속적인 능력개발을 하지 않으면 안 된다. 또한 지식사회에서 학습은 '언제, 어디서나' 이루어져야 하며, 전 생애에 걸쳐 평생학습이 생활화되어야 한다. 바로 이러한 변화에 주목하여 5·31 교육개혁의 추진 주체들이 평생학습사회 건설을 강조하게 된 것이다.

소 결

1990년대, 변혁의 시대를 풍미했던 민주화, 세계화, 정보화 그리고 지식사회화는 서로 영향을 주고받으며 봇물처럼 진행되었다. 김영삼 정부는 특히 정치적 민주화와 세계화에 역점을 두었는데, 양자는 자유, 다원성, 경쟁, 참여 등의 여러 가치를 공유하고 있었다. 그런가 하면, 역사적으로 시장경제가 정치적 민주주의의 선행조건이었다는 점, 그리고 실제로 서구의 많은 나라에서 민주주의가 자본주의의 역사적 동반자였던 점 등에서 볼 수 있듯이, 양자 간의 친화성은 매우 높은 편이다. 따라서 김영삼 정부가 양자를 함께 추진하는 과정에서 내적 가치갈등은 없었다.

한편 세계화, 정보화, 지식사회화는 서로 밀접히 연관되어 중첩적으로 진행되면서 불가항력적 기세로 당시를 풍미했다. 그러나 그중 세계화의 격랑이 가장 세찼고, 또 신자유주의와 결부되어 이념적 성향이 강했다. 이에 비해 정보화와 지식사회화는 상대적으로 이념적 논란의 대상이 되지 않았다.

당시 세계화의 거센 물결 속에서 생존을 위해서는 글로벌 경제체제에 적극적으로 대응해야 한다는 점과 또 이를 위해 국가경쟁력을 제고하는 일이 시급하다는 점에 대해서는 많은 이가 공감했다. 아울러 국가의 역할과 연관하여, 국가는 부가가치가 높은 전략 부문을 집중적으로 지원해야 하며, 특히 교육 · 훈련 등 인적 자원에 대한 지속적인 투자가 필요하고 지식정보사회의 활성화를 위한 법적 · 제도적 질서의 창출이 시급하다는 점 등에 대해서도 광범위한 사회적 합의가 형성되어 있었다고 할 수 있다.

5·31 교육개혁의 기본 구상

문민정부는 21세기 세계화 · 정보화 및 지식사회화라는 문명사적 변화에 보다 적극적으로 대응하고, 아울러 '입시경쟁', '사교육비 부담'과 같은 갖가지 교육과 연관된 국민들의 고통을 덜기 위해 교육개혁을 추진하였다. 그리고 문민정부는 성공적인 교육개혁을 위해서 기존의 미시적 · 부분적 개혁이 아닌, 거시적 · 포괄적 개혁, 다시 말해 '패러다임의 변화'가 불가피하다는 점을 강조했다.

〈5·31 교육개혁〉은 이렇듯, 문민정부 초대 대통령의 정치적 결단에서 비롯되었다는 점, 그리고 국민들이 일상 속에서 겪고 있는 교육고통의 치유라는 목전의 목표만을 겨냥한 것이 아니라 시대사에 대한 통찰력을 바탕으로 문명사의 도전에 대한 응전이라는 점에서 큰 역사적 의미를 함축한다. 뿐만 아니라, 그것은 새로운 패러다임에 입각하여 전체 교육체제의 구조적 개혁을 시도한 종합적인 방안이라는 점, 그리고 그 개혁안이 비단 창안(創案)에 그친 것이 아니라 처음부터 재정적 뒷받침을 가지고 구체적 프로그램으로 작성되어 집행절차를 밟는 것으로 기획되었다는 점에서 기존의 다른 대통령 교육자문기구의 활동과는 본질적으로 차이가 있다.

김영삼의 초기 〈신교육 구상〉과 이후 수차례 발표된 교육개혁안들을 꿰뚫고 있는 기본적 틀은 ① 열린교육체제, ② 수요자 중심 교육, ③ 교육의 자율성, ④ 다양화와 특성화, ⑤ 정보화라고 할 수 있다.

열린교육체제

열린교육체제는 '누구나, 언제, 어디서나 원하는 교육을 받을 수 있는 체제'를 의미하며, 이는 모든 국민의 자아실현을 극대화할 수 있는 교육복지국가의 건설을 의미한다. 여기서 열림의 대상은 교육시기, 교육장소는 물론 교육기관 간, 대학교육, 중등교육, 그리고 모든 사람이다. 이를 나누어 설명하면 다음과 같다.

우선 교육시기의 열림으로, 일생 동안 원하는 때 언제나 나이에 구애받지 않고 학습의 길이 열려 있음을 의미한다. 따라서 열린교육체제는 당연히 평생학습사회를 포함하며, 실제로 양자는 동전의 양면이다.

둘째, 교육장소의 열림으로, 어디서나 학습이 가능하다. 이를 위해 첨단 통신기술이 큰 몫을 하게 된다.

셋째, 교육기관 간의 열림으로, 학점은행제 학교와 학교, 학교와 사회교육기관 간의 통로가 활짝 열린다.

넷째, 대학교육의 열림으로, 최소 전공인정 학점제의 도입으로 학과의 벽이 낮아지고, 다전공, 복합학문의 길이 열린다. 아울러 전·편입학이 용이해지고, 시간제 학생이 허용되는가 하면, 대학원도 다양화되고 문호도 넓어진다.

다섯째, 중등교육의 열림으로, 일반계, 실업계와 특수목적 고등학교 간의 전학이 쉬워지고, 교육과정이 다양화 · 특성화되어 교육 프로그램이 학습자에게 다양하게 열린다.

여섯째, 교육이 이제 모든 사람에게 열린다. 즉 장애인, 도서 벽지 및 농·어촌 학생들, 그리고 남녀노소 모두에게 교육기회가 크게 열린다.

이로써 이제 누구나, 언제, 어디서나 양질의 교육을 통하여 자아실현을 할 수 있는 큰 틀이 마련된 것이다. 열린교육체제에서의 '열림'은 학교 안과 밖에서의 이중적 열림을 뜻한다. 즉, 학교 내에서의 열림은 학교 스스로가 내적 개방을 통하여 학교를 하나의 개방적 공동체로 전환하는 것을 뜻하며, 학교 밖으로의 열림은 학습이 학교라는 독립적 · 폐쇄적 제도의 울타리를 넘어 사회 각 분야로 보편화되는 것을 의미한다. 이에 따라 학교는 기존의 폐쇄형 · 종점형 모형에서 개방형 · 연계형 모형으로 변화하게 되는 것이다(교육개혁평가연구회, 1997: 34-35).

수요자 중심 교육

수요자 중심 교육은 기존의 공급자 위주의 교육체제를 수요자[4] 내지 학습자 위주로 바꾸자는 것이다. 지금까지 학교와 교원들의 입장과 편의에 따라 교육과정과 교육방법을 결정해 왔으나, 이제는 학생의 능력과 이해정도, 학생과 부모의 욕구와 바람, 그리고 사회적 수요를 고려하여 정하자는 것이다. 이에 따라 각 학교급의 입학과정과 교육과정에서 학생의 선택권이 크게 신장되었다. 중·고등학교의 학생선발에서 선 복수지원, 후 추첨방식을 도입한 것이나, 중등교육에서 수준별 교육과정의 확대 혹은 대학입학 전형과정에서 복수지망, 전·편입학기회 확대 등이 바로 그것이다.

자율과 경쟁

교육의 자율화는 기존의 과도한 교육규제에 대한 반(反)테제적 의미를 갖는다. 지나치게 중앙집권적, 위계적이고, 규제적인 교육운용체제를 보다 분권적, 민주적, 자율적으로 바꾸어 보자는 의미이다. 또한 기존의 중앙통제적 체제에서 벗어나 교육조직의 하부구조, 특히 교육현장의 자율성을 확대하자는 것을 의미한다. 이에 따라 교육규제완화위원회를 구성, 교육규제를 대폭 줄이고, 학교운영위원회제도를 통하여 단위학교를 자치

4) 수요자라는 개념이 지나치게 시장주의의 은유여서 많은 교육자들의 심기를 불편하게 했다. 따라서 교육부도 수요자보다는 학습자라는 개념을 선호했다.

공동체로 만들려는 노력이 전개되었다. 자율화는 교육현장의 자주성과 창의성을 제고할 수 있다는 믿음과 결부된다. 이밖에 학교장 및 교사 초빙제, 대학입학전형 자율화, 입학정원 및 학사관리 자율화 등의 조치가 이러한 맥락에서 창안된 것이다.

5·31 교육개혁의 주요 공식문건에서 의도적으로 전경(前景)에 크게 드러내지는 않았으나 그 안에 관통하는 주요한 흐름은 교육 경쟁력의 강화였다. 특히 대학교육의 질적 제고 및 그를 통한 경쟁력 강화에 대한 교육개혁위원회의 정책적 관심은 무척 높았다. 5·31 교육개혁이 몰고 온 주요한 변화의 하나가 평가와 이에 따른 행·재정적 차등지원이었는데, 그 대표적인 것이 시·도 교육청 평가와 대학 평가였다. 이는 물질적 유인을 통해 교육공급자들 간의 경쟁을 촉발하고 이를 통해 교육의 질을 높여 보려는 시도였는데, 적지 않은 시행착오가 예상되었으나, 성과만을 가지고 평가한다면 유용한 정책수단이 될 것으로 보았다.

교육의 다양화 · 특성화

교육개혁이 겨냥했던 주요한 방향은 기존의 획일적 교육을 특성화 · 다양화하는 것이었다. 획일성은 창의적 교육환경을 만드는 데 가장 큰 적이며, 참된 경쟁력을 갖추기 위해서는 특성화 · 다양화가 불가피하다는 인식이 새로운 패러다임의 중요한 대목이다. 또한 그것은 교육 수요자 내지 학습자의 다양한 욕구와 바람에 부응할 수 있는 바람직한 길이기도 하다. 그간 우리 대학은 한결같이 거대화만 추구하며, 엇비슷한 학과구성과 천편일률적인 교육과정을 답습하였고, 이 가운데 경쟁력의 상실을 감수해야 했다. 그러나 이제 작고 알찬 대학, 특성화된 전공, 다양한 프로그램이 요구되는 시대가 된 것이다. 초등학교에서 크게 일었던 〈열린교육〉 운동도 바로 획일적 교육과정과 교육방법에 대한 대안적 시도이다. 이른바 〈여러 줄 세우기〉 운동도 같은 맥락이다. 여태껏 모든 학생을 주요 과목 중심으로 평가하여 한 줄로 세우고, 서열화하여 왔으나, 이제 이들을 다양한 특성과 자질에 따라 여러 줄로 세우고, 이들이 지니고 있는 모든 잠재적 가능성을 고르게 발전시키자는 것이다. 새로 도입한 학교생활기록부도 교과목뿐만 아니라 특별활동, 봉사활동 등 비교과목도 중시하며, 학생들의 다양하고 특성화된 능력을 발전시키는 데 주안점을 두고 있다. 이밖에 특성화 고등학교의 확대, 단설전문대학원 설치 등 숱한 과제가 시행되었다.

교육정보화

교육정보화 역시 새 패러다임의 중요한 요소이다. 학교현장의 정보화를 위해서는 컴퓨터의 보급, 실효성 있는 컴퓨터 교육, 그리고 교육 및 학습용 소프트웨어라는 삼박자가 함께 만나지 않으면 안 된다. 교육정보화를 위해 정부는 〈멀티미디어지원센터〉, 〈첨단학술정보센터〉를 만들고, 원격교육지원체제를 구축했으며, 민간차원의 〈교육정보화 공동체운동〉을 지원하기도 했다(안병영, 1998a : 10-17).

그 밖의 특성

교육개혁위원회는 5·31 교육개혁이 지나치게 수월성과 경쟁에 치우치지 않게 하기 위해 고심했던 흔적이 곳곳에 드러난다. '자유와 평등의 조화', '수월성과 보편성의 조화', '더불어 사는 인간'을 표방했던 것도 그 때문이다. 특히 초·중등학교 교육에서 인성교육을 강화하고 적성과 창의성을 신장하려는 다양한 노력을 선보였다. 실천위주의 인성교육, 자기주도적 학습능력 향상, 교육과정의 개선 및 운영의 다양화, 방과후 교육활동의 활성화, '여러 줄 세우기' 등도 이러한 정책적 관심의 표현이라고 할 수 있다. 그러나 이러한 일련의 시도는 정책 우선순위에 있어 뒷전으로 밀렸고, 입시위주 교육에 밀려 구체적 추진과정에서 큰 성과를 거두지 못했다. 이와 연관하여 교사들 중심의 풀뿌리 교육운동으로 한때 요원의 불길처럼 타오르던 '열린교육 운동'도 1990년대 말을 고비로 그 빛을 잃었다.

5·31 교육개혁의 중심축은 역시 수월성 교육이었다. 또 그것이 당시의 시대정신이었다. 그 때문에 교육개혁방안에서 '뒤진 자'와 교육의 형평성에 대한 정책적 관심은 주변적일 수밖에 없었다.

3. 한국 교육의 어제와 오늘

한국 교육의 처음 50년 : 해방 이후 제6공화국까지

5·31 교육개혁을 제대로 이해하기 위해서는 개혁안이 창안된 시대적 배경뿐만 아니라 그것이 한국 교육의 진화과정 속에서 어떤 위치를 차지하고 있는지를 살펴볼 필요가 있다. 이를 위해 여기서는 해방 이후 제6공화국까지 한국 교육의 전개과정을 역사적으로 조명하고자 한다. 그런데 교육 그 자체에만 초점을 맞추어 교육의 전개과정을 보게 되면 자칫 '역사' 없는 교육, '맥락' 없는 교육을 살펴볼 위험성이 있다. 이러한 문제를 극복하기 위해 여기서는 교육을 둘러싼 정치 · 경제적 환경과의 상호작용 속에서 그리고 국가발전전략과의 연계하에 교육정책의 진화과정을 살펴보고자 한다.

기반구축과 한글세대의 등장(1945~1960)

해방과 교육에 대한 열망

해방은 우리 국민에게 새로운 〈천년왕국〉의 꿈을 안겨준 역사적 사건이었다. 이후 해방(1945.8.15.)과 건국(1948.8.15.)의 소용돌이 속에서 교육에 대한 국민의 관심은 가히 폭발적이었다. 훗날 문교부장관을 역임한 오천석(1901~1987)은 당시를 회상하며 "일정의 구속에서 억제되었던 교육에 대한 정열이 터진 둑을 넘어 격류가 되어 흐르는 것 같았다."고 술회한다. 교육과 〈선비〉를 숭상하던 우리의 뿌리 깊은 문화적 전통과 일제치하에서 교육입국을 꿈꾸었던 민족지도자들의 영향, 그리고 해방공간의 상승하는 기대의 혁명은 교육에 대한 국민의 열망을 부채질하였다. 이 폭발적 교육열은 이후 우리나라 국가발전의 엄청난 추동력으로 작용했다. 그러나 다른 한편 그것은 이후 교육과 결부된 온갖 사회적 부작용의 원천이 되기도 했다.

해방 당시 남한 인구의 7할 이상이 농업에 종사하고 있었으며, 문맹률이 78%에 달했다. 유권자 대부분이 문맹이었기 때문에 1948년 5월 10일 최초의 총선거에서 국회의원 후보의 기호를 막대기로 표시했던 것은 널리 알려진 사실이다.[5]

교육체제의 정립과 의무교육의 실시

1949년 '교육입국'의 비전 아래 교육법이 제정 · 공포되었다. 교육이념으로 '홍익인간'이 명문화되었고, 교육의 기회균등과 초등 무상교육이 기본 원칙으로 천명되었다. 아울러 6-3-3-4제의 단선형 학제의 확립과 현대적인 교육과정 제정을 통하여 교육의 기본체제가 정립되었다. 이 시기에 무엇보다 중요한 결단은 의무교육의 본격적 실시였다. 초등교육 수준

---

5) 일제 말기 초등학교 취학률은 약 50%에 불과했고, 1947년에 15세 이상 인구 중 중·고등학교 졸업자는 4.4%, 대학졸업자는 0.6%에 불과했다(이상진, 2008: 15).

의 의무교육 제도는 이미 미군정 3년 기간(1945~1948) 중 한국인 교육자들에 의해 발의되어 우리 정부 수립 뒤에 공식적으로 채택·제도화된 것으로, 초등교육의 보편화와 중등교육의 확대, 나아가 고등교육 발전에 획기적 계기가 되었다.

한국전쟁(1950.6.2.~1953.7.27.)이라는 생사를 넘나드는 격동 속에서도 한국인의 교육에 대한 놀라운 열정은 식을 줄을 몰랐다. 놀라운 것은 전란 시에도 학교교육은 피난지 '천막학교'에서, 또 '전시연합대학'에서 중단 없이 계속되었다는 사실이다. 전쟁이 끝나자 파괴된 교육시설을 서둘러 복구하고, 전쟁으로 지연된 의무교육의 조기 정착을 위해 '의무교육완성 6개년 계획(1954~1959)'을 추진하면서, 예산의 10% 이상을 교육에 투자하였다. 이러한 1950년대의 '교육혁명'에 따라 해방 당시 불과 150만 미만이던 학생인구가 1955년에는 380만으로, 또 1960년에는 500만 가까운 숫자로 급등했다.

학교는 새 세대에게 근대적 가치와 태도를 가르치는 유효한 사회화 기구로서, 또 사회적 계층상승의 통로로서 큰 구실을 했다. 그런 의미에서 학교는 한국 근대화의 요람이었다. 무엇보다 학생들은 한글이라는 자존적·문화적 매체를 통하여 새로운 국민으로 다시 태어났고, 교육과정 속에서 민주주의를 학습하였으며, 학교교육을 통하여 전통적인 계급구조의 멍에에서 빠르게 벗어났다. 더욱이 소외된 농촌을 근대화의 영향권으로 끌어들인 것도 학교교육 확장의 결과였다. 1960년대 이후 본격화되는 산업화에 필요한 양질의 인적자원과 그들의 기본적 역량이 축적된 것도 바로 이 시기였다.

의무교육완성 6개년 계획이 마무리된 1959년에 이르자, 초등학교 취학률은 96.64%를 기록했다.[6] 이제 나라는 보편적 문자해득 인구의 기반

6) 이를 위해 정부는 휴전 이후 교육예산을 의무교육에 집중투자했다. 교육예산 중 의무교육비의 비율은 1954년 이후 60%를 상회하였고, 1957년에는 80% 수준에 이르렀다. 의무교

위에 서게 되고, 도시 중심의 공론층이 형성되어 갔다. 1인당 국민 총생산은 아직 세계 최빈국 수준이지만 교육수준이 세계 상위 중진국 수준에 도달한 것은 세계 역사상 매우 드문 사례였다(곽병선, 2008: 16). 해방 후 한글을 매개로 교육받은 최초의 세대는 자유민주주의를 외치며 이승만 독재체제에 저항, 1960년 4·19 혁명을 성취함으로써 한국 민주주의의 여명을 밝혔다. 이후 이들 '한글 세대'는 우리나라 민주화와 산업화의 주역으로 등장하여 한국 역사의 큰 물줄기를 새로 세운다(안병영, 1998a: 4-5).

권위주의적 발전국가하의 중등교육의 급속한 확대 (1960, 70년대)

개발독재하의 경제성장

1960년대 이후 약 20년 동안 한국은 〈개발독재〉를 추구하는 권위주의적 발전국가하에서 미증유의 경제발전을 경험하게 된다. 수출산업 위주의 발전전략이 추구되는 가운데, 제1차(1962~1966) 및 제2차(1967~1971) 경제개발 5개년 계획 시기에는 노동집약적 경공업 중심의 산업화가 이루어졌으나, 1970년대 이후에는 제3차 및 제4차 경제계획에 따라 자본집약적 중화학공업화가 이루어졌다. 1960년대와 70년대 초에는 경공업 부문에 산업인력이 필요했으나, 이후 산업구조의 고도화에 따라 중화학공업 부문에 필요한 숙련 기능 인력에 대한 수요가 급격히 증가했다. 1961~1979년간 1인당 국민소득이 82달러에서 1,647달러로 급증했고, 1차 산업의 비중은 39.1%에서 19.0%로 크게 떨어진 반면, 2차 산업의 비중은 19.8%에서 38.8%로 커졌다. 1970년대에는 연평균 9%에 달하는 경제성장이 지속되어 국민경제는 크게 성장하였으나, 경제력의 대기업 집

육 재원을 확보하기 위하여 1958년에는 '교육세법'과 '의무교육재정교부금법'이 제정되었다(이상진, 2008: 18).

중과 사회적 불평등의 심화 등의 문제를 수반했다(이상진, 2008: 20-22).

중등교육의 보편화

이 시기에 우리 교육은 서서히 중등교육의 보편화 단계에 들어섰고, 고등교육도 빠른 속도로 확대되어 대학생 수가 1970년 20만 명을 넘어섰고, 1980년에는 이미 40만 명을 상회하게 되었다. 질적 수준의 문제에도 불구하고, 여러 학교급이 배출한 대량 인력은 산업화의 유용한 인적자본으로 크게 기여했다. 이로써 교육의 경제사회적 효용성이 인정된 것이다.

1960년대 이후 한국 교육의 팽창과정을 보면 다음과 같다. 팽창일로에 있던 학교급별 학생인구는 1960년대 말 600만 명에 육박했고, 그 10년 후인 1970년대 말에는 1,000만 명 가까이에 이르렀다. 특히 초등학생의 중학교 진학률이 매년 급속히 증가하여 1979년에는 96%에 도달하게 되면서, 중학교 교육의 의무교육화 주장이 강력히 제기된다. 이제 중등교육 보편화 시대에 진입하게 된 것이다. 그러나 이러한 급격한 수적 팽창에도 불구하고, 이를 뒷받침할 학생 수용능력의 확충과 교육여건의 정비, 그리고 교육의 질에 대한 정책적 배려 등은 크게 진전되지 않았다. 경제개발 5개년 계획이 진행됨에 따라 의무교육 시설 확충 등 절박한 분야에 점진적 투자가 이루어져 GNP 대비 교육예산의 비중이 1960년 2.6%에서 1980년 3.1%로, 정부예산 대비 문교예산은 1960년 15.2%에서 1980년 17.8% 늘었으나, 교육여건을 크게 개선하기에는 역부족이었다.

입시경쟁과 과열과외

학생인구가 급팽창하는 가운데 심각한 사회문제로 제기된 것이 과도한 입시경쟁과 이에 따른 '망국적인 과외' 였다. 중학입시 문턱에서부터 시작하는 치열한 입시경쟁은 우리 사회의 폭발적 교육열과 과도한 학력주의에서 비롯된 것으로, 이는 과열과외와 학교교육의 파행화, 학교 간 격차의 심화, 학생의 신체적 · 정신적 건강의 훼손 등 숱한 역기능을 통해 학교교육의 근본을 흔들고, 경제적으로도 국민생활에 어두운 그림자를 드리웠다. 중학교 무시험입학을 골자로 하는 1968년 7월 15일 입시개혁과 1974년부터 단계적으로 도입된 고교평준화 정책이 바로 이에 대한 정책적 대응이었다.

1969년 서울에서부터 전국으로 단계적으로 확대 실시한 중학교 무시험진학제는 많은 초등학교 학생들을 과외부담에서 해방시키고, 초등교육의 정상화와 학교격차 해소, 그리고 중학교 교육기회의 대폭 확충에 크게 기여했다. 그러나 중학교 무시험진학 이후 일류고교를 겨냥한 입시경쟁은 점점 더 치열해져, 급기야 고교평준화 정책이 고개를 들게 되었다. 고교평준화 정책은 입시경쟁과 과열과외의 해소, 학교 간 · 지역 간 교육격차를 줄이는 데 기여했으나, 교육의 수월성 유지 및 개인차에 따른 학습지도의 어려움, 사립고교 교육 위축 등의 문제를 낳았다. 고교평준화는 아직도 교육에 대한 엘리트주의자와 평등주의자 간의 불붙는 쟁점이 되고 있다. 이후에도 고급학력의 마지막 관문인 대입과 연관하여 첨예한 입시경쟁과 과열과외의 문제는 계속 심화되어 학교교육의 정상화를 저해하고, 서민의 가계를 위협하는 심각한 사회문제로 남아 있다(안병영, 1998a: 5-6).

직업기술교육의 진흥

경제개발 5개년 계획의 진척에 따라 정부는 직업기술교육의 진척에 박차를 가했다. 1963년 '산업교육진흥법'이 제정되고, 실업계 고등학교 교육과정이 공포된 데 이어, '과학기술교육진흥 5개년 계획(1967~1971)'이 수립되었다. 특히 1970년대 중화학공업화가 추진되고 기능인력에 대한 산업계의 수요가 늘어나면서, 실업계 고교, 특히 공업계 고교 중심의 직업기술교육이 크게 진흥되었다. 더욱이 1974년부터 공고 특성화 사업이 추진되면서 지역적 입지조건과 학교의 특성에 따라 기계, 전자, 화학 등 중점 분야별로 공고를 체계적으로 육성하는 노력을 선보였다. 이 밖에도 정부는 1974년에 '국가기술자격법' 및 '직업훈련기본법' 등을 제정하여 직업훈련체제의 확충에 앞장섰다. 정부의 이러한 지속적 노력에 따라 실업계 학교는 1970년 481개교에서 1980년에는 605개교로 증가하였다. 특히 1970년대 후반에 들어오면서 학생 수가 크게 증가하여 전체 고등학교 학생 수 가운데 실업계 고등학교 학생이 차지하는 비율이 1975년 42.3%였으나 1980년대에는 45.0%로 늘었다. 중등교육 수준의 숙련 기술 인력을 요구했던 당시의 노동시장 구조를 감안할 때, 공업계 고등학교의 증가와 이와 연관된 직업훈련체제의 확충은 제때에 산업인력을 원활하게 양성 · 공급하는 데 크게 기여했다(이상진, 2008: 25).

초·중등교육 재원의 안정화

1971년에 제정된 '지방교육재정교부금법'은 이후 초·중등교육 재원의 안정적 확보에 큰 몫을 했다. 이 교부금법에 의하여 내국세의 12.9%를 초·중등교육에 지원하게 되어 당시 의무교육이던 초등교육과 확대일로에 있었던 중등교육 재정의 통합적 · 신축적 운영을 원활하게 만들었고, 아울러 지방자치단체의 교육여건 격차와 재정능력의 차이를 중앙정부가 보전하게 됨에 따라 교육기회의 지역 간 균등화에도 기여했다.

교원양성제도의 정착

교육의 팽창과 더불어 교원양성제도도 점차 정비되었다. 무엇보다 양성체계의 세계적 추세에 따라 양성기관의 교육연한을 단계적으로 연장했다. 1961년 5·16 이후 사범학교는 2년제 교육대학으로 승격 개편되었고, 교육대학은 다시 1980년 7·30 교육개혁에 따라 연차적으로 4년제로 개편되었다.

발전위기의 제 증후군

1960년대, 그리고 1970년대의 이른바 〈개발연대〉는 경제총량의 확대라는 면에서 놀라운 성과를 거두었으나, 개발독재가 갖는 한계를 뛰어넘을 수는 없었다. 특히 1972년 〈10월 유신〉 이후, 한국 민주주의의 결손은 만성적인 정치적 정당성의 위기를 창출했고, 과도한 경제력 집중, 계층 간 · 지역 간 · 산업부문 간 구조적 불균형, 이른바 '민중부문'의 박탈 등 뿌리 깊은 발전위기를 초래했다. 유신정권의 철저한 금압정책에도 불구하고 정치민주화와 경제정의를 외치는 학생운동권의 저항은 그치질 않았다. 이러한 체제 내적 모순은 급기야 유신체제를 벼랑으로 몰고 갔다.

이 시기 동안 유신정권은 교육이념적으로 〈국적 있는 교육〉, 〈한국적 민주주의〉, 〈근대적 인간상〉 등 체제유지에 필요한 상징 개념들을 창안, 표방했다. 이는 한마디로 학생들의 사회화 과정에 개입하여 〈권위주의적 발전국가〉 및 〈발전역군〉의 이미지를 그들의 심상에 내면화시키려는 조직적 노력의 일단이었다. 교육당국은 대체로 이에 순응했다. 1968년 '국민교육헌장'도 이러한 노력과 무관하다고 보기 어렵다. 교육운용체제 또한 관료적 · 중앙집권적 틀과 규제위주의 위계적 정책 시행을 고수했다. 그런가 하면, 일부 사학의 비리 등 교육계의 어두운 측면은 그대로 잔존하고 있었다(안병영, 1998a: 6-7).

민주화 갈등 속에 고등교육의 팽창과 '교육개혁'에 대한 관심 (제5, 6 공화국 시기)

민주화를 향한 갈등

1980년 5월 '광주민주화운동'을 무력으로 짓밟고 권좌에 오른 전두환이 이듬해 3월 대통령에 취임함으로써 제5공화국이 정식 출범하였다. 이후 1980년대의 정치 사회적 상황은 한마디로 민주화를 향한 격렬한 갈등의 소용돌이였다. 민주화 운동도 이제 이념적 색깔이 다양해졌다.[7] 그러

7) 자유민주주의 지향이 주류를 이루었던 1970년대와는 달리, 1980년대에는 학생 및 재야

나 1987년 6월 민주항쟁에는 다양한 이념적 지향의 학생운동권과 도시중산층, 야당 및 재야 세력 등 모든 민주화세력이 동참했고, 이 거대한 흐름은 끝내 한국 민주화 과정의 중요한 분수령인 '6·29 선언'을 이끌어내었다. 이후 초기 민주화의 폭발적 시간이 진행되는 가운데 정치적 자유와 다원성이 크게 증폭되었다. 개정된 새 헌법에 따라 1988년 2월 노태우가 대통령에 취임하고 제6공화국이 출범했다. 그러나 체제의 태생적 한계에 따라 국민의 눈에 비친 6공은 '완화된 군부정권' 내지 '의사(擬似) 민주주의체제' 수준을 넘지 못했다.

물가안정, 구조조정과 경제자율화

1980년대 초반 전두환 정부는 경제정책의 목표를 기존의 '성장우선'에서 '안정 위에서 성장기반을 다지는' 방향으로 바꾸면서 물가안정을 위한 거시경제의 안정화를 꾀하였다. 또한 기존의 경제개발계획을 '경제사회발전계획'으로 바꾸면서 점차 경제발전과 사회발전의 균형을 추구하였다.[8] 그런가 하면, 1980년대 중반에는 '조세감면규제법' 개정, '공업발전법' 제정을 통해 노동집약적 산업은 물론 중화학공업 분야에서 고강도의 구조조정과 산업합리화를 추진하고 부실기업을 정리해 나갔다. 그러나 이러한 조치는 긍정적 성과와 더불어 기업과 금융부문의 '도덕적 해이'를 부추겼고, 아울러 제3자 인수방식으로 부실기업을 인수한 재벌기업에게 경제력을 집중시키는 결과를 빚었다. 또한 1980년대 중반부터 정부는 개방화·자율화라는 시대적 흐름에 부응하여 수입자율화와 자본자

운동권 안에 민중주의적, 계급투쟁적 세력(PD)과 주체사상에 경도된 민족주의적 세력(NL)이 크게 부상했다. 이에 따라 민주화 세력 내에 내적 분화가 진행되었다.

8) 제5차 경제사회발전 5개년 계획(1982~1986)에서는 기존의 정책기조였던 '성장'은 뒤로 물러가고, '물가안정', '개방화', '시장경제의 활성화', '지방 및 소외부문의 개발' 등이 주요 정책과제로 전면에 등장하였다. 또한 제6차 경제사회발전 5개년 계획(1987~1991)에서는 '능률과 형평을 토대로 한 경제선진화와 국민복지 증진'이 기본목표로 등장하였다.

율화 등 '경제개방화'를 적극 추진하면서, 글로벌 개방체제에 가까이 다가섰다.

1980년대 이후 공업화의 선도산업이 중화학공업에서 기술집약적 산업으로, 다시 지식 · 정보 집약적 공업으로 이행하면서 산업구조의 고도화가 진행되고, 자동차 · 반도체 · 컴퓨터 · 통신기기 등이 주력산업으로 등장하였다(이상진, 2008: 28).

7·30 교육개혁

1980년 7월 30일 신군부의 '국가보위비상대책위원회'(문공분과위원회)는 '교육정상화 및 과열과외 해소방안'을 발표했다. 그 핵심은 대학정원의 대폭 확대와 과외금지에 있었다. 신군부는 첨예한 사회문제로 대두되어 있는 과열과외 문제의 근본 원인이 대학의 문호가 지나치게 협소한 데 있다고 보고, 문제 해결책을 대학문호의 대폭 확대와 과외금지에서 찾았다. 그러나 그것 외에도 대학입학 본고사의 폐지와 대학입시전형에 고교내신성적의 반영, 대학졸업정원제의 실시, 전일수업제 대학의 운영 등 다수의 방안을 제시했다. 이 밖에 과밀학급 해소, 중학교 의무교육 실시, 사립학교 지원 등을 위한 교육세 신설 등 교육재원 확보방안을 강구하고, 교원처우 개선, 학력평가기구 설치 등을 약속했는가 하면, 산업체의 불필요한 학력제한 철폐 등 사회대책까지 제시했다.

고등교육의 팽창

1960년대 이후 정부는 대체로 대학정원의 억제 기조를 유지하여 왔다. 그러나 베이비 붐 세대(1955~1963년 사이에 출생한 세대)의 고등학교 졸업생 수가 크게 늘어나고 산업구조의 고도화에 따라 고등교육의 역할이 갈수록 중요해지면서, 이미 1970년대 말부터 대학정원은 큰 폭으로 확대되고 있었다. 정부가 여기에 박차를 가한 것이다. 정부는 1981년부터 정원 자체를 거의 두 배로 늘렸을 뿐만 아니라 졸업정원제의 실시로 정원의

30%가 더 불어나 학생 수는 급증했다. 이후 증가 추세는 더욱 가속화되어 대학생 수는 1980년 40만 명 수준에서 1985년 93만 명에 이르렀고, 1990년에 100만 명을 넘어서면서 바야흐로 고등교육 보편화 단계에 진입하였다.

그러나 교수와 시설 등 대학교육 하부구조의 확충 없이 빠르게 시도된 대학입학정원의 확대정책은 대학교육의 질적 저하를 초래했다. 그런가 하면 무리하게 30%의 강제 탈락을 겨냥했던 졸업정원제는 차가운 현실의 벽과 사회적 비판에 밀려 몇 년 후 폐지되는 운명을 맞이하였다. 무엇보다 물리적 힘에 과도하게 의존했던 과외금지 조치는 소기의 목적을 이루지 못하고 좌초되어 1980년대 후반 다시 과외 전면 허용으로 선회했다. 이렇듯 '7·30 교육개혁조치'로 불리는 개혁방안 중, 대체로 힘을 앞세워 강력하게 추진했던 핵심적 방안들은 실패로 돌아갔다.

초·중등교육의 '질'에 대한 정책적 관심

1980년대 이후 정부는 이미 보편화 단계에 진입한 초·중등교육의 질적 개선에 정책적 관심을 쏟는다. 가장 두드러진 변화가 학급당 학생 수의 감소이다. 초등학교의 경우 1960년대에 60명대에 이르렀던 학급당 학생 수가 이후 크게 줄어 80년대에는 40명대로, 그리고 90년대에는 30명대로 대폭 감소했다. 중학교 및 고등학교의 경우도 1960~70년대에 60명대였으나, 1980년대 이후 점차 감소하여 90년대에 이르러 40명대에 진입하였다. 교원 1인당 학생 수도 초등학교의 경우, 1965년에 62.4명에서 1990년에는 35.6명으로 크게 줄었다. 중·고등학교에서도 1960년대에는 30~40명에서 맴돌았으나, 1990년에 이르러 약 25명 선으로 크게 줄었다(이상진, 2008: 30-31).

전교조의 대두

1980년대의 민주화를 둘러싼 갈등 속에서, 교육민주화를 표방하며 전교조 운동이 태동한다. 1986년 5월 10일의 '교육민주화선언', 1987년 9월 27일 〈전교협〉 결성에 이어, 1989년 2월 전국 대의원대회에서 '전국교직원노동조합(전교조)'으로 재출범을 결의한다. 전교조는 '참교육'의 실현을 앞세우며, 민족자주와 민주 · 통일을 앞당기는 교육적 실천을 표방하는 등 진보적 이념지향을 공공연히 드러내어, 보수적 교직사회로부터 엄청난 비판과 도전을 받았다. 급기야 당국은 실정법 위반을 명분으로 1989년 5월 28일 1,500여 명의 교사를 해직한다. 이들 대부분은 해직 후 3년이 지난 1993년 말 정부의 '선탈퇴 · 후복직' 원칙에 따라 복직되었다. 전교조의 출현은 교육계는 물론 우리 사회 전반에 적지 않은 영향을 미쳤다. 그중 하나가 1991년 '교원지위향상을 위한 특별법'을 제정하는 노력으로 나타났다. 여기에는 한국교총의 역할이 컸다(안병영, 1998a: 9).

지방교육자치제의 실시

지방교육자치제는 이미 제1공화국에서 도입되었으나, 1961년 5·16 이후 사실상 폐지되었다. 그러나 민주화의 흐름 속에서 1991년 3월 8일 '지방교육자치에 관한 법률'이 제정되어 지방의회와 광역시·도 교육위원회가 발족, 다시 활동을 시작했다. 지방교육자치제가 다시 실시됨에 따라 그간 교육부가 대행하던 교육 · 학예에 관한 조례 제·개정권, 예산안 및 결산에 대한 심의 · 의결권 등이 지방(시·도의회 및 교육위원회)으로 이양되었고, 교육재정의 배분에 있어서도 지방의 자율성이 증가했다.

5공 시기의 교육개혁

세계의 선진 여러 나라들은 1980년대 초부터 자국의 교육제도 전반에 대한 연구를 수행하고 이를 바탕으로 종합적인 교육개혁을 추진하였다. 나라마다 교육개혁의 비전과 방향은 달랐으나, 대체로 점차 가시화되는 세계화의 격류 속에서 교육체제의 개방성, 탄력성, 수월성을 추구하고 평생학습의 기회를 높이는 한편, 교육을 통한 국가발전과 국가위상의 제고를 겨냥했다. 그런데 미국, 영국과 같이 자유주의적 교육레짐을 갖고 있는 나라들의 경우, 개혁의 역점을 수월성 제고를 통한 국가경쟁력 강화에 두었다.[9] 그러나 프랑스는 교육에서의 평등과 학교의 책무성을 강조했고, 독일은 직업과의 연계를, 그리고 일본은 각자의 능력과 적성에 맞는 교육에 역점을 두었다(교육개혁위원회, 1998: 55-63).

이러한 세계적 추세는 우리나라에도 영향을 미쳤다. 1980년대 중반 이후 정부는 보다 장기적, 체계적, 그리고 종합적인 교육개혁을 추진하기 위해 노력을 경주했다. 이 시기의 교육개혁 노력은 그 이전 시기와 비교할 때, ① 교육개혁을 주도하기 위해 대통령 직속의 전담기구를 설치하고, ② 교육개혁의 주안점을 교육기회의 팽창보다 '교육의 질' 에 두어 관심을 기울였으며, ③ 다가오는 21세기를 조망하면서 국가 발전전략의 차원에서 교육개혁을 구상했다는 점에서 차이가 난다(교육개혁위원회, 1998: 45). 그 예가 전두환 정부의 '교육개혁심의회' (1985.3.~1987.12.)와 그 뒤를 이은 노태우 정부의 '교육정책자문회의' (1989.2.~1993.2.)이다. 이들 개혁기구들은 기존의 미시적 · 부분적 교육개혁과 달리 교육제도 전반에 걸쳐 폭넓게 개혁방안을 탐색하였으며, 심의과정에 사회 각계각층의 인사들을 폭넓게 참여시켰다. 뿐만 아니라 범정부 차원의 긴밀한 협조체제를 강조하는 등 개혁의 지원 및 실천에 대해서도 각별한 관심을 표명했

---

9) 그 대표적인 예가 미국이다. 미국은 1981년에 구성된 '교육 수월성 제고를 위한 국가위원회(National Commission on Excellence in Education)' 의 집중적인 연구를 토대로 1983년에 '국가위기(A Nation on Risk)' 라는 연구보고서를 발간한다. 이 보고서는 미국의 국제경쟁력이 거의 모든 분야에서 뒤져 있음을 지적하고, 그 원인이 학생들의 학력저하에 있음을 밝혔다. 그러므로 미국은 수월성 추구의 교육개혁을 통하여 모든 부문에서 국제경쟁력을 제고하여 국제무대에서 지도력을 되찾아야 한다고 강조하며, 38개의 제안을 하고 있다.

다. 위의 두 위원회의 산 경험들, 특히 그 구성 및 운영, 심의방식과 여론 수렴 형식, 그리고 개혁과제의 선정 및 추진 등의 제반 활동은 훗날 문민정부의 교육개혁위원회의 설치 및 운영 과정에서 매우 요긴한 준거틀이 되었다(교육개혁위원회, 1998: 45-54).

교육개혁심의회는 총 49개의 개혁사항을 제시하였는데, 입시제도의 개혁 등 현안문제뿐만 아니라 평생교육체제의 확립과 같은 미래지향적 과제도 제시하고 그 확충을 건의했다. 특히 초·중등학교의 교수 · 학습 방법의 개선, 과학기술 교육의 진흥, 미래 정보화 사회 대비 등에 근거하여 컴퓨터 교육의 강화를 강력히 요구하였다. 당시 문교부는 이를 기초로 1987년 12월 '학교 컴퓨터 교육 강화방안'을 발표하고, 이를 실천에 옮기면서 교육정보화의 첫발을 내딛었다. 한편, 노태우 정부의 교육정책자문회의는 '독학에 의한 학위인정 방안' 등 36개 정책과제를 심의 · 보고하였다. 위의 두 대통령 자문 교육개혁기구에서 제의된 교육개혁방안 중 일부는 시행되었고, 다수는 문민정부의 교육개혁위원회의 개혁방안에 반영되었다.

소 결

이상에서 살펴본 바와 같이 해방 이후 제6공화국에 이르기까지 우리 교육은 실로 많은 변천을 거쳤다. 우선 교육의 양적 팽창이 괄목할 만하다. 의무교육의 시행으로 이미 1950년대 말에 초등학교 교육이 보편화 단계에 들어섰고, 70년대 말에는 중등교육의 보편화, 그리고 1980년대 말에는 고등교육의 보편화 단계로 접어들었다. 학교교육을 통하여 배출된 이들 인적자원은 1960년대 이후 경제발전 단계에 따른 산업인력을 공급했고, 오랜 민주화 과정에서 민주화의 역군들을 배출했다. 그러나 이러한 성과에도 불구하고 교육재원의 부족으로 학생수용능력을 비롯한 제반 교육여건이 크게 미비했고, 교육의 질도 양적 팽창과 궤를 같이하지 못하였다. 교육운용체제 또한 관주도의 중앙집권적 · 규제적 성격이 두드러졌다.

1980년대 중반 이후에는 장기적 · 종합적 · 체계적 교육개혁이 모색되기 시작했다. 무엇보다 21세기를 향한 교육의 대응에 대한 관심이 고조되었고, 주된 정책적 관심도 점차 교육의 질 관리로 옮겨갔다. 그런 가운데 1987년 6월 민주항쟁 이후 민주주의로의 이행이 시작되고, 1991년 지방교육자치제도가 도입되었다. 그러나 우리 사회의 과도한 교육열과 학벌주의에서 비롯되는 살인적 입시경쟁[10]과 망국적인 과외는 학교교육의 정상화를 가로막는 심각한 사회적 쟁점으로 부상했다. 1968년 도입한 중학교 무시험제도, 1974년의 고교평준화 조치, 그리고 끝내 실패로 돌아간 1980년의 대학정원의 대폭 증원과 과외금지 조치 등도 이에 대한 정책적 대응이었다. 한국 교육과 결부된 이들 문제들과 그에 따른 국민적 고통은 끝내 어느 정부도 풀지 못한 채 그대로 남았다.

1995년과 2015년의 한국 사회와 교육

지난 20년 동안의 변화

여기서는 5·31 교육개혁의 배경과 맥락 그리고 그것이 우리 교육에 미친 영향을 이해하기 위해 지난 20년 동안 우리 교육과 교육을 둘러싼 사회 · 경제적 환경이 어떻게 변해 왔는지를 살펴보고자 한다.

경제적인 측면에서 볼 때, 5·31 교육개혁 이후 있었던 IMF 외환 · 금융

---

10) 1994년 2월에 출발한 문민정부의 교육개혁위원회는 '5·31 교육개혁'의 동기로 '문명사적 변화에 대한 대응'과 더불어 '한국적 교육문제의 해결'을 들고 있는데, 그중 '입시 위주 교육의 병폐'를 가장 부각시키고 있다. "입시 경쟁(은) … 초·중등교육 전체를 비정상화시켜 놓고 … 인성 · 도덕교육은 설 자리를 잃고 있는 것이다."

위기와 세계경제위기에도 불구하고 우리 국민들의 생활수준은 꾸준히 향상되어 왔다. 〈표 1-1〉에서 볼 수 있는 것처럼, 1인당 국민총소득(GNI)이 1995년 12,282달러에서 2013년 26,204.7달러로 두 배 이상 증가하였다.

〈표 1-1〉 1인당 국민총소득(GNI) (단위 : 명목 달러)

1995	2000	2005	2010	2013
12,282.0	11,865.3	18,508.2	22,169.7	26,204.7

출처 : 한국은행.

우리나라의 수출 규모도 지속적으로 증가했다. 우리나라의 수출 규모는 1995년 1,250억 달러를 넘어선 이래 꾸준히 증가하여 2010년에 4천억 달러를 돌파하여 4,664억 달러에 이르렀고 2014년에는 5,727억 달러에 달하였다.

〈표 1-2〉 수출액 규모 (단위 : 명목 백만 달러)

1995	2000	2005	2010	2014
125,058.0	172,267.5	284,418.7	466,383.8	572,664.6

출처 : 한국무역협회.

산업구조는 지난 20년간 서비스산업의 비중이 지속적으로 증가하는 방향으로 변화하였다. 〈표 1-3〉은 산업별 취업자 수의 변화를 보여주고 있는데, 1차 산업(농·어·임업 및 광업)에 종사하는 취업자의 비중이 1995년 0.42%에서 2013년에는 0.26%로 감소하였고, 2차 산업(제조업 등)에 종사하는 취업자의 비중도 1995년 34.72%에서 2013년 26.02%로 감소하였다. 반면, 3차 산업에 종사하는 취업자의 비중은 동 기간 중 64.86%에서 73.72%로 증가하여, 우리 경제가 서비스산업 위주로 재편되었음을 알 수 있다.

〈표 1-3〉 산업별 취업자 구성 변화 (단위 : 명)

	1995	2000	2005	2010	2013
1차 산업	57,055 (0.42%)	46,212 (0.34%)	45,380 (0.30%)	46,795 (0.27%)	50,399 (0.26%)
2차 산업	4,733,569 (34.72%)	4,030,402 (29.63%)	4,297,127 (28.37%)	4,733,756 (26.82%)	4,988,632 (26.02%)
3차 산업	8,843,649 (64.86%)	9,527,660 (70.03%)	10,804,964 (71.33%)	12,866,477 (72.91%)	14,134,443 (73.72%)
전 산업 취업자	13,634,273	13,604,274	15,147,471	17,647,028	19,173,474

출처 : 한국은행.

교육을 둘러싼 사회환경적 변화 중 가장 중요한 변화는 '저출산 현상'이다. 1970년에 4.53에 달하였던 합계출산율[11]이 1980년에 2.82로 낮아진 데 이어, 1995년에 오게 되면 이미 1.64 수준으로 낮아져 있었다. 출산율의 저하 현상은 그 이후에 더 심화되어 2014년의 경우에는 합계출산율이 1.21에 불과하여 세계에서 가장 낮은 상태를 보여주고 있다. 참고로 2012년 기준 주요국의 합계출산율을 보면, 일본 1.41, 미국 1.88, 프랑스 2.00, 독일 1.38, 이탈리아 1.42, 영국 1.92(통계청 e-나라지표)로 나타나고 있다.

〈표 1-4〉 합계출산율 추이 (단위 : 명)

1970	1980	1990	1995	2000	2005	2010	2014
4.53	2.82	1.57	1.64	1.47	1.08	1.23	1.21

출처 : 통계청.

11) 합계출산율이란 한 여자가 가임기간(15세~49세) 동안 낳을 것으로 예상되는 평균 출생아 수를 의미한다.

출산율은 낮아지고 있지만, 기대수명은 계속해서 늘어나서 1995년에 태어난 신생아의 기대수명은 73.53년이었지만 2013년에 태어난 신생아의 기대수명은 81.94년으로 대폭 늘어났다(〈표 1-5〉 참조).

〈표 1-5〉 출생 시 기대수명 (단위 : 년)

연도	전체	남자	여자
1995	73.53	69.57	77.41
2000	76.02	72.25	79.60
2005	78.63	75.14	81.89
2010	80.79	77.20	84.07
2013	81.94	78.51	85.06

출처 : 통계청, 「2013 한국의 사회지표」 및 e-나라지표.

[그림 1-1] 연령계층별 인구 구성비 (단위 : %)

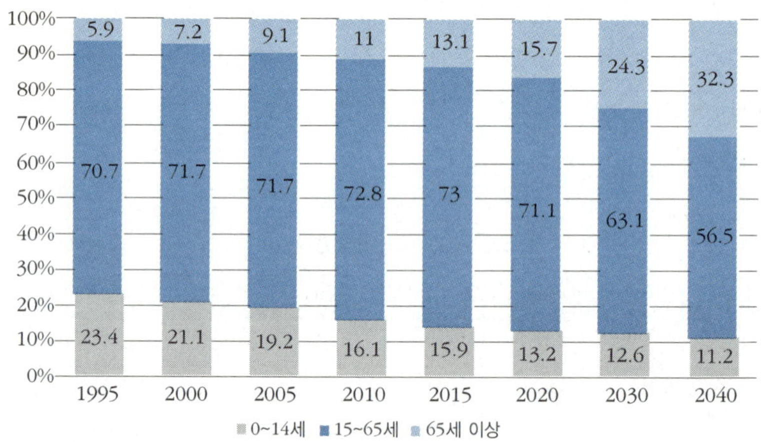

주 : 2010년 이후는 추계치임.
출처 : 통계청, 「2013 한국의 사회지표」.

출산율은 낮아지는 대신 기대수명은 늘어나면서 인구의 고령화가 매우 빠른 속도로 진행되고 있다. 65세 이상의 인구가 전체 인구에서 차지하는 비중이 1995년에는 5.9%에 불과했으나, 이 비중이 2000년에는 7%를 넘어서 고령화 사회(aging society)에 진입하였다. 65세 이상의 인구가 전체 인구에서 차지하는 비중은 2015년에는 13.1%, 2030년에는 24.3%, 그리고 2040년에는 32.3%에 달할 것으로 예상되고 있다.

저출산, 고령화에 따른 인구구성의 변동은 그대로 학생 수의 감소로 나타나고 있다. 〈표 1-6〉을 보면, 초등학교 학생 수는 1995년의 3,905,313명에서 2014년에는 2,728,509명으로 자그마치 1,176,804명이 감소했음을 알 수 있다. 중학교 학생 수도 1995년의 2,482,217명에서 2014년에는 1,718,854명으로 763,363명이나 감소했다. 고등학교 학생 수도 같은 기간 동안 2,184,683명에서 1,852,534명으로 332,149명이 감소했다. 초·중·고등학교 학생 수와 달리 유치원 원생 수는 1995년의 529,265명에서 2014년에는 652,546명으로 오히려 증가하는데 이는 출산율은 감소하지

〈표 1-6〉 교육과정별 학생 수 변동 (단위 : 명)

	1995	2000	2005	2010	2014
유치원	529,265	545,263	541,603	538,587	652,546
초등학교과정	3,905,313	4,020,141	4,022,895	3,299,113	2,728,509
중학교과정	2,482,217	1,860,836	2,100,878	1,974,998	1,718,854
고등학교과정	2,184,683	2,092,067	1,779,355	1,978,769	1,852,534
특수학교	21,607	23,605	23,566	23,858	25,317
대학과정	1,643,032	2,217,078	2,408,845	2,553,803	2,545,291
전문대학과정	569,820	913,273	856,510	772,454	789,020
대학원	113,836	229,437	282,225	316,633	330,872

주 : 중학교, 고등학교, 전문대학, 대학 과정의 학생 수에서 각종학교 수치는 제외함.
출처 : 한국교육개발원, 「교육통계연보」, 각 연도.

만 유치원 과정이 공교육체제에 편입되면서 유치원 취원율이 급속히 상승했기 때문이다. 또한 대학(전문대 포함) 재학생 수도 1995년의 2,212,852명에서 2014년에는 3,334,311명으로 급속하게 증가하는데, 이는 학령인구 감소에도 불구하고 대학진학률이 급속히 상승했기 때문이다.

학령인구 감소와 5·31 교육개혁 이후 이루어진 교육에 대한 투자 증가 덕분에 학급당 학생 수는 뚜렷한 감소세를 보여주고 있다. 1995년 초등학교, 중학교, 고등학교 한 학급당 학생 수는 각각 36.4명, 48.2명, 47.9명이었는데 2014년에는 각각 22.8명, 30.5명, 30.9명으로 줄어들었음을 볼 수 있다(〈표 1-7〉 참조).

〈표 1-7〉 학교급별 학급당 학생 수 (단위 : 명)

연도	초등학교	중학교	고등학교
1980	51.5	62.1	59.8
1985	44.7	61.7	56.9
1990	41.4	50.2	52.8
1995	36.4	48.2	47.9
2000	35.8	38.0	42.7
2005	31.8	35.3	32.7
2010	26.6	33.8	33.7
2014	22.8	30.5	30.9

출처 : 한국교육개발원, 「교육통계연보」, 각 연도.

대학진학률은 1995년에는 51.4%였으나 2014년에는 70.9%로 상승한 상태이다. 그러나 우리나라 대학진학률에 관한 통계는 2010년까지는 대학합격자 기준으로 산출한 반면, 2011년부터는 대학등록자 기준으로 산출하고 있기 때문에 2010년 전 · 후를 평면적으로 비교하기는 불가능하다. 그러나 1995년의 50% 수준의 대학진학률이 2014년에는 70%를 넘어 선 것만은 분명하다(〈표 1-8〉 참조). 대학진학률의 급속한 상승에 따라 인구 만 명당 대학생 수도 뚜렷이 증가하였는데, 1995년 인구 만 명당 424.2명이었던 대학생 수가 2013년에는 642.2명으로 증가하였다(〈표 1-9〉 참조).

〈표 1-8〉 대학진학률 추이

(단위 : %)

1990	1995	2000	2005	2010	2014
27.1	51.4	62.0	73.4	75.4	70.9

출처 : 1995년까지는 「교육통계연보」, 2000년 이후에는 「간추린 교육통계」.

〈표 1-9〉 인구 만 명당 대학생 수

(단위 : 명)

1980	1985	1990	1995	2000	2005	2010	2013
163.4	311.8	338.1	424.2	615.2	642.0	634.3	642.2

출처 : 통계청, 「2013 한국의 사회지표」.

대학의 학부뿐만 아니라 대학원 과정도 급팽창하였는데, 1995년에는 국내 대학에서 박사학위를 취득한 사람의 수가 4,107명에 불과했으나 2014년에는 12,931명으로 증가했다. 이에 따라 인구 10만 명당 박사학위자의 수도 1995년의 9.1명에서 2014년에는 25.3명으로 증가하였다.

<표 1-10> 국내 대학에서 배출된 박사학위자 수 추이 (단위 : 명)

연도	박사학위 취득자 수	인구 10만 명당 학위자 수
1990	2,481	5.8
1995	4,107	9.1
2000	6,153	13.1
2005	8,602	17.8
2010	10,542	22.0
2014	12,931	25.3

출처 : 한국교육개발원, 「2014 교육통계 분석자료집」 및 통계청, 「인구통계연보」.

소 결

5·31 교육개혁방안이 발표된 1995년 이후 지난 20년 동안 우리 사회는 두 번의 큰 경제위기에도 불구하고 지속적인 경제성장과 생활수준의 향상을 구가하여 왔다. 다만, 저출산 현상에 따라 학령인구가 크게 감소하는 가운데에서도 교육에 대한 투자 증가에 힘입어 교육환경은 지속적으로 개선되어 왔다. 지난 20년 동안 가장 괄목한 만한 변화는 고등교육 부문에서 나타났다고 할 수 있는데, 대학진학률과 대학생 수, 박사학위자 수 등이 급격히 증가했음을 볼 수 있다.

앞으로 우리 교육에 가장 큰 영향을 미칠 환경변화는 인구의 감소와 인구구조의 변화이다. 인구감소와 인구구조 변화의 직접적인 영향은 학령인구 감소로 나타나고 있다. 이미 대학구조개혁사업과 대학특성화사업을 시행하면서 정부가 지속적으로 강조한 것처럼, 고등학교 졸업자 수의 감소와 대학진학률 감소가 겹쳐지게 되면 대학입학자원 규모가 크게 감소하여, 상당수 대학의 존립 자체가 위태로워지는 사태가 올 것으로 예상되고 있다.

우리 사회는 해방 이후 팽창하는 인구와 성장하는 경제에 익숙해져 있었고, 교육 시스템 또한 인구와 경제의 성장을 당연한 것처럼 받아들이는 가운데 설계되어 있었다. 그러나 인구구조의 변화는 우리 교육의 작동원리(*modus operandi*)가 완전히 바뀌어야 함을 시사하고 있다. 팽창 지향의 교육체제로부터 감축 관리체제로의 전환과 함께, 줄어드는 인적자원의 활용을 극대화하는 방향으로 인적자원관리시스템이 새롭게 설계될 필요가 있다. 교육정책도 단순히 학교교육에만 초점을 맞추는 것이 아니라 사회 구성원 모두의 잠재력을 극대화할 수 있도록 '평생교육'에 더 많은 관심을 두어야 할 것이다.

또한 교육과 경제의 연계 강화에 따라 앞으로 지식기반경제를 견인할 창의력을 갖춘 고급인재의 양성, 직업교육의 활성화 그리고 산학협력의 강화가 중요한 과제로 등장할 전망이다. 그리고 지식기반경제의 심화와 지속적인 글로벌화로 인해 사회적 양극화가 심화될 것으로 예상된다. 소득과 부의 양극화 현상은 곧바로 계층 간 경제력의 차이에 의한 교육비 부담 능력의 불평등으로 이어지고 이것이 다시 사회적 불평등을 심화시킬 가능성이 매우 높다. 이런 측면에서, 앞으로 사회적 불평등–교육 불평등–사회적 불평등의 악순환 고리를 끊을 수 있는 정책적 대응이 매우 중요한 정책과제로 떠오를 것으로 보인다.[12]

---

12) 우리 교육의 미래과제에 대해서는 이 책의 제10장에서 보다 자세하게 다루고 있다.

제 2 장

5·31 교육개혁의 경과

1. 5·31 교육개혁방안 개요

1995년 2월 대통령 자문기구로 발족한 교육개혁위원회는 4차례에 걸쳐 다음과 같은 내용의 교육개혁방안을 대통령께 보고하였다. 그 경과를 자세히 설명하기에 앞서 우선 교육개혁방안의 주요 내용을 간추리면 다음의 〈표 2-1〉과 같다.

2. 제1차 교육개혁방안(1995.5.31.)

제1기 교육개혁위원회는 1994년 2월 5일 출범하여, 같은 해 9월 5일 대통령에게 첫 번째 보고를 한다.[1] 이때 교육개혁위원회는 11대 과제를

1) 대통령에게 보고한 교육개혁 11대 과제는 ① 교육재정의 확충, ② 대학교육의 국제 경쟁력 강화, ③ 사학의 자율과 책임의 제고, ④ 대학 입학제도 개선, ⑤ 학제 다원화 및 탄력성 제고, ⑥ 초·중등학교 교육과정 개편 및 운영의 내실화, ⑦ 교원의 전문성 신장 및 사

〈표 2-1〉 교육개혁방안의 주요 내용

구 분	주요 내용
제1차 교육개혁방안 ('95.5.31.)	• 열린교육사회, 평생학습사회 기반 구축 • 대학의 다양화, 특성화 • 초·중등교육의 자율적 운영을 위한 〈학교공동체〉 구축 • 인성 및 창의성을 함양하는 교육과정 • 국민의 고통을 덜어주는 대학입학제도 • 학습자의 다양한 개성을 존중하는 초·중등교육 운영 • 교육공급자에 대한 평가 및 지원체제 구축 • 품위 있고 유능한 교원 육성 • 교육재정 GNP 5% 확보(1998년까지)
제2차 교육개혁방안 ('96.2.9.)	• 신직업교육체제 구축 • 초·중등학교 교육과정 개혁 • 전문대학원 제도의 도입 • 교육관련 법령 체제 개편
제3차 교육개혁방안 ('96.8.20.)	• 지방교육자치제도의 개혁 • 교직사회 활성화를 위한 교원정책의 개혁 • 사학의 자율과 책임의 제도 • 교육정보화의 청사진과 개혁방안 • 열린 학습사회를 위한 사학교육 개혁방안
제4차 교육개혁방안 ('97.6.2.)	• 민주시민교육을 위한 개혁 • 초·중등교육의 혁신과 고등교육 체제의 개선 • 정보화 사회 적응력 함양을 위한 교육의 강화 • 유아교육의 공교육 체제 확립 • 과외 대책을 통한 사교육비 경감 방안

제시하였는데, 이 11대 과제 중에서 우선 시급히 추진되어야 할 중점과제가 선별되었고, 1995년 상반기와 후반기 개혁과제가 구분되었다. 여기서 논의하는 제1차 교육개혁방안은 그중 상반기 개혁과제인데, 그 내용이 한국 교육개혁의 가장 근본적인 방향과 과제를 총론 형식으로 다루고 있어, 이후 각론 형식으로 세 차례 더 발표되는 교육개혁방안의 바탕을 이루고

기양양, ⑧ '학교공동체' 중심 교육 운영, ⑨ 직업기술교육의 혁신, ⑩ 교육법 및 교육관계 법령 정비, ⑪ 사회교육 및 사회의 교육적 기능 강화였다.

있다.

따라서 1995년 5월 31일에 대통령에게 제시된 제1차 교육개혁안에는 한국 교육의 '패러다임 전환'을 겨냥한 '5·31 교육개혁'의 정신과 그 핵심적 과제가 가장 집약적으로 담겨 있다. 4년간 활동하며 4차에 걸쳐 대통령에게 교육개혁방안을 보고한 교육개혁위원회의 총체적 개혁활동을 '5·31 교육개혁'이라 통칭하는 까닭도 여기서 비롯된다 하겠다.

제1차 교육개혁방안이 마련되기까지는 1년 4개월에 걸친 긴 회임기간과 오랜 산고(産苦)가 있었다. 그 자세한 과정에 대해서는 뒤에서 다시 논의한다. 그러나 여기서 분명히 해야 할 것은, 제1기 교육개혁위원회는 이 기간 동안 비단 제1차 개혁방안의 창안만을 위해 노력한 것이 아니라 제2, 3, 4차에 걸쳐 발표될 후속 과제에 대해서도 매우 심층적으로 논의하고, 의견수렴을 해 왔다는 사실이다.

수립과정과 주요 쟁점

제1기 교육개혁위원회는 제1차 교육개혁방안이 발표되기까지, 위원회 내부의 의견수렴을 위해 많은 노력을 경주하였다. 200여 차례에 걸친 소위원회와 50여 차례에 걸친 운영위원회를 개최하여 개혁안을 검토 · 협의하였으며, 매월 전 위원이 모이는 전체회의를 통해 개혁안을 종합적인 관점에서 논의하는 한편, 네 차례에 걸친 전체위원과 전문위원의 합동토론회를 통해 개혁안을 심층적으로 검토하였다. 그런가 하면, 3차례에 걸친 공청회, 40여 회의 실무협의회, 그리고 30여 회의 정책간담회, 10차례의 정책협의회를 가졌다. 이 밖에 수많은 각급 학교를 방문하여 일선 교육자들의 의견을 청취하였고, 국민들의 제안을 접수 · 검토하였는가 하면, 여론조사, 해외방문 등을 통해 폭넓은 교육실태의 파악과 해외 개혁동향을 연구 · 조사하였다(교육개혁위원회, 1998: 79).

제1기 교육개혁위원회는 5개 소위원회를 중심으로 그간 정리된 교육개혁방안에 대해 심층적으로 논의하였다. 그러나 1994년 9월 5일 대통령에게 보고했던 11대 과제 중, 사학의 자율과 책임의 제고, 교육법 정비 및 교육행정체제 개편, 직업 · 기술체제 구축, 학제의 다양화 및 교육관계법 정비 문제는 1995년도 하반기 추진과제로 이월하고, 여타 분야는 9개 분야로 정리하여 제1차 교육개혁방안에 포함시켜 보고하기로 합의한다.

실제로 제1차 교육개혁방안은 그 하나하나가 한국 교육의 미래에 큰 충격과 변화를 몰고 올 주요한 과제였다. 그러나 대체로 쟁점화된 방안들은 이해관계가 복잡하게 얽혀 논란의 여지가 크거나, 그동안 여러 번 시도하였으나 해결이 되지 못한 난제들 내지는 교육개혁의 성공을 위해 해결해야 할 전제(前提)적 사안 혹은 많은 이의 관심이 집중되는 현안들이었다.

교육개혁위원회는 세 가지 주요 쟁점에 대한 외부 의견수렴을 위해 1994년 9월 12일, '교육개혁을 위한 재원 확충방안' 을 주제로 공청회를 실시하였고, 같은 해 11월 10일 대학교육개혁방안에 대하여 정책토론회를 실시하였다. 또한 사학정책과 관련해서 1994년 11월 18일 '사학의 자율과 책임의 제고 방안' 에 관한 공청회를 실시하였다. 그러나 사학정책의 경우, 이해당사자들의 극심한 의견대립으로 하반기 추진과제로 돌리게 되었다.

제1차 교육개혁방안과 연관하여 제기되었던 주요 쟁점들을 살펴보면 다음과 같다. 역시 대학입시제도 개선 문제는 교육개혁위원회의 초미의 관심사였다. 그 때문에 교개위는 1995학년도부터 대학별 고사를 폐지하고 대학수학능력시험의 변별력 제고를 골자로 하는 '학교교육정상화를 위한 대학 입학제도 긴급 대책안' 을 1994년 6월 13일 대통령에게 공문으로 건의하였다. 그러나 시행시기의 촉박성을 이유로 교육부가 반발했고, 아울러 일반국민의 혼란이 우려되어 유보된 바 있다. 이 건의안은 시행시기를 조정하여 그 요지가 제1차 교육개혁방안에 반영되었다. 그러나 대입제도 개혁의 핵심이었던 '종합생활기록부'는 방안의 수립과정에서보다 교육부 추진과정에서 문제점이 제기되어 엄청난 홍역을 치르게 된다.

다음으로 GNP 5% 교육재원확보 문제가 시종일관 주요한 쟁점이 되었다. 무엇보다 재정경제원과 내무부 등 관련 부처와의 협의가 난항을 겪게 되어 교육개혁안의 보고가 늦어지게 되었으며, 완전한 의견조정이 이루어지지 않아 1995년 9월까지 관계 부처 간 협의를 통하여 1996년도 예산편성 시부터 교육재정의 GNP 5%를 확보하도록 하였다.

고교평준화 문제도 역시 치열한 쟁점 중의 하나였다. 학생선택권 확보를 위하여 완전해제를 주장하는 측과 평등논리에 입각하여 현행유지를 주장하는 의견이 대립되었으나, 평준화의 장점을 살리면서 학생선택권을 보장하는 '학군 내 선 복수지원 후 추첨 방식'이라는 절충안을 내놓게 되었다.

대학설립과 정원 자율화에 관한 부분도 주요 쟁점방안이었다. 시장경제원리의 도입과 적자생존의 원칙에 입각하여 대학설립과 모집정원을 완전 자율화하자는 견해가 제기되었으나 '일정 요건을 정한 대학설립', '교육여건과 연계한 정원 자율화' 방향으로 수위를 조정하여 어렵사리 합의가 되었다(교육개혁위원회, 1998: 81). 당시 교육부는 조심스레 유보적 입장을 피력하였다.

교육개혁방안

제1차 교육개혁방안의 주요 내용은 다음과 같다.

열린교육사회, 평생학습사회 기반 구축

① 열린교육체제의 제도적 기반 구축 : 학점은행제, 학교의 평생교육 기능 확대, 시간제 학생등록 실시, 교육 프로그램의 다양화, 학교의 전·편입학 허용, 농어촌의 교육장화, 여성 및 노인의 재교육 기회 확대, 성인 학습자의 다양한 욕구 수용, 원격교육 지원체제 구축, 신대학의 시범운영(하반기 추진과제)

② 열린교육체제의 기술적 기반 구축 : (가칭)멀티미디어교육지원센터 설립, 교육정보화추진위원회 구성

대학의 다양화와 특성화

① 대학의 다양화와 특성화 : 대학모형의 다양화와 특성화, 세계화 · 정보화 전문요원 양성을 위한 단설 전문대학원 설치

② 대학설립, 정원 및 학사 운영 자율화 : 대학설립을 인가제로부터 준칙주의로 전환, 대학 정원 및 학사 운영의 자율화

③ 학술연구의 일류화 : 연구의 세계화, 첨단 학술정보센터의 설립, 대학평가와 재정지원 연계 강화

④ 대학교육의 국제화 : 국제관계 전문인력 양성, 외국인 유학생 정책 개선, 고등교육기관의 해외진출 지원, 한국문화 정체성 확립

초·중등교육의 자율적 운영을 위한 〈학교 공동체〉 구축

자율적 학교 공동체 구축을 위하여 학교운영위원회 설치, 학교장 초빙제 시범 실시, 교사 초빙제 시범 실시

인성 및 창의성을 함양하는 교육과정

① 실천 위주 인성교육 강화 : 학교 급별에 따른 인성교육 실시, 인성교육방법의 개선, 청소년 수련활동과 봉사활동의 〈종합생활기록부〉에의 반영 강화, 유아교육에 있어서 인성교육 강화, 가정교육과의 연계 강화, 매스컴의 교육적 기능 강화

② 창의성을 함양하는 교육과정 확립 : 교육과정의 개선, 교육과정 운영의 다양화, 기초학력 교육 강화, 교과서 정책 개선

③ 개인의 다양성을 중시하는 교육방법 확립 : 자기 주도적 학습능력 향상, 개별화 학습의 강화, 첨단 정보통신기술을 통한 교육, 개인의 흥미와 적성을 고려한 교육, 방과 후 교육활동 활성화, 특수교육과 영재교육의 강화

④ 세계화 교육 및 외국어 교육 강화 : 세계화 교육 실시, 외국어 교육의 강화(1997학년도부터 초등학교 3학년부터 영어를 가르치고, 고등학교에서 제2 외국어의 선택이 실질적으로 가능하도록 순회 교사제를 확대한다.)

국민의 고통을 덜어주는 대학입학제도

국·공립대학은 종합생활기록부, 대학수학능력시험, 논술, 면접, 실기 등을 전형 자료로 활용할 수 있지만, 종합생활기록부는 필수 전형 자료로 활용하도록 한다. 현행 내신 반영 비율(40% 이상)을 1997학년도까지 그대로 유지하고, 1998학년도 이후에는 대학이 자율적으로 정한다.[2]

---

2) 사립대학은 1997학년도부터 자율적으로 학생 선발 기준과 방식을 정하여 학생을 선발할 수 있으나, ① 초·중등 교육의 정상화가 이루어지도록 해야 하며, ② 국민의 사교육비 부담을 과감히 축소하는 방향이어야 하고, ③ 학생 선발 방식과 기준을 가능한 한 빠른 시일 안에 사전 예고한다는 원칙을 존중하여야 한다.

학습자의 다양한 개성을 존중하는 초·중등교육 운영

① 중등교육의 다양화와 특성화 : 고등학교 유형의 다양화, 예술교육의 특성화

② 초·중등교육의 질 향상 : 교육여건의 개선 및 상향 균질화, 평가와 행·재정 지원 연계로 교육의 질 향상

③ 초·중등학교의 학생선발 방식 개선 : 초등학교 입학연령 탄력적 운영, 중학교 선택권 부여, 일반계 고등학교 선택권 부여,[3] 특수목적 학교 학생선발방식 개선

교육공급자에 대한 평가 및 지원체제 구축

① 규제완화위원회 설치

② 교육과정 및 평가 전담기구 설치 : 〈교육과정평가원〉 설치 · 운영

품위 있고 유능한 교원 육성

① 교원양성 및 연수제도 개혁 : 교원양성기관 교육과정 개편, 교원 임용제도의 개선, 교원연수 강화

② 능력 중심 승진 · 보수체제로의 개선 : 능력 중심의 승진체제 마련,

---

3) 특히, 일반계 고등학교 선택권 부여 과제에서는 학생에게 선택권을 부여하기 위하여, 평준화 지역의 일반계 고등학교는 1996학년도부터 학군 내 선 복수지원, 후 추첨 방식에 따라 학생을 선발하도록 한다는 내용을 포함하고 있었다. 또한 최근 논란이 되고 있는 자립형 사립 고등학교에 관련된 내용도 이때 포함되었는데, 1998년 이후 대학교육의 다양화 · 특성화가 어느 정도 정착되어 대학입학 전형 제도가 다양화되었다고 시·도 교육감이 판단하면, 건학 이념이 분명하고 정부의 재정 지원 없이 재단 전입금 및 학생 납입금으로 운영 유지할 수 있는 자립형 사립 고등학교에 등록금 자율 책정권을 부여하고, 학생에게는 자립형 사립 고등학교에 대한 학교 선택권을 부여하는 것을 주요 내용으로 하고 있었다(교육개혁위원회, 1998: 100).

일의 양과 어려움에 따른 차등보수

③ 교사의 연구환경과 효율적 근무조건 조성 : 특별연구교사제 도입, 교과별 또는 학년별 연구실 확충, 교무실 사무자동화, 자율 출·퇴근제, 교장 명예퇴직제 실시

교육재정 GNP 5% 확보(1998년도까지)

1998년도까지 교육재정 GNP 5%를 확보하여 공교육에의 투자를 확대하며, 사교육 수요를 학교로 흡수하여 과다한 사교육비 부담을 줄이고, 지방자치단체의 교육재정에의 책임과 기여를 강화하여 교육자치가 정착되도록 한다.[4]

3. 제2차 교육개혁방안(1996.2.9.)

제1기 교육개혁위원회의는 1996년 2월 9일, 그 두 번째 작품인 제2차 교육개혁방안을 김영삼 대통령에게 보고하였다. 중요한 과제영역은 신직업교육체제 구축, 초·중등 교육과정 개혁, 전문대학원 도입, 교육관계 법령 체제 개편이었다.

21세기 세계화 · 정보화 시대에는 지적 능력과 창의력에 바탕을 둔 직업의 종류가 다양하게 증가하고, 그 생성과 소멸의 속도가 매우 빠르게 변화된다. 이처럼 급변하는 직업세계에 적절하게 대응하기 위해서는 교육과 훈련의 통합, 학습과 일의 연계 강화, 자격제도의 개선, 특히 직업능

4) GNP 5% 수준의 교육재정 확보를 위한 구체적 세부방안은 관계부처(국무총리 행조실장, 재정경제원, 내무부, 교육부, 건설교통부 차관)에서 수립하여 1995년 말까지 대통령께 보고 · 확정하며, 1996년도 예산부터 반영한다.

력 인증제의 도입과 민간자격제도의 활성화, 직업교육훈련에의 민간 참여 확대 등이 절실하게 요구된다. 그런 의미에서 직업교육의 고도화와 교육과 노동세계의 연계를 지향하는 신직업교육체계의 구축은 개인의 직업능력 개발과 국가 경쟁력 제고를 위해 시급히 요구되는 개혁과제였다.

한편, 초·중등 교육과정 개혁의 핵심인 '교육과정 2000'은 초등학교 1학년부터 고등학교 1학년까지 10년 과정을 국민공통 기본교육과정으로, 이후 고교 2~3학년 과정은 선택과정으로 나누어, 10년간 국민교육의 기초를 견고하게 다지고, 이어 선택을 통하여 학생 개개인의 개성 신장을 강화하려는 교육설계이다. 이 교육과정은 학교의 재량시간 확대, 학생의 교과별 선택 폭 확대, 자기 주도적 학습, 수준별 교육과정 도입 등과 연계하여 학생의 개성 및 능력개발에 역점을 두었다.

아울러 고학력화 사회에서 세계화 수준의 전문인 양성을 위하여 전문대학원 제도를 도입하고, 현행 교육법을 교육기본법, 초·중등교육법, 고등교육법으로 개편하고, 사회교육법 체제를 정비하고자 하였다.

수립과정

교개위는 1996년 6월부터 1998년 1월 사이에 이들 과제들을 소위원회별로 분담하여 개혁안을 구상하였다. 그 과정 속에서 수차례에 걸친 내부회의(전체회의, 위원합동 토론회, 운영위원회, 전문위원회의 등)와 전문가 협의회 및 간담회, 정책토론회 및 공청회 등을 통해 관계전문가의 의견과 국민 여론을 수렴하여 개혁안의 기본 틀과 내용을 보완하였다. 그러나 실제로 위의 과제들은 이미 5·31 교육개혁을 준비하는 초기 과정에서부터 비상한 관심을 가지고 논의가 시작되었던 주제들이다.

신직업교육체제와 연관하여 특기할 것은, 이 개혁과제에 관한 한, 해외

정보나 제도연구에 있어 교개위보다 청와대 수석실이 한발 앞섰다는 것이다. 청와대는 일찍이 교육부에서 OECD에 파견되어 있던 정기오를 통해 직업교육에 관한 정보와 자료를 계속 입수하였고, 노동연구원 출신의 이 방면 전문가 김태기 행정관(후에 정기오로 교체)이 위의 정기오와 지속적 교류와 소통을 통해 매우 높은 수준의 아이디어 및 제도 연구가 진행되었다. 직업교육 3법의 바탕도 여기서 비롯되었다. 교개위는 직업 · 기술교육체제 개혁방안과 관련하여 1995년 9월 전문가 협의회를 3회에 걸쳐 가졌고, 같은 해 10월에 정책토론회를, 그리고 그해 11월 18일에는 직업 · 기술교육체제 개혁방안에 관하여 상업고등학교 교장단과 협의회를 가졌다.

초·중등학교 교육과정 개혁을 보면, 1995년 8월 1일에 교육과정특별위원회를 구성(위원장 : 김호권, 위원 11명, 연구위원 7명)하고, 같은 해 10월 26일 교육과정 개선을 위한 전문가 협의회를 가졌고, 이어 교육과정 연구를 위해 선진 외국(미국, 프랑스, 영국)을 1995년 10월 29일부터 시찰한 바 있다. 그 후 그해 11월 30일 '2000년대 교육과정을 위한 개혁의 방향' 이란 주제로 정책토론회를 가졌고, 12월 14일에는 '초·중등학교 교육과정의 개혁방향' 에 관한 공청회가 열렸다. 교육개혁위원회가 교육과정 개편방안에 큰 역점을 두었다는 사실은, 교개위 2차 전체회의(1994.2.20.), 제11차 전체회의(1995.1.21.), 제14차 전체회의(1995.2.27.), 제15차 전체회의(1995.8.29.) 등에서 교육과정에 관한 토론 및 보고가 있었고, 제3차 위원 합동토론회(1994.10.22.) 및 제4차 위원 합동토론회(1994.12.20.~12.21.)에서도 교육과정에 관한 심도 있는 토론이 있었다는 점에서 확연히 드러난다. 한 주제에 관해 이처럼 자주 토론하는 예는 매우 드문 것이다.

전문대학원 제도 도입에 관하여는 1995년 9월 22일 의학 및 신학제도 개혁안을 중심으로 정책토론회가 있었고, 1995년 12월 22일 법학교육개혁특별위원회(위원장 : 백충현, 위원 12명, 전문위원 3명)를 구성하였으며, 그 이듬해 1월 27일에는 법학교육 개혁을 위한 전문가 협의회를 가졌다.

교육법 체제 정비와 관련하여 1995년 8월 17일 교육법 정비 방안에 관한 전문가 협의회를 가졌고, 같은 해 9월 30일에는 사학의 행·재정 지원 및 사립학교법 개정 관련 협의회를 열었다. 같은 해 12월 12일에는 '교육법의 개혁 방향과 과제'라는 주제의 공청회가 개최되었다. 그런가 하면 제5차 위원합동토론회(1995.12.20.~12.21.)에서 현행 교육법을 교육기본법, 학교교육법, 대학교육법으로 구분하여 체제를 정비하고, 60여 개로 분산된 사회교육 관련 법령을 사회교육법으로 단일화시키되 세부 내용은 추후에 검토하기로 결정하였다.

이상의 교육개혁위원회 내부의 심의 토론이나 외부 전문가 초청 심의 토론 이외에도 국민제안 창구를 개설하여 국민들의 교육 관련 제안을 수시로 접수하였는데, 1994년 2월 1일부터 1995년 12월 31일 사이에 직업 · 기술교육체제 개혁에 대하여 29건, 교육법 및 교육관계 법령 정비에 대해 38건, 초·중등학교 교육과정 개편 및 운영의 내실화에 대해 92건, 전문대학원 제도 개선에 대해 3건의 국민 제안이 접수되었다(교육개혁위원회, 1998: 115-116).

교육개혁방안

제2차 교육개혁방안의 주요 내용은 다음과 같다.

신직업교육체제의 구축

① 고등학교 단계 직업교육의 다양화 : 고등학교 단계 직업교육의 다양화, 특성화 고등학교의 확대, 고등학교 교육과정의 통합 · 운영, 계속교육기회의 부여, 교육과정의 현장적응성 제고, 우수한 교사 확

보, 실업계 고등학교 시설 · 설비 현대화, 실업계 고등학교 및 학생을 위한 재정 지원 강화

② 전문대학, 개방대학, 기능대학의 직업교육 활성화 : 전문대학 직업교육의 강화, 특성화 전문대학의 설치, 개방대학 직업교육의 내실화, 전문대학 · 개방대학 · 기능대학의 전형방법 개선, 전문대학과 개방대학 교원의 전문성 제고, 기능대학의 역할 강화

③ 신대학의 도입 : 교육 대상자는 취업자이면서 동시에 학생 신분을 가지며, 산업현장이 주된 학습장이 되고, 전공 이론과 교양교육을 위해 멀티미디어 정보 기술과 원격 교육방식을 활용하는 신대학을 도입

④ 전문직업 분야의 학위제도 도입 : 산업체에 취업하고 있는 사람들이 직업 전문 계속교육을 통하여 그 분야에서 최고학위를 취득할 수 있도록 전문석사 및 전문박사 제도 도입

⑤ 평생 직업교육 기반의 구축 : 생애에 걸친 진로지도 및 진로정보 제공, 여성의 직업교육 기회 지원, 영세 중소기업 취업자와 자영업자의 직업교육 기회 확대, 취약계층(교육보호대상자)을 위한 직업교육 기회의 확대, 실업계 고등학교, 직업훈련원의 성인 직업교육 확충, 병역기간을 통한 직업교육의 강화, 문하생 제도를 통한 교육의 학력 인정, 교육 · 훈련 산업의 육성, 직업능력 인증 제도의 도입, 교육구좌제(education account) 도입 검토

⑥ 자격제도의 개편 : 자격제도 운영의 민간참여 증대, 국가기술 자격 종별 및 단계의 단순화, 직업교육과 자격 과정의 연계 강화

⑦ 직업교육 · 훈련 관련 행·재정지원 체제 구축 : 국·공립 직업교육 기관의 법인화 추진, 직업교육 · 훈련기관 평가의 제도화, 지방자치단체의 역할 강화, 중앙정부의 역할 재정립, 직업능력개발원(가칭) 설립, 전문가 양성을 위한 전문대학원 설립 지원, 직업교육 · 훈련 관

련 법제 정비, 직업교육 재원 확충 및 금융 · 세제 지원, 현장 실습생과 현장 연수 교원을 위한 지원 대책 강구

초·중등학교 교육과정 개혁

① 신교육과정 편제 도입 : 국민공통기본교육기간을 초등학교 1학년에서 고등학교 1학년까지 10년으로 설정하고, 이 기간 중에는 학교 급별 개념이 아닌 학년제 개념에 기초한 일관성 있는 교육과정 체제를 갖추도록 하는 국민공통 기본교육과정 체제 설정, 일반계 고등학교 2~3학년은 학생의 능력 · 흥미 및 장래 진로를 반영하는 선택 과목 위주의 교육과정 체제를 갖추는 방향으로 일반계 고등학교의 선택 중심 교육과정 체제 설정, 실업계 고등학교 · 과학 고등학교 · 외국어 고등학교 및 예체능 중·고등학교의 교육과정 체제 설정

② 수준별 교육과정 도입 : 단계형 수준별 교육과정 도입(단계형 수준별 교육과정은 우선 영어와 수학 교과에 한하여 도입하되 장기적으로 국어와 과학 교과도 단계형 수준별 교육과정으로 전환), 심화 보충형 수준별 교육과정 도입, 과목선택형 수준별 교육과정 도입

③ 교육과정 각론 개발 주요 지침 : 국민공통 기본교육과정의 각론 구성, 능력 중심의 목표 진술과 구체적 내용 제시의 최소화, 독서 교육 강화, 교과 교육에서의 컴퓨터를 활용한 교육 강화, 예능 교과의 내용 영역 확대, 평가 방법의 개선

④ 지원체제 확립 : 시범학교 운영, 선택과목 도입에 따른 수능제도의 개선, 교과서제도의 자율화 확대 및 교과서의 질 제고, 다양한 교사제도의 탄력적 운영 및 교사연수 강화(순회 교사제, 시간제 교사제, 기간제 임용교사제, 산학겸임 교사제, 명예교사제, 강사제도를 도입 또는 확대하고 강사의 자격 기준을 탄력적으로 조정 · 운영), 학교 환경 및 시설

의 개선, 초·중등학교 제도 운영의 탄력화(교육과정 운영의 효율화를 위해 초·중등학교 제도를 농·어촌 지역, 중·소 도시, 대도시 등 각 지역에 맞게 통합 · 운영), 교육과정위원회 구성, 교육과정 중심의 단위 학교 조직 개편 권장

전문대학원 제도의 도입

① 의학전문대학원 제도의 도입
② 성직자 양성 전문대학원의 도입
③ 법학 전문대학원 제도의 도입

교육관계 법령 체제 개편

현행 교육법을 교육기본법, 초·중등교육법, 고등교육법으로 학교 급별 특성에 맞도록 체제를 개편하고, 사회교육법 체제를 정비

4. 제3차 교육개혁방안(1996.8.20.)

1996년 4월 9일 출범한 제2기 교육개혁위원회(위원장 : 김종서)는 제1기 교육개혁위원회의 교육개혁 구상 및 기본정신을 이어받아 새로운 교육개혁 과제의 성안을 위해 노력하는 한편, 이미 집행단계에 진입하기 시작한 교육개혁과제의 성공적인 정착을 위해 교육현장에 밀착된 다양한 교육 및 홍보활동을 전개하였다.

제3차 교육개혁방안은 제2기 교육개혁위원회의 첫 번째 작품으로, 제1기 교개위에서 논의를 시작하였으나, 이해관계자들의 첨예한 대립으로

해결되지 못하고 제2기 교개위로 넘겨진 세 가지 난제, 즉 지방교육 자치제도의 개혁, 교직사회의 활성화를 위한 교원정책의 개혁, 사학의 자율과 책임이 여기서 구체적으로 모습을 드러낸다. 아울러 발족 당시부터 교개위가 큰 관심을 기울여 온 교육정보화를 위한 개혁과 열린학습사회를 위한 사회교육 개혁방안들이 집중적으로 다루어졌다.

수립과정

문용린 상임위원을 중심으로 18명의 전문위원이 매주 월, 수, 금요일마다 모여 각 교육개혁 과제 내용을 집중적으로 토론하였다. 또한 주요 과제별로 특별연구팀을 구성하여 개혁과제를 집중적으로 연구하였는데, 지방교육자치 특별연구팀, 교원정책 특별연구팀, 사학정책 특별연구팀, 교육정보화 특별연구팀, 사회교육 특별연구팀이 그것이다.

1996년 8월 5일에는 '사학의 자율과 책임의 제고방안' 에 대한 공청회가 열렸다. 사흘 후 8월 8일에는 '지방교육자치제도의 개혁' 에 대한 공청회가 열렸는데, 이때 전국의 교육위원들이 방청객으로 대거 참석하여 지방교육자치제도의 개혁안에 대한 반대의사를 표명하였다. 이어 8월 9일 개최된 '교원정책 개혁방안' 에 대한 공청회에서는 교원자격의 다단계화 방안을 신중히 검토할 필요가 있다는 우려의 소리가 있었고, 8월 13일 개최된 '열린학습사회를 위한 사회교육개혁방안' 에 대한 공청회는 전반적으로 긍정적 분위기 속에서 이루어졌다(교육개혁위원회, 1998: 167-168).[5]

---

5) 교육개혁안 수립을 위한 다양한 심의 토론 및 의견 수렴과정 중에서 심각하게 논의는 되었으나 최종 보고서에서 누락된 내용이 적지 않았는데, 대표적인 것이 〈시·도 교원 지방직 전환〉, 〈교원자격 제도의 다단계화〉, 〈남자예비교원의 공익 근무요원 제도 도입〉, 〈사립대 기여 입학생〉 등이다.

교육개혁방안

제3차 교육개혁방안의 주요 내용은 다음과 같다.

지방교육자치제도의 개혁

- 지방자치와 교육자치의 관계 명료화 : 지방자치단체장인 시·도지사가 교육을 적극 지원 · 조장할 수 있도록 법적 근거를 명확화
- 교육위원회 · 교육감제도의 개혁

① 교육위원회의 합의제 집행기관화

② 교육위원 정수의 1/3 배수는 시·도 단체장이 추천, 위원 정수의 2/3 배수는 교육계에서 추천

③ 위원 정수의 축소 조정(7~25명에서 7~11명으로)

④ 교육감은 교육 · 학예에 관하여 당해 지방자치단체를 대표하고, 교육위원회의 사무를 총괄 처리

교직사회 활성화를 위한 교원정책의 개혁

① 교원자질 향상을 위한 양성제도의 개혁 : 교원양성기관에 대한 평가인증제 도입

② 교원임용시험의 타당도와 변별력 제고 : 임용시험제도의 개선

③ 교직의 개방화 · 다양화

④ 현장교육의 전문성과 질적 향상을 위한 제도 개선

⑤ 교육복지체제의 혁신

사학의 자율과 책임의 제고

① 사학운영의 공공성 · 투명성 확보 : 사학분쟁조정위원회의 설치, 예산 · 결산 공개
② 사학의 자치역량을 제고하기 위한 제도 개선 : 이사회, 대학평의회, 임기보장
③ 사립 초·중등학교 운영체제의 합리화 도모
④ 사학에 대한 종합적 지원체제 마련 : 세제상의 지원 확대, 재정 및 금융상의 지원

교육정보화의 청사진과 개혁방안

교육의 정보화 추진의 기본 방향은 다음과 같다.
① 기존 교육의 틀과 방식을 정보화 사회에 맞게 조정한다.
② 교육정보화의 혜택이 모든 국민에게 균등하게 돌아가게 한다.
③ 교육체제의 유연성과 개방성을 높여 교육의 효율성을 극대화시킨다.
④ 인간 중심의 능력개발과 조화로운 인성교육을 강화한다.
⑤ 우리의 고유문화와 정체성을 더욱 발전시키는 방향으로 교육정보화를 추진한다.

이를 위한 구체적인 방안은 다음과 같다.
① 21세기형 첨단학교 및 가상대학 운영
② 정보기술 활용 교육의 저변 확대 및 기회 균등화
③ 국민 정보소양 인증체제 구축
④ 교육정보화 자원의 재배분 · 재활용을 위한 체제 정비
⑤ 각종 교육 자료의 전자화, 멀티미디어화 및 한국화 추진

열린학습사회를 위한 사회교육개혁방안

① 범국가적인 사회교육 추진체계 다양화 : 공공부문, 민간사업부문, 사회봉사부문

② 사회교육 추진체계의 전담기구의 설치

③ 지방 사회교육기능 및 활용체의 유기적 통합

④ 사회교육법을 〈평생학습법〉으로 확대 개편

5. 제4차 교육개혁방안(1997.6.2.)

제4차 교육개혁 방안은 교육개혁위원회가 마지막으로 발표한 것으로, 그동안 다양한 집단들의 이해관계가 얽혀 있어 그 해결책을 강구하기가 어려워 미루었던 방안들, 그리고 개혁방안 전체를 마무리하기 위해 꼭 보태야 하는 과제들이 대상이 되었다.

제4차 교육개혁방안은 다섯 범주로 분류된다. 민주시민교육을 위한 개혁, 초·중등교육의 혁신과 고등교육 체제의 개선, 정보화 사회 적응력 함양을 위한 교육의 강화, 유아교육의 공교육체제 확립, 그리고 과외대책을 위한 사교육비 경감 방안이 그것이다.

수립과정과 주요 쟁점

민주시민교육을 위한 교육개혁방안을 창안하기 위하여 특별위원회의 형태로 '민주시민교육연구위원회'가 1996년 10월 1일에 1996년 말까지 한시적인 기구로 출범했다. 이 위원회는 김경원 사회과학원장을 위원장

으로 하고, 18명의 연구위원(교개위 위원 7명, 외부전문가 11명) 및 6명의 전문위원으로 구성되었다. 내부 협의와 공청회에서 가장 문제가 되었던 쟁점은 학생체벌을 금지하는 방안과 학교에서 경어를 사용하는 방안이었다. 교원들은 대체로 학생지도상의 현실적 필요성의 관점에서 반대하는 의견을 제시한 반면, 학부모나 전문가들은 학생인권 및 교육의 본질에 입각하여 동의하는 입장을 피력하였다. 또한 '민주시민교육센터'를 설치하자는 방안도 논란이 되었다. 최종안에서는 체벌금지방안과 경어사용방안이 원칙적으로 받아들여졌고('경어 사용'은 존댓말 사용으로 오해되기 쉬워, '공용어' 사용으로 바뀜), 민주시민교육센터의 설치 방안은 반대에 부딪혀 무산되었다.

초·중등교육과 고등교육 부문의 개혁방안을 위해 1996년 10월부터 제1소위원회를 중심으로 본격적인 논의가 시작되었다. 대체적 윤곽이 드러난 1997년 3월 하순에는 '학기제 개선방안'과 '교원의 권리 보호 및 직무규범 확립 방안'에 대해 공청회를 가졌고, 교육서비스의 질적 개선을 위한 '교육 행·재정체제 구축 방안'에 대해서는 전문가협의회를 가졌다. 이후 다시 전문가, 관계기관 등과 협의를 통하여 최종안을 마련, 전체회의에서 의결하였다. 이 과정에서 교원의 직무수행규범을 제정하는 방안은 교원들의 반대를 수용하여 제외하였다.

한편, 교육정보화 부문의 개혁방안의 기초를 위해 '교육정보화 특별 연구팀'이 구성되었고, 이 팀은 제3소위와 연계하여 운영되었다. 검토과정에서 가장 논란이 되었던 쟁점은 컴퓨터 교육을 위해 독립교과를 필수적으로 부과할 것인지 아니면 모든 교과에서 컴퓨터 활용이 강조되어야 할지였다. 대체로 후자의 입장을 바탕으로 최종방안이 마련되었다.

유아교육문제는 그동안 계속 논의의 대상이 되었으나, 재정부족을 우려하여 유아교육을 공교육체제에 편입하는 방안이 계속 유보되어 왔다. 그러나 제2기 교육개혁위원회는 이 과제의 중요성을 재확인하고, 제4차

개혁방안에 포함하기로 작정하였다. 이를 위하여 교개위 내부에 유아교육개혁방안 연구팀을 가동하고, 여기서 마련된 방안을 가지고, 소위원회(특히 제1소위원회)의 심의를 거쳐, 공청회(1996년 12월 4일)에 부쳐졌다. 각종 회의와 공청회에서 유치원 측과 어린이집 측의 이해갈등이 첨예하게 드러났는데, 전자는 유아교육의 체계화 및 강화에 동의하는 데 반해, 후자는 이에 유보적인 입장을 취하면서 어린이집의 교육적 기능을 인정받기를 요구하였다. 어린이집을 관장해 온 보건복지부 역시 개혁방안에 반대하는 입장을 보였다. 교개위는 양자를 절충하여 유치원에는 보호기능을 강화하고, 어린이집에는 교육기능을 강화하여, 원한다면 어느 쪽에서든 '유아학교'로 전환할 수 있도록 허용하는 한편, 취학기관의 선택은 학부모에 맡기자는 방안을 마련하였다. 이 방안은 1997년 3월 4일 공청회에 부쳐졌고, 결국 이 방안이 최종적으로 확정되었다.

과외문제는 한국사회가 안고 있는 난제 중에 난제여서, 그동안 숱한 논란을 빚었고, 교개위에서도 발족 초기부터 꾸준히 논의되어 왔다. 그러나 이 과제가 다른 여러 부문의 교육문제와 복잡하게 얽혀 있을뿐더러, 우리나라의 사회구조와 국민의 의식구조에 깊숙이 연관되는 문제여서 독립적으로 다루지 않았다. 그러나 과외문제가 날이 갈수록 심각한 사회문제로 부각되면서, 더 이상 이 쟁점을 외면할 수 없어, 구체적 방안 마련에 나선 것이다. 과외대책과 관련하여, 과외를 허용할지 아니면 이를 금지할지의 문제가 팽팽히 대립했다. 1997년 1월 말경까지 위원회와 각 소위원회에서 다양한 논의를 거친 후, 과외 금지와 허용이라는 양 극단의 대안과 현행대로 허용된 일부를 용인하고 불법인 부문을 강력하게 단속하는 대안 등 세 가지 대안으로 정리하여 공청회에 부쳤다. 치열한 논쟁 끝에 결국 현행의 상태를 유지하면서 점진적이고 근원적인 대책을 수립하는 쪽으로 대안을 마련하기로 합의하였다.

교육개혁방안

제4차 교육개혁방안을 열거하면 다음과 같다.

민주시민교육을 위한 개혁

① 민주시민 육성을 위한 학교교육의 강화
② 민주시민교육 역량 강화를 위한 교원 지원
③ 민주생활규범의 정착을 위한 학교문화의 개혁 : 교내 학생법원, 학생고충처리, 체벌금지, 공용어 사용의 일상화, 폭력피해인식교육, 재가교육, 전문가위탁교육제도
④ 학교와 지역사회의 협력체제 구축
⑤ 통일시대를 대비한 민주시민교육의 강화

초·중등교육의 혁신과 고등교육 체제의 개선

① 교육내용의 획기적 감축 : 현재수준의 70% 내외 정도가 되도록 교육내용 감축
② 학교현장에서의 교육혁신 촉진
③ 고등교육의 수월성과 지방화를 위한 지원 : 연구중심 대학의 집중육성, 인재양성의 지방화체제 구축, 대학의 특성화를 촉진하기 위한 대학평가 기준과 모형의 다양화, 전문대학 지원 사업의 내실화, 학기제 전환을 위한 장기 대책 강구

정보화 사회 적응력 함양을 위한 교육의 강화

① 2000년까지 학교를 '작은 정보화 사회(miniature information

society)' 로 조성

② 모든 교과에서 정보기술을 활용한 교수-학습 활동 강화

③ 초·중·고등학교에서 정보소양교육과 정보윤리교육의 강화

유아교육의 공교육 체제 확립

① 유아학교체제의 단계적 구축

② 초등학교 취학 전 유아에 대한 유아교육 권리 보장

③ 유아교육 개혁 추진체계 확립

과외대책을 통한 사교육비 경감방안

과외 사교육비 절감 대책의 기본 전제 : 사안의 심층성, 복잡성 및 파급성을 감안하여 모든 관련 요소들을 고려한 종합대책을 수립하여 장기적인 계획하에 단계적으로 접근

※ 과외 사교육비 대책의 접근 모형

- 학교교육의 정상화
- 지방대학의 집중육성 및 대입전형방식의 정착
- 학원운영제도의 합리화
- 방과 후 활동의 확대 제공
- 정보통신기술의 최대한 활용
- 교육소비자 운동의 활성화

→ 과외 수요감축 및 과외 사교육비 부담 축소

※ 과외 사교육비 경감 대책 3단계

- 응급조치 단계 : 교육예산 집중투자와 과외의 규제를 통한 학교 교육력 회복(1998~2002)
- 여건 성숙 단계 : 학교교육과의 조화를 전제로 학원 및 과외의 합리

적 운영체제 구축(2003~2007)

- 정상화 단계 : 모든 교육적 욕구의 학교 내 충족, 최소한의 학교 밖 사교육은 공신력 있는 학원 및 개인과외를 활용

2부

문민정부의 교육개혁

제 3 장

5·31 교육개혁의 창안과정

1. 교육개혁위원회의 발족

문민정부의 출범과 더불어 많은 이가 대통령 자문기구로서 교육개혁위원회가 곧 출범하여 국민들의 여망에 따라 획기적인 교육개혁을 시행할 것을 기대했다. 그러나 실제로 교육개혁위원회가 첫 고고의 성을 울린 것은 1993년 2월 문민정부가 출범한 지 1년이 지난 후이고, 또 구체적 교육개혁방안을 담은 첫 교육개혁안이 대통령에게 보고된 것은 그로부터 1년 3개월이 지난 1995년 5월 31일이었다. 그 경위를 약술하면 다음과 같다.

1993년 7월 교육개혁위원회의 설치 · 운영안이 국무회의에서 통과되었으며, 8월 10일에는 대통령령으로 교육개혁위원회 규정이 공포되었다. 이에 근거하여 9월 7일 교육개혁 조직의 구성 및 활동을 지원하기 위하여 사무국이 설치된다. 교육부는 1명의 사무국장과 10명의 관료들을 임명한다. 사무국은 교육개혁의 청사진을 마련하는 데 필요한 각종 문서와 자료를 수집하고, 아울러 한국 교육이 안고 있는 제 문제와 연관 정책들을 정리하는 작업을 했다. 이렇게 교육개혁위원회가 출범할 채비가 갖춰졌다.

그러나 교육개혁위원회의 구성은 다시 늦어져, 그 출범까지는 다시 몇 달을 기다려야 했다. 1994년 2월 5일, 김영삼 대통령이 이석희 위원장을 비롯한 26명의 위원을 위촉하고 발족회의 겸 제1차 전체회의를 개최함에 따라 교육개혁위원회는 비로소 정식 발족된다.[1)]

교육개혁위원회의 출범이 늦어진 이유에 대해서는 대체로 두 가지 설이 있다. 그 하나는 문민정부가 집권 초기에 금융실명제, 하나회 척결, 공직자 등록제 등 일련의 획기적인 개혁을 단행하는 바람에 교육개혁위원회의 출범이 후순위로 밀렸다는 견해이다. 또 다른 하나는 교육개혁위원 선정에 난항을 겪었고, 특히 마땅한 위원장을 찾지 못해 시간이 지체되었다는 설이다. 즉 대통령의 의중을 바르게 이해하고, 여론을 폭넓게 수렴하여 교육개혁 청사진을 창안하고 그것을 개혁집행에까지 연계할 수 있는 역량 있는 위원장을 찾는 일이 그리 쉽지 않았다는 얘기다(Lee, 2005: 75).

이후 교육개혁위원회는 7개월간에 걸친 공동작업의 결과를 1994년 9월 5일, '신한국을 위한 교육개혁의 방향과 과제'로 정리하여 대통령에게 보고한다. 후술하거니와 이 보고는 그리 큰 주목을 끌지 못했다. 그해 11월 17일 김영삼 대통령은 호주 시드니에서 발표한 '세계화 선언'에서 교육개혁을 그의 세계화 국가전략의 주요 고리임을 내비친다. 이어 1995년에 들어서자 김 대통령은 1월 25일 그의 세계화 구상을 발표하여 자신의 개혁구상을 보다 구체화시켰고, 그 흐름을 담아 4월 27일 교육개혁의 방향과 과제를 체계적으로 정리한 '대통령의 신교육 구상'을 발표한다.

4월 27일 문서형태로 발표되고, 아울러 한국 교원단체총연합회 주관 전국 교육자대회 연설 내용으로 전달된 '신교육 구상'은 다음과 같이 한국 교육의 '패러다임 전환'을 천명한다. 즉, ① 획일적 교육에서 다양성의

---

1) 1993년 10월 9일, 김영삼 대통령은 교육계 인사들과의 만찬에서 교육개혁의 시급성과 중요성을 크게 강조했다. 이로 미루어 볼 때, 김 대통령도 교개위 출범이 천연되는 데 대해 마음이 쓰였던 것 같다.

교육으로, ② 공급자 중심의 교육에서 수요자 중심의 교육으로, ③ 규제 위주에서 자율교육으로, ④ 수월성과 보편성의 조화, ⑤ 교육제도와 그 운영의 정보화가 그것이다.

아울러 다음과 같은 10가지 교육개혁 과제를 제시했는데, 이 과제들은 이후 발표된 많은 개혁방안들을 관통하는 가장 핵심적인 항목들이다. ① 열린 평생학습사회의 구축, ② 대학의 다양화와 특성화, ③ 초·중등교육 운영의 민주성과 자율성 강화, ④ 인성 및 창의성을 함양하는 교육과정, ⑤ 국민의 고통을 덜어주는 입학제도의 강구, ⑥ 정보화시대에 걸맞은 직업기술교육 체계의 구축, ⑦ 교육수요자들이 참여하는 교육평가 및 지원 체계, ⑧ 품위 있고 유능한 교사의 양성, ⑨ 정보화시대에 부응하는 교육 기반의 구축, ⑩ 교육행정 및 재정제도의 과감한 혁신이다.

위와 같은 대통령의 뜻에 부응하여 교육개혁위원회는 1995년 5월 31일 청와대 영빈관에서 제1차 교육개혁방안을 대통령에게 보고한다. 오랜 산고(産苦)를 겪으며 창안된 이 개혁안은 김영삼 정부 교육개혁의 가장 상징적인 작품으로, 이후 발표될 후속 개혁안의 근간을 이룬다. 뒤이어 국무총리를 위원장으로 하는 교육개혁추진위원회가 그해 8월 30일, 1998년까지 GNP 대비 5% 교육투자계획을 확정함으로써 이 개혁안이 단순한 청사진으로 그치지 않고, 집행으로 이어질 수 있는 재정적 기반이 마련된다. 이후 교개위는 1995~97년에 걸쳐 제2차, 3차, 4차까지의 후속 개혁안을 발표한다. 김영삼 정부하의 교육부는 이들 개혁안을 총 120개의 개혁과제로 정리, 그 각각을 정책프로그램으로 만들어 집행에 옮기는 작업을 수행했다. 교육부는 문민정부가 임기를 다하는 1998년 초까지 이 중 87개를 추진했다(73%의 추진실적). 그중 법령화까지 끝낸 과제가 48개에 이른다.

2. 교육개혁 추진체계

1995년 8월 교육개혁방안의 범정부 차원의 추진을 위하여 국무총리를 위원장으로 하여 12개 부처 장관들로 구성된 '교육개혁추진위원회'가 출범하였다. 이는 문민정부의 교육개혁사업이 범정부적 차원의 대역사(大役事)이며, 그 때문에 범정부적 협력을 통하여 성취하겠다는 의지의 표현이기도 했다. 교육개혁추진위원회는 그 존재와 위상, 그리고 조정과 통합 역할을 통해 이후 교육개혁사업의 성공적 추진을 위해 크게 기여했다. 아울러 교육개혁추진위원회에 상정될 의안의 사전 조정과 부처 간 협조를 위하여 국무총리 행정조정실장을 실무위원장으로 하고 관계 부처 실·국장급으로 구성된 '교육개혁추진실무위원회'를 두었으며, 이를 지원하기 위하여 교육부 장관 산하에 '교육개혁추진기획단'을 구성하였다.

교육개혁추진기획단은 교육부의 각 실·국에서 추진되는 교육개혁방안에 대한 총괄 조정과 현장 홍보기능을 주로 담당하였다. 한시적 조직인 교육개혁추진기획단은 1996년 7월 교육부 조직개편으로, 항구적 조직인 교육정책기획국으로 재편되어 교육개혁방안의 계속 추진을 위해 새로운 틀을 갖췄다.

또한 시·도교육청과 지역교육청, 그리고 각급 학교에 교육개혁 추진 기구를 설치 · 운영토록 하여 각급 학교–교육청–교육부–관계부처 간의 유기적인 협력을 통해 총체적인 교육개혁을 추진해 나갈 수 있는 통합적 네트워크를 형성했다. [그림 3-1]의 공식적인 추진체계도에는 두드러지지 않았으나, 청와대의 교육담당 수석비서관은 교육개혁 추진과정에서 매우 주요한 역할을 수행했다. 이에 대해서는 뒤에 다시 논의한다. 이러한 추진체계 속에서 5·31 교육개혁의 실질적 추진 책임자는 교육부 장관이었다. 교육부 장관의 역할과 활동에 관하여는 뒤에 다시 자세히 논의한다.

[그림 3-1] 교육개혁 추진체계

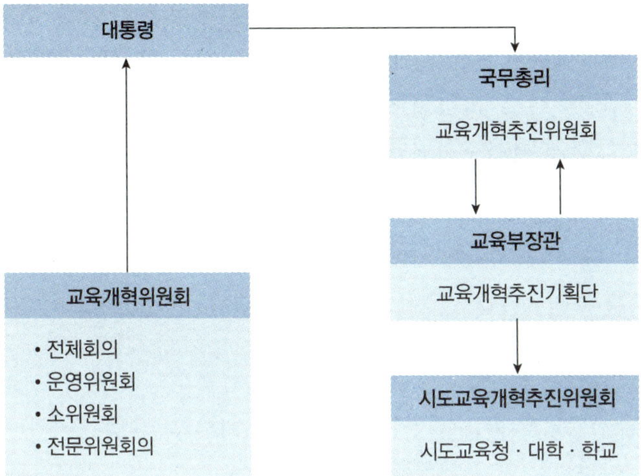

3. 교육개혁위원회의 조직과 구성

제1기 교육개혁위원회는 1994년 2월 5일, 이석희 위원장을 포함한 26명의 위원을 대통령이 위촉하고, 발족회의 겸 제1차 전체회의를 개최함에 따라 정식으로 발족하였다. 제1기 교육개혁위원회는 1996년 2월 4일까지 활동하면서, 제1차 교육개혁방안(1995.5.31.)과 제2차 교육개혁방안(1996.2.9.)을 성안하여 이른바 5·31 교육개혁의 근간을 세웠다. 이어 제2기 교육개혁위원회는 1996년 4월 9일 김종서 위원장을 포함한 44명의 위원들로 새롭게 구성되어 1998년 2월 24일까지 활동하면서, 제3차 교육개혁방안(1996.8.20.)과 제4차 교육개혁방안(1997.6.2.)을 내놓았다. 제2기에서 위원 수가 대폭 증가한 것은, 교육개혁에 다양한 의견을 적극적으로 반영하고 교육현장에 개혁의 뿌리를 내리게 하기 위해 대통령령인 '교육개혁위원회 규정' 의 위원 구성 조항을 25인 이내에서 50인 이내로 개정했기 때문이다.

제1기 교육개혁위원회와 제2기 교육개혁위원회 간에는 조직과 구성에서 일부 차이가 있다. 따라서 여기서는 필요 시 나누어 논의한다. 다만 교육개혁 청사진의 창안과정에서 더 중요한 역할을 수행한 제1기 교개위에 역점을 두고자 한다.

제1기 교육개혁위원회

전체회의

전체회의는 위원장, 부위원장, 상임위원 및 22명의 위원으로 구성하고, 간사인 교육부 차관, 대통령비서실 사회복지수석비서관 및 국무총리 행정조정실장이 참석하였다.

정기회의는 분기마다 1회씩 개최하고, 임시회의는 필요 시 개최하였으며, 다음과 같은 업무를 수행하였다.

1) 교육개혁방향 설정 및 개혁과제 설정
2) 소위원회 및 산하 특별위원회 과제 위임
3) 분기별 추진실적 종합평가 및 향후 추진방향 설정
4) 소위원회 및 산하 특별위원회에서 상정된 교육개혁방안에 대한 심의 · 결정
5) 대통령에 대한 교육개혁안 건의

제1기 교육개혁위원회 전체회의는 1994년 2월 5일, 교개위 발족회의 겸 제1차 전체회의를 개최한 이후, 흔히 '5·31 교육개혁' 으로 통칭되는 「세계화 · 정보화 시대를 주도하는 신교육체제 수립을 위한 교육방안(Ⅰ)」이 발표되기까지 14차례 열렸다. 매우 숨 가쁜 과정이었다. 이후 1996년

2월 임기를 마칠 때까지 4차례 더 열렸다.

운영위원회

운영위원회는 교육개혁위원회 전체의 원활한 운영과 효율적인 심의활동을 뒷받침하기 위하여 구성되었으며, 위원장, 부위원장 및 위원회에서 선출된 위원 등 7인 이내로 구성하였다.[2] 매주 1회 이상 정기회의를 개최하고, 필요 시 위원장의 소집요구에 의하여 임시회의를 개최하였다. 운영위원회는 다음과 같은 사항들을 협의 · 조정하고 전체회의에 보고하였다.

1) 교육개혁사업의 선정, 연구추진 및 여론수렴에 관한 사항
2) 전체회의에 상정할 교육개혁과제에 관한 사항
3) 각 소위원회 및 산하 특별위원회에 위임할 과제와 소위원회 및 산하 특별위원회가 위임받은 과제를 조사 · 연구할 관련 전문가 또는 관계기관 등의 선정에 관한 사항
4) 기타 위원회 운영에 관한 사항

제1기 교육개혁위원회의 운영위원회는 81차례 열렸다. 그중 발족 이후 1995년 5월 31일 제1차 교육개혁방안이 발표되기까지 51차례 모였다.

소위원회

소위원회는 교육개혁안에 대한 효율적인 심의를 위하여 분야 및 과제를 중심으로 5개 소위원회로 편성되었으며, 소위원회별로 5인 이내의 위원으로 구성되었다.

소위원회는 매주 1회 이상 개최하였으며, 다음과 같은 사항들을 심

---

2) 제1기 교개위의 경우, 이석희 위원장, 김윤태 부위원장, 이명현 상임위원 및 5개 소위원회의 이강혁, 이돈희, 신일철, 이기준, 정진위 위원장, 그리고 박세일 무임소 운영위원으로 구성되었다.

의 · 검토하였다.

1) 전체회의에서 위임된 개혁과제에 대해 과제별로 개혁방안 마련 검토
2) 교육개혁안의 전체회의 상정
3) 개혁방안에 대한 여론수렴을 위하여 개최하는 각종 전문가협의회, 정책토론회 및 공청회의 주관
4) 각 소위원회별로 소속된 전문위원에게 조사 및 연구 의뢰

소위원회별로 위임된 과제는 〈표 3-1〉에 정리되어 있다.

〈표 3-1〉 소위원회별 추진과제명

소위원회명	추진과제명 (1994.2.5.~1995.5.31.)	추진과제명 (1995.6.1.~1996.2.4.)
제1소위원회	• 학제의 다양화 및 탄력제고 • 교육법 및 교육관계법 정비	• 교육법 정비 및 교육행정체제 개편
제2소위원회	• 교육재정 확충 • 교원의 전문성 확충 및 사기 앙양 • 학교공동체 중심 교육운영	• 지방교육자치제도 개선
제3소위원회	• 대입입시제도 개선 • 초·중등학교 교육과정 개편 및 운영의 내실화	• 학제의 다양화
제4소위원회	• 대학 및 대학원의 국제경쟁력 강화 • 직업 · 기술교육의 혁신	• 정보화 시대에 걸맞은 직업 · 기술교육체제 구축
제5소위원회	• 사회교육 및 사회의 교육적 기능 강화 • 사학의 자율과 책임의 제고	• 사학의 자율과 책임의 제고

한편, 소위원회별 위원 구성은 〈표 3-2〉와 같았다.

〈표 3-2〉 소위원회별 위원 구성

소위원회	위원장	위원
제1소위원회	이강혁	김신일, 이상선, 이영희
제2소위원회	이돈희	김윤태, 문상주, 홍태표
제3소위원회	신일철	곽병선, 이광훈, 이대근, 이명현
제4소위원회	이기준	권숙일, 김동진, 박용상, 박세일(→배무기), 이규범
제5소위원회	정진위	김춘강, 백낙환, 이인호, 조웅규

위원회 내부의 의견수렴을 위해 소위원회는 매우 자주 열렸다. 특히 제1기 교육개혁위원회는 1994년 2월 발족 이후 다음 해 5월 31일 제1차 교육개혁방안이 대통령에게 보고되기까지 총 200회 이상의 모임을 가졌다(교육개혁위원회, 1998: 79).

전문위원회의

전문위원회의는 교육개혁위원회 위원장이 임명하는 10명 내외의 상근 또는 비상근 전문위원으로 구성되었다. 각 전문위원은 5개 소위원회별로 1~2명씩 소속되어 활동하였으며, 상임위원이 전문위원의 활동을 관리하였다. 전문위원회의는 소관업무의 원활한 추진을 위하여 매주 1회 이상 회의를 개최하였으며, 다음과 같은 업무를 추진하였다.

1) 전체회의와 소위원회에 상정할 교육개혁방안의 조사 · 연구 심의안건의 검토 · 작성
2) 소위원회별로 연구 · 검토되고 있는 교육개혁방안의 협의 · 조정

산하 특별위원회

제1기 교육개혁위원회의 기존 소위원회로는 전문적 논의를 개진하기에 어려움이 있어 산하에 한시적인 2개의 특별위원회를 두었다. 하나는 세계화 · 정보화 시대에 대처할 인재육성을 위하여 인성, 개성 및 창의력을 중시하는 교육을 실시할 수 있도록 초·중등학교의 교육과정 개편방안을 마련하기 위한 〈교육과정특별위원회('95.8.1.~'96.2.4.)〉이며, 다른 하나는 대학교육개혁 차원에서 법학교육에 관한 개혁방안 마련을 위해 발족한 〈법학교육개혁특별위원회('95.12.22.~'96.3.31.)〉였다.

각 산하 특별위원회는 교육개혁위원회 위원장이 임명하는 관련 전문가 10명 내외의 위원으로 구성되고, 별도로 전문적 조언과 연구 · 조사를 위하여 약간 명의 연구위원이 위촉되었다. 교육과정특별위원회는 김호권 영남대 교수가, 그리고 법학교육개혁특별위원회는 백충현 서울대 법대학장이 위원장직을 맡았다. 특별위원회는 매주 1회 이상 개최하여, 주로 소위원회에서 위임받은 개혁과제에 대한 교육개혁방안을 마련하고 검토하는 업무를 수행하였다.

제2기 교육개혁위원회

1996년 4월 9일 출범한 제2기 교육개혁위원회는 제1기 교개위의 조직틀을 근간으로 활동했다. 그러나 위원 수가 46명으로 크게 늘었고, 위원들이 대폭 교체되었다. 제2기 교개위의 운영위원회는 김종서 위원장(전 덕성여대 총장), 김덕중(아주대 총장) 부위원장, 문용린(서울대 교수) 상임위원을 핵심으로 하여, 이돈희(제1소위원장 : 한국교육개발원 원장), 송자(제2소위원장 : 명지대 총장), 이용태(제3소위원장 : 한국정보산업연합회 회장) 및 최송화(제4소위원장 : 서울대 부총장) 등 7명으로 구성되었다.

제2기 교육개혁위원회 전체회의는 약 2년간의 활동기간 중 7차례 개최되었다. 이는 17차례 개최되었던 제1기에 비해 적은 숫자이다. 운영위원회도 17차례 개최되었는데, 81차례 개최된 제1기와 비교가 된다. 마지막 제98차 운영위원회는 임기가 끝나기 4개월 전인 1997년 10월 6일 개최되었다.

교개위 전 위원은 4개의 소위원회로 나뉘어 활동하였는데, 소위원회별 추진과제와 위원 및 전문위원 수는 다음의 〈표 3-3〉과 같다.

〈표 3-3〉 소위원회별 추진과제 및 위원장

소위원회명	추진과제	위원장(위원, 전문위원)
제1소위원회	초·중등 교육 관련 개혁안	이돈희 외 (위원 13명, 전문위원 13명)
제2소위원회	대학교육 관련 개혁안	송자 외 (위원 10명, 전문위원 6명)
제3소위원회	교육정보화 및 사회 관련 개혁안	이용태 외 (위원 9명, 전문위원 6명)
제4소위원회	사학 및 교육법 관련 개혁안	최송화 외 (위원 5명, 전문위원 6명)

제2기 교개위는 민주시민교육을 위한 교육개혁방안을 구상하기 위하여 1996년 10월, 1996년 말까지 한시적인 기구로 '민주시민교육연구위원회' 라는 특별위원회를 구성하고, 김경원 사회과학원 원장을 위원장으로 임명했다.

위원 분석

제1기

제1기 교육개혁위원회는 위원장, 부위원장, 상임위원 및 22명의 위원으로 구성되었다. 이들 26명 전원이 참여하는 전체회의에는 이들 외에 교육부 차관, 청와대 교육담당 수석비서관, 그리고 국무총리 행정조정실장 등 3명의 고위관료들이 참여했다. 이들 고위관료들은 회의에 참석하여 자신들의 견해를 표명하였으나, 투표에는 참여하지 못했다.

제1기 교육위원 인선에서 가장 중요한 역할을 한 사람은 사회교육문화수석 김정남이었다. 그에 따르면 당시 최초의 문민정부인 김영삼 정부는 모든 것을 '원점'에서 시작하는 분위기였고, 개혁적 분위기가 매우 고조되어 있었다. 그는 그러한 분위기에 부응하여, 사심 없이 교개위 인선에 임했고, 가능한 한 우리 사회를 폭넓게 반영하는 다양한 구성을 하려고 애썼다고 말한다. 인선과정에서 많은 이의 조언을 들었고, 실무적으로 송태호 교육비서관과 이천수 교육부 차관의 도움을 받았다고 말했다.

교육개혁위원들의 경력을 보면, 교수 출신이 압도적으로 많았다. 전체의 26명 중 15명(57.7%)이 교수 출신이었고, 기타 언론인, 연구원, 사회활동가, 기업인 등이 포함되었다(양정호 · 김지희, 2012: 35). 전원이 교육부나 다른 부처 출신의 관료들이 배제된 '비관료적 민간인' 출신의 전문가들이 주축이 된 그룹이었다. 또한 전체적으로 볼 때 정치적 · 이념적 편향성도 없었고, 정권적 이해관계가 개입되지 않은 초당파적 구성이었다. 위원 중에는 전교조 출신도 1명 포함되었다. 1명의 교감이 포함되었으나 현장교사는 없었다. 특이한 것은 다른 대통령 직속 교육자문위원회와 비교할 때, 교육학 전공 학자(3명)의 참여가 눈에 띄게 적었다는 것이다. 보기에 따라서는 의도적으로 최소화한 느낌마저 들었다.

교개위가 비관료적 순수 민간인으로 구성되었다는 점은 교육개혁 과업 자체가 기존의 권위주의적 관료체제의 혁파를 겨냥했기 때문에 어렵지 않게 이해된다. 만약 교육부와 같은 관료체제가 주도하는 경우, 자칫 개혁사업이 기득권 보호나 행정편의주의로 흐를 개연성이 크고, 또 정치적 고려 없는 혁신을 감행하기는 매우 어려울 것이다(Park, 2000: 30-31). 따라서 이는 교개위의 개혁성과 독립성을 보장한다는 맥락에서 필요한 장치라고 볼 수 있다. 교수 출신이 압도적으로 많았으나, 이들이 각기 자신들의 전공을 통해 우리 사회의 다양한 부문을 대표하면서, 정작 개개 부문의 이익대표자로 행세하기는 꺼리는 존재라는 점을 감안하면, 무리한 구성이라고 얘기하기는 어렵다. 교수가 많았으나, 정작 교육학 전공자는 매우 적었다는 점은, 기존의 한국 교육정책의 실패가 교육학 전공 교수들의 지나친 관여와 잘못된 조언에서 비롯된 것이라는 시중의 비판을 반영한 것이 아닌가 한다. 또한 교개위 구성에서 정치적, 이념적 편향성이 보이지 않는 점도 모든 것을 '원점'에서 출발하려는 문민정부의 자신감을 피력하는 것으로 보아 긍정적으로 받아들일 수 있다. 교육개혁위원들 대부분이 자신의 전공분야에 대해 일가견이 있는 사회명망가급의 인사들이었다.

그러나 교수의 과다, 관료계의 배제, 현장교사의 부재 및 교육학 전공자가 소수라는 점은 교육개혁 논의과정에서 교육현장의 실상을 이해하고 그 현상을 교육학적으로 해석 · 처방 · 개선하는 데, 그리고 교육 관료제의 협조를 얻는 데 문제가 있을 수 있다는 지적이 있었다. 교육개혁위원회는 중견 교육학자들을 전문위원으로 대거 충원하고, 교개위 전체회의에 3명의 고위관료들을 참여시키는 등 다양한 고안을 통해 이 문제를 우회적으로 풀어보려고 노력하였다.

이상을 볼 때, 김정남 수석 등 제1기 교육개혁위원회 설계자들은 교육개혁을 단순한 교육부문의 개선을 넘어 정치 · 경제 · 사회 등 교육 밖 전체 사회와의 유기적 연관 속에서 교육 및 그 연관구조를 대폭적으로 개혁하려는 '사회혁명' 을 지향하는 거시적 '교육혁명' 차원의 광폭(廣幅) 구도를 상정한 듯하다. 그런 점에서 제1기 교육개혁위원회는 '교육개혁 포럼' 을 넘어 '한국사회 담론' 을 위한 구조에 가까웠고, 그 때문에 논의의 방향 또한 이상주의와 이론 중심으로 기울어질 가능성이 다분히 있었다. 이 점은 제1기 교개위의 강점이자 약점이 될 수도 있었다. 교개위의 주축인 위원장과 상임위원이 모두 교육학자가 아닌 철학자라는 점도 이러한 우려를 낳게 할 소지가 되었다.

그렇다면 제1기 교육개혁위원회에서 위원장, 부위원장, 그리고 상임위원의 역할은 어떠하였는가? 이석희 위원장은 위원회의 어른으로서 주로 상징적 역할을 했고, 그의 고교 후배이자 옛 제자인 김윤태(서강대 교수, 교육학) 부위원장은 위원장을 도와 교개위 내의 다양한 이해관계의 조율에 힘쓰며, 개혁안의 성안과정에서 교육학적 관점에서 조언을 하고, 전문위원 인선 등에 관여하였다. 그러나 실제로 제1기 교개위의 가장 핵심적 인물은 이명현 상임위원이었다. 이미 '신한국' 개념을 창시하고 김영삼 대통령에게 '교육대통령' 의 이미지를 심는 데 큰 몫을 한 이명현은 전체 교육위원회의 사업을 총괄하며, 그 방향을 이끌었다. 경세가(經世家)적 안목을 지닌 이명현은 최충옥 상임 전문위원의 보필을 받아 제1기 교개위의 교육개혁 청사진의 창안과정을 주도했다.

그러나 제1기 교육개혁위원들이 대체로 비교육계의 사회명망가들이었으므로 사회적 담론을 통해 개혁의 큰 방향을 설정하였으나, 이를 교육(학)적으로 재해석하는 일은 교육학에 정통한 전문위원들의 몫이었다. 따라서 제1기 전문위원들은 실질적으로 교육개혁 청사진을 만드는 과정에서 실무차원에서 만만찮은 영향력을 발휘했다. 〈표 3-4〉에서 '실무영향형' 으로 표현한 것도 그 때문이다. 여기서 최충옥 상임 전문위원의 추진력이 돋보였다.

제2기

1996년 4월 9일 출범한 제2기 교육개혁위원회의 구성은 제1기와 크게 달라졌다. 우선 교육개혁위원 수가 46명으로 대폭 증가했다. 그리고 교수의 비중이 줄어든 반면, 교사와 학부모의 수가 크게 늘었다. 또한 총장, 학장, 교장, 교감 등 각급 학교책임자의 수도 증가했다. 이러한 교개위의 구성변화는 제2기 교개위가 제1기 교개위에서 미루었던 개혁과제를 다시 챙겨 마무리하는 일과 더불어, 또 하나의 주요한 임무로 이미 실행에 옮겨지기 시작한 교육개혁사업이 교육현장에 뿌리를 내리게 만드는 데 두었다는 사실과 깊이 연관된다. 교개위는 교육개혁사업의 착근(着根)을 위해 교사와 교장, 총·학장 및 학부모들을 대거 교개위에 참여시켜 이들의 목소리를 교개위 내에서 수렴하는 한편, 이들을 개혁사업의 전도사로 앞세워 학교의 관리체계 및 교육과정의 변화를 유도하려는 의도가 있었다. 따라서 제1기의 '담론형' 구조는 제2기의 '현장형' 구조로 바뀌었다. 제2기 위원들은 개혁사업이 지방 교육현장에서 어떻게 집행되는지 알아보기 위해서 일련의 스터디 투어를 하는가 하면, 교육개혁의 비전과 내용을 설명하기 위해 교사와 학부모를 상대로 특강을 하는 등 교육개혁의 전도사 역할을 자임했다.

제2기 교개위의 김종서 위원장은 어른으로서 상징적 역할에 머물렀던 제1기 이석희 위원장에 비해 적극적으로 개혁과정에 참여했으며, 특히 개혁사업의 착근을 위해 전국적인 강연을 통해 교육개혁의 필요성과 개혁방안의 내용을 널리 알리는 데 매우 열심이었다. 반면 김덕중 부위원장은 소극적이었다. 역시 제2기 교개위에서도 상임위원이 핵심적인 역할을 수행했다. 문용린 상임위원은 거의 매일 출근하여 개혁사업을 통솔하고, 전문위원을 독려하며 개혁과제의 창안 작업에 주도적으로 임했다.

전문위원 구성도 사뭇 달랐다. 제2기 때는 교개위 상임위원과 교육비

〈표 3-4〉 제1기 교개위와 제2기 교개위의 비교

	제1기 (1994.2.5.~1996.2.4.)	제2기 (1996.4.9.~1998.2.24.)
성격	변혁적 교육청사진(총론)의 창안	안정적 각론의 합의 + 개혁사업의 착근
인적 구성	위원 : 사회명망가형 전문위원 : 실무영향형	위원 : 교육현장형 전문위원 : 보좌형
협의방식	사회적 담론	실용적 토론
관 계	'긴장 모드' 교개위-청와대 : 긴장 속 협력 교개위-교육부 : 교개위 우위 청와대-교육부 : 협의적	'협력 모드' 교개위-청와대 : 협력적/우호적 교개위-교육부 : 협력적/우호적 청와대-교육부 : 협력적/우호적

서관 간의 협의에 의해, 교육개혁위원회 사무국의 사무관 이상 행정요원과 청와대 교육비서실 행정관 전원을 상근 전문위원으로 위촉하여, 교개위와 청와대가 함께 교육개혁안 토론에 참여하게 되었다. 이에 따라 전문위원 수도 크게 늘어났고, 제1기의 병렬구조가 실제적으로 단일구조로 바뀌었다. 이렇듯 교육부 출신 행정요원들이 다수 제2기 전문위원으로 참여하게 됨에 따라 교개위-청와대-교육부 간의 장벽이 허물어졌다. 또한 이들 전문위원은 위원들의 활동을 보좌하는 데 주력하였고, 그들 스스로 큰 영향력을 발휘하지는 않았다.

4. 교육개혁위원회의 활동 : 과정분석

교육개혁위원회의 활동을 알아보기 위해 여기서는 주로 제1기 교육개혁위원회의 활동, 그것도 1994년 2월 6일 출범 이후, 1995년 5월 31일 제1차 교육개혁방안이 발표되기까지의 과정을 심도 있게 분석하려 한다.

이 시기는 5·31 교육개혁의 기본철학과 비전 그리고 목표가 설정되고, 비단 제1차 교육개혁과제뿐만 아니라, 이후에 발표될 후속 과제들의 진척 방향까지 폭넓게 논의되던 가장 역동적인 시기이다. 얼마간의 시행착오를 거치며, 학습된 이때의 교육개혁위원회 작업방식은 후속하는 제2차, 3차, 4차 교육개혁방안의 교본 구실을 한다.

공식적 수립 절차

교육개혁위원회가 교육개혁의 청사진을 수립하는 공식적인 절차는 대체로 다음과 같았다.

① 교육개혁위원회는 운영위원회에서의 협의와 위원 전체가 참여하는 전체회의의 심의를 통하여 교육개혁과제를 선정하고, 이들 과제를 개별 소위원회에 할당한다.

② 개별 소위원회는 과제별 전문성을 가진 전문위원들에게 이들 과제에 대한 심층적 조사연구를 수행케 한다.

③ 전문가들을 포함하는 개별 소위원회는 전문가들에 의해 마련된 연구결과를 토론 · 검토하며, 수정 · 보완하여 개혁방안을 만든다. 이 과정에서 소위원회는 개별 교육개혁 아젠다의 설계와 연관하여 필요한 경우 외부 전문가와 간담회, 정책토론회, 공청회 등을 개최하여 폭넓은 의견을 수렴하고 공중의 관심을 유도한다.

④ 운영위원회에서는 소위원회에서 마련한 개혁방안을 교육개혁위원회에 제출하기에 앞서 다시 토론하고 조정한다.

⑤ 이렇게 마련된 개혁초안을 교육개혁위원회는 연관 정부부처와 청와대 교육담당 수석들과 협의를 통하여 그 집행가능성을 면밀히 검토한 후, 교개위 전체회의에서 토론 · 심의하여 대통령에게 보고할 최

종안을 확정한다.

교육개혁위원회는 교육개혁방안의 수립과정에서 국민 제안 창구를 개설, 교육현장과 일반 국민의 의견 수렴창구를 제도화하였다.

[그림 3-2] 개혁방안 작성과정

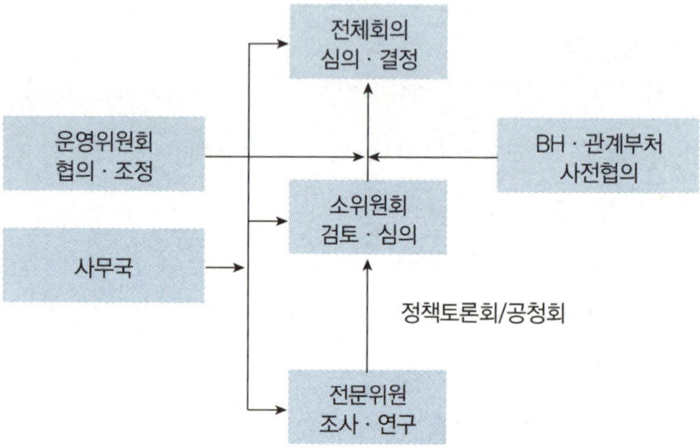

네 차례에 걸친 교육개혁방안의 수립과정에서 교육개혁위원회는 24차의 전체회의와 98차의 운영위원회를 개최하였으며, 헤아리기 어려울 정도로 자주 소위원회를 열었다. 그런데 교육개혁안의 작성과정에서 공식적 기구는 아니나, 실제로 매우 중요한 구실을 했던 모임이 〈위원합동토론회〉이다. 위원합동토론회는 교개위의 전체위원 및 전문위원은 물론 교개위 사무국 행정요원, 그리고 청와대 교육비서관 및 행정관들이 두루 참석하는 일종의 열린 브레인스토밍(brainstorming) 회의였다. 여기서 관계자들 모두가 모여 교육개혁방안의 주요 쟁점에 관하여 열린 토론을 함으로써 서로 간의 이견을 줄이고, 관계형성 및 문제해결을 하는 데 크게 기여했다. 제1기 교개위에서 4차례, 그리고 제2기에서 한 차례 모였다.

주요 경과

교육개혁위원회의 전체회의는 제1차 교육개혁안이 보고되는 1995년 5월 31일 직전, 5월 27일까지 14번 개최되었다. 1994년 3월 12일 그 세 번째 모임에서 이석희 위원장은 이명현 교개위 위원을 상임위원으로 임명하여 교개위 활동의 주도적 역할을 맡긴다.

교육개혁위원회는 1994년 6월 11일 제6차 전체회의에서 개혁안 제1호로 대학입학제도 긴급대책안을 대통령에게 서면으로 보고하기로 결정하고, 1994년 6월 13일 이를 시행한다. 그런데 그 내용 중에 1995년도부터 대학 본고사를 폐지토록 건의하는 내용이 포함되어 큰 혼란을 빚었다. 대통령은 교개위 서면보고를 받고, 당일 오후에 이를 검토한 후 시간이 너무 촉박함을 이유로 이 건의를 거부하고, 1996년 이후 적용하는 방안을 마련하도록 지시한다. 대통령보고가 불발되자 교개위는 곤경에 빠진다. 당시 교개위에는 대학입학제도 개혁을 최우선 과제로 삼고 이를 앞세우던 강경파가 수적으로 더 우세했다. 이 때문에 교개위 내부 토론에서 신중론이 있었으나 당장 내년부터 적용하자는 강경파가 주도권을 잡고, 성급하게 대통령보고로 치달았던 것이다.

이 해프닝 이후, 교개위는 뭔가 국민의 관심을 끌 수 있는 참신한 방안을 하루 빨리 마련해야 한다는 압박감에 시달렸다. 그런 분위기 속에서 나온 것이 1994년 9월 5일 〈신한국 창조를 위한 교육개혁의 방향과 과제〉라는 이름의 제1차 대통령보고였다. 이 보고는 사실상 제2차 대통령보고이지만, 6월 13일 대통령보고는 서면보고로 끝났고, 또 대통령이 보고내용을 거부했기 때문에 아예 없던 것으로 간주되어, 제1차 보고로 명명된 것이다. 그런데 실제로 이번에도 일정이 촉박하여 충분한 내용검토도 없이 개혁과제를 대략적으로 정리한 것이어서 그 구성이나 내용이 그리 치밀하지 못했다.

이 보고서에서 교개위는 교육재정 확충 등 교육개혁 11대 과제를 선정하였고, 연도별 교육개혁 추진일정을 제시했다. 특히 교개위는 우선 추진할 3대 과제로 교육재정 확충, 대학교육의 국제경쟁력 강화, 사학의 자율과 책임 제고를 제시했다. 아울러 공청회 등을 거쳐 1994년 10월 중 대통령에게 개혁안을 다시 보고할 계획임을 밝혔다.

교육개혁위원회는 제1차 대통령보고에서 사립 중·고등학교 학생선발권 부여, 연중 학생선발이 가능한 대학입시제도 개선, 교육재정 확충 등의 교육개혁안을 제시하였으나, 구체적 방안 미흡과 실행가능성에 대한 의문 등이 제기되어, 적지 않은 비판에 직면하게 된다. 이를 계기로 교개위 위원들 간에 추진과제의 우선순위에 대한 격렬한 논쟁이 있었고, 아울러 교육개혁안 제시에 있어서 과거 교육개혁심의위원회의 경우와 같이 문제제기와 대략적인 개혁방안만 제시하는 것이 아니라, 실행가능성이 높은 정책방안을 보다 구체화하여 제시해야만 한다는 공감대가 형성되었다. 그 결과 교개위는 개혁방안을 마련하는 과정에서 보다 많은 전문가들과 의견을 나누고, 관계부처와의 사전협의를 통하여 개혁방안의 실행가능성을 높이는 데 큰 관심을 쏟게 된다. 이후 교개위가 주최하는 공청회, 정책토론회, 여론조사, 현장방문 및 언론홍보 등의 활동도 부쩍 늘었다. 제1차 대통령보고의 실패로 교개위는 한때 위기를 맞았으나, 교개위 운영방식의 변화를 통해 이 위기를 새로운 발전기회로 만들었다.

당시 교개위에는 입시개혁 등 절박한 교육현실 타개에 우선적 관심을 가졌던 위원들이 다수였고, 상대적으로 그들의 목소리가 컸다. 이에 반해 장기적 관점에서 교육체제의 근본적인 개혁을 주창하던 위원들은 소수였다.[3] 그러나 앞서 언급한 대로, 다수파에 의해 주도되었던 6·13 대통령

---

3) 당시 상임 전문위원이었던 최충옥 교수에 따르면, 제1기 교육개혁위원회의 초기 상황은 위원 중 약 40%는 입시개혁 등 절박한 교육현실 타개에 우선적 관심을 가졌고, 또 다른 40%는 GNP 5% 교육재정 확보에 가장 큰 관심을 쏟았다고 한다. 이들 다수파들은 교육개혁의 빠른 시행을 강조하였고, 상대적으로 목소리도 컸다고 한다. 이에 반해 근본적이

서면보고는 물론, 제1차 대통령보고도 여론의 집중포화를 받고 좌초하자, 이후 소수파에 동조하는 숫자가 늘어나서, 점차 그들이 교개위를 주도하게 된다. 그러면서 교육개혁이 단순히 한국의 어려운 교육현실의 타개를 넘어, 시대사적 사명감을 가지고 보다 본질적 · 포괄적 개혁을 지향해야 한다는 공감대가 형성되었다.

1994년 12월 교개위 위원이었던 박세일이 청와대 대통령 정책기획 수석으로 옮겨간다. 이후 교육개혁방안 대통령보고는 탄력을 받으며, 집중작업에 박차를 가한다. 대통령에게 보고할 교육개혁방안의 주제는 제1차 보고서에서 제시한 11대 과제를 중심으로, 대통령비서실과 협의하면서 추가된 과제, 교개위 5개 소위원회별로 전문가 협의 등을 거쳐 제시된 방안 등이 추가되었다. 대체로 주제선정과 과제의 소위원회 배정, 교개위 일정 등은 위원장, 부위원장, 상임위원, 5명의 소위원장으로 구성된 운영위원회에서 결정되었다.

당시 교개위는 대통령비서실과 협의하여 2월 말 대통령보고를 잠정합의하고 대통령보고서 작성에 매진하였다. 교개위는 대통령보고 준비작업반을 이명현 상임위원을 중심으로 구성하여 양재동 교육문화회관에서 1995년 1월 말부터 집중작업을 시작하였다. 대통령비서실도 1995년 1월부터 교육부 젊은 사무관들을 중심으로 별도 작업반을 구성하여 삼청동의 교육과정평가원의 일부를 빌려 교육개혁방안 지원작업을 시작하였다. 특히 대통령비서실 작업반은 교개위 방안의 설명 자료 작성에 주력하면서, 새로운 정책과제의 발굴과 제시에도 힘을 보탰다.

교개위 대통령보고 준비작업반을 중심으로 중요 과제별 보고서 초안이 나오면 해당 소위원회의 의견을 들은 후 청와대 서별관에서 교육부 장관, 정책기획수석, 교개위 상임위원이 참석하여 안건 협의를 하였다.

고 종합적인 그리고 실행가능한 교육청사진의 창안을 주장했던 인사들은 약 20%에 불과한 소수파였다고 한다.

교개위는 교육개혁 안건과 관련하여 당시 김숙희 교육부 장관과 사전에 협의를 하곤 했는데, 김숙희 장관이 협의 모임을 끝내고 난 2~3일 후 언론에 자신의 입장에서 회의 내용을 설명하는 상황이 빚어져 얼마간의 논란이 있었다. 이후 1995년 청와대 서별관 모임에서는 협의 시 회의 참석자의 대외 비밀 준수를 상호 약속하였고, 안건 자료를 미리 배포하지 않고 바로 협의회 현장에서 배포하고 회의 후 즉시 회수하는 등 보안에 특히 많은 주의를 기울였다. 당시 교개위 작업반이나 대통령비서실 작업반에 참여하는 사람들은 누설 시 어떠한 처벌도 감수한다는 전제하에 사표를 제출하고 작업에 참여하였다.

교개위 작업반에서 보고서 초안이 나오면 일단 대통령비서실과 사전에 협의하였고, 대통령비서실은 검토의견을 교개위 작업반에 제시하였다. 일부는 반영되고 일부는 반영되지 않았는데 특히 대학설립준칙주의, 각종 규제완화와 학교 중심 교육운영 강화 등은 대통령비서실의 의견이 많이 반영되었다. 사전에 협의가 어느 정도 되면 2주에 한 번 정도 청와대 서별관에서 장관, 수석, 상임위원 등이 교육개혁방안에 대하여 협의를 하였다. 그러던 중, 김숙희 교육부 장관이 1995년 5월 12일, 제1차 교육개혁보고를 불과 2주 정도 남겨놓고 국방대학원 특별강연에서의 발언이 문제가 되어 경질되는 일이 생겼다. 그 후 5월 16일 박영식 장관이 부임하였는데, 박영식 장관이 부임하였을 때는 이미 대통령에게 보고할 교육개혁방안이 거의 확정되어 있는 상태였다. 박영식 장관은 예정대로 5월 31일 대통령보고 후, 자신이 협의하지도 않았고 숙지하지도 못하는 교육개혁방안을 앞장서서 추진해야 하는 형편이 되어 상당히 불편한 입장이었다.

특히 교육재정 GNP 5% 확보방안과 관련하여 당시 기획재정부와도 협의를 하였는데 워낙 반대가 심하여 대통령보고 일정이 2월 말에서 3월 말, 3월 말에서 4월 말 등으로 계속 연기되었다. 특히 학교장 초빙제, 종합생활기록부제 도입과 대학입시 연계 강화, 봉사활동 강화, 초·중등학교 필수과목 축소와 선택과목 확대, 대학설립 준칙주의, 교육재정 GNP 5% 확보 등은 많은 논란과 협의과정을 거쳐 확정되었다. 1995년 5월 30일 교육개혁위원회에서 대통령보고를 하루 앞두고 마지막 점검회의를 하는 과정에서도 교육재정 GNP 5% 내용을 빼지 않으면 대통령보고가 어려울 수 있다는 압력이 가해져 난항을 겪었다. 대통령에게 보고할 교육개혁방안은 3월 말경 대체로 완료되었으나 특히 교육재정 문제로 보고일정이 계속 연기되었다.

교육개혁위원회는 제1차 교육개혁방안의 대통령보고에 앞서 1995년 1월 10일부터 2월 19일까지 2,500명의 교사, 교육행정가, 학부모 등을 대상으로 교육개혁의 필요성과 교육개혁 아젠다 중 우선순위 등에 관해 폭넓은 여론조사를 실시했다. 제1차 교육개혁방안에 담겨진 개혁방안들은 이 여론조사에서 높은 순위에 올랐던 주제들이었다. 여론의 폭넓은 주목을 받았던 제1차 교육개혁방안에 대한 지지도가 78%에 오른 것도 이러한 준비와 무관하지 않을 것이다.

심의토론 및 의견수렴 과정

위에서 이미 기술한 대로 교육개혁위원회는 교육개혁의 청사진을 완성하는 데 중심 고리였다. 위원회는 우선 그 구성원을 교육개혁 과제에 따라 다섯 개의 소위원회로 나눴다. 전문가들의 지원을 받는 소위원회는 그들에게 할당된 개혁 아젠다에 대해 집중적인 연구와 토론을 통해 구체적인 개혁 프로그램을 설계하였다. 개혁 아젠다에 대한 개혁 프로젝트나 연구들은 교개위, 운영위, 위원합동토론회에서 토론 · 평가되고, 최종적으로 교개위 전체회의 의결을 통해 확정되었다.

제1기 교육개혁위원회는 1994년 2월 5일부터 1996년 1월 26일까지

17차례에 걸쳐 전체회의, 81회의 운영위원회, 그리고 5회의 위원합동토론회를 개최하여 개혁안의 내용을 심의 · 토론하였다. 교육개혁위원회 심의 · 토론과정을 면밀히 살펴보기 위해 전체회의와 위원합동토론회의 논의과정을 보면 다음과 같다(교육개혁위원회, 1996: 305-327).

교개위 전체회의는 대체로 운영위원회의 보고로 시작되어 토의로 이어지며, 심의의결사항이 있는 경우, 의결로 마무리한다. 제1차 회의(1994.2.5.)부터 제3차 회의(1994.3.12.)까지는 주로 운영위원회 및 소위원회 구성, 전문위원 임명 등 교개위 운영에 관한 사항을 주로 다뤘다. 그러나 제4차 회의(1994.4.19.)에서는 향후 활동계획을 논의하고, 개별 소위원회의 연구내용에 대해 의견을 개진하는 등 본격적인 심의토론이 시작된다. 〈대학입학제도 긴급대책안〉을 대통령에게 보고하기로 심의 · 의결한 것은 제6차 회의(1994.6.11.)에서였다. 제8차 회의(1994.8.20.)에서는 9월 3일로 예정된 제1차 대통령보고 초안을 검토 · 수정하고, 이를 위해 특별 작업반을 구성하기로 결정한다. 위원회는 또한 이 회의에서 교육개혁과제를 11개로 재분류하고, 이를 5개 소위원회로 재할당하였다. 제10차 회의(1994.10.22.)부터는 다음 해 초로 예정된 제1차 교육개혁방안의 내용을 다지기 위한 본격적인 토론이 진행되었다. 이 회의에서는 ① 대학교육개혁방안, ② 초·중등 사학의 발전방향, 그리고 ③ 사립학교법 개혁방안에 관하여 집중토론을 진행하였다. 제11차 회의(1995.1.21.)에서도 ① 사립학교법 개혁방안, ② 고교평준화정책 개선방안, ③ 교원양성제도 개혁방안, ④ 초·중등교육과정의 개혁 등이 본격적으로 토의되었다. 제10차, 제11차 전체회의는 모두 아침 10시경에 시작되어 18시 가까이까지 온종일 계속되었다.

제1차 교육개혁방안의 대통령보고가 교육재정 확보 등의 난제 때문에 계속 늦어지다가 드디어 발표일자가 다가오자 1995년 4월 26일 제12차 전체회의가 열린다. 여기서는 대통령에게 보고할 개혁방안에 대해 위원들 간의 자유로운 의견개진이 이어져, 18시에 시작한 회의가 자정이 가까워서야 끝났다. 1995년 5월 20일 대통령보고를 목전에 두고 제13차 회의가 열렸다. 여기서는 제1차 교육개혁방안에 대해 약간의 자유로운 의견개진이 있은 후, 별다른 이의 없이 일부 수정 후 만장일치로 의결했다. 이어 대통령보고를 불과 나흘 앞두고 제14차 전체회의(1994.5.27.)가 열렸다. 여기서 보고된 후, 대통령에게 보고될 교육개혁방안 문안을 "GNP 5% 수준의 교육재정 확보를 위한 구체적 세부방안은 관계부처(국무총리 행정조정실장, 재정경제원, 내무부, 교육부, 건설교통부 차관)에서 수렴하여…"로 일부 수정한다. 이는 마지막 순간까지 교육재정 확보를 위한 교개위의 끈질긴 노력의 일단이었다. 이 회의에서는 또한 제1차 대통령보고 이후 이어질 하반기 추진과제 분담계획[4]이 보고되었다.

위원합동토론회의는 교개위 제4차 회의(1994.4.19.)에서 그 필요성이 제기되어 시행되었는데, 기관과 직책의 벽을 넘는 폭넓은 인적 구성과 장시간에 걸친 자유로운 집중토론을 통해 주요 쟁점에 대한 소통과 정보공유, 공감대 형성 및 합의형성에 크게 이바지했다. 그런 의미에서 제1기 교육개혁위원회의 의안 심의 · 토론과정에서 위원합동토론회의는 그것이 비록 비공식적 제도였으나, 그 고유성과 기여도는 높이 평가해야 할 것이다. 제1차 교육개혁방안이 보고되기까지 네 차례 개최되었는데, 그중 3차 회의를 제외한 세 번은 1박 2일(2차, 4차) 내지 2박 3일(1차)의 일정이었고, 하루 일정의 3차 회의도 온종일 진행되었다. 제1차 회의(1994.6.3.~6.5.)

4) 하반기 추진과제 분담 계획은 다음과 같았다.

소위별	과 제 명	위원장	전문위원
1	교육법 정비 및 교육행정체제 개편	이강혁	강인수
2	지방교육 자치제도 개선	이돈희	서정화
3	학제의 다양화	신일철	최충옥, 강충렬
4	직업기술교육체제 구축	이기준	정태용
5	사학의 자율과 책임의 제고	정진위	김재용, 이칭찬

에서는 주로 개별 소위원회의 연구내용을 폭넓게 검토했고, 제2차 회의(1994.9.24.)에서는 대학의 경쟁력 강화방안과 교육개혁을 위한 재원확충방안, 그리고 사학의 자율과 책임의 제고를 집중적으로 논의하였다. 또한 제3차 회의(1994.10.22.)에서는 대학교육개혁방안과 교육재정 확충문제를 다시 심층적으로 논의하고, 아울러 교원양성과 인사제도 개선 및 초·중등학교 교육과정 개혁 문제를 집중적으로 토의했다. 한편, 1994년 12월 20일부터 이틀간 열렸던 제4차 회의에서는, 우선 추진 3대 과제로 대학교육의 세계화, 고등학교 평준화 정책 및 초·중등사학 발전방안, 그리고 사립학교법 개혁방안을 토론하고, 이어 초·중등학교 교육과정의 개혁방안, 그리고 교원양성제도 개선방안을 집중적으로 논의했다.

비교육계 인사 중심으로 구성된 제1기 교육개혁위원회는 교육개혁방안의 발굴과 연구 · 조사과정에서, 교육전문성이 강한 자문위원들을 매우 효율적으로 활용했고, 아울러 내부 토론을 넘어 위원합동토론회를 통한 폭넓고, 집중적인 논의와 합의형성의 기틀을 마련하였다.

이 밖에도 교육개혁위원회는 폭넓은 의견수렴을 위하여 다양한 채널을 통해 많은 노력을 경주했다. 이 과정에서 80여 개의 각급 학교를 방문하여 교육실태를 파악하고, 아울러 일선 교육가들의 의견을 청취하였고, 440여 건에 달하는 일반 국민들의 제안을 접수 · 검토하였으며, 2차례에 걸친 여론조사를 시행했고, 미국 · 영국 등 선진 8개국을 직접 방문하여 최근 교육개혁 동향과 실태를 연구 · 조사했다.

이외에도 위원회 밖의 전문가들의 의견과 일반 국민들의 여론을 수렴하기 위하여 공청회(3회), 관계부처 실무자 및 전문가와의 실무 협의회(40여 회), 다양한 사회인사 및 원로들과의 정책간담회(30여 회, 500여 명)를 가지는 한편, 당·정 등 관련 기관과의 정책협의회도 10여 차례 가졌다. 따라서 5·31 교육개혁이 '아래로부터의 개혁'은 아닐지라도, 교개위 당사자들은 가능한 한 폭넓은 여론수렴과 외부 전문가, 이해당사자들과 토론 및 협의과정을 가지려는 노력을 경주했다고 할 것이다.

대통령보고

교육개혁방안은 그 내용이 확정되어 대통령에게 보고되는 순간 '정책의제'로서 기능하게 된다. 문민정부의 교개위와 청와대 비서실은 보고행사를 통한 대통령의 정책의제 형성이 성공적으로 이루어지도록 치밀하고 신중한 준비를 한다. 특히 청와대 교육비서실은 의제관리의 측면에서 개혁내용의 개요와 구체성 정도, 보고행사의 정치적 효과, 의제형성 시 언론의 주목 등을 종합적으로 고려하여 행사를 기획하고 관리한다. 또한 교개위 상임위원은 홍보기획과 연관하여 언론과의 물밑 의사소통에서 청와대와 함께 작업한다.

네 번에 걸쳐 발표된 교육개혁안을 대통령에게 보고하고 이를 접수하는 교육개혁안 보고행사는 매우 진지하고, 엄숙한 분위기 속에서 극화되고, 이를 언론이 집중적으로 보도한다. 이 상징적 의식을 통해 새로 마련되는 한국 교육개혁의 청사진에 대해 여론의 관심은 고조되고 그 의미는 크게 부각된다. 뿐만 아니라 이 극화된 의제형성 과정을 통해 교육부 장관은 대통령의 정치적 무게가 실린 정책적 질문에 대해 진지하게 대답해야 할 숙제를 건네받게 된다. 따라서 전 국민의 이목이 집중된 가운데 진행되는 대통령보고 행사를 통한 개혁방안 제시는 대통령 자문기구인 교개위가 직접 교육부에 건네주는 경우와 비교할 때, 정치적 의미의 맥락에서 엄청나게 큰 차이가 난다. 이제 교육부 장관은 전 국민이 지켜보는 가운데, 대통령의 이름으로 공표된 교육 청사진을 그 취지와 해결방안에 따라 성실하게 집행해야 할 정치적 책임을 지게 되는 것이다.

5. 교육개혁위원회-청와대-교육부 간의 역동적 관계

5·31 교육개혁안의 창안과정의 주역은 당연히 대통령 직속의 자문기구인 교육개혁위원회였다. 그러나 그 과정에서 청와대와 교육부의 관여와 역할 또한 함께 기억해야 마땅하다. 따라서 3자의 관계를 살펴보는 것이 교육개혁의 정책과정을 이해하는 데 중요한 고리가 될 것이다.

교육개혁위원회는 '교육혁명'을 주창한 대통령의 뜻을 받들어 교육개혁방안을 안출하기 때문에 기본적으로 큰 변화를 추구하고 이상주의적 경향이 강하다. 이에 반하여 교육부는 한국 교육의 험난한 현실과 부딪히며 대면해서 일을 하기 때문에 현실주의적 경향이 강하며, 개혁안의 집행 책임을 맡게 되므로 기득구조를 일거에 허물어뜨리는 식의 대규모의 변혁에 대해서는 매우 조심스러울 수밖에 없다. 따라서 양자 간에는 기본적으로 간극이 있다. 한편, 청와대 수석은 대통령의 뜻을 받들어 교육개혁을 성공적으로 이끌어야 하므로, '좋은 개혁안의 창안'과 '성공적 집행' 모두에 지대한 관심을 가지며, 이를 위하여 교개위의 이상주의와 교육부의 현실주의 간의 조정과 조율에 힘쓰지 않으면 안 된다. 이러한 교개위, 청와대, 교육부 각각의 상이한 역할인식과 성향으로 볼 때, 이들 3자 간의 상호작용이 어떻게 이루어지느냐는 교육개혁 성공을 위해 매우 중요한 요인이 아닐 수 없다. 위의 3자 간의 관계를 살펴볼 때, 제1기 교개위와 제2기 교개위 간에는 큰 차이가 있다. 따라서 여기서는 이를 나누어 논의하려 한다.

위에서 이미 언급한 대로, 제1기 교개위는 민주화 여명기에 '원점'에서 국민적 여망을 안고 출범했기 때문에 개혁성향이 강할 수밖에 없었다. 뿐만 아니라 '비관료적, 비교육계, 민간 중심'으로 구성되어 있었기 때문에 기본적으로 교육 관료제에 대한 불신과 비판적 성향이 강했다. 교개위 내에서 다수를 차지했던 비교육계 교육위원 중에는 교육부를 그간의 교육 적폐(積弊)의 주범으로 보는 이들도 적지 않았다. 더욱이 그들은 한국 교육의 '패러다임 전환'을 꾀하는 입장이었으므로, 이미 기득구조에 길들여진 교육부와는 의식적으로 거리를 두려는 입장이었다. 이러한 분위기 속에 교육부는 적잖은 소외감을 느꼈던 것 같다. 따라서 교개위의 개혁방안 창안과정에 교육부가 관여할 여지는 처음부터 매우 협소했다. 나중에 차관을 지낸 당시의 교육부 국장 한 사람은 그 당시의 분위기를 설명하면서 "교개위 주장에 대해 뭐라고 반대 한마디라도 했다가는 '반개혁적'이라고 몰릴 것 같은 느낌이었다."고 말한 적이 있다.

그러나 교육부와 청와대 수석과의 관계는 상대적으로 거리감이 적었다. 청와대 수석[5]은 어차피 교개위와 교육부 양측과 긴밀한 접촉을 해야 하며, 특히 교육부와는 대부분 교육부 출신인 교육비서관과 행정관들을 통해 일을 해야 하므로 상호 소통 및 정보교류, 그리고 업무협조의 기회가 많았다. 따라서 양자 간의 갈등 수위는 상대적으로 그리 높지 않았다.

한편, 교육개혁위원회와 청와대 수석실 간의 관계를 보면, 기본적으로 대통령의 의지를 받들어 교육개혁이라는 같은 목표를 지향하는 협력관계이지만, 때때로 긴장과 갈등이 표출되었고, 특히 최상의 완성도를 지향하는 개혁방안이 성안되는 마지막 단계에서는 갈등의 수위가 높았다. 문민정부에서 3년여에 걸쳐 청와대 수석으로 재임했던 박세일 수석을 예로 들면, 이미 교개위 위원으로 교육개혁방안 창안에 직접 관여한 경험이 있었고, 세계화 맥락에서 자신의 확고한 개혁 청사진을 갖고 있었으며, 특히 교육-노동관계 및 탈규제, 대학개혁 등 여러 분야에서 일급 전문가였다. 더욱이 그의 휘하에는 소수이나 교육부의 최고의 두뇌들이 포진하고 있

5) 교육부 장관의 상대역인 청와대 수석의 명칭은 김영삼 문민정부에서 사회교육문화수석(김정남, 1993.2.~1994.12.), 정책기획수석(박세일, 1994.12.~1995.12.), 사회복지수석(박세일, 1995.12.~1998.2.)으로 몇 번 바뀌었다.

었다. 따라서 그가 교개위의 개혁안 초안을 아무 이의 없이 수용하기를 기대하기는 어려웠다. 그러나 두 차례 교육개혁방안의 성안과정에서 교개위와 청와대 수석실 간의 긴장과 갈등은 밖으로 크게 표출되지 않은 채 양측의 실무 전문가들 간의 집중적 협의와 토론을 거쳐 적절히 조율되었다. 또한 그 양자가 파열음을 최소화하면서, 조심스레 부딪히는 역동적 과정 속에서 시너지 효과가 발생하였고, 개혁방안의 질적 수준은 오히려 한 단계 상승했다고 보여진다.

아래에서 첫 번째, 그리고 두 번째 교육개혁방안 수립과정의 마지막 단계에서 나타난 교개위와 청와대 간의 상호작용을 살펴보면 다음과 같다.

1994년 말, 박세일이 교개위 위원을 그만두고 청와대로 옮긴 후, 1995년 초, 박수석 주도하에 〈대통령의 교육개혁 구상〉이 나온다. 뒤이어 교육개혁위원회는 제1차 교육개혁 초안을 마련하여 대통령에게 보고하려 하였으나, 청와대와의 협의과정에서 양자 간의 불협화음이 생긴다. 청와대 측은 내심 교개위의 초안이 대통령의 〈교육개혁 구상〉을 충분히 담아내지 못했다고 판단하고, 재검토를 요구하면서, 양자 간의 긴장과 갈등이 야기된다. 결국, 양측 즉 교개위 전문위원들과 청와대 행정관들은 교육문화회관 등에서 장시간 집중적인 협의를 거쳐 합의에 이른다. 이러한 조정 및 조율과정을 거쳐 마련된 양측 간의 협의결과를 이명현 교개위 상임위원이 수용하고, 교개위의 전체회의를 거쳐 이를 채택함으로써, 역사적인 5·31 교육개혁안이 빛을 보게 된다. 1996년 2월 9일의 제2차 교육개혁안 역시 거의 유사한 과정을 거쳤다. 교육개혁위원회가 마련한 방안에 대하여 청와대 수석이 이의를 제기, 재검토 및 협의를 요구했고, 다시 양측의 집중적인 협의를 거쳐 최종 내용이 정리되었다. 이때 주요 쟁점은 신직업교육체제의 교육–노동관계였다. 결국 이명현 상임위원은 합의된 내용을 수용, 그것이 교개위 전체회의를 거쳐 대통령보고와 발표로 이어졌다.

그러나 이러한 협의와 조정과정에서 정작 당사자인 이명현과 박세일

두 사람의 직접적인 대면이나 의견충돌은 없었다. 모든 일이 실무적 차원의 전문적 조율을 통해, 다시 말해 교개위의 전문위원 및 행정요원, 그리고 청와대의 비서관, 행정관 사이에서 세련되게 진행되었다. 그런데 청와대 측 비서관, 행정관들은 실제로 교육부 파견 공무원들이었다.[6] 보기에 따라서는 교육부가 이러한 우회로를 통해 교육개혁방안의 창안과정에 참여했다고 말할 수 있다. 그리고 양측의 메신저는 역시 교육부 출신의 교개위의 정일용, 그리고 청와대 교육비서실의 김광조였다. 김광조에 따르면, 박세일이 자신을 교개위에 보낼 때, 이명현 상임위원을 뵙고 각별히 예의를 지킬 것을 당부했다고 한다. 그 결과 제1차, 제2차 교육개혁방안이 확정되는 마지막 단계에서 교개위와 청와대 간 일부 이견이 있었고, 집중적인 협의와 조정이 있었으나, 이 모든 일이 '일' 중심으로 진행되었고, 정서적인 갈등이나 다툼으로 번지지 않았다. 그 결과 이명현과 박세일 간에는 감정적인 앙금이 남지 않았다.

위에서 이미 언급한 대로 비록 공식적 기구는 아니었으나, 교육개혁위원회의 개혁방안 수립과정에서 의미 있는 역할을 한 것이 이른바 위원 합동토론회였다. 때때로 이틀씩 진행된 이러한 일종의 브레인스토밍 회의는 교개위, 청와대, 그리고 교육부 간의 공감대 형성과 정보 공유에 적지 않은 기여를 했다. 청와대의 박세일 수석은 당시 자신의 역할을 설명하면서, 개혁 청사진을 만드는 교육개혁위원회와 집행책임을 맡은 교육부 사이에서, 전자의 이상주의(idealism)와 후자의 실제성(practicality) 간의 조정과 균형을 잡는 일이었다고 술회한다. 박세일에 따르면, 청와대는 ① 교개위의 독립성을 강력하게 방어하며, 이를 위해 위원회를 정치적 영향

6) 이 협의과정에 참여했던 교육부 관료들은 청와대 교육비서실의 김성동, 김광조, 김남일, 정기오, 그리고 노동연구원에서 파견되었던 김태기 등과 교육개혁위원회의 이원근, 정일용 등이었다. 그 밖에 김응권, 배성근, 채재은, 김규태, 김영철 등 교육부의 신예 사무관들도 자주 차출되어 청와대 조사·연구 작업에 참여했다.

력과 관료들의 간섭으로부터 보호하는 한편, ② 비관료적 · 민간 중심 조직인 교육개혁위원회의 성격상, 개혁안 창안과정에서 지나치게 이상주의적으로 흐를 가능성이 있고, 그렇게 되면 집행단계에서 관료들의 지지와 자발적 참여를 얻어내기가 어렵기 때문에, 개혁관리의 맥락에서 양자 간의 중재역을 맡았다는 것이다(Park, 2000: 32-34).

청와대는 이러한 중재역과 더불어 교육개혁안의 발표단계에서 개혁방안의 설명 자료를 체계적으로 정리 · 요약해서 언론에 홍보하는 역할을 충실하게 수행하였다. 물론, 이 작업이 많은 경우 교개위와 교육부가 협력해서 이루어졌으나, 이 과정에서 청와대 수석실의 역할이 컸다. 특히 청와대는 이들 홍보자료를 언론의 구미에 맞게 조직적으로 편집해서 당시 세상에 처음 등장한 디스켓에 담아 배포했기 때문에 그 홍보효과가 대단했다. 매번 교육개혁안이 발표되면 전국 단위의 일간지들이 다투어 지면의 큰 부분을 교육개혁안 보도와 해설에 할애했다. 실제로 그 대부분의 작업은 교육부에서 파견한 사무관들에 의해 이루어졌다. 이 밖에도 청와대는 교개위, 교육부와 제휴하여 네 번에 걸쳐 대통령에게 교육개혁안을 보고하고, 대통령이 이를 접수하는 보고행사를 극적으로 구성 · 연출하여 이를 언론이 대대적으로 보도하도록 유도함으로써 국민의 관심을 끄는 데 큰 몫을 했다.

물론 교육개혁방안의 홍보는 개혁안의 발표 즉시 언론에 반영된 것만으로 평가해서는 안 된다. 그보다는 교육개혁이 현장에 뿌리내릴 수 있도록 교사, 학부모, 학생 등에게 장기간 줄기차게 홍보할 필요가 있었고, 그 노력은 3자 모두의 몫이었다. 1996년 7월 20일부터 14일간 열렸던 '교육개혁박람회' 도 이런 노력의 하나였다.[7] 실제로 교육부 장관이나 교개위

7) 교육개혁이 추구하는 우리 교육의 미래를 보여주기 위해 마련한 교육개혁박람회에는 대학, 시·도교육청, 교육산업체 등이 참여했는데 공전의 성황을 이루었다. 김영삼 대통령이 개막식에 참석했고, 약 90만 명의 방문객이 있었다.

관계자들이 이를 위하여 개혁전도사로서 적잖은 활동을 하였다. 제2기의 김종서 위원장도 그 대표적 인사의 하나다.

청와대 수석은 청와대가 교육부에 의해 수행되는 개혁집행과정에 대한 모니터링과 감독 역할을 수행했다고 기술하고 있다(Park, 2000: 34). 그러나 청와대는 그 주된 관심을 개혁방안의 창안과정에 쏟았고, 실제로 모니터링과 감독 기능에는 상대적으로 크게 신경을 쓸 형편이 못되었다.

또한 제1기 교육개혁위원회는 그 태생적 개혁성향에도 불구하고, 구성원들이 이념적 편향성이나 과도한 이상주의에 빠지지 않고 비교적 균형적이고 중도적인 노선을 지키려고 애썼다.[8] 그런가 하면, 본래 보수적 성향이 짙은 교육부도 시대가 요구하는 교육개혁의 큰 흐름을 비교적 유연하게 수용하는 모습을 보였다.[9] 물론 사안에 따라 양자 간의 간극이 있었던 것은 사실이나, 그것이 메우기 어려운 심각한 수준은 아니었다. 이 때문에 청와대의 중재역할도 난항의 연속만은 아니었다.

하지만 제2기 교육개혁위원회의 출범 이후, 교개위와 청와대, 그리고 교육부 간의 관계는 사뭇 달라졌다. 그렇게 된 데는, 무엇보다 개혁 초기의 질풍노도 시대가 지나면서 한때 서슬이 퍼렇던 교육개혁위원회의 예기가 얼마간 무뎌졌고, 무엇보다 시간과 더불어 3자 간 서로 적응하여 나름대로 익숙한 상호교섭 패턴을 학습했기 때문으로 보인다. 또한 제1기에 이미 치열한 '담론'을 통해 총론 부분의 철학적인 문제는 마감했고, 제2기로 미룬 난제들에 대해서도 대체로 그 논의방향이 정리가 되었으며, 나머지 과제는 주로 구체적 문제해결을 요하는 실무적 사항이었기 때문에 이러한 상황변화가 찾아온 것이 아닐까 한다. 또한 유화적 성품의 교육계

8) 교육개혁위원회의 중도적 경향은 고교평준화, 사학개혁, 유아교육문제, 지방교육자치 등에서 여실히 드러난다.

9) 특히 5·31 교육개혁안의 집행과정에서 중요한 역할을 했던 중견 정책관료들은 대체로 민주화 지향의 새 시대에 상응하는 적정 수준의 개혁성향을 지니고 있었다.

인사인 김종서, 문용린 두 사람이 교개위의 책임을 맡았다는 사실도 교개위-청와대-교육부가 협력모드로 바뀌는 데 한몫을 했으리라고 본다.

제2기 교육개혁위원회는 청와대 및 교육부와 두드러진 갈등이 별로 없었다. 다만 쟁점화되었던 것이 교육분야의 각종 리더십 지위, 즉 교장, 교육위원, 교육장 및 교육감의 법적 자격요건으로 되어 있는 교육경력의 내용과 소요 연수를 완화하는 문제를 둘러싸고 벌어진 교개위와 청와대 간의 갈등이었다. 즉, '공급자 중심 교육' 으로부터 벗어나는 방법의 하나로 교육경력의 요건 완화를 요구하는 청와대와 이에 소극적이었던 교개위 간의 첨예한 대립으로 이어졌는데, 당시 김종서 교개위 위원장이 '시기상조' 임을 역설하며 자신의 직을 걸고 강력히 반발하자, 청와대가 양보하여 최소한의 완화에 그치는 방식으로 절충되었다.

교개위-청와대-교육부는 그들 간의 역동적 상호작용 속에서 때때로 불화와 갈등이 있었으나 큰 그림으로 볼 때, 공동목표를 향한 협력체제였다고 말할 수 있다. 특히 질풍노도의 시기였던 제1기 교개위에서 제1차, 제2차 교육개혁방안 성안의 마지막 단계에서 있었던 교개위와 청와대 간의 얼마간의 갈등도 결과적으로 개혁방안의 질적 개선에 기여했다고 본다. 또한 제1기 교육개혁위원회와 제2기 교육개혁위원회에서 3자 관계가 '긴장모드' 에서 '협력모드' 로 바뀐 것도 교육개혁방안의 창안과 성공적 추진에 도움이 되었다고 판단한다.

6. 교육개혁의 순서

교육개혁위원회가 개혁순서를 결정하는 데 가장 크게 고려했던 것은 ① 포괄적이며 기본적인 개혁, 또한 시급한 개혁은 우선적으로 다루고,

② 복잡한 이해관계가 얽혀 문제해결이 어렵고 예민한 사항은 가능한 한 뒤로 미루자는 것이었다. 그러다 보니 개혁안 공표순위는 전체적으로 총론에서 각론으로, 컨센서스가 쉬운 것부터 어려운 것의 순으로 이루어졌다. 대체로 제1차 교육개혁안을 총론격인 초·중등교육의 바탕을 세우고 진작시키기 위한 방안, 고등교육의 수월성 추구 방안, 그리고 전반적인 교육지원체계를 확립하기 위한 방안들로 앞세우고, 반면 이해관계가 첨예하게 대립되어 쉽게 결론을 내리기 어려운 지방교육자치개혁, 사학개혁, 유아교육개혁 등을 뒤로 미룬 것이 바로 이러한 고려에서 비롯된 것이다.

교육개혁위원회가 개혁사업 전체를 관통하는 기본적이고 포괄적인 문제를 앞세운 것은, 교육개혁이 추구하는 기본목표와 큰 방향을 주지시킴으로써 국민적 관심과 지지를 유도하려는 의도가 있었던 것으로 보인다. 이는 교육개혁이 지니는 이상주의적 측면을 천명한 것으로, 많은 이들에게 미래에 대한 기대와 영감, 희망과 낙관을 진작시키려는 것이다. 반면 뒤로 미루어진 개혁사업들은 교육개혁이 지니는 현실주의적 측면을 반영한 것이다. 교육개혁은 주어진 현실을 바탕으로 문제해결을 모색하기 때문에, 어쩔 수 없이 현실사회 속에 존재하는 숱한 이해관계와 갈등을 조정하고 해결하는 방책을 강구하지 않으면 안 된다. 그것은 결코 쉬운 일이 아니며 시간을 필요로 한다. 그나마 뒤로 미루면, 이해당사자들의 의견을 고르게 들을 수 있고, 토론과 협의, 타협과 조정 등을 통해 그리고 깊은 고뇌와 숙고를 통해 문제해결에 접근할 수 있기 때문이다. 그러나 교개위가 복잡하고 예민한 개혁방안들을 뒤로 미룬 데는, 개혁 초기단계에서 이해관계가 착종하는 첨예한 쟁점과 씨름하다가 자칫 헤어나기 어려운 깊은 수렁에 빠져 개혁의 모멘텀 내지 골든타임을 잃어버리지 않을까 하는 또 하나의 현실적 우려에서 비롯된 면이 크다. 그런 면에서, 교육개혁위원회의 개혁순서 배열은 잘못되었다고 말할 수 없다. 그러나 그것은 전략적 사고에서 비롯되었다기보다, 현실적 필요에서 나온 것이라고 볼 수 있다.

5·31 교육개혁과 같은 포괄적 개혁방안은 다루는 과제가 과다하고 복잡하기 때문에 회임기간이 길 수밖에 없다. 첫 번째 개혁방안이 교개위 출범 1년 4개월 만에 나온 것이나, 제1차 개혁방안의 발표에서 4차 개혁방안이 발표되기까지 장장 2년 이상이 걸린 것을 보아도 그것을 알 수 있다. 그런데 문제는 이처럼 창안과정에만 수년이 걸리는 경우, 그 오랜 동안 국민의 관심과 지지를 어떻게 지속적으로 이어갈 수 있느냐 하는 것이다. 이것은 무척 어려운 일이다. 보다 문제가 되는 것은 교육개혁사업이 방안을 내놓는다고 그 성과가 바로 창출되는 것이 아니라는 점이다. 대부분의 교육개혁사업은 법령의 제·개정이나 새로운 기관의 창출, 혹은 장기간의 제도형성 기간을 전제로 하기 때문에, 단순한 집행행위에 의하여 실효적으로 그 성과가 수확되지 않는다. 특히 일정 개혁사업이 뿌리를 내리고 국민의 의식과 행태의 변화에까지 영향을 미치려면, 수년 혹은 수십년의 세월이 흘러야 되는 경우도 적지 않다. 그런데 문제는 국민이나 정치인들은 이러한 '장정(長程, long march)'에 한마음으로 동행할 정도의 인내심이 없다는 사실이다. 많은 개혁사업들이 초기에는 대단한 기대와 열광을 불러일으키지만, 단시간 내에 실효적 변화가 눈에 보이지 않으면 불만과 비난이 폭주하고, 더욱이 개혁에 의해 손해를 보았다고 느끼는 이해당사자들의 저항과 반발이 증폭되어 개혁사업의 진척 자체가 어렵게 되는 경우가 많다. 장기전은 불가피하게 개혁 피로증을 유발한다. 더욱이 국민과 여론이 동요하면, 여기에 민감한 정치지도자들의 마음은 이에 쉽게 반응하여 개혁사업에 대한 지지를 거두거나 축소 혹은 약화시킬 수 있다는 것이다. 따라서 개혁주체들은 이러한 국민의 인내심을 가능한 한 오래 붙잡아 둘 수 있는 전략적 · 구체적 노력이 필요하며, 그것이 개혁순서에 반영될 필요가 있다.

국민의 인내심을 붙잡아 두기 위한 교육개혁방안의 배열과 연관해서, 당시 청와대 수석이었던 박세일은 매우 흥미 있는 전략을 제시한다. 그에 따르면, 교육개혁이라는 '장정' 의 길목에 국민이 피부로 느낄 수 있는 몇 개의 가시적이고, 괄목할 만한 개혁안을 마련해서, 이를 그때그때 새로운 동력 충전의 발판으로 삼자는 것이다. 그리고 이러한 분수령 내지 '단기적 승리(short-term wins)' 를 통해 축제 분위기를 연출함으로써 개혁에 대한 관심과 지지, 그리고 동력을 새롭게 창출하여 큰 흐름을 이어가자는 것이다. 그는 이러한 전략적 배열 없이 교육개혁의 장정에서 국민적 지지를 지속적으로 확보한다는 것은 지난한 일이라고 하였다. 그런 의미에서 학부모의 관심이 집중되는 사교육비 경감대책은 맨 뒤로 미룰 것이 아니라 앞쪽에 자리했어야 한다고 주장한다. 그의 주장은 경청할 만하다. 획기적 방안이 중간 좋은 길목에 자리하면 분명 개혁동력을 지속적으로 충전하는 데 큰 도움이 될 것이다. 그러나 그러기 위해서는 방안선정과 해결책 제시, 모두가 두드러져야 한다. 실제로 그가 예로 들었던 '과외대책을 통한 사교육비 경감방안' 의 경우, 별로 많은 이의 관심을 끌지 못했다. 그 이유는 이 방안이 5·31 교육개혁의 끝 무렵인 4차 개혁안에 포함되었다는 점도 하나의 이유일 수 있으나, 그보다는 방안내용 자체가 대중의 기대에 미치지 못했기 때문이다. 즉 전두환 군부에 의한 1980년의 7.30. 교육조치의 핵심인 과외금지법의 폐지 · 완화가 이 사안의 핵심이었는데, 개혁방안은 이에 대해 분명히 답하지 않았기 때문이다. 실제로 그 최종결정은 나중에 헌법재판소에 의해 이루어졌다.

개혁방안의 순서는 실제로 개혁시행과 밀접하게 연관이 된다. 위에서 언급했듯이 5·31 교육개혁방안의 창안이 시간적으로 지체되었기 때문에, 교육부가 이들 숱한 과제를 문민정부 임기 내에 정책 프로그램으로 전환하여 실행으로 옮기기에 시간이 너무 촉박했다. 그 때문에 발표시기가 일렀던 개혁과제들, 예컨대 제1차 및 제2차 교육개혁방안들은 대체로 정권

만료 이전에 시행단계에 이르렀으나, 뒤늦게 발표된 제3, 제4차 방안들 중 적지 않은 개혁과제들은 시행되지 못한 채 정권교체기에 들어섰다.

7. 교육개혁을 둘러싼 이해갈등과 조정

대체로 정부가 앞장서는 개혁사업은 초기에는 정치지도자의 결의와 개혁의지, 그리고 개혁 청사진의 미래조망에 대한 국민들의 기대와 열망이 상승작용을 하면서 여론의 높은 지지를 받으나, 시간이 지남에 따라 개혁 이미지의 신선미가 떨어지고 개혁성과에 대한 실망이 커져 이른바 개혁 피로증이 증폭되는 경향이 있다. 따라서 개혁에 대한 부정적 인식이나 반대를 어떻게 하면 줄일 것인가 하는 것이 개혁성패에 주요 관건이 된다.

모든 개혁사업에는 반대가 있기 마련이다. 더욱이 대규모 개혁의 경우 개혁과정에서 직·간접적으로 기득권이 침해되는 집단이나 부류들의 저항과 반발은 매우 크고, 그것이 개혁의 장애가 되는 경우가 많다. 적지 않은 이들이 정책안이나 정책내용의 일부가 자신의 이익과 상충하거나 정서적으로 받아들이기가 껄끄러워 반대를 한다. 그런가 하면, 이념적 차원에서 개혁의 목표나 방향에 대해 비판하는 집단이나 사람들이 있다. 딱히 이념적 반대까지는 아닐지라도 많은 이가 기존의 사고유형이나 관행에 젖어 있기 때문에 개혁이 몰고 오는 새로운 가치규범이나 행위유형에 대해 반기를 들거나 불만을 피력하기도 한다. 개혁의 성공을 위해서는 이들 반대를 효율적으로 봉쇄 · 극복하거나 중립화 내지 약화시켜야 하며, 그 과정에서 전략적 접근은 매우 중요하다.

교육개혁의 주요 이해당사자들로는 우선 교사, 학생, 학부모, 관료, 사학재단의 이사장 등 다양하다. 이들은 개인적으로 혹은 집단적으로 개혁방안에 대해 찬성하거나 반대 혹은 무관심을 표명한다. 이들 이외에도 정당, 다양한 이익집단들, 국회의원을 비롯한 정치인, 매스 미디어 혹은 정부의 부처도 개혁사업에 대해 입장을 표명하고, 때로는 찬·반을 행동에 옮기는 경우도 없지 않다. 이들 중 일부는 개혁방안의 창안과정에서부터 압력을 구사하고, 어떤 집단은 집행과정에 집중적으로 관여한다. 그런데 실제로 이들 못지않게 중요한 것이 일반 시민 내지 여론의 향방이다. 개혁사업의 큰 방향에 대해 여론의 반향이 호의적이면, 다양한 이해관계자들 및 이익집단들의 관여의 정도나 개입방법도 일정 수위를 넘지 않게 되거나, 불가피하게 '총론 찬성, 각론 일부 반대' 의 수준에 머문다. 한편, 교육개혁을 추진하는 교육개혁위원회나 청와대, 그리고 교육부는 이러한 반대에 대응하기 위해 자신들이 지닌 정책수단이나 영향력을 구사하거나 혹은 구체적인 설득 · 홍보 등을 통해 이들의 반대 수위를 낮춘다.

교육개혁과정에서 가장 중요한 존재가 교사이다. 그런 의미에서 "한 사회에서 교육개혁이 성공하려면 교육을 실제로 담당하고 있는 교사들의 참여와 노력에 의한 '안으로부터의 개혁' 이 이루어질 때 가능하다."(임태규, 데이비드 타이악 · 래리 큐반, 2011의 서평)는 말은 백번 옳은 말이다. 흔히 교사들은 개혁으로 인해 업무가 과중하고, 그들의 일상에 부담이 크다는 것을 호소한다. 때로는 정책이나 사업 내용에 대해서도 가치론적 내지 이해관계 차원에서 이의를 제기한다. 교총이나 전교조가 그들의 이익표출의 통로가 되는 경우가 많다. 5·31 교육개혁의 경우도 대선공약 사항인 교원에 대한 처우 개선이 빠지고, 경쟁적 인사제도의 도입과 학교생활기록부의 도입으로 인한 업무부담의 과중 등으로 교사들 중 적지 않은 수가 내심 교육개혁에 대해 부정적 관점을 가지고 있었다. 이것이 교육현장에서 교육개혁사업이 착근을 하는 데 어느 정도 지장을 가져다주었던 게 사실이다. 그런가 하면 교육개혁 과정에서 학교장, 교육감이나 교육위원과 같은 교육계 지도자의 위상이 달라지기 쉬운데, 이는 교육계 내부에서 조직적 반대로 표출되기도 한다. 사학정책의 경우도, 사학의 자율성을 강조하는가 아니면 책무성, 공공성, 투명성에 역점을 두느냐에 따라 교사와 재단과의 이해관계가 엇갈리게 된다.

또한 학부모는 주로 자신들의 자제들의 이해관계에 예민하고, 그에 따라 격렬하게 반대 의사를 표명하는 경우가 많다. 학교생활기록부에 대한 학부모들의 반응이 그렇다. 당시 비교내신제가 고교 1학년들부터 사실상 적용되지 않는 것과 연관하여 특목고 학부모들이 비교내신제를 유지해 줄 것을 요구하며 집단적 움직임을 보였다. 비평준화 명문고 학부모들도 전국단위의 공정한 평가방법, 비평준화지역 출신 학생들에 대한 수능석차 백분율 적용 등을 요구하며 강력히 항의했다. 그때, 특목고, 비평준화 명문고의 사회특권층 부모들은 정관계에 엄청난 압력를 구사하여 물의를 빚기도 했다.

한편, 관료들은 흔히 개혁의 대상이라는 사회적 비판의 표적이 되면서, 다른 한편 개혁사업의 추진 주체가 되고 있다. 개혁과정이 시작되면 정책기획과 집행과정에서 이들의 업무와 책임이 증폭되지만, 대체로 이에 대한 부가적 보상은 없는 것이 상례이다. 따라서 이들의 불만이 표출될 수 있다.

교육개혁 주체들은 흔히 언론의 협조를 얻는 데 가장 큰 비중을 두고, 그에 큰 노력을 투자한다. 또한 지방교육청의 지원을 받아 특강, 연수 등을 통해 교사와 학부모에게 개혁사업에의 참여를 독려한다. 기타 전문가 협의회, 정책간담회 및 공청회 등도 이들이 정책전문가들과 지식인 그리고 시민들과의 공감대를 형성하는 데 있어 중요한 교두보로 삼았다. 그런가 하면 장관 및 고위직 공무원들은 국회의원들 및 정당들 그리고 다양한 교육시민단체 대표들과의 잦은 접촉을 통해 그들을 교육개혁의 우호세력으로 회유, 설득하고 동참을 유인하는 데 많은 시간을 할애했다. 교육부가 1996년 7월에 개최했던 대규모 교육박람회는 일반 시민들을 향해 정부가 주도하는 교육개혁사업이 앞으로 우리 교육을 어떻게 변화시킬지, 한국 교육의 미래상을 미리 선보이기 위한 행사였다.

질풍노도와 같았던 제1기 교육개혁위원회 시기(1994.2.~1996.4.)에는 대통령의 강력한 지원과 국민의 높은 기대와 열망, 언론의 지지 등에 힘입어 기존의 비교적 나이브한 전통적 대응방식, 즉 언론활용, 공청회, 특강, 개인적 설복 등을 통한 우호적 여론조성과 반대세력의 무마에 어느 정도 성과가 있었다. 그러나 제2기 교육개혁위원회 시기(1996.4.~1998.2.)에는 상황이 많이 달라졌다. 기득 이익집단들이 보다 적극적, 공세적으로 변했고 효율적 조직활동을 통해 개혁사업을 효과적으로 봉쇄, 저지하거나 약화시키기 시작했다. 이러한 변화는 특히 대통령 임기가 후반으로 접어들고 점차 대통령이 레임덕 현상에 시달리면서 더 두드러졌다. 그러나 이처럼 상황이 반전된 것은 개혁세력이 기존의 안일한 대응방식에서 벗어나, 보상이나 전략적 제휴와 같은 보다 세련된 전략을 구사하지 않은 데서 기인한 바가 없지 않다.[10]

따지고 보면 과중한 업무에 시달리면서 교육개혁의 일선에서 변동역군으로 일하는 교사와 교육 관료들에게는 사기진작을 위한 유인책으로 적절한 보상이 있었어야 했다. 그런가 하면 유럽 선진국의 경우, 개혁정책의 형성과 집행과정은 정부와 관련된 사회집단 간의 다자간 교섭(multilateral negotiation) 및 집단적 합의(collective agreement)에 기초한 제휴체제를 통해 이루어지고 있다. 당시 우리에게는 각개 격파의 방책만 있었지 이러한 전략적 사고가 결여되어 있었던 것이 사실이다.

크게 볼 때, 당시 언론은 문민정부의 교육개혁사업에 대해 호의적이었

10) 박세일은 이러한 세련된 전략으로 ① 적대감을 누그러뜨리기 위한 잠재적 패배자(potential loser)에 대한 얼마간의 보상, ② 개혁 패키지의 틀을 재편하든가, 순서를 재조정하여 이익집단에게 '당근'을 던져주기, ③ 광범위한 개혁연립(reform coalition)의 형성을 통한 적대적 이익집단의 소수화, ④ 전문적 중재자를 통한 개혁을 상생 게임(a mutually-gainful game)으로 만들기를 예로 들고 있다(Park, 2000: 42).

다. 대체로 총론은 지지하고, 각론에서 부분적으로 이의를 제기하는 형식을 취했다. 당시만 해도 언론의 이념적 양극화가 그리 심하지 않았던 것도 그 주요한 원인이었을 것이다. 그러나 진보성향의 언론들은 한결같이 5·31 교육개혁이 지나치게 신자유주의적 성향을 지니고 있다고 지적하며, 쟁점에 따라 신랄한 비평을 서슴지 않았다. 교개위 안에서도 위원들의 이념적 성향에 따라 논쟁이 벌어졌는데, 그 대표적이 것이 고교평준화와 대학설립준칙주의 및 정원 자율화 등의 쟁점이었다. 대체로 보수주의자들은 학생선택권을 존중해서 평준화를 해제하자고 주장한데 반해, 진보주의자들은 평등논리에 입각해 현행유지를 옹호했다. 결국 평준화의 장점을 살리면서 '학군 내 선 복수지원 후 추첨방식' 이라는 절충안으로 귀착되었다. 대학설립준칙주의에 있어서도 시장경제원리의 도입과 적자생존 원칙에 입각해 대학설립과 모집정원을 완전 자율화하자는 측과 '일정 요건을 정한 대학설립' 과 '교육여건과 연계한 정원 자율화' 로 나뉘었으나 후자로 기울어졌다. 교개위가 자주 전문가협의회, 정책간담회 및 공청회를 개최했던 것은 이러한 위원들 간의 이견이나 입장 차이를 조정하려는 의도도 함께 작용했다.

교육자치의 '꽃' 으로 불리는 학교운영위원회제도의 도입과정에서도 위계적, 권위주의적 기존 체제의 최대 수혜자인 학교장의 반발은 대단했다. 아울러 시·도교육청의 무관심과 비협조의 벽도 만만치 않았다. 교육부는 학부모 운영위원 등을 대상으로 하는 대규모 연수를 통해 그들의 지원을 유도하는 한편, 경실련 · 학부모연대 · 참교육학부모회 · 교육민우회 등 교육시민단체들의 협조를 얻어 이 제도에 대한 지지를 확산시켜 나갔다. 이슈를 교육계 내부에서만 다루지 않고 시민사회단체에까지 개방함으로써, 범사회적 협력을 끌어내려 노력한 것이다.

초등영어교육의 도입을 둘러싼 갈등도 매우 치열했다. 교육계의 대부분, 다수의 학부모, 그리고 세계화의 추세에 민감한 시민들이 찬성하는 측이었는데, 대체로 이들은 침묵하는 편이었고, 기껏 입을 열어도 소극적이었다. 교육부의 입장에서 보면, 분명 우군의 숫자가 많은데, 그 세력이 조직화되어 있지 못하여 계속 수세에 몰리는 입장이었다. 반대파 내지 유보파 중에는 민족주의적 성향이 강한 일부 정치인, 언론, 교육계 및 시민단체 인사들이 주류를 이루었는데 그중에는 진보진영 인사가 많았다. 그런데 흥미있는 것은 교육개혁 이전부터 초등영어교육에 참여하고 있었던 영어학원계였다. 이들은 처음 교육개혁안이 발표되자 자신들의 영역 확대를 기대하며, 초등영어도입을 적극적으로 지지하였으나, 교육부가 초등교사가 직접 초등영어를 담당하는 것으로 결정하면서, 초등영어를 반대하는 강력한 저항세력으로 등장하게 된다. 그러나 초등영어가 본격적으로 실시되면서 초등영어 사교육 시장이 줄어들기보다는 더 커지는 추세를 보이자, 이들의 태도는 다시 바뀌어 열렬한 지지층이 된다.

이해관계가 착종하여 뒤로 밀렸던 교육개혁과제들, 예컨대 지방교육자치법, 유아교육법 등은 모두 심각한 이해갈등을 겪었고, 어렵사리 합의된 개혁안도 근본적 해결책과는 거리가 있는 '눈가림' 수준의 개혁이거나 '반쪽짜리' 개혁안이었다. 그 과정을 살펴보면 다음과 같다.

교육개혁위원회에서는 1996년 8월 20일에 발표한 제3차 교육개혁방안에서 일반행정과의 연계를 강화하고, 교육위원회의 합의제 집행기관화와 위원정수의 축소 등을 주 내용으로 하는 지방교육자치제도 개혁방안을 제시한 바 있다. 이는 기존의 지방교육자치체제 아래서는 지방정부의 수장이 교육에 대해 아무런 권한이나 책임이 없다는 어처구니없는 현실을 타파하고, 아울러 교육과 관련된 의결기관이 시·도 교육위원회와 시·도 의회로 이원화된 데서 오는 번거로움과 비효율성 등 제반 불합리한 문제점을 개선하기 위한 합리적 개혁안이었다. 그러나 이 개혁안이 발표되자, 기득권의 침해를 우려한 교원단체연합회, 전국 시·도 교육위원, 교육위원회 의장협의회 등이 들고 일어나서 국회의원들에게 치열한 로비활동을 벌였다. 그 결과 오랜 논란 끝에 국회는 다수의 개혁과제를 뒤로 한 채, 교육위원과 교육감의 선출과정과 교육위원 정수의 변화만을 주워 담은 절름발이 대체법안을 통과시켰다.

유아교육 개혁의 경우도 마찬가지였다. 유아교육 개혁이 겨냥했던 가장 큰 목표는 3세 이상 초등학교 취학 전 유아에 대한 교육과 보호 서비스를 통합 · 제공하는 유아학교 체제를 구축하여 기간 학제에 편입시키는 것이었다. 그러나 현재 이원화되어 있는 어린이집과 유치원 간, 그리고 그 각각의 후견자격인 보건복지부와 교육부 간의 오랜 불신과 이해상충으로 인해 난항을 겪다가 끝내 선언적 내용을 중심으로 개혁방안에 합의하였다.[11] 그러나 문제해결의 핵심인 통합적 유아교육의 꿈은 뒤로 미루게 된다(Park, 2000: 45-49).

정부 부처 간의 이해상충으로 어려움을 겪는 일도 비일비재하다. GNP 5% 교육재정 확충과 연관하여 교육부는 재경부, 내무부와 치열한 갈등을 겪었고, 직업 3법을 둘러싼 교육부와 노동부의 갈등, EBS 수능 출범 과정에서 있었던 교육부와 공보처 간의 갈등, 그리고 위에서 언급한 유아교육 개혁과정에서 표출된 교육부와 보건복지부 간의 갈등 등이 그 대표적인 예이다.

정책결정을 둘러싼 담론은 크게 조정적 담론(coordinative discourse)과 소통적 담론(communicative discourse)으로 나뉜다. 조정적 담론이란 정책엘리트들 상호 간 혹은 정책엘리트와 사회집단 간 정책을 조정할 때 나

11) 전국적 단위의 항의집회로 점철된 유아교육-보육 간의 갈등은 유아교육 개혁안의 불발로 이어질 뻔하였으나, 최종적으로 민간보육시설연합회를 유아교육 지지 세력으로 끌어들임으로써 유아교육개혁안 발표가 가능해졌다. 보육시설은 과거 새마을유아원의 후신이 주축인 공공보육시설과 순수민간보육시설로 양분화되어 있었으며, 공공보육시설연합회가 보건복지부의 이면 후원하에 끝까지 유아교육 개혁안에 반대한 반면, 4차 교육개혁안 최종 성안 직전 민간보육시설연합회가 교육개혁 지지 세력으로 돌아섰다. 이는 당시 교개위 유아교육개혁팀의 노력이 주효했다.

타나는 담론을 의미하며, 소통적 담론은 정책엘리트에 의해 채택된 정책의 필요성과 적절성을 정당화하기 위하여 일반 국민들을 대상으로 설득하는 담론을 의미한다(Schmidt, 2002; Schmidt and Radaelli, 2004). 5·31 교육개혁 당시, 교개위, 교육부, 청와대는 교육개혁방안의 정책 합리성을 높이기 위하여 수많은 공청회, 실무협의회, 정책간담회, 정책협의회를 하였고, 여론조사와 교육실태 파악을 위해 많은 노력을 경주했다. 그런가 하면 언론홍보에도 나름대로 큰 관심을 쏟았다. 그러나 실제로 개혁방안과 연관하여 이해관계 집단들과의 조정적 담론은 크게 부족했고, 국민을 대상으로 하는 설득과정도 미흡했던 점을 진솔하게 인정해야 할 것이다.

8. 인물로 본 5·31 교육개혁

이명현, 박세일

5·31 교육개혁의 정책과정을 서술하는 대부분의 저술이나 공식 문건을 보면, 대체로 공식 제도나 기구의 변화 및 과정 중심으로 서술될 뿐 인물에 대한 언급은 최소화된다. 교육개혁위원회의 핵심인물이었던 이명현 상임위원의 이름이 한두 번 거명되는 정도이고, 박세일 청와대 수석은 거의 언급조차 되지 않는 경우가 많다. 그러나 5·31 교육개혁의 정책과정을 면밀히 검토하면, 특히 개혁방안의 수립과정에서 이명현과 박세일의 역할과 비중은 매우 크며, 실제로 이들이 없었다면 5·31 교육개혁의 비전과 목표, 그리고 구체적 방안의 완성도가 당시의 수준에 이를 수 있었을까 회의하지 않을 수 없다. 따라서 여기서는 인물 중심으로 5·31 교육개혁의 정책과정을 재조명해 보고자 한다.

이명현(평북 신의주 출신, 1942년생) 서울대 명예교수는 한국의 대표적 철학교수로 분석철학이 전공이나, 일찍이 '철학의 현실화'에 큰 관심을 가지고 사회비평을 많이 해 온 학자이다.[12] 1994~1996년간 제1기 교개위 상임위원으로 5·31 교육개혁방안의 수립과정에서 주도적 역할을 했으며, 1997년 8월부터 이듬해 2월까지 문민정부 마지막(제37대) 교육부 장관으로, 교육개혁의 정책형성 및 집행과정에서 매우 중요한 역할을 했다. 한편, 박세일(서울 출신, 1948년생) 서울대 명예교수는 1985~1994년간 서울대학교 법과대학에서 법경제학 교수로 재직하면서 시민운동에 적극적으로 참여하였고, 1994년에는 교개위 무임소 운영위원으로, 그리고 같은 해 12월부터 1998년 2월까지는 청와대 비서실 수석비서관(정책기획, 사회복지)으로 대통령의 지근(至近)거리에서 교육개혁 과정에 상당한 영향력을 구사했다.

두 사람은 여러 가지 면에서 공통점이 있다. 우선 한국의 대표적 지식인으로 자기 분야에서 학자로서 일가를 이루었고, 아울러 국가경영에 관심과 능력을 두루 갖춘 경세가(經世家)형의 인물들이다. 또한 두 사람 다 민주화 및 시민운동에 경험이 많은 참여적 지식인으로, 사회개혁 의지와 열정이 남다르다. 그런가 하면 이들은 한국 최초의 문민정부의 대통령인 김영삼과는 오랜 동지로서 이미 장기간 정치적 자문역을 수행했다.

이명현, 박세일은 오랫동안 대학에 몸담고 있었으나 둘 다 전공이 교육학이 아니다. 각각 철학과 법경제학이 전공인 이들의 지적 · 현실적 관심은 오늘 눈앞의 한국의 교육현실이라는 시(時)-공(空)을 뛰어넘어, 미래 한국의 창조로, 그리고 한국 사회 전체로 향한다. 두 사람은 똑같이 문명사적 관점에서 시대를 통찰하고, 전체로서의 한국 사회의 개혁을 추구했다.

---

12) 이명현은 민주화 과정에서 해직교수로 고초를 겪었고, 20년 넘게 〈철학과 현실〉의 편집인으로서 '철학의 현실화와 현실의 철학화'에 기여하고 있다. 그는 또한 2008년 서울에서 열린 세계철학자대회의 조직위원장으로 활약했다.

그런 의미에서 이들은 구경(口徑)이 크고, 국정철학과 전략을 갖춘 경세가들이다. 그들은 다가오는 세계화, 지식 · 정보사회의 격류 속에서, 교육을 중심 고리로 하여 한국이라는 국가와 사회를 큰 폭으로 개혁하려는 웅지와 예지력을 지닌 인물들이다. 그 때문에 5·31 교육개혁은 교육학자들이 주도했던 그 이전, 그리고 그 이후의 교육개혁과는 시관(時觀)과 스케일, 그리고 전략에 있어서 차이가 난다. 같은 맥락에서 만약 이 두 사람의 위치에 교육전공자가 자리했더라면, 5·31 교육개혁이라는 한국 역사상 전대미문의 대개혁 청사진이 창출될 수 있었을까 회의적으로 의문을 제기하는 이들도 적지 않다.

1992년 대통령 후보시절 김영삼의 정치적 구상을 담아 이명현이 쓴 〈2000년 신한국〉은 그 부제가 '신한국 창조를 위한 개혁청사진' 이었다. 이 책을 통해 이명현은 '신한국' 이라는 김영삼 후보의 정치적 독트린[13]을 형상화했는데, 여기서 그는 '문명의 대전환' 이라는 '변화의 때' 가 왔음을 알리며, 정치 · 경제 · 사회 · 문화 모든 영역에 걸쳐 한국의 '창조적 진화' 전략을 조목조목 열거한다. 특히 이명현은 이 책에서 '교육혁명은 발등에 떨어진 불' 이라고 외치며, 교육개혁이 지니는 혁명적 성격을 밝힌다. '신한국' 과 더불어 역시 5·31 교육개혁의 시대적 상징어가 된 '문명사적 도전' 도 그의 작품이다. 이명현은 5·31 교육개혁의 청사진을 만드는 데 앞장섰을 뿐 아니라, 교육부 37대 장관으로 그 청사진을 정책안으로 다듬고 실행에 옮기는 데도 한몫을 했다.[14] 이명현은 장관 재직 시 IMF 금융위기로 1998년 예산에 GNP 대비 5% 교육재정 확보가 흔들리자 직접 김영삼 대통령을 만나 약속이행을 확약받는 등 남다른 열성과 노력을 보였다. 또

13) 김영삼은 대통령 선거 기간 동안 '신한국' 을 통한 '한국병의 치유' 를 정치적 구호로 외쳤을 뿐 아니라, 1993년 2월 25일 제14대 대통령 취임사의 제목도 "우리 다함께 '신한국' 으로" 로 잡았다.

14) 이명현의 교육에 대한 관점은 국정브리핑 특별기획팀(2007)에 비교적 잘 드러나 있다.

한 장관 재임 시 제7차 교육과정을 적극 추진했는데, 이는 그 뒤 역대 정부의 초·중등교육에 큰 파급효과를 가져왔다.

박세일과 김영삼의 관계는 멀리 민주화의 불길이 치솟던 1987년으로 소급된다. 6월 민주항쟁으로 대통령 직선제가 성취된 후, 박세일이 대선을 준비하는 김영삼에게 개인적으로 경제학 강의를 하면서 두 사람의 인연이 맺어졌다. 그러나 1992년 대선 때는, 박세일이 서울법대 교수로서 연구년을 맞아 미국 컬럼비아 대학교 법경제학연구소에서 연구에 몰두하고 있었다. 당시 그는 그곳에서 세계 문명의 축이 바야흐로 '산업주의(industrialism)'에서 '세계화(globalization)'로 전환되고 있음을 절감하고, '세계화' 담론에 푹 빠져 있었다.[15]

박세일은 문민정부 출범 이후 귀국하여 1994년 무임소 운영위원으로 교개위에 관여하면서, 새 대통령 김영삼에게 '세계화'라는 시대적 상징어와 이를 통한 국정개혁의 전략을 주입시켰다. 이후 1994년 11월 17일 김영삼 대통령이 호주를 방문하던 중에 발표한 이른바 '시드니 구상'에서 '세계화'를 핵심 국정과제로 제시하고, 그 구체적 실천을 위해 세계화추진위원회를 구성한 일, 그리고 1994년 말 청와대 정책기획 수석으로 옮겨간 후, 1995년 1월 세계화 구상을, 이어 3월 복지 구상을, 그리고 계속하여 3월에 신교육 구상을 줄지어 발표한 것, 그 모두가 박세일이 깊이 관여해서 내놓은 작품들이다. 정책기획 수석으로서 그는 비단 교육개혁뿐만 아니라 사법 · 노동 · 복지 분야의 국정개혁에 앞장섰다. 당시 그의 휘하에 박재완 보좌관(전 기획재정부 장관, 2011~2013), 전성철 정책기획 1비서

15) 박세일은 1990대 초 우연히 라이히(Robert Reich) 교수가 쓴 *The Work of Nation*을 읽고 큰 충격을 받는다. 그는 이 책을 통하여 '세계화'라는 문명사적 변화가 진행되고 있다는 사실과, 앞으로 '세계화 국가(globalized nation)'를 지향하지 않으면 국가발전이 어렵다는 사실을 깨닫는다. 이후 그는 서울대학교에서 몇몇 교수들과 함께 〈세계화 연구회〉를 만들어 정기적으로 만나 토론했다. 1992년 그는 세계화 연구를 위해 컬럼비아 대학교로 안식년을 떠났다(박세일, 2010: 6-7).

관(현 IGM 세계경영연구원 회장), 권오규 정책기획 2비서관(전 경제부총리, 2006~ 2008), 김성동 교육비서관(전 교육부 기획조정실장) 등 제제다사(濟濟多士)들이 있었다. 이들은 세계화추진위원회(김진현 위원장)와 연계하여 세계화 전략 구상과 그 실천에 협업했다. 제1기 교육개혁위원회 전문위원이었던 이주호(17대 국회의원, 전 교육과학기술부 장관, 2011~2013), 윤건영(제17대 국회의원, 현 연세대 교수)도 이른바 박세일 사단에 속했다.

박세일의 세계화 현상을 보는 시각은 '회의론' 보다는 다분히 '긍정론'에 기울어져 있다.[16] 그러나 그는 세계화가 지닌 '빛과 그림자' 때문에 고심한 흔적이 역력하다. 그런 맥락에서 박세일은 자신의 세계화 전략은 "세계화의 이익을 극대화하고 그 위험을 최소화하는… 그리고 세계화가 소수를 위한 세계화가 아니라 다수를 위한 세계화가 되게"(박세일, 2010: 18) 하는 데 초점을 맞추고 있다고 주장한다. 박세일의 '세계화' 는 국경을 넘어선 글로벌 시장의 확대라는 현상적 측면보다, 한국이 추격자들과 선진국 사이에서 살아남기 위해서는 각 분야에서 세계의 보편적 목표표준(global standard)에 이르러야 된다는 인식에 바탕을 두고 있다.[17] 그가 교육개혁뿐만 아니라 사법개혁, 노사개혁 등에 폭넓게 관심을 가졌던 것도 그 때문으로 보인다.

각각 '신한국' 과 '세계화' 라는 표제어를 만들어 낸 이명현과 박세일의 또 하나의 공통된 특징은 두 사람 모두 강기(剛氣)의 인물이라는 점이다. 두 사람 다 배짱이 두둑하고, 자신이 추구하는 목표를 성취하기 위해 불퇴전의 용기를 가지고 적극적으로 나선다는 점에서 공통점이 있다. 이명

---

16) 박세일이 주창하는 '창조적 세계화론' 과 '자유주의 공동체론' 을 면밀히 검토하면, 역시 그의 전략적, 정책적 역점은 세계화의 '빛' 과 '자유주의' 쪽에 역점이 주어져 있음을 알 수 있다.

17) 그러나 그는 여기서 한발 더 나아가 각 나라가 지니고 있는 역사, 전통, 문화 속에 내재한 자신들만의 고유가치를 지구촌의 보편적 문명표준과 융합해야 한다고 주장한다(박세일, 2010: 40).

현이 제1기 교육개혁위원회에서 입시개혁 등 당장 시급한 한국의 교육문제 해결에 초점을 맞추려는 다수파를 제압하고, 5·31 교육개혁의 방향을 근본개혁, 총체적 개혁으로 물길을 바꾼 것도 그의 강기와 무관하지 않다. 그가 백가쟁명의 제1기 교개위의 중심에서 방향타(方向舵)를 잡고, 뚝심을 갖고 난관을 헤쳐 나갔기 때문에 5·31 교육개혁안의 큰 틀이 마련될 수 있었다. 훗날 교육부의 젊은 관료가 이명현에게 "당시 어떻게 그 어려운 상황에서 5·31 교육개혁의 물꼬를 트셨어요?"라고 물었더니, 그가 "그야, 내 철학과 배짱이지."라고 대답했다고 한다. 그런가 하면 박세일의 강기도 범상하지 않다. 당시 교육개혁 하나만 해도 벅차기 짝이 없는데, 그와 더불어 사법개혁, 노사개혁 등을 함께 추구했던 것이 그의 폭발적 추진력과 일에 대한 열정을 증명한다. 그러나 두 사람 다 유연성을 지녔고, 나아갈 때와 물러설 때를 알았다.

두 사람은 모두 자존심이 무척 강한 인물들이다. 그러나 공공심이 충만하고 사심이 없는 사람들이다. 그렇지 않았다면 교육개혁 과정에서 두 사람이 자주 부딪쳤을 것이다. 제1차 교육개혁방안과 제2차 교육개혁방안이 마무리되는 시점에서 교육개혁위원회와 청와대 간 긴장의 수위는 꽤 높았다. 청와대가 교육개혁위원회의 방안에 대해 부분적으로 이의를 제기하고 다시 논의할 것을 요구했고 박세일이 청와대에 소규모나마 교개위 작업반에 상응하는 병렬구조를 만들어 교개위 안을 세심하게 검토하고 우려되는 점을 낱낱이 지적했기 때문이다. 그때마다, 교개위 전문위원들과 청와대의 비서관 및 행정관들이 함께 모여 집중협의를 통해 문제를 실무적으로 풀어나갔다. 그러나 한 번도 박세일과 이명현이 직접적으로 갈등에 휩싸이거나, 맞대면해서 논쟁을 벌인 적은 없었다. 또 뒤끝이 남아 둘 사이가 불편했던 적도 없었다고 한다. 늘 하위 실무수준에서 전문적으로 협의, 조정하고 두 사람은 그 결과가 합당한 경우 이의 없이 받아들이는 선에서 문제를 풀어 나갔다. 이는 서로 상대방이 사심 없이 나라를 걱정하는 사람이라는 점을 바르게 인식하고 있었기 때문이었던 것으로 풀이된다. 이렇게 볼 때, 제1기 교개위와 청와대 간의 긴장과 갈등, 점검과 조율은 교육개혁안의 창안과정에 역동성을 높이고 시너지 효과를 냈다고 볼 수 있다. 이러한 조정방식은 교육개혁방안의 타당성과 내용의 질을 높이는 데 긍정적으로 작용했다고 보여진다.

박세일이 1994년 말 청와대로 옮겨간 것은 5·31 교육개혁의 성안과정에서 하나의 분기점이 된다. 그가 대통령의 지근거리에서 적극적으로 교육개혁의 추진을 지원했기 때문에 그때부터 개혁의 모터(motor)로서 그의 진면목이 드러났다. 더욱이 그가 건곤일척의 심경으로 열심히 추진하던 사법개혁과 노동개혁이 현실적 한계에 부딪쳐 더 이상 진척이 어려워지자, 가장 실현성 높은 개혁과제인 교육개혁의 성공을 위해 온 정성을 다했다.

박세일은 "교개위 안이 지나치게 '이상주의적' 일 개연성이 높기 때문에, 내가 교육현실을 잘 아는 교육부 출신의 행정관 등으로 하여금 그 실행가능성을 면밀하게 검토하도록 청했지요. 그래서 현실적으로 무리가 있는 것은 교개위에 청해서 조율을 했습니다."라고 당시를 술회했다.

한편, 이명현은 "박세일 교수가 당시 세계화에 꽤 경도되어 있었기 때문에, 나는 교육개혁방안이 신자유주의 일변도로 나갈까 우려를 했습니다. 그래서 수월성과 형평성의 조화에 신경을 많이 썼습니다."라고 말했다.

5·31 교육개혁의 청사진이 마련되는 과정에서 이명현과 박세일이라는 당대 굴지의 국정기획가 내지 전략가들이 상호 긴장과 협력관계를 통하여 개혁안의 질적 수준을 상승적으로 제고했다는 것은 매우 다행스러운 일이다. 아울러 당시 김영삼 대통령이 자신의 국정운영에서 이들 발군의 경세가들을 적시(適時)에 품에 안았다는 것은 그에게 큰 축복이었다. 이는 큰 방향이 옳고 사람이 바르면 두말없이 지원해 주는 '통 큰' 김영삼 리더십의 승리였다고 풀이할 수 있다.

안병영, 김정남, 이해찬, 이석희, 김종서, 문용린

안병영은 5·31 교육개혁의 중요한 시기(1995.12.~1997.8.)에 1년 8개월 동안 제36대 교육부 장관직을 수행하면서 제2차, 3차, 4차 교육개혁방안의 창안과정에 직·간접적으로 관여했고, 무엇보다 다수의 핵심적인 교육개혁방안들을 새롭게 정책안으로 다듬고, 이를 집행하는 데 주력하였다. 그런 의미에서 그는 특히 집행차원에서 5·31 교육개혁의 원형(原形)을 마련하는 데 중요한 기여를 했다.

그가 장관으로 임명된 시기는 1995년 12월로 제1기 교개위가 제2차 교육개혁안의 대강을 마련하고 마지막 정리단계로 들어가던 시점이다. 당시 제1기 교개위는 1996년 4월 임기 만료를 몇 달 앞두고, 초기에 위풍당당하던 기세를 많이 누그러뜨리고, 보다 유화적인 자세로 교육부와의 관계를 재정립하고 있었다. 따라서 안병영은 제2차 교육개혁방안의 마지막 단계에서 별다른 긴장이나 갈등 없이 교개위와 협의할 수 있는 상황이었다. 1996년 4월에 출범한 제2기 교개위는 목표나 인적 구성에 있어서 제1기와 사뭇 달랐다. 이미 언급한 대로 제2기 교개위는 앞선 제1기 교개위가 사안의 복잡성 때문에 뒤로 미루었던 몇몇 주요 개혁과제들을 다시 챙기고, 아울러 이미 집행단계에 진입한 교육개혁 사업들이 교육현장에서 뿌리를 내리고 확산되도록 힘을 실어주는 데 역점을 두었다. 따라서 제2기 교개위는 '일' 못지않게 '네트워크 형성' 에 큰 관심을 두었다. 따라서 인적 구성에서도 교육계 인사가 많이 참여하였고, 사회명사보다는 현장지도자가 더 많았다. 제2기 교개위의 출범과 더불어 교개위-청와대-교육부 간에 장벽이 많이 허물어졌고, 공감대와 일체감이 크게 증진되었다.

안병영은 장관 임명 이전에 정치권과는 아무런 접촉이 없었고 김영삼과도 일면식이 없었던 정치학 · 행정학을 전공하는 학자였다. 다만 권위주의 시절 체제비판적 시각에서 언론에 정치평론을 많이 썼기 때문에 민주성향의 인사로 알려져 있었다. 이명현과는 1970년대 초 잠시 한국외국어대학에서 함께 근무했던 인연으로, 박세일과는 경실련 초기에 함께 관여했던 연분 때문에 비교적 잘 아는 사이였다. 따라서 취임 초기부터 별다른 갈등 없이 이들과 시종 좋은 관계를 유지할 수 있었다. 안병영은 장관 재직 기간 중, 청와대 상대역이었던 박세일 수석과 교육개혁사업의 방향과 진척에 관해 자주 논의하면서 공감대를 넓혔다. 박세일은 교육개혁과정에서 안병영이 주도하는 5·31 교육개혁안의 집행과정을 시종일관 전폭적으로 지원했다. 당시 이명현, 박세일, 안병영은 이념적 지향에서,[18] 그리고 개혁의지와 열정에서 상통하는 바가 컸고, 그 때문에 기본적 신뢰관계가 형성되어 있었다. 이러한 규범적 공동체감은 개혁사업 진척에 큰 힘이 되었다.

위의 세 사람에 비해 비중이 떨어지지만, 5·31 교육개혁의 정책과정에서 주요한 역할을 했던 인물들이 적지 않다. 간략히 설명하면 다음과 같다.

김정남은 김영삼 대통령의 오랜 정치적 동지이다. 문민정부 출범 이후 청와대 사회교육문화수석으로 교육개혁위원회 창설 책임을 맡았다. 언론인 출신으로 오랜 세월 동안 민주화 투쟁에 앞장섰던 김정남은 정치인 중 드물게 정직하고 바른 인물로, 또 사심 없고 겸손한 품성으로 정평이 나 있었다. 오랫동안 김영삼의 지근에서 정치적 조언자로 활동했고, 문필능력이 뛰어나 김영삼의 글을 자주 대신 썼다. 그러나 보수진영으로부터 좌편향된 사람이라는 지적을 자주 받았고, 그 때문에 청와대 수석을 하는 동안 많이 시달렸다. 하지만, 그를 중도개혁론자라고 보는 것이 정확하다. 다만 진보진영의 소리에도 귀를 기울이고 그 동네에 적지 않은 친구

18) 훗날 많이 '보수화' 되었으나, 박세일은 당시 청와대 수석 중 가장 진보적 성향의 인사로 정평이 나 있었다. 안병영 또한 각료 중 '가장 덜 보수적' 인사로 알려져 있었다. 당시의 이념적 지향으로 볼 때, 이명현, 박세일, 안병영은 모두 이념적으로 '중도개혁' 지향의 인물로 평가될 수 있다.

가 있었다. 그런 면에서 그는 이 시대에 드문 열린 사람이었다.

김정남은 문민정부의 출범을 한국 정치의 '원점(原點)'으로 인식하고, 김영삼을 도와 문민정부의 초기 정치개혁에도 적지 않은 관여를 했다. 또 김영삼의 주요한 연설문을 작성하는 데도 많은 시간을 할애했다. 따라서 그는 단순한 교문수석을 넘어 어느 정도 정치특보의 역할을 했다고 볼 수 있다. 교개위의 출범과 구성이 늦어진 이유에 대해, 그는 "김 대통령이 정치개혁을 우선하는 바람에 순위가 늦춰졌다."고 설명한다.

김정남은 교육위원회가 사회 각 부문을 대표할 수 있는 다양한 구성, 그리고 가능하면 정권의 색깔이 묻어나지 않는 중립적 구성을 하기 위해 많은 노력을 했다. 따라서 제1기 교개위는 그 이전, 또 그 이후의 대통령 자문 교육개혁기구들에 비해 이념적 색채가 적고 보다 '일' 중심으로 짜여졌다. 다양한 구성을 위해 전교조 출신도 받아들였다.

김정남에 따르면, 초대 교육개혁위원장으로 전 고대 총장인 김준엽을 마음에 두고 찾아갔었다고 한다. 그러나 김준엽 전 총장이 고사를 하는 바람에 뜻을 이루지 못했다고 한다. 그러던 중, 김영삼 대통령이 이석희 전 중앙대 총장이 어떻겠느냐고 물어서, 그의 추천을 받아들였다고 한다. 이석희는 김영삼 대통령의 서울대 철학과 선배로, 인품과 경륜을 갖춘 철학자로 알려져 있던 인물이다. 그는 제1기 교개위 위원장으로서 교육개혁 창안과정에 깊이 관여하기보다는 '어른' 노릇을 주로 하며 상징적 역할을 수행했다. 그에 따라 철학과 전략, 열정과 강기가 있는 이명현이 조직을 장악하게 된다.

1998년 2월 국민의 정부가 들어섰다. 그때까지 5·31 교육개혁안의 약 70%가 이미 실천과정에 진입했다고는 하나, 그것이 자리를 잡고 한국의 교육을 바꾸기에는 턱없이 이른 시간이었고, 더욱이 아직 방안으로 적잖은 개혁과제들이 정책 프로그램으로 구체화되지도 못한 채 남아 있는데, 새 정부가 이들 사업들을 어떻게 할 것인가에 대해 의구심이 컸다. 그런데 5·31 교육개혁에 대한 새 정부의 평가와 대응은 의외로 매우 긍정적이었다. 국민의 정부 첫 교육부 장관인 이해찬은 취임하자마자 안병영 전 장관을 초청하여 교육개혁사업의 그간의 경위와 교육부의 정책관리 능력을 자세히 묻고 수첩에 작은 글씨로 꼼꼼히 적었다. 그러면서 "새 정부에서도 한국 교육의 근간은 5·31 교육개혁입니다. 그 주요 사업을 계속 이어갈 것입니다."라고 말했다.

김영삼 정권 말기에 안병영, 박세일, 이명현 등이 내심 가장 걱정했던 것이 5·31 교육개혁의 장래였다. 120개 개혁과제 중 약 70%가 집행단계에 들어섰다고는 하지만, 아직도 후속 개혁과제가 많이 남아 있고, 다시 정밀하게 다듬고 추스려야 할 일이 산적해 있었다. 따라서 다음 정권이 5·31 교육개혁을 외면하고 새 판을 짜게 되는 상황에 대한 의구심과 걱정이 무척 컸다. 더욱이 김대중 정부가 문민정부와는 이념상 차이가 있기 때문에 그 우려가 더 컸다. 또 실제로 국민의 정부가 정권적 차원에서 5·31 교육개혁을 옆으로 제치고 더 이상 챙기지 않았으면, 5·31 교육개혁방안은 서서히 역사의 뒤안길로 접어들었을 것이다. 그러나 국민의 정부는 큰 물줄기에서 5·31 교육개혁을 계승했고, 문민정부가 시간에 쫓기어 뒤로 미루었던 적지 않은 과제들을 스스로 챙겼다. 이 과정에서 이해찬 장관이 상당히 기여했다고 본다.[19] 물론 여기에는 김영삼 정권 말기에 불어닥친 이른바 IMF 금융위기와 이에 따른 김대중 정부의 '신자유주의'적 대응도 큰 몫을 했다.

많은 이가 5·31 교육개혁의 '원형'을 만드는 데 크게 기여한 제1기 교

19) 이해찬 장관은 부임 후 주요 정책을 결정함에 있어 교육부 내 관련 부서 실·국·과장은 물론 실무자, 때로는 외부 전문가들도 참여하는 교육정책토론회를 60여 차례 열었다. 여기서 논의된 결과들은 대부분 5·31 교육개혁방안과 방향을 같이했으며, 최종적으로 '교육발전 5개년계획'에 포함되어 김대중 정부 교육정책의 근간을 이루었다. 김대중 정부의 '교육발전 5개년계획'은 교육학계로부터 5·31 교육개혁의 '관료적 재해석'이라는 평을 듣는데, 이는 당시의 이러한 정황에서 비롯된 것으로 보인다.

육개혁위원회에 대해서는 큰 관심을 쏟는 데 비해, 상대적으로 제2기 교육개혁위원회에 대해서는 그렇지 못한 경향이 두드러진다. 제1기 교육개혁위원회가 5·31 교육개혁 창안과정에서 모진 산고(産苦)를 겪었고, 한국교육의 패러다임 변화를 주도하는 다수의 기본적인 개혁안들을 마련했기 때문에 그러한 접근은 크게 어긋난 것이 아니다. 그러나 제2기 교개위의 업적과 김종서 위원장과 문용린 상임위원의 기여도 마땅히 기억해야 할 것이다. 김종서와 문용린 두 사람 모두 온화한 성품과 천부의 친화력, 그리고 교육학계에 폭넓은 네트워크를 바탕으로 제2기 교개위의 사명과 성격에 상응하는 활동을 성실하고 열성적으로 수행했다. 제3차 그리고 제4차 교육개혁방안 중 많은 것들이 그간 미루어왔던 과제들이기 때문에 실제로 상충하는 이해관계를 조정하고, 편향되지 않은 해법을 찾기가 무척 어려웠다. 또한 이미 집행단계에 진입한 교육개혁사업들이 교육현장에서 초기에 뿌리를 내리도록 교육계를 독려하는 일은 매우 중요했다. 제2기 교개위 리더십은 교육부, 청와대와 합심해서 이들 난제들을 정성스럽게 풀어갔다.

여기서 제2기 교육개혁위원회가 시도했던 불발(不發) 프로젝트 하나를 소개하려 한다. 이 프로젝트는 외부에 거의 알려지지 않았는데, 그 내용은 다음과 같다. 제2기 교개위 상임위원이었던 문용린은 대학 구조조정과 연관하여 혁신적 방안을 구상하고 이를 김종서 위원장을 비롯한 몇몇 교개위의 대학 관련 핵심 인사들과 협의했다. 내용인즉, 정부가 서울대학교에 5년에 걸쳐 1조 4천억 원을 집중 투자하여 대학원 교육을 크게 활성화시켜 연구중심대학으로 만드는 한편, 학부 학생 수를 대폭 줄여 이들을 지방의 거점 국립대학에 나누어 주자는 것이었다. 그렇게 되면, 서울대학교가 진정한 연구중심대학으로 발돋움할 수 있게 되면서, 동시에 서울대를 지렛대로 해서 전국 규모의 본격적인 대학 구조조정의 시동을 걸 수 있을 것으로 생각했던 것이다. 문용린의 이 급진적인 방안에 대해 서울대학교의 선우중호 총장은 현실적으로 어렵다는 반응을 보였고, 그 사이 이 안이 새어나가 문용린은 서울대학교 교수협의회의 강력한 비판의 표적이 되기도 했다. 결국 이 구상은 불발로 그쳤으나, 이후 국민의 정부에서 이해찬 교육부 장관이 주도한 BK21의 중요한 단서가 되었던 것으로 추정된다.[20]

이들 외에도 기억해야 할 인물이 적지 않다. 예산실장 출신의 교육부 차관 이영탁은 교육부의 혁신과 교육개혁사업의 성공적 추진을 위해 크게 기여했다. 치밀한 기획력과 부처관리 능력, 그리고 타 부처와의 협력 과정에서 뛰어난 리더십을 발휘했다. 그는 교육부 차관으로 영전되기 이전 예산실장 재직 시 GNP 5% 교육재정 확보의 첫걸음을 내디디는 데 크게 기여했다. 강봉균 역시 국무총리 행정조정실장으로서 교육개혁추진위원회의 실무책임을 맡으며, 교육예산 GNP 5% 확보를 포함하여 부처 간에 협력을 요하는 숱한 개혁과제들을 집행하는 과정에서 윤활유 구실을 톡톡히 했다. 이와 연관하여 이영탁의 부친이 과거 초등학교 교장 선생님이었던 사실과 강봉균이 관계에 들어오기 전 한때 초등학교 교사로 재직했던 일 등이 이들이 5·31 교육개혁사업에 헌신적으로 관여했던 일과 무관하지 않으리라는 추론이 가능하다.

---

20) 정권이 바뀐 후, 문용린은 이해찬 장관의 요청으로 그를 만났다. 이 자리에서 문용린이 이 프로젝트 이야기를 했더니 이해찬 장관이 비상한 관심을 표명했다고 한다. 당초 이해찬 장관은 서울대학교를 집중 지원하는 데 주된 관심이 있었으나, 다른 대학의 반발로 더 많은 대학을 포용하는 입장으로 선회했다.

제 4 장

5·31 교육개혁의 집행과정

1. 재창조과정으로서의 집행과정

5·31 교육개혁에 대한 기존의 연구는 주로 정책의 수립과정에 집중되어 있다. 또 많은 이들은 정책의 집행을 '이미 짜여진 정책설계도에 따라 진행되는 것' 쯤으로 인식하는 경우가 많다. 실제로 그럴까?

정책의 수립과 집행은 연속적 과정이다. 따라서 아무리 좋은 정책이 수립되더라도 그것이 정책의도에 맞춰 제대로 시행이 되지 않으면 소기의 정책효과를 거둘 수 없다. 정책과정이 정책 형성, 집행, 그리고 평가로 이루어지는 것도 그 때문이다.

정책집행과정은 재창조과정이다. 정책집행자는 정책생태계의 현실적 조건과 그가 가동할 수 있는 정책수단을 매개로 정책설계도를 재구조화하는 작업을 하게 된다. 그 과정 속에는 정책집행자의 정책비전과 정책의지, 그리고 정책역량이 녹아 있다.

정책집행과정은 매우 역동적인 과정이다. 특히 개혁안의 경우, 개혁안의 수립과정에서보다는 이를 법제화하고 예산을 확보하는 과정, 그리고 구체적 집행과정에서 개혁안을 둘러싼 다양한 갈등과 이해관계의 상충이 더 크게 나타난다. 갖가지 이해관계의 조정, 정책에 대한 이해증진과 공감대 형성도 집행책임자의 주요한 역할이다.

정책집행과정은 관료제의 몫이다. 현대 관료는 단순한 정책집행자가 아니다. 그들은 늘 정치세계와 호흡하고, 주요한 정책결정과정에 직·간접적으로 참여하며, 직접 정책집행의 책임도 맡는다. 그러나 그들의 활동은 대체로 관료제라는 '블랙박스' 속에서 움직이기 때문에 밖으로 드러나지 않는 경우가 대부분이다. 그러나 정책의 성패를 분석하기 위해서는 이들의 활동을 주시할 필요가 있다. 이 책에서 집행과정, 그것도 '살아 있는' 정책집행과정에 상대적으로 큰 관심을 두는 까닭도 여기에 있다.

5·31 교육개혁방안은 방대한 역사적 작업이었다. 수많은 개혁과제들 중에는 거의 완벽한 정책안으로 정리된 것이 있는가 하면, 어떤 것은 방향제시에 그치거나, 단순히 선언적 내용을 담은 것도 있었다. 따라서 집행책임 부처인 교육부는 이들 개혁과제들의 정책 농담(濃淡)을 고려해 가면서, 하나하나 구체적인 정책안으로 다듬고 프로그램화하여 실제로 집행단계로 옮기기 위하여 많은 노력을 경주했다. 무엇보다 문민정부 말기로 접어들면서, 시간에 쫓겨 이 모든 과정이 힘겹게 진행되었다.

이 장의 4절 '쟁점 교육개혁사업의 집행과정 분석'에서는 15개의 정책쟁점을 다뤘다. 그러면서 가능한 한 정책과정에서 빚어졌던 구체적 사례들을 드러내려고 애를 썼다. 그 주요한 이유는 이 정책들의 최초의 '생 얼굴', 말하자면 그 '원형(原形)'을 재구성하기 위해서이다. 이들 15개의 정책들이 모두 한국 교육의 큰 물줄기를 마련한 주요한 정책대안들이다. 따라서 그 원형을 복원함으로써 개별 정책의 산 역사를 밝히는 데 도움이 되리라 기대한다. 또 하나는 시간과 더불어 많은 자료들이 유실되고, 소중한 역사적 기억이 사라져 가기 때문에, 부족하나마 그 집행과정의 첫발을 내딛던 순간의 참모습을 담아 보려고 노력했다. 거기에는 개혁의 대상으로 사회적 질타를 받아가며, 묵묵히 교육개혁에 앞장섰던 교육부 정책 관료들의 열정과 헌신, 그리고 고뇌와 갈등이 담겨 있다.

2. 장관과 정책과정

5·31 교육개혁을 추진했던 문민정부의 교육부 장관은 오병문(1993.2.~1993.12.), 김숙희(1993.12.~1995.5.), 박영식(1995.5.~1995.12.), 안병영(1995.12.~1997.8.), 이명현(1997.8.~1998.3.)이었다. 이들 중 첫 번째 장관인 오병문은 교육개혁위원회가 출범하기 이전에 재임하였고, 교개위 출범 이후 문민정부 말기까지, 5·31 교육개혁 기간 중에는 나머지 네 명이 장관으로 재직했다.

이들 중 안병영은 1995년 12월부터 1997년 8월까지 교육부 장관으로 재직하면서 문민정부의 교육개혁사업을 가장 긴 기간 동안 주도했다. 이 시기 동안 5·31 교육개혁의 제2차, 3차, 4차 방안이 나왔고, 총 120개 과제 중 약 2/3가 실행에 옮겨졌다. 학교운영위원회, 초등영어, 학교생활기록부 등 교육개혁의 중심과제들이 이때 제도화되었고, 다른 대부분의 방안들도 이 시기에 프로그램화 작업을 마쳤다. 따라서 개혁사업의 집행 차원에서 볼 때, 그의 재임기간이 가장 역동적으로 많은 일을 했던 시기라고 할 수 있다. 여기서는 당시의 경험을 바탕으로 문민정부의 교육개혁과정에서의 장관의 역할과 활동을 살펴보고자 한다.

이미 밝힌 바와 같이 5·31 교육개혁의 창안(創案)과정은 교육개혁위원회가 주도했고, 청와대 관계 수석실에서 함께 관여하며 조율작업을 맡았다. 교육부는 대체로 제1기 교육개혁위원회(1994.2.~1996.2.) 기간에는 창안작업에 크게 관여하지 못했으나, 제2기 교육개혁위원회(1996.2.~1998.2.)

시기에는 교개위와 협력 · 동반관계가 형성되어 창안과정에도 깊숙이 관여했다. 안병영 장관이 임명된 1995년 12월경은 교개위와 교육부가 소원한 관계에서 협력적 관계로 옮겨가는 과도기였다. 따라서 제2차 교육개혁안의 최종 마무리 작업에는 안병영도 직접 함께 참여하여 격의 없이 의견을 나눌 수 있었다.

그러나 교육부의 본령은 역시 개혁방안을 구체적 정책안으로 다듬고, 이를 효율적으로 집행하는 일이다. 따라서 당시 장관과 교육부는 교육개혁위원회에서 마련한 교육개혁의 목표와 정책기조를 수용하여 이를 실천가능한 구체적 프로그램으로 만들고, 이를 차질 없이 집행하는 데 총력을 기울였다. 많은 이의 관심이 개혁방안의 창안과정에 집중되지만, 실은 프로그램화(化) 과정이 창안과정 못지않게 중요한 정책과정이다. 프로그램화는 정책방안의 현실 타당성을 다시 검토하고, 이를 실천하기 위한 법적 · 제도적 하부구조를 정비하며, 필요한 정책수단을 동원하고, 집행의 우선순위 및 시기를 결정하는 등 실천계획을 마련하는 제반 행위를 포함한다. 교육개혁 과제들은 이러한 프로그램화 과정을 거쳐 순차적으로 집행단계로 진입한다. 이 모든 과정에서 장관은 주도적인 역할을 수행했다.

개혁기의 장관의 역할을 논의하면서 여기서는 세 가지 요소를 강조하려 한다. 첫째는 장관의 철학과 개혁의지, 두 번째가 장관과 관료제, 그리고 세 번째가 장관과 정책 환경이다. 말하자면 장관의 철학과 개혁의지가 투철하고, 부처 관료제를 잘 관리하고, 아울러 정책 환경을 슬기롭게 다스리면, 개혁사업이 성공할 수 있다는 논리이다.

장관의 철학

교육정책의 기본철학은 대체로 두 가지 줄기를 바탕으로 하고 있다. 그 하나가 수월성이고 다른 하나가 형평성이다. 수월성은 교육에 있어서 능력신장과 경쟁력 강화에 역점을 두기 때문에 엘리트주의적 속성이 강하다. 반면에 형평성은 보다 교육기회의 평등과 뒤진 자에 대한 배려에 관심을 쏟으므로 민중주의적 지향이 두드러진다. 그러므로 보수적 정권은 보다 수월성 위주의 교육정책을, 그리고 진보적 정권은 보다 형평성에 역점을 두는 교육정책을 시행하는 경향이 짙으며, 특히 이념적 성향이 강한 정권일수록 그 편향의 정도가 심하다.

그런데 이 쟁점에 대한 안병영 장관의 기본적 입장은 처음부터 뚜렷했다. 수월성과 형평성은 어느 하나도 소홀히 할 수 없는 소중한 교육적 가치이며, 따라서 문제의 핵심은 양자택일이 아니라, 양자 간의 균형과 조화라는 것이 장관으로서 그의 소신이었다. 그러므로 교육정책의 기조는 그때그때 정권의 이념, 정책지향에 지나치게 좌우되어서는 안 되며, 정권의 수명을 넘어 장기적 관점에서 조망, 설계, 실천되어야 한다는 입장이었다. 그러나 다른 정책과 마찬가지로 교육정책도 그때그때 시대의 큰 흐름과 정책생태계, 그리고 시민들의 교육적 수요에 부응해야 하고, 그러기 위해서는 정권과 정치지도자의 결단에 따라 어느 정도의 편향은 불가피하다는 생각이었다.

5·31 교육개혁의 정책과정에서 비록 장관의 주된 역할이 정책창안보다는 정책집행에 더 기울어져 있다 하더라도 그의 철학 및 개혁의지는 개혁과제의 해석과 수용, 역점사업의 선정, 집행의 강도와 속도 조정 등에 간단없이 반영되며, 결과적으로 정책산출에 큰 영향을 미친다. 더욱이 5·31 교육개혁이 시종 사회적 합의를 지향했으나, 크게 보아 〈관주도적-하향적-전문가 중심적〉 접근의 면모가 두드러졌기 때문에 장관의 가치지향과 투신(投身)의 정도가 개혁의 성패에 크게 작용할 수밖에 없었다.

당시 장관은 기본적으로 '교육대통령'을 선포한 김영삼 대통령의 교육개혁 철학과 개혁의지를 전폭적으로 지지했고, 그가 지향하는 교육 민주화와 시대의 변화에 따른 세계화 및 정보화에 대해서도 기본적으로 수용하는 입장이었다. 그러나 교육개혁위원회가 제시한 개혁과제들이 경쟁력 강화를 겨냥하는 신자유주의에 상당 정도 경도된 데 대해서는 적지 않은 우려가 있었다. 그 때문에 교육방안의 수용과 해석에 있어 '학교운영위원회' 의 도입과 같이 기존 교육체제의 권위주의적 구조를 민주적으로 혁신하는 방안이나 교육정보화를 비롯한 교육인프라를 강화하는 방안은 매우 적극적으로 받아들였고, '대학설립준칙주의' 는 수용하되 그 '기준' 을 엄격히 적용하려고 애썼고, '자립형 사립고' 는 아예 유보하는 입장이었다. 그러나 교육대통령을 자처하는 김영삼 대통령의 국정철학을 바탕으로 그의 분신인 교육개혁위원회가 대통령위원회의 이름으로 제시한 교육개혁과제는 일종의 '지상명령' 의 성격을 띠고 있었기 때문에, 그 수용과정에서 장관의 상대적 자율성의 폭은 그리 크지 않았다.

당시 안병영 장관은 5·31 교육개혁 프로그램들 대부분이 한국 교육의 경쟁력 강화와 질적 향상을 위해 매우 요긴한 조치들임에도 불구하고, 교육의 형평성 및 인간의 공존능력을 제고하는 데는 미흡하다는 느낌을 받았다. 이러한 판단 아래 그는 한국 교육의 미래를 내다보면서 이들 개혁안의 우선순위와 경중을 조정하는 한편, 청와대가 주도하는 교육개혁의 흐름과는 별도로 한국 교육의 형평성을 높이기 위해 '교육복지' 라는 '블루오션' 을 찾아 나섰다. 이에 대해서는 뒤에 자세히 언급하고자 한다.

장관의 일

장관 재직 기간 중, 1996년 12월 22일부터 다음 해 7월 4일까지는 기존 직제에 따라 일을 했던 시기이고, 1996년 7월 5일부터 이듬해 8월 4일까지는 개편된 새 직제가 적용된 시기이다. 이렇게 나눈 것은, 앞의 시기는 취임한 후 6~7개월의 기간으로 열심히 장관 학습을 하던 시기였고, 뒤의 시기는 어느 정도 일을 터득하고 적극적으로 장관직을 수행하던 시기였기 때문에 두 시기 간 유의미한 차이가 있는지를 확인하기 위함이다.

아래의 표는 해석상 유의해야 할 부분들이 많다. 우선 결재문건의 수를 단위로 한 것이기 때문에 매우 중요한 정책결정과 일상적인 업무에 관한 사항이 똑같이 1건으로 계산되어 실제를 오도(誤導)할 가능성이 크다. 뿐만 아니라, 이 시기 동안 교육부가 폭주하는 교육개혁사업과 장관 프로젝트로 일이 밀려 관료들이 창의적으로 새로운 일을 창안하거나 주도하기가 어려웠던 시기였기 때문에 부처주도가 많을 수 없다는 것이다.

〈표 4-1〉 장관 결재문서의 유형분류

	1995.12.22.~1996.7.4.		1996.7.5.~1997.8.4.		전체기간	
인사	204	28.5%	306	22.4%	510	24.5%
일상 업무	207	29.0%	418	30.6%	625	30.0%
교육개혁	168	23.5%	300	21.9%	468	22.4%
장관주도	83	11.6%	193	14.1%	276	13.3%
부처주도	16	2.2%	43	3.1%	59	2.8%
긴급사안	2	0.3%	35	2.6%	37	1.8%
기 타	35	4.9%	73	5.3%	108	5.2%
합 계	715	100%	1,368	100%	2,083	100%

얼핏 생각하기에 이 기간 동안 장관은 주로 교육개혁과제의 추진에 모든 정력과 시간을 소비할 것으로 생각할 수 있으나, 실제로 장관의 일상은 그보다 훨씬 복잡하고 다양하다. 위의 표에서 보듯 교육부 장관은 교육개혁사업 이외에도, 교육과 연관된 수많은 업무와 부처관리에 몰입해야 하고, 이를 위해 많은 시간을 할애해야 했다. 특히 이 시기는 이른바 주사파가 한국의 학생운동을 주도하던 때여서 그와 연관된 갈등관리가 장

관의 주요한 일이었다. 1996년 8월 이른바 〈한총련〉사태도 바로 이 시기에 있었다. 1996년 5월부터 11월까지 계속된 〈한의대 사건〉도 그 당시 장관이 겪었던 난제 중의 하나였다.

위의 표에서 전체기간을 대상으로 하면, 결재문건 중 54.5%가 인사와 일상 업무에 관한 것이고, 교육개혁과 연관된 것이 22.4%, 장관이 주도한 것이 13.3%, 부처주도, 즉 관료들이 주도한 것이 2.8%, 긴급사안이 1.8%, 그리고 기타가 5.2%이다. 여기서 〈주도(initiation)〉의 원천을 따지면 위로부터 부과된 교육개혁 건수가 가장 많고, 그 다음이 장관이 주도한 것, 그리고 부처관료가 주도한 것의 순이다. 물론 실제에 있어 주도의 원천과 관계없이 장관결재에까지 오자면 모두 전문 관료의 손에 의해 가공된 것이며, 그런 의미에서 대부분 관료의 작품이다. 위의 표는 시기별로 약간의 차이를 보여준다. 즉 앞선 시기에는 교육개혁(23.5%), 장관주도(11.6%), 부처주도(2.2%) 순이었는데, 뒤의 시기에는 교육개혁(21.9%), 장관주도(14.1%), 부처주도(3.1%) 순으로 장관주도와 부처주도가 조금씩 늘었다. 이는 장관이 일을 알게 되면서 관여를 더 하게 되었다는 점과 관료들도 얼마간 〈모험사업〉을 벌이기 시작했다는 것을 보여준다.

장관과 관료제, 그리고 교육부 개혁

장관의 주요 활동무대는 역시 부처이다. 장관은 그곳에서 관료제의 도움으로 국정을 도모한다. 장관이 부임하고 얼마가 지나면 으레 나오는 소리가 "장관이 조직을 제대로 장악했는가?"라는 물음이다. 다분히 권위주의적이고, 위계적인 관료체제의 성격을 단적으로 보여주는 표현인데, 적어도 한 부처의 수장이면 비교적 짧은 기간 내에 관료들의 마음을 사로잡고, 조직 저변에까지 장관의 의지와 영(令)이 침투해야 한다는 기대가 그

안에 깔려 있다. 대체로 한국 관료들의 장관 리더십에 대한 역할기대는 '온정적(溫情的) 권위주의적 리더십(benevolent authoritarian leadership)' 수준이라고 볼 수 있다.

장관과 관료 간의 관계는 대체로 〈정서적 차원과 정책적 차원〉으로 형성된다. 위의 두 가지 차원은 실제로 상호 밀접하게 상호작용을 하는 것이 상례이다. 예컨대, 장관이 관료와 친화적인 정서적 관계를 형성하고 그들의 사기를 높여주는 경우, 관료들은 장관과 그가 주도하는 정책에 대한 공감대를 형성하고 자신의 정책능력을 최대한으로 발휘하려고 애쓰게 된다. 따라서 장관이 부처 관료들의 정책 잠재력을 한껏 동원하기 위해서는, 정책 자체에 대한 연구 및 관심 못지않게 부처의 조직, 인사, 예산 및 자원관리, 동기부여 등 부처의 내부관리에도 정성을 쏟아야 한다.

개혁의 청사진은 대체로 이상주의적, 근본주의적 경향이 두드러지고 현실적 타당성이 약하기 쉽다. 그런데 막상 이것을 프로그램화하고 집행해야 할 관료제는 보수적이며, 기존의 제도와 관행에 집착하는 성향이 강하다. 또한 관료들은 일상화된 업무에는 숙달이 되어 있으나 그들 특유의 '위험 혐오증(risk aversion)' 때문에 창의성 경쟁이나 모험사업을 주도하는 일은 꺼리는 게 상례이다. 따라서 장관은 강력한 개혁적 리더십을 통하여 관료들을 독려하고, 그들에게 '개혁성'과 '창의성', 그리고 어느 정도의 '모험성'을 주입시켜 보다 적극적(proactive) 인간형으로 전환시키며, 아울러 그들 특유의 절차적 합리성과 현실적 감수성 및 정밀성을 최대한 활용하여 개혁 청사진이 가진 빈틈을 메울 필요가 있다.

당시 안병영 장관은 교육개혁사업의 효율적 수행을 위하여 이영탁 차관과 함께 우선 교육부의 직제를 개편하는 데 힘썼다. 1996년 7월에 단행된 직제개편은 해방 이후 50년 간 지탱해 온 교육부의 전통적 구조를 깨고, 21세기 새 지평을 여는 새로운 틀을 짜는 제도적 쇄신이었다. 그 중요 내용을 살펴보면 다음과 같다.

우선 교육개혁을 겨냥한 잠정적 기구였던 교육개혁추진기획단을 폐지하고 교육개혁 관련 업무를 기획 · 조정하고 교육관련 지표 개발 등 중·장기 교육정책개발을 효과적으로 수립 · 추진할 수 있도록 하기 위하여 교육정책기획실을 신설하였으며, 교육개혁이 지향하는 열린교육사회 · 평생학습사회의 기반 구축을 위하여 평생교육국을 신설하였고, 교육정보화 추진 및 열린교육 지원을 위하여 교육정보관리국을 신설했다. 이 밖에도 초·중등교육 정책을 종합적 · 효율적으로 지원할 수 있도록 초·중등교육실을 신설하여 관련 업무를 통합 · 조정하였고, 유아교육과 특수교육의 정책강화를 위해서 각각 과단위인 담당관직제로 분리 · 확대 개편했다. 이에 따라 기구가 2실, 5국, 29과 18담당관에서 3실, 4국, 21과 24담당관으로 늘어났으며, 인원도 486명에서 507명으로 21명 늘어났다. 이 직제개편으로 '정책기획'이 핵심 국으로 자리를 잡았고, 5·31 교육개혁의 키워드인 '평생교육', '교육정보'가 일약 국 차원의 부처의 중심적 자리로 승격하였다. 따라서 이 직제개편은 한마디로 21세기를 내다보면서 5·31 교육개혁의 효율적 수행을 겨냥한 미래지향형, 맞춤형 조직개혁이라고 할 수 있다.

아울러 교육부는 전례 없는 대대적인 인사개혁을 통하여 교육개혁을 앞장서서 추진해야 할 과장급을 개혁지향적인 신진 관료엘리트로 대폭 충원했다. 이 인사개혁으로 그동안 지방으로 밀려갔던 다수의 신진 기예한 행정고시 출신 관료들이 대거 중앙의 핵심부서로 충원되었다. 실제로 교육부의 경우, 오랫동안 비(非)고시 출신 전통 관료들이 부처의 핵심 부서의 대부분을 차지하고 있었고, 고시 출신은 상대적으로 소외되어 상당수가 지방의 주변 부서에서 근무하면서 실의 · 좌절에 빠지거나, 교육부에서 별로 희망이 없다고 생각해서 다른 부처로 옮겨가는 예가 적지 않았다.[1] 그러던 중 1996년의 대규모 인사개혁은 고시 출신 젊은 공무원들에

1) C씨는 인터뷰에서 "내가 1986년 인사계장이 되었는데, 고시 출신이 인사계장이 된 것이

게는 희망의 메시지였다. 실제로 5·31 교육개혁 과제의 프로그램화 및 집행을 위해 빼어난 기획능력과 상상력, 그리고 개혁의지와 열정을 두루 갖춘 다수의 '젊은 피'가 요구되었기에 이들의 충원에 대해 누구도 이의를 제기하기 어려웠다. 이러한 인사개혁으로 교육부 고위공무원의 구성 및 분포는 크게 바뀌었다.

당시 교육부의 인사개혁 과정을 잠시 소개하면 다음과 같다. 1996년 1월 초에 개혁적 인사를 단행하여 새로운 인사의 방향을 예고한 후, 1996년 7월 대폭적인 직제개편에 따라 교육부 역사상 유례없는 최대 규모의 인사개혁을 단행했다. 이후 1997년 1월 및 4월 소폭적인 개혁인사가 있었다. 이러한 몇 차례의 인사를 통해 외부 전문가를 영입(고등교육실장, 교육정보관리국장, 교육행정전산담당관, 교육정보자료담당관, 국제교육협력담당관)하는 한편, 젊고 유능한 인재를 과감히 발탁하여 관료조직의 활성화를 도모하고 행정의 전문성 향상을 위한 토대를 마련했다. 그 결과 직급별 평균연령이 현저히 낮아지고, 임용구분별로 행정고시 출신 공무원이 기존의 39.8%에서 53%로 크게 높아졌다. 직제개편과 인사개혁 외에 교육개혁에 필요한 일련의 법령을 제·개정하고, 대폭적인 규제개혁을 통하여 개혁사업을 위한 하부구조를 구축하였다.

그런가 하면 5·31 교육개혁 과제들은 하나같이 새롭고 도전적이며, 엄청난 상상력을 요구하는 것이었다. 따라서 이들 과제들은 기존의 통상적 일상 업무와 달리 국제적 수준의 연구 및 정보 분석과 고도의 정책기획 능력을 요구했다. 이에 새로운 유형의 과제들과 씨름하는 과정에서 새로 충원된 신진인력들은 점차 국제수준의 정책엘리트로 성장하게 된다. 특히 청와대 행정관으로, 혹은 교개위 사무국에 행정요원으로 파견되었거나 그쪽의 필요에 의해 차출되었던 교육부의 서기관이나 사무관은 5·31

20년 만이라는 얘기를 들었다. 당시까지만 해도, 고시 출신은 항상 뒷전으로 밀렸지. 모든 실·국에서 고시 출신은 주무과장을 넘볼 수가 없었다."라고 술회했다.

교육개혁이라는 미증유의 소용돌이 속에 직·간접적으로 참여하는 기회를 통하여 정보 및 기획 능력, 갈등조정 능력이 크게 신장되었고, 그들 중 많은 이가 훗날 교육부의 핵심 리더로 크게 성장한다.[2] 그런데 여기서 함께 기억해야 할 것은, 당시 교육부의 중견 정책관료들 중 상당수가 이미 1980년대와 90년대에 해외 유학 프로그램을 통해 미국 등 선진국에서 수학하면서 이들 나라의 교육과 교육개혁 동향에 대해 어느 정도 이해하고 있었고, 강한 혁신 마인드를 지니고 있었다는 사실이다. 따라서 그들은 5·31 교육개혁안에 대해 깊이 이해하고, 이를 실천적 정책대안으로 발전시킬 수 있는 기본역량을 갖추고 있었다. 이후 정권변동에도 불구하고 개혁안을 지속적으로 추진하는 데에도 교육개혁에 대한 이들의 규범적 공감대와 성취의지가 큰 역할을 하였다.

개혁은 거시적 수준에서는 게임규칙의 급격한 전환인 데 반해, 미시적 차원에서는 지속적 적응 내지 개선의 과정이다. 따라서 개혁의 성공적 집행을 책임지는 관료제는 개혁방안을 구체적 사례로, 유연하고 창의적으로 적용할 필요가 있다. 그러기 위해서는 관료는 그에 걸맞은 정책전문성과 정보의 양, 그리고 공공의식과 사명감으로 무장되어야 한다. 또 이들의 창조적 잠재 능력을 최대한으로 동원하기 위해서는 적절한 유인체계와 징벌체계가 필요하다(Park, 2000: 55). 5·31 교육개혁 초기에는 교육부 관료의 정책 능력이 충분치 못했으나, 교육개혁이 진행되면서 매우 빠른 속도로 신장되었다. 이에 반해 관료에 대한 새로운 유인체제나 징벌체제는 실제로 거의 제시되지 않았다. 이 점은 크게 반성할 대목이다.

그러나 극히 다행스러웠던 일은, 다수의 교육부 관료들, 특히 젊은 정책관료들은 5·31 교육개혁이 가지는 역사적 사명감을 깊이 인식하고, 자

2) 당시 청와대에 행정관으로 파견되었던 김광조, 김남일, 정기오와 그들을 도왔던 김응권, 배성근, 김규태, 김영철 사무관, 그리고 교개위 사무국에 파견되었던 이원근, 정일용 등은 모두 교육부의 유능한 핵심 관료로 성장했다.

부심과 열정을 가지고 이 일에 헌신적으로 투신했다는 점이다. 물론 이들이 불철주야 열심히 일한 데는 교육개혁위원회가 개혁과제의 추진일정을 앞당겨 잡고, 이를 밀어붙인 데도 원인이 있다.

장관과 정책 환경

장관의 정책 환경은 복잡하기 이를 데 없다. 장관은 대통령-청와대, 국회, 정당을 비롯해서 총리와 여타부처, 각종 이익집단, 언론과 여론 등과 끊임없이 상호작용한다. 그러나 정책참여자의 영향력은 대체로 정책의제에 따라 다양하며, 또 정책과정의 단계에 따라 그 관여의 정도나 방법도 다양하다.

여기서는 5·31 교육개혁과 연관하여 대통령, 청와대, 교육개혁위원회에 역점을 두어 장관의 정책 환경을 논의하고자 한다.

우선 대통령은 행정수반으로 정부의 최고 정책결정자이다. 따라서 국정운영에 있어서 그의 영향력은 가장 결정적이다. 교육개혁위원회의 개혁사업에 힘이 실리는 것도 그것이 대통령 직속의 자문기구이기 때문이다. 청와대 수석의 발언권이 만만치 않은 것도 대통령의 후광 때문이다. 대통령이 부처 수준의 결정에 자주, 그리고 깊이 관여하는 경우, 장관의 상대적인 자율성은 그만큼 제한받을 수밖에 없다. 그러나 대통령과 장관 간에 이념적 · 정책적 공감대가 크고, 대통령의 정치적 지지가 뒷받침되는 경우 정책과정에서 장관의 입지는 크게 높아진다.

장관과 대통령 간의 자유로운 쌍방적 의사소통 기회는 극히 제한되어 있다. 따라서 관계 수석비서관을 통해 간접적으로 이루어지는 경우가 많고, 그 때문에 청와대 수석은 장관과 대통령 간의 교량 역할을 맡게 된다. 많은 경우, 장관은 수석을 통해 대통령의 뜻을 전해 듣고, 또 그를 통해 장관의 의사를 개진하는 형식이 된다. 그러므로 장관의 대통령에 대한 정책 보좌는 간접적으로 이루어진다고 말할 수 있다. 그 때문에 장관과 수석의 이념적 · 인간적 친화성, 그리고 교감과 연대의 정도가 무척 중요하다. 바람직하기로는 장관과 수석이 〈개혁동지〉가 되어야 한다. 개혁과정에서 장관과 수석 간에 긴장과 갈등이 빚어지는 경우, 정책결정자로서 장관의 입장은 크게 곤혹스러워진다. 안병영 교육부 장관 시절, 전 기간 동안 박세일 수석이 청와대의 상대역이었다. 당시 장관과 박 수석은 교육개혁과 연관하여 〈규범적 공동체〉를 이루고 항시 협력적 관계를 유지할 수 있었다.

5·31 교육개혁 기간 중 교육개혁위원회 역시 교육부 장관의 입장에서 보면 가장 중요한 정책 환경 중의 하나다. 교개위는 '교육대통령'을 자처하고 '교육혁명'을 수행하는 대통령의 분신이기 때문이다. 실제로 교개위의 존재 때문에 정책과정에서 교육부 장관의 정책결정력은 크게 제약되었다. 그러나 그것은 불가피하게 주어진 상황이었고, 그 때문에 장관과 교개위 위원장 및 상임위원과의 관계는 교육개혁 정책의 형성 및 그 성공적 집행을 위하여 더 없이 중요한 요소였다. 그런데 제1기 교개위는 '교육혁명'의 기수라는 사명감과 자부심 때문에 지나칠 정도로 위풍당당했고, 그 과정 속에서 교육부는 한동안 '을'의 관계를 감수해야 했다. 그러한 분위기 속에서 전임 장관들은 어느 정도 소외감을 느꼈던 것 같다.

그러나 1995년 말, 제1기 교개위와 교육부의 관계는 크게 개선되었고, 안병영 장관은 이명현 상임위원과 이전부터 잘 알던 사이였기 때문에 의사소통이나 협력관계 형성에 전혀 어려움이 없었다. 그리고 불과 몇 달 후 제1기 교개위는 마감을 했다. 이미 언급했듯이 제2기 교개위와 교육부 관계는 한마디로 동반자 관계로 크게 바뀌었다. 이에 따로 장관이나 위원장이 크게 신경을 쓰지 않아도 양 기관 간에는 정보 및 지식 공유 체제를 바탕으로 시종 협력모드를 구가했다.

5·31 교육개혁 시기 동안, 국무총리는 범정부 차원의 교육개혁추진위원회의 위원장으로서 교육부를 비롯하여 12개 부처의 장관들 간 협조체제를 구축하고 있었다. 그 때문에 부처 간 이해관계가 상충되는 경우에도 과거에 비해 부처 간의 협조가 비교적 잘 이루어졌다. 5·31 교육개혁 당시 국무총리는 이홍구(1994.12.17.~1995.12.17.), 이수성(1995.12.18.~1997.3.4.), 고건(1997.3.5.~1998.3.2.) 3명이었는데, 시기적으로 이수성, 고건 두 국무총리가 교육개혁의 성공적 시행을 위해 많은 노력을 기울였다. 그러나 이른바 〈직업교육 3법〉, 〈유아교육개혁〉이나 〈EBS 수능방송〉 등 부처 간의 이해관계가 첨예하게 대립하는 경우에는 국무총리가 나서도 갈등조정이 쉽지 않았다.

국회는 장관들이 가장 어려워하는 장소 중 하나다. 개혁안의 입법화를 위해, 예산을 얻기 위해 어쩔 수 없이 거쳐야 하는 과정이지만, 상임위원회, 본회의, 또 국정감사 현장이나 예산국회 그 어느 곳도 수월하지 않다. 특히 우리나라의 경우 정당의 정책적 정당성이 약하기 때문에 국회의 정책논의는 자칫 지리멸렬할 수밖에 없고, 의원들이 이익집단 로비에 포획될 가능성이 크다. 따라서 개혁기의 장관은 개혁의 큰 명분을 앞세워, 줄기찬 설득과 회유를 통해 여당의 집단적 지지와 야당의 개별적 지원을 함께 동원해야 하는 무거운 짐을 지게 된다. 특히 국회 유관 상임위원회의 의원들 중, 몇 명을 개혁동조자로 끌어들이느냐의 문제는 개혁성취의 중요한 가늠자가 될 수 있다.

장관의 개혁 전도사 역할

개혁기 장관의 역할 중 간과할 수 없는 것이 바로 〈개혁 전도사〉 역할이다. 교육개혁은 기존의 교육체계에 대한 패러다임적 변화의 모색이며, 그런 맥락에서 볼 때 구체제에 안주하는 〈보수(保守)의 바다〉에 돌을 던진 셈이다. 교육과 연관된 가장 주요한 세 개의 인적 범주, 즉 교사, 학부모, 그리고 학생, 어느 누구도 처음부터 교육개혁에 호의적인 집단은 없었다. 우선 이들 대부분은 회의적 내지는 냉소적이었고, 아예 교육개혁은 운명적으로 실패할 수밖에 없다고 공언하는 사람도 많았다. 그런가 하면, 정부나 심지어 교육부 관료들까지도 처음부터 교육개혁의 이념이나 목표를 이해하고 마음으로 동참하는 입장은 아니었다. 국회도 언론도, 시민사회도 크게 다를 바 없었다. 워낙 교육개혁이 처음부터 〈위로부터〉 부과된 사업이고, 앞날을 겨냥한 미래 투시적 결단이었으므로 일반 국민들에게 생소하고 이해하기 어려웠던 것이 사실이다.

교육개혁사업은 120개 과제로 엄청나게 많았다. 현실적으로 그것들이 하나하나 실천단계에 들어선다 해도 꽃을 피우고 풍성한 열매를 맺기까지는 비교적 긴 시간을 요하며, 그 사이에 정권이라도 바뀐다 치면 만사가 일장춘몽(一場春夢)에 그칠 것이라는 얘기도 심심찮게 나돌았다. 이처럼 별로 호의적이지 않은 여건 속에서 많은 이들에게 교육개혁의 필요성과 절박성을 논리적으로 설득하고, 주요한 교육개혁 과제를 홍보하고, 정책과정에서의 협력을 부탁하는 일은 쉬운 일이 아니다.

개혁은 제도나 정책의 변화 못지않게 의식과 가치관의 변화를 전제하기 때문에, 장관의 전도사 역할은 매우 중요하다. 특히 장관은 규범적으로 교육개혁을 지지하고 옹호하는 호의적인 집단과 인사들을 묶어 〈규범적 개혁공동체〉를 만들 필요가 있다. 아울러 교육개혁에 무관심한 집단에 대해서는 설득과 정당화 전략을 통해 폭넓게 포섭하고, 적의적(敵意的) 집단에 대해서는 그 예봉을 무디게 할 필요가 있다. 장관은 특강, 현장방문, 정책토론, 매스 미디어 출연 등 여러 가지 방도를 가지고 다양한 교육가족에게 접근해야 하며, 또 이러한 노력은 성공을 담보할 수 있어야 한다. 20개월 가까운 재임기간 동안 장관의 특강 횟수가 100회를 넘겼다는 것은 장관이 바로 이 〈역할〉에 얼마나 전념했는지를 알려주는 좋은 지표이다.

소 결

5·31 교육개혁 기간 동안 교육개혁이 차질 없이 진행될 수 있었던 데에는 교개위–청와대–교육부의 주역들 간에 연대와 협력이 큰 힘이 되었다. 당시 이명현–박세일–안병영 간에 〈규범적 개혁공동체〉 의식과 상호 협력모드가 형성되었던 것은 매우 바람직한 일이다.

〈위로부터의 개혁〉은 어쩔 수 없이 '관주도적–하향적–전문가 중심적' 접근의 면모가 두드러진다. 그러나 문민정부가 당시 개혁 저항적인 제반 여건 속에서 개혁의 불꽃을 지피고, 주어진 시간 안에 개혁의 성과를 거두기 위해서는 이러한 접근이 불가피한 측면이 있었다. 그러나 개혁과정을 지나 정착단계로 진입하면 '자발적–상향적–협치적 · 사회합의적' 접근으로 옮겨가야 한다.

3. 교육개혁사업의 세부 추진계획과 추진상황

교육부는 교육개혁사업의 효율적인 추진을 위하여 1995년 8월 교육개혁추진기획단을 설치하였다. 단장은 교육정책실장이 겸임하고 기획조정반과 추진홍보반을 두었다. 아울러 시·도 교육청은 시도교육개혁추진위원회를, 지역교육청은 실무추진반을 각각 설치하여 상호연계 체제하에 교육현장이 개혁추진을 체계적으로 지원하고, 개혁정보의 교환 및 우수 개혁사례를 수집 전파하였다. 이후 1996년 7월 교육부의 직제개편에 따라 교육정책기획국이 설치됨으로써 추진기획단의 업무는 신설된 정책기획국으로 흡수된다.

교육부는 1995년 5월 31일 제1차 교육개혁안이 발표되자, 실무 작업반을 가동하여 교육개혁 과제들을 분석 · 분류하고, 연구 의뢰하며 추진 일정을 마련하는 등 세부 추진에 들어섰다. 당초 제1차 교육개혁안에는 72개의 과제들이 포함되어 있었는데, 교육부는 집행의 편의를 위해 취지의 동일성이나 내용의 유사성, 연관성을 고려하여 이를 48개 과제로 조정 · 통합했다. 그리고 그해 8월에 개별 과제에 대해 추진일정을 발표한다. 교육부의 기획과정을 이해하기 위한 한 예로 〈학교운영위원회 설치〉에 관한 추진일정을 살펴보면 다음과 같다(교육월보, '95.9.).

※ 시행목표

- (학)년도 : '95년 제2학기 시범 실시, '96학년도부터 단계적 확대

※ 기본방향

- 학교운영위원회의 기능 및 운영에 관한 구체적인 방안 수립을 위하여 한국교육개발연구원에 연구 의뢰
- 한국교육개발원의 연구 결과 및 여론 수렴을 바탕으로 학교운영위원회 규정 제정
- '95년 제2학기부터 시범 실시하고 '96학년도부터 단계적 확대 실시
- 학교운영위원회 구성 후 위원회 운영의 효율성 및 위원의 자질 향상을 위한 연수 실시

※ 추진계획일정

추진계획	일정
• 한국교육개발원에 연구 의뢰	'96.6.
• 여론 수렴 : 시·도교육청, 학부모, 시민단체 등	'95.6.~8.
• 학교운영위원회 설치 방안 확정	'95.8.
• 학교운영위 시범 실시	'95.9.
• 학교운영위 확대 운영	'96.3.

※ 주요 추진사항

• 학교운영위원회 구성 및 운영 방안에 대한 공청회 개최

– 일시 : '95.6.20.

– 참석 : 학부모 단체, 교원 등 관련인사(500명)

– 주관 : 한국교육개발원

위의 추진일정에서 보듯이, 일정이 지나치게 촉박하게 잡혀 있었다. 1995년 5월 말에 발표했는데, 6월에 한국교육개발원에 연구의뢰를 하고, 곧이어 공청회를 개최하는 등 단시간 내에 여론수렴을 하고 9월에 설치방안이 확정된다. 이후 한 학기 시범 실시를 거쳐 이듬해 1996년 3월이면 확대 운영이 시작된다. 그 사이 초·중등학교에 학교운영위원회 설치 근거를 마련하기 위해 지방교육자치에 관한 법률 개정('95.7.26.)과 지방교육자치에 관한 법률 시행령 개정('96.2.22.)[3]이 동시에 진행된다.

그러나 이러한 급속 추진과정은 다른 대부분의 개혁과제의 경우도 대동소이했다. 1995년 12월 말 안병영 장관이 임명될 때는 이미 48개 과제의 추진일정이 확정되어, 그중 많은 과제들이 앞서거니 뒤서거니 한창 진행 중에 있었다. 무리하게 짜여진 일정이 많았으나, 일정을 재조정하기

3) 이후 1997년 12월 13일 초·중등교육법 개정으로 학교운영위원회 설치에 관한 법령 개정 작업은 마무리되었다.

어려워 대체로 그 페이스에 따르다 보니 마치 헤어나기 어려운 소용돌이 속에 빠져 들어가는 느낌이었다.

거듭 말하거니와 정권 중간에 이르러 첫 번째 교육개혁 과제들이 봇물처럼 쏟아져 나오기 시작하여, 마지막 제4차 개혁과제들은 정권 말기인 1997년 6월에 들어 산출되었다. 교육부는 불가불 1998년 2월에 마감하는 문민정부 임기 내에 이들 과제 대부분을 시행에 옮기거나, 시기적으로 집행하지 못하더라도 집행준비 작업은 마무리해야 하는 입장이니 촉박하기가 이를 데 없었다. 따라서 2차, 3차, 그리고 4차 교육개혁 과제에 대한 추진일정도 무리하게 잡을 수밖에 없었다. 이로 인해 당시 장관은 종전의 페이스에서 크게 벗어나지 못했다.

제1차 교육개혁방안부터 제4차 방안까지 120개의 과제명과 목표연도는 아래와 같다.

〈표 4-2〉 제1차 교육개혁방안의 세부 추진과제

분야	과제명	소관 실·국	목표 연도
열린교육사회 평생학습사회 기반 구축	• 학점은행제의 도입	평생교육	1997
	• 시간제학생등록제의 도입	고등교육	1996
	• 교육 수요자의 다양한 교육욕구 수용	평생교육	1996
	• 학교의 전·편입학 기회 확대	고등교육	1996
	• 최소전공인정학점제 도입	고등교육	1996
	• 농어촌지역 거점우수학교 육성	지방교육	1996
	• 국가멀티미디어교육지원센터 설립 및 원격 교육지원체제 구축	교육정보	1996
대학의 다양화와 특성화	• 대학의 다양화와 특성화	고등교육	1995
	• 단설 전문대학원 설치	고등교육	1996
	• 대학설립준칙주의 도입	고등교육	1996
	• 대학의 정원 자율화	고등교육	1997

대학의 다양화와 특성화	• 연구의 세계화	교육정책	1996
	• 첨단학술정보센터의 설립	교육정보	1996
	• 대학평가 및 재정지원 연계 강화	고등교육	1996
	• 국제관계 전문인력 양성	고등교육	1996
	• 외국인 유학생 정책 개선	국제교육	1996
	• 고등교육기관 해외진출 지원	고등교육	1996
	• 한국문화 정체성 확립	고등교육	1996
초·중등 교육의 자율적 운영을 위한 학교공동체 구축	• 학교운영위원회 설치	지방교육	1995
	• 학교장 · 교사 초빙제 시범 실시	초·중등교육	1996
인성 및 창의성을 함양하는 교육과정	• 실천위주의 인성교육 강화	초·중등교육	1995
	• 교육과정의 개선 및 운영의 다양화	초·중등교육	1996
	• 자기주도적 학습능력 향상	초·중등교육	1997
	• 교과서 정책 개선	초·중등교육	1996
	• 방과후 교육활동의 활성화	초·중등교육	1996
	• 특수교육의 강화	초·중등교육	1996
	• 영재교육의 강화	초·중등교육	1996
	• 세계화교육 실시	국제교육	1995
	• 외국어교육의 강화	초·중등교육	1996
국민의 고통을 덜어주는 대학입학제도	• 대학입학제도 개선	고등교육	1997
	• 학교생활기록부 도입	초·중등교육	1996
학습자의 다양한 개성을 존중하는 초·중등 교육운영	• 고등학교 유형의 다양화/예술교육의 특성화	지방교육	1997
	• 교육여건의 개선	지방교육	1996
	• 평가와 행·재정연계로 교육의 질 향상	지방교육	1997
	• 초등학교 입학연령 탄력적 운영	초·중등교육	1996
	• 중·고등학교 선택권 부여	지방교육	1996
	• 특수목적 학교 학생선발방식 개선	초·중등교육	1997

교육공급자에 대한 평가 및 지원체제	• 교육규제완화위원회 설치 · 운영	기획관리	1995
	• 교육과정평가원 설치 · 운영	교육정책	1996
품위 있고 유능한 교원 양성	• 교원양성기관 교육과정/교원 임용제도 개선	초·중등교육	1996
	• 교원연수 강화 및 연수기관 선택권 부여	초·중등교육	1995
	• 능력중심 승진 및 차등보수 체제로의 개선	초·중등교육	1996
	• 특별연구교사제 도입	초·중등교육	1996
	• 교원의 효율적인 근무여건 조성	초·중등교육	1995
	• 교원 자율 출·퇴근제의 시범실시	초·중등교육	1996
	• 교장 명예퇴직제 실시	초·중등교육	1996
교육재정 GNP 5% 확보	• 교육재정 GNP 5% 확보	기획관리	1998

〈표 4-3〉 제2차 교육개혁방안의 세부 추진과제

분　야	과제명	소관 실·국	목표 연도
신직업교육 체제 구축	• 특성화 고등학교 확대	고등교육	1997
	• 고등학교 교육과정 통합 · 운영	초·중등교육	1997
	• 전문대학 · 개방대학 입학 전형방법 개선	고등교육	1997
	• 실업계 고교 교육의 현장 적응성 제고	고등교육	1997
	• 실업계 고교 시설 · 설비 현대화/재정지원 강화	고등교육	1996
	• 전문대학 직업교육의 강화	고등교육	1997
	• 개방대학 직업교육의 내실화	고등교육	1997
	• 기능대학의 역할 강화	고등교육	1997
	• 신대학 및 신대학원대학 설립 · 운영 지원	고등교육	1996
	• 전문직업분야 석·박사 도입/전문대학원 확충	고등교육	1997

신직업교육 체제 구축	• 생애에 걸친 진로 지도 및 진로정보 제공	초·중등교육	1996
	• 여성 및 취약계층의 직업교육 기회 확대	평생교육	1997
	• 문하생 제도를 통한 교육의 학력인정	평생교육	1997
	• 성인 직업교육 확대/교육 · 훈련 산업의 육성	평생교육	1997
	• 국가기술제도의 개편	고등교육	1996
	• 교육구좌제 도입	평생교육	1998
	• 국·공립 직업교육기관의 법인화 추진	고등교육	1996
	• 직업능력개발원 설립/직업능력인증제 도입	평생교육	1997
	• 직업교육 · 훈련 관련 법제 정비	평생교육	1996
	• 직업교육 재원 확충 및 금융 · 세제 지원	평생교육	1996
초·중등학교 교육과정 개혁	• 신교육과정 편제 도입	초·중등교육	2000
	• 선택교육과정 도입에 따른 수능제도의 개선	고등교육	2005
	• 교사제도의 탄력적 운영	초·중등교육	1997
	• 초·중등학교 통합 운영	지방교육	1997
	• 교육과정위원회 구성/학교조직 개편 권장	초·중등교육	1996
전문대학원 제도의 도입	• 의학, 법학 등 전문대학원제도의 도입	고등교육	1997
교육관계 법령 체제 개편	• 교육기본법 제정	기획관리	1996
	• 초·중등교육법 제정	지방교육	1996
	• 고등교육법 제정	고등교육	1996
	• 사회교육법 제정	평생교육	1997

〈표 4-4〉 제3차 교육개혁방안의 세부 추진과제

분 야	과 제 명	소관 실·국	목표 연도
교육자치제도 개혁	• 지방교육자치제도의 개선	지방교육	1998
교직사회 활성화를 위한 교원정책의 개혁	• 교원양성기관에 대한 평가인정제 도입	초·중등교육	1997
	• 교육대학의 체제 개혁	초·중등교육	1997
	• 대학원 수준에서의 교원양성	초·중등교육	1999
	• 교육전문직 자격 및 임용제도 개선	초·중등교육	1998
	• 교원 현장연구비 지급 제도	초·중등교육	1997
	• 교원양성기관 초·중등학교 교원 상호교류	초·중등교육	1997
	• 교감직의 확대를 통한 전문성 제고	초·중등교육	1997
	• 교원복지기관의 기능 확충/교원복지 활성화	초·중등교육	1997
	• 학교안전사고 대비 지원체제 구축	초·중등교육	1997
사학의 자율과 책임의 제고	• 교육분쟁조정위원회의 설치	교육정책	1998
	• 사학의 자치역량 제고	고등교육	1997
	• 사립 초·중등학교 운영의 자율성 확대	지방교육	1998
	• 사학에 대한 재정 · 금융/세제상의 지원 강화	고등교육	2000
	• 사학의 전문경영체제 육성	고등교육	1998
교육정보화의 청사진과 개혁방안	• 21세기형 첨단학교 · 가상대학운영	교육정보	1998
	• 정보기술활용 교육의 도입 및 환경 구축	교육정보	1997
	• 학교 정보관리 종합시스템 구축	교육정보	1997
	• 소외지역에 대한 정보기술 교육환경의 정비	교육정보	1998
	• 학교도서관(실)의 멀티미디어화	교육정보	1997
	• 교육정보화 자원의 효율적 재배분 · 재활용 체제 구축	교육정보	1997
	• 지역교육정보지원센터의 지정 · 운영	교육정보	1997
사회교육의 개혁	• 사회교육 추진체제 구축	평생교육	1997
	• 국·공립 시설, 국민의 평생학습장으로 개방	평생교육	1997

〈표 4-5〉 제4차 교육개혁방안의 세부 추진과제

분 야	과 제 명	소관 실·국	목표 연도
민주시민교육을 위한 교육정책	• 학교문화의 개혁	초·중등교육	1998
	• 민주시민교육 프로그램 개방 · 운영	초·중등교육	1998
	• 북한 · 통일관계 전문가 양성 지원체제 구축	고등교육	1998
초·중등학교의 혁신과 고등교육체제의 개선	• 단위학교의 자율권 확대 및 교원업무	초·중등교육	1998
	• 학교교육의 개방화 체제 구축	초·중등교육	1998
	• 고등교육의 수월성과 지방화 지원 강화	고등교육	1998
	• 9월 신학기제로의 전환	교육정책기획	장기 검토
유아교육의 공교육체제 확립	• 유아학교 체제의 구축	초·중등교육	1998
	• 유아교육의 내실화/무상교육 단계적 추진	초·중등교육	1998
과외대책을 통한 사교육비 경감대책	• 학교 · 학급 규모의 적정화 위한 투자 확대	지방교육행정	1998
	• 학교시설 현대화/1학교복합시설 사업 추진	지방교육행정	1998
	• 기초학력미달 학생지도 특별교실 운영	초·중등교육	1998
	• 학교 내 '전국단위 모의고사' 점진적 축소	초·중등교육	1998
	• 학생 · 학부모 위한 교육정보제공 체제 확립	초·중등교육	1998
	• 학원 운영의 합리화 도모	평생교육	1997
	• 불법 과외활동에 대한 단속 강화	초·중등교육	1997
	• 위성교육방송 등 교육방송 다양화 · 내실화	교육정보관리	1998
	• 학부모 의식개혁 위한 교육관련 단체 활동	교육정책기획	1998

다음의 〈표 4-6〉은 제1차 교육개혁방안이 공표된 1995년 5월 31일 이후, 김영삼 문민정부 말기인 1998년 2월까지 차수별 교육개혁 시행과제의 수와 그 비율을 보여주고 있다. 전체로 볼 때 120개 과제 중 87개 과제(73%)가 이미 시행단계에 들어섰기 때문에 적어도 숫자상으로 볼 때 짧은 시간에 많은 성과를 거둔 셈이다. 제1차 방안의 경우 48개 방안이 100%

시행되었는 데 비해, 차수가 늘어남에 따라 그 비율이 떨어져서 제4차 교육개혁방안의 경우 28%만이 시행되었다. 그런데 여기서 분명히 할 것은 '시행'이 함축하는 의미이다. 대체로 많은 개혁방안이 공식적으로 시행단계로 진입했다고 하나, 실질적으로 그것이 이해관계자의 의식과 행태를 지배할 정도의 내면화 또는 문화적 제도화와는 거리가 먼 경우가 허다하다. 그런 경우 시행의 의미는 이제 겨우 첫걸음을 시작했다는 의미에 불과할 수 있다. 예컨대 제도화에 필요한 첫째 요건인 법령 재개정을 하고, 이를 시행이라고 간주하는 경우가 그것이다.

〈표 4-6〉 교육개혁 차수별 시행과제 수 및 진척비율(1998년 1월 현재)

구 분	교육개혁 과제 수	시행과제 수	비율(%)
제1차 교육개혁방안	48개	48개	100
제2차 교육개혁방안	30개	21개	70
제3차 교육개혁방안	24개	13개	54
제4차 교육개혁방안	18개	5개	28
합계	120개	87개	73

출처 : 교육부 (1998), 「교육개혁추진성과 1995~1998」, p. 9.

시기적으로 볼 때, 제3차 그리고 제4차 교육개혁방안의 많은 부분이 집행 여부를 차기 정권의 판단에 맡길 수밖에 없었던 상황이었다. 그러나 2년여라는 비교적 짧은 시간을 감안할 때, 크게는 김영삼 정부, 작게는 문민정부 교육부가 이룩한 개혁 성과는 괄목할 만했다고 판단된다.[4)]

4) 교육개혁 기간 동안 세종로 정부서울청사 건물에서 가장 늦게 불이 꺼지는 곳이 언제나 교육부였다. 이를 딱하게 여겨 고건 총리가 가끔 한밤중 교육부를 방문해 직원들을 격려하곤 했다.

4. 쟁점 교육개혁사업의 집행과정 분석

아래에서는 120개 교육개혁 과제 중 집행과정에서 논란이 많았던 대표적 과제들을 논의하고자 한다. 비록 교육개혁방안으로 확정·발표되었다고 하나, 그중 많은 것이 집행과정에서 적지 않은 우여곡절을 겪게 된다. 그러므로 집행과정의 분석 없이는 5·31 교육개혁 정책과정의 전모를 분석·평가할 수 없다. 아래에서 그 대표적인 사례 15개를 살펴보면 다음과 같다. 개중에는 개혁사업도 있고, 개별 정책 혹은 정책패키지도 있다.

1) 교육재정 GNP 5% 확보 방안

'95년 5·31 교육개혁안 성안과정

개혁의 성취를 위해서는 돈이 필수적이다. 따라서 교육재정 GNP 5% 확보는 당시 교육개혁 관계자 모두의 초미의 관심사였다. 종전의 교육개혁방안들은 그 추진을 위해 막대한 재원이 소요되는 것을 잘 알면서도 소요예산을 추산하는 데 그쳤을 뿐 실효성 있는 예산 확보방안을 마련하지 못하여, 개혁과제들을 성공적으로 추진할 수 없었다. 특히 교원인건비 비중이 급증하여 지방교육재정의 9할에 육박하게 되는 바람에 교육성과에 미치는 영향이 교사 요인에 못지않은 교육환경 요인이 계속 악화될 수밖에 없었다. 이와 연관하여, 김영삼 대통령은 이미 제14대 대통령 선거공약으로 1992년 11월 "1998년까지 교육재정을 GNP 5% 수준으로 늘려 교육환경을 개선하겠다."는 뜻을 분명히 했고, 교육개혁위원회와 교육부 또한 새 교육개혁방안에는 반드시 교육재원 확보계획을 포함하고, 그 확보를 위한 실효성 있는 방안을 마련해야 한다는 데 뜻을 같이했다.

이러한 맥락에서 교육개혁위원회는 5·31 교육개혁 과제의 하나로 GNP 5%를 제시했다. 아울러 GNP 5% 수준의 교육재정 확보를 위한 구체적 세부방안은 관계부처(국무총리실 행정조정실장, 재정경제원, 내무부, 교육부, 건설교통부 차관)에서 수립하여 1995년 9월 말까지 대통령에게 보고·확정할 것을 분명히 했다. 한 걸음 더 나아가 관계 부처에서 논의·결정할 사항까지를 명시했다.[5]

교육재정 확보방안 추진

교육부는 교육개혁안이 '95년 5·31 대통령보고로 확정되자, 재정경제원의 협조를 얻어 GNP 추계 및 그 5%에 해당하는 재원 규모를 상정하

〈표 4-7〉 '95~'96 교육예산규모 (단위 : 억 원)

	'95년	'96년	증가율(%)
A. 일반재정규모	518,811	579,621	11.7
B. 교육재정 (대 GNP, %) (B/A,%)	139,613 (4.11) (26.9)	176,762 (4.55) (30.4)	26.6
• 교육부	124,958	155,652	24.6
• 기타 교육예산	2,447	2,685	9.7
• 지방자치단체	12,208	18,425	50.9

출처 : 교육부.

5) 우선 교육재정 GNP 5% 수준 확보방안으로 ① 연차별 재원 조달 계획('96년 교육부 예산액 포함), ② 국가·지방자치단체의 부담 방안 등, 그리고 기타 교육부문 투자 확충을 위한 방안으로 ① 사교육비의 공교육비화를 위한 제도적 장치, ② 교육비에 대한 민간투자 유인책 등, 마지막으로 교육투자 소요액 추정을 위해 ① 교육개혁에 따른 신규 교육투자 소요 산정, ② 교육부문 투자의 우선순위 검토를 지시했다.

고, 그 확보에 필요한 법령 개정사항을 검토하는 한편, 확보되는 재원을 효율적으로 투자하기 위한 '96~'98 교육투자계획을 성안했다.

〈표 4-7〉에서 보는 바와 같이 '96 교육예산규모는 15조 5,652억 원으로 이는 '95 당초 예산 대비증가율이 24.6%이며, '96 정부예산(64조 9,268억 원) 대비 구성비가 24.0%이다. 이는 교육재정 GNP 5% 확보방안에 준거한 '96 교육부 예산 확보목표(154,840억 원) 대비 812억 원 초과 달성된 것이다.

아울러 1995년 8월 30일 교육개혁추진위원회가 대통령에게 보고한 '96~'98 연도별 확보방안은 〈표 4-8〉과 같다.

〈표 4-8〉 '96~'98 연도별 확보방안 (단위 : 억 원)

구분	'95	'96	'97	'98	'96~'98
교육재정규모 (대 GNP, %)	139,613 (4.11)	175,950 (4.53)	207,600 (4.80)	239,970 (5.00)	623,520
정부(교육부)	124,958	154,840	183,851	212,465	551,156
기타 교육예산	2,447	2,685	2,954	3,249	8,888
지방자치단체	12,208	18,425	20,795	24,256	63,476

• 교육재정규모는 납입금을 제외한 것임.
• '96 사업비(국고) 증가율 : 45.2%

5% 확보의 숨은 두 주역 : 이영탁, 강봉균

1995년 교육부가 GNP 5%의 교육재정을 확보하는 초기과정에서 두 가지 잊지 못할 스토리가 있다.

1995년 5·31 교육개혁방안이 발표된 후, 조성종 교육부 기획예산담당관은 GNP 5%의 재원확보 방법을 강구하기 위해 거의 매일 과천의 재경원을 방문하여 관련 정보를 입수하고 관계자들과 협의하며 도움을 청했다. 그러면서 교개위 전문위원이었던 연세대 윤건영 교수의 자문을 받아 교육투자 필요성의 논리를 세우고, 구체적 투자계획을 세우는 데 전념했다. 그리고 국무총리실 강봉균 행정조정실장을 방문했다. 그 얼마 전 교육부 장관(당시 박영식)에게 교육부 준비 상황을 문의한 바 있었던 강 실장은 조성종 담당관과 면담을 하면서 교육부가 그동안 재원 타령만 한 것이 아니라 치밀한 투자계획을 짜고 이미 교육개혁사업에 열정적으로 전념하고 있다는 데 감동을 받았다. 강 실장은 그날 당장 행정조정실장 주재 관계부처 회의를 소집하고, '96~'98년 교육재정 확보 기본 방향을 협의했다. 참여자는 국무총리실(경제심의관), 교육부(기획관리실장) 외에 재경원(세제실장, 사회예산심의관), 내무부(차관보), 건교부(도시국장)였다. 협의사항은 ① 교육세 등 일부 세제를 개편하고 교육환경개선특별회계 등 교육예산 증액, ② 지방자치단체(시·도)의 시·도교육청에 대한 전입금 확대, ③ 아파트단지 조성 시 학교용지 확보 협조 방안으로서 조성원가로 제공, 매입비용 공동부담(시·도와 시·도교육청) 등이었다. 암중모색만을 거듭하던 GNP 대비 교육재정 5% 확보의 서광이 비추기 시작한 날이었다. 그날 조 담당관은 강봉균 실장을 세 번 만나 협의했고, 성과가 눈에 보이자 청사로 돌아와 박영식 장관에게 "장관님, 강봉균 실장 송덕비라도 세워주고 싶은 심경입니다."라고 토로했다고 한다.

두 번째 스토리는 재경원의 예산지원을 받게 되는 과정에서 있었던 이야기다. 재경원의 예산실이나 세제실에서는 GNP 대비 교육재정 5% 달성계획에 대해 처음에는 상당히 부정적이었다. 그들도 교육부가 구체적인 개혁마인드나 개혁프로그램을 제시하지 않고 밤낮으로 돈타령만 한다는 인식이 강했다.

그러나 당시 예산실장 이영탁은 몇 가지 조건을 제시하긴 했으나, '98년까지 교육재정 GNP 5% 지원이 가능하다는 입장을 천명했다. 담대하고 놀라운 일이 아닐 수 없었다. 실제로 당시 정부부처 중 예산규모가 제일 컸던 교육예산을 GNP의 4.1%에서 3년 만에 5%로 올리는 데 앞서서 반대할 줄 알았던 예산실장이 동의해 준 데 대해 교육부를 포함한 교육관계자들도 무척 의아하게 생각하는 분위기가 농후했다.

예산실은 교육예산 규모를 GNP의 4.1% → 4.4% → 4.7% → 5.0% 식으로 매년 0.3%p씩 올려서는 현실성이 없다고 생각했다. 그래서 첫해에 아예 50% 이상의 실적을 올리기로 하고 예산편성에 임했고, 그러한 관점에서 실제로 '96년 예산액을 GNP의 4.55%로 대폭 올렸다. '96년 전체 예산이 '95년 예산에 비해 11.7% 증가하는 데 그쳤지만 교육부 소관 예산은 24.6%나 대폭적으로 증가하였다. 이 금액은 교육재정 GNP 5% 확보방안에서 당초에 계획된 수치보다 무려 812억 원이나 많은 금액이었다. 이처럼 '96년 교육예산이 대폭 늘어난 것을 두고 당시 예산실장이던 이영탁은 '96년 예산의 세입세출을 마감할 때 보유하고 있던 재원 700여 억 원을 대부분 교육부문에 배정한 것으로 회고한다.

무슨 인연인지, 이영탁 예산실장은 그해 12월 말 교육부 차관으로 영전했다. 그가 교육부에 부임하고 난 후 도처에서 "예산을 줘도 이렇게 많이 줄 줄 몰랐다."는 얘기를 수차례 들었으며, 본인도 예산집행을 하면서 "내가 편성했던 예산인데, 이렇게 많이 계상했던가!"라고 스스로 놀란 적이 몇 차례 있었다고 한다.

그 이후

주지하듯이, 교육재정 확보 계획의 성패는 세수목표 달성 정도와 지방자치단체의 협조 여부에 달려 있다. 추가재원 9조 4천7백억 원의 32.1%는 중앙정부가, 46.6%는 교육세 확충을 통하여, 그리고 21.3%는 지방자치단체가 확보토록 되어 있었다. 실제 1996년과 1997년 교육예산의 경우, 세수 부진과 지방자치단체의 협조 부족으로 지방교육재정 확보에 약 1조 456억 원의 차질이 발생하였다. 그 내역을 살펴보면, 〈표 4-9〉와 같다.

〈표 4-9〉 교육재정 결손내역

구분	금액	비고
• 교육세 세수 결손	3,290억 원	1996년도 3,000억 원 1997년도 290억 원
• 학교용지부담금(미확보)	6,000억 원	1996년도 3,000억 원 1997년도 3,000억 원(추정치)
• 1997년도 교부금 감소 (추정)	1,166억 원	내국세 감소에 따른 정산분
계	1조 456억 원	

출처 : 교육부.

더욱이 1997년 말부터 시작된 외환 · 금융위기로 인하여 1998년 확보된 교육재정은 GNP 대비 4.31%에 머물러 당초 계획을 제대로 달성하지 못하였다. 외환 · 금융위기에 따라 경제활동이 위축되게 되면 내국세의 일정 비율로 법정화되어 있는 지방교육재정교부금 수입과 함께 교육세가 감소할 수밖에 없다. 따라서 외환 · 금융위기가 GNP 대비 교육재정 5%를 달성하지 못한 가장 큰 이유라고 할 것이다. 또 다른 원인으로서는 지자체가 학교용지 매입비용 부담의무를 이행할 수 있도록 하는 제도적 장치를 제대로 마련하지 못했다는 점을 들 수 있다. 즉, 학교용지 매입비용 부담금의 부과 · 징수에 관한 구체적인 사항을 시·도 조례에 위임한 상태였기 때문에, 조례가 제정되지 않을 경우 원천적으로 부담금 징수가 불가능했기 때문이다(한만길 외, 2007: 265).

뜻밖에 밀어닥친 외환 · 금융위기로 1998년 교육재정 GNP 5%의 꿈은

<표 4-10> 연도별 교육재정 확보 실적　(단위 : 억 원)

구분	1996	1997	1998	
			당초	최종
GNP 규모(A)	4,184,790	4,532,764	4,716,000	4,495,088
교육재정(B)	173,799	193,511	235,669	193,963
GNP 대비 비율 (B/A)	4.22%	4.34%	5.00%	4.31%

출처 : 교육인적자원부(2006), 「5·31 교육개혁과제 추진 상황」(한만길 외, 2007, p. 264에서 재인용).

무산되었다. 그러나 이후 '교육재정 GNP 5%'는 마치 공식처럼 온 국민과 예산당국자들의 뇌리에 각인되어, 이후 교육재정 확보에 크게 기여했다.

2) 학교생활기록부

기본취지

종합생활기록부(1996년 8월 학교생활기록부로 명칭 변경) 제도는 1995년 5월 31일 교육개혁안의 핵심적 요소로 종래의 성적 위주의 교육에서 탈피해 지성과 인성을 고루 갖춘 인재를 키운다는 취지에서 도입하게 되었다. 교육개혁위원회는 교과 이외의 다양한 활동과 봉사활동을 상세히 기록한 종합생활기록부(종생부)를 도입, 이를 대입전형의 주요 평가자료로 활용하도록 함으로써 입시제도와 학교교육을 유기적으로 연계시켜 입학 적격자 선발에 타당성을 높이는 동시에 궁극적으로는 '학교교육을 정상화' 시키고자 하였다.[6]

6) 종합생활기록부의 도입으로 한국의 대입제도는 1960~70년대 '대학주도'에서 1980년 이

이를 위해 교육개혁위원회는 1995년 5월 31일, 제1차 교육개혁방안에서 '국·공립대학은 종합생활기록부, 대학수학능력시험, 논술, 면접, 실기 등을 전형자료로 활용할 수 있으나, 종합생활기록부는 필수 전형자료로 활용하도록 한다'고 못박고, 아울러 '현행 내신 반영 비율 40% 이상을 1997년도까지 그대로 유지하고, 1998학년도 이후에는 대학이 자율적으로 정한다'라고 그 진로를 밝혔다.

이러한 대입제도의 변화는 기존의 '성적 위주의 한 줄 세우기 선발'로는 21세기의 창의적 인재 선발이 불가능하다는 문제의식에서 비롯된 것이다. 같은 해 6월 박영식 교육부 장관은 취임 후 첫 기자회견에서 "종합생활기록부 도입은 학력에 치중했던 우리나라 교육평가제도를 종합적 능력 평가 위주로 전환하는 터전이 될 것"이라며 "국민들이 종합생활기록부 도입 배경에 대해 충분히 이해해 달라"고 당부했다.

그런가 하면, 기존의 생활기록부가 총점 위주의 상대평가에 주안점을 두었는 데 반해, 종합생활기록부는 성취기준 평가, 즉 절대평가에 근거해 교과별 성취수준과 교과별 석차를 나타냄으로써 학생 개인의 강점과 약점을 파악하고 개개인의 개성과 적성에 따른 교육적 배려를 가능케 하는 것을 목적으로 하였다.

종생부가 그 본래의 뜻대로 실시되는 경우, 대입 학생선발 및 초·중등학교의 교육과정에 큰 혁신을 가져올 것이며, 이는 우리 교육이 제자리를 찾는 데 기여할 것으로 보였다. 그러나 이 제도는 많은 장점에도 불구하고, 대학입시에서 주요한 평가자료로 활용되기 때문에, 한국처럼 대입경쟁이 치열하고 학생, 학부모, 학교 모두가 거기에 모든 것을 거는 상황에서 그것이 본래의 의도와는 다르게 왜곡 · 악용될 수 있다는 우려를 처음

後 '국가관리'로 넘어간 뒤, 5·31 교육개혁을 분기점으로 '학교교육정상화'를 강조하는 방향으로 변한다. '학교교육정상화'라는 5·31 교육개혁의 기본 정신은 1997학년도, 2002학년도를 거쳐 2008학년도 대입제도로 이어진다(국정브리핑 특별기획팀, 2007: 24).

부터 안고 있었다.[7]

사안의 흐름과 교육부의 입장

종합생활기록부는 제1차 교육개혁안 중 핵심적인 사항의 하나였고, 그 때문에 많은 이의 관심이 집중되었다. 국회에서도 가장 논의가 치열했던 쟁점 중 하나였다. 그러나 종생부를 제도화하는 과정에서 넘어야 할 고비는 너무나 많았다.

교육부(박영식 장관)는 사안의 중요성을 감안하여 조속히 제도화하려는 심산으로 1995년 8월, '96학년도 1학기부터 시행하는 것으로 구체적 일정을 잡고, '97년도부터 종생부를 필수 전형자료로 하고 본고사를 폐지하는 것 등을 골자로 하는 새 입시제도의 시행계획을 발표했다.

종합생활기록부를 대입전형에 반영하는 경우, 가장 큰 문제 중 하나는 고교 간의 학력차를 어떻게 할 것인가이다. 교육부(안병영 장관)는 '96년 4월, 고교 간 학력차를 반영해서는 안 되며, 비교과영역을 도외시하고 교과영역만을 반영하거나 교과영역을 합산해 총점으로만 반영하는 것 등을 금지하는 내용의 '대입 종생부 활용 모형'을 마련하여 각 대학에 제시하였다. 뒤이어 교육부는 한국대학교육협의회와 전국 145개 대학과 18개 개방대의 '97학년도 대입전형계획 주요 사항을 취합해 발표했다. 여기서

---

7) 이와 연관하여 서남수 전 교육부 장관은 2015년 2월 10일 동아일보의 〈광복 70년, 분단 70년 제4 심포지엄〉 '무한경쟁에서 개성 존중의 시대로'에서 다음과 같은 발언을 하여 주목을 끌었다. "대입입학제도는 마치 생물과 같다. 그 주위로 뜨거운 욕망들이 소용돌이치면서 연쇄반응으로 이어지기 때문에 기대대로, 예측대로 작동하지 않는 경우가 다반사다. 자녀를 명문대학에 입학시키고 싶은 학부모의 열망이 끓어 넘치고, 학생을 한 명이라도 더 명문대학에 입학시키려는 고등학교의 욕망도 펄펄 끓고, 성적이 우수한 학생을 입학시켜 명문대학의 위상을 계속 유지하려는 명문대학의 요구도 상상 이상으로 크다. 이들은 조그만 틈새도 놓치지 않는다. 그리고 그들 각각이 연쇄반응을 일으키면서 당초의 기대나 예상과는 전혀 다른 방향으로 상황을 전개시킨다."

110개 대학이 종생부의 학년별 비율을 1학년 20%, 2학년 30%, 3학년 50%로 정했으며, 112개 대학이 교과성적과 비교과성적을 함께 반영하기로 했다고 발표했다.

'96학년도부터 종생부가 초·중·고교 전 학년에 동시 시행되었는데, 1학기 중간고사 때 종생부의 허점을 이용해 변칙적인 '성적 올려주기' 식의 시험문제를 출제하는 부당한 일이 벌어졌고, 이는 사회에 물의를 일으켰다. 교육부는 이와 관련하여 6월 3일부터 18일까지 75개 학교를 대상으로 표본조사를 벌였고, 이어 일선고교들이 변칙적 성적 올리기 경쟁을 벌이는 것을 막기 위해 6월 25일 고교 교과성적을 학기마다 과목별로 1백등급으로 상대평가하는 것을 주요 내용으로 하는 '종합생활기록부 성적관리 개선방안'(1차 개선안)을 발표한다.

그러나 '과목별 등위(백분율) 합산' 방식인 종생부가 '총점 석차'를 매겼던 종전의 내신에 비해 특목고, 비평준화지역 명문고 등 우수집단 학생들에게 불리하게 적용되는 등 적지 않은 문제점을 야기하자 8월 초까지 보완작업을 거쳐 2차 개선안을 내놓기로 한다. 이후 종생부 파동은 날이 갈수록 격화된다. 학부모, 교육전문가, 언론, 국회, 대학 및 일선학교 관계자 중 적지 않은 부류가 종생부 도입에 대해 회의를 표명했다. 국회 교육위원회에서 치열한 논쟁이 있었고, 이어 교육위원회 주최로 '대입제도 개선을 위한 공청회'가 열렸다(1996.7.26.). 참석자 중 다수가 종생부가 교원의 업무부담 가중, 학생 간 경쟁 심화, 학생 100명 미만의 소규모 학교 · 비평준화 명문고 · 특목고 등의 불만 등을 내세우며 적지 않은 문제가 있음을 주장했다. 이 밖에도 봉사활동의 형식화 등이 문제로 제기되기도 했다(제180회 1996.7.22. 국회 교육위원회 회의록 제2호 및 제181회 1996.7.26. 국회 교육위원회 회의록 제6호). 이후 외국어고, 과학고 등 특목고의 비교내신제가 1학년들부터 사실상 적용되지 않는 것과 관련해서 특목고 학부모들이 비교내신제를 유지해 줄 것을 요구하며 집단 움직임을 보였다. 비평준화 명문고 학부모들도 전국단위의 공정한 평가방법, 비평준화지역 출신 학생들에 대한 수능석차 백분율 적용 등을 요구하며 정부의 종생부 개선을 요구했다. 실제로 특목고, 비평준화 명문고에 사회의 특권층이 많이 포진되어 있었고, 이들은 종생부가 그들 자제들에게 불리하다고 생각하고 있었기에 강력히 문제를 제기하며 정·관계에 엄청난 압력을 구사했다. 정부종합청사 앞에서는 연일 학부모들의 시위가 줄을 이었고, 언론의 관심도 치열했다. 교육부도 교육당정회의, 청와대회의 등 잦은 회의를 가졌고 당내 정책토론, 주요 대학 교무처장회의 등이 이어졌다. 교육부는 계속 수세에 몰렸으나, 교육개혁의 꽃인 종생부를 수정 · 보완은 하되, 그의 폐기나 연기는 할 수 없다는 입장을 고수했다.

마침내 교육부는 고심 끝에 '96년 8월 7일, 종생부 제도 개선방안(2차 개선안)을 확정 · 발표했다. 그 내용은 성취도와 석차백분율로 기록하던 종생부의 과목별 성적이 성취도와 석차로 기록되고 동점자와 동일석차가 모두 인정되는 것으로, 또 개인별 평가가 어려운 예체능계와 실업계의 전공, 실기 교과는 석차 없이 성취도만 기록하고, 고교 간 학력격차의 인정도 대학자율에 맡기기로 하는 것 등이었다. 아울러 종합생활기록부의 어감이 나쁘다는 여론에 따라 '학교생활기록부'로 명칭을 바꾸도록 결정하였다. 당시 진퇴유곡에 몰렸던 교육부의 입장에서 보면 2차 개선안은 비교적 성공적인 결과를 빚었다. 내용이 비교적 합리적이라는 반응이었고, 격앙되었던 반대여론도 가라앉았다.

2차 개선안으로 당장 급한 불은 껐으나, 학교생활기록부(학생부)는 이후에도 적지 않은 문제를 불러일으켰다. 학부모와 학생들의 관심이 온통 대학입시에 집중되어 있기 때문에 학생부가 갖는 본래의 의도나 취지와는 관계없이, 그것이 대학입시에서 나에게 유·불리하게 작용하느냐에 초점이 맞춰져서 그때그때 논란이 멈추지 않았다. 학력격차의 인정 여부를 대학에 맡겼으나 실제로 주요 대학들이 학력격차를 인정하는 조치를 하지 않자 불만이 재연되었다. 이 문제는 이후 특목고 학생들의 대거 자퇴로까지 이어졌다.

교육부 입장에서 문제가 되는 것은 대학들이 대학입학전형에서 학생부 반영비율을 상대적으로 낮게 잡으려는 데 있었다. 본고사를 폐지하고, 수능시험 이외에 논술 및 면접, 그리고 무엇보다 학생부를 창조적으로 활용하여 대입전형방법을 다양화하려고 하는데, 각 대학들이 학생부 반영을 낮게 잡고 반영방식도 고식적인 방법만을 적용하려 들었다. 결국 교육부가 학생부의 반영비율이 낮은 대학에 대해 행·재정적 지원에서 불이익을 주기로 결정하는 사태까지 벌어졌고, 장관이 나서서 지역별 총장회의에서 학생부 비율의 상향조정을 권유하기도 했다. 무엇보다 서울대학교가 교과과목 전부를 합산하여 전체석차를 매기는 고식적 방식을 고수하는 바람에 어려움이 컸다.

따지고 보면, 학교생활기록부가 절대평가에 근거해 교과별 성취수준을 정한다고 하지만 전국을 대상으로 하는 표준화된 절대평가 기준이 없는 한 그것은 진정한 의미의 절대평가일 수 없었다. 따라서 당시 교육부가 추진하는 교육과정평가원이 창설되어 이 작업을 수행하기까지는 절대평가를 주장할 명분이 박약했던 것이 사실이다. 그래서 장관은 1997년 5월 많은 반대에도 불구하고 교육과정평가원법을 통과시켜 이 일을 맡길 새로운 기관을 창설하는 데 온 정성을 기울였다.

안병영 장관은 1996년 7월 직제개편을 통해 교육정보관리국을 창설하고 한국전산원에서 서삼영 박사를 영입하여 해당 국장으로 임명했다. 그리고 그에게 학교생활기록부 전산화 사업을 맡겼다. 학생부 전산화 작업도 시간에 쫓겼다. 대학에서는 제한된 입시기간 내에 성적입력, 확인에 필요한 절대시간이 부족하다고 난색을 표명했고, 고교에서는 성적처리 업무증대로 불평이 컸다. 이 일을 직접 책임졌던 행정정보담당관(김준형 과장)에게 맡겨진 핵심과제는 전국 2,000여 개 고교의 성적자료를 취합하여 1996년 12월 11일 시작되는 특차모집 전까지 전국 대학에 CD를 보급하는 것이었다. 이를 위하여 1996년 9월부터 12월 초까지 프로그램을 개발하고[8] 교사연수, PC 보급, 주전산기 도입 등의 사업을 추진했다. 단기간 사업 추진으로 프로그램 안정화에 어려움이 컸고, 정보소양이 부족한 교사들의 연수에도 어려움이 무척 컸다. 그러나 학교생활기록부 전산화 작업은 대입 정보의 정확성을 확보하고 일선 학교의 성적처리 오류를 시정하는 데 필수적인 작업이었다. 그런 가운데, 1996년 말, 1997년 초 이른바 '학생부 오류' 파동이 일어나 또 한 차례 홍역을 앓는다. 이러한 험난한 과정을 겪으며, 학교생활기록부는 점차 제 궤도에 올랐다.

3) 학교운영위원회

도입과정

과거 우리의 교육체제는 학교운영의 자율성이 부족하였고, 공급자 위주 내지 교장중심체제로 권위적으로 설계되고 운영되어 왔다. 따라서 교육서비스의 수요자인 학생과 학부모 및 지역사회의 다양한 필요와 욕구가 학교운영에 반영될 마땅한 통로가 없었다.

이에 1995년 5월 31일 발표된 제1차 교육개혁방안은 단위학교의 자율성과 창의성에 바탕을 둔 '학교공동체' 중심의 교육운영을 활성화하기 위하여 국·공립 초·중등학교에 '학교운영위원회'의 도입을 발표하였다. 학교운영위원회(학운위)는 학교운영의 중요한 사항에 대하여 학부모, 교원

8) 고교 입력용 프로그램을 위해 당시 제6차 교육과정뿐만 아니라 제2차 교육과정부터의 모든 내용을 포함한 프로그램을 개발해야 했고, 대학 배포용 프로그램은 개인정보 보호를 고려하여 해당 대학지원자 학생의 성적정보만 열람할 수 있는 프로그램이어야 했다.

및 지역인사 등 단위 학교의 주요 구성원들이 참여하여 민주적 절차에 따라 자율적으로 의사결정을 하는 단위학교 차원의 교육자치기구이다. 따라서 이는 학교마다 특색 있고 다양한 그리고 창의적인 교육을 꽃피울 수 있는 제도적 장치이다.

학교운영위원회 제도는 5·31 교육개혁방안 중 '민주화' 흐름을 반영하는 대표적 방안으로 단위 학교 차원의 민주적 거버넌스를 통해 '풀뿌리 민주주의'를 실현하려는 개혁적 의도에서 도입된 것이다. 다른 한편으로는 이 당시 선진국들이 효과적인 학교(school effectiveness)라는 기치 아래 단위학교책임경영(SBM : school based management)을 보급하는 흐름의 영향도 컸다. 그러나 학교사회 내의 뿌리 깊은 기득이익구조와 권위주의적 의식과 관행 때문에 제도화 과정에서 적지 않은 어려움이 있을 것은 처음부터 감지할 수 있었다.

교육부의 입장

교육부 장관들(박영식, 1995.5.~1995.12.; 안병영, 1995.12.~1997.8.; 이명현, 1997.8.~1998.2.)은 학교운영위원회 제도가 민주화의 정화이며 교육자치의 '꽃'이라는 점을 인식하고, 그 제도화에 만전을 기할 것을 결심했다. 따라서 교육계 내에 적지 않은 반발에도 불구하고 다른 교육개혁사업에 앞서 학교운영위원회의 제도적 골격을 만드는 데 큰 힘을 쏟았다.

교육부는 '95년 8월 '학교운영위원회 설치 및 운영방안'을 마련했다. 그에 따르면, 시범학교를 선정, 실험 운영하는 과정을 통하여 문제점을 발견 · 보완하여 '96년부터 단계적으로 확대 실시한다는 것이었다. 그러나 초기부터 기존 시스템의 가장 큰 수혜자였던 학교장의 커다란 반발에 부딪쳤고, 아울러 시·도교육청들의 무관심과 비협조의 벽을 실감하게 된다. 교육부는 이러한 반대를 무릅쓰고 지방교육자치에 관한 법률과 동법 시행령 개정을 통해 설치 근거를 마련하고, 학부모 운영위원 등을 대상으로 하는 대규모 연수를 통해 학부모의 지원을 유도하는 한편 경실련, 학부모연대, 참교육학부모회, 교육민우회 등 시민공동체의 협조를 얻어 이 제도에 대한 지지를 확산시켜 나갔다. 교육부의 의도는 학교운영위원회에 대한 저항세력이 결집되어 조직적 반대운동을 벌이기 전에 설득 · 홍보 · 연수 등을 통해 선제적으로 대응하는 한편, 학교운영위원회의 제도화 일정을 가능한 한 앞당기자는 입장이었다. 안병영 장관은 세계화 지향의 교육개혁방안 중 일부에 대해서는 얼마간 유보적이었으나, 학교운영위원회 제도 도입에 대해서는 전폭적인 지지의 입장이었으므로 빠른 제도화에 앞장섰다. 교육부의 젊은 정책관료들도 매우 열성적이었다.

학교장을 비롯한 교육계의 보수 세력들의 저항은 매우 치열했다. 장관에 대한 인신공격도 만만치 않았다. 그러나 민주화 시대에 학교 단위의 교육 자치를 대놓고 반대할 명분이 빈약했기 때문에 그들의 반발이 예상했던 것만큼 조직적이고 첨예하지는 못했다. 특히 정치권과 언론에서는 호의적인 반응이 많았고, 비판의 소리도 우회적이거나 소극적이었다.

구성과 기능

지방교육자치에 관한 법률 제44조의 2와 동법 시행령 제27조에 의하면, 국·공립초등학교에 학교운영위원회를 설치하되, 학생 수가 100명 이하이거나 학급 수가 6학급 이하인 학교의 학교운영위원회 설치 여부와 병설 학교의 학교운영위원회 분리 · 통합 운영 여부는 시·도 조례로 정하도록 하고 있다. 또한 사립의 초·중·고등학교는 학교운영위원회의 설치 여부를 자율적으로 결정하되, 그 기능 및 운영 등에 관한 사항은 당해 학교

법인의 정관에 정하도록 하고 있다. 지방교육자치에 관한 법률 시행령 부칙 제2조는 동 지역에 소재하고 있는 국·공립의 초·중·고등학교는 1996년 4월 30일까지, 읍·면·지역에 소재하는 학교는 1998년 4월 30일까지 학교운영위원회를 설치하도록 규정하고 있다.

학교운영위원회는 당해 학교의 학부모, 교원, 지역사회 인사(교육행정기관의 인사, 교육전문가, 동문대표, 기업인 등)의 고른 참여로 구성하되, 위원의 정수는 7~15인의 범위 안에서 학교의 규모 등을 고려하여 당해 학교의 운영위원회 규정으로 정하도록 하고 있다. 일반계 학교는 학부모 위원 40~50%, 교원위원 20~30%, 지역위원 30~50%의 구성비율이 유지되어야 하며, 실업계 학교의 지역위원 중에 50% 이상은 기업 경영자여야 한다.

학교운영위원회의 주요 심의사항은 교육과정의 편성 · 운영, 교과서 선정, 특별활동에 관한 사항, 학사운영에 관한 사항, 방과 후 · 방학 중 유상 프로그램의 실시와 강사 초빙, 학부모 경비 부담에 관한 사항, 학교시설을 이용한 평생교육, 학교의 예산 및 결산, 기타 학교장 또는 학교운영위원이 제안한 사항, 학교장 · 교사초빙제 시범 실시 등이다.

원래의 교육개혁안에는 학교 발전기금의 조성 및 관리와 지역사회 기부금 징수 및 관리업무도 학교운영위원회의 기능에 포함되어 있었으나 집행과정에서 이러한 기능은 뒤로 미루었다.

경과 · 성과 · 과제

급작스럽게 설치된 학교운영위원회가 처음부터 순조로울 수는 없었다. 초기에는 단위 학교의 권한을 강화하는 방향의 개혁안에 대한 각 교육청들의 반발이 컸지만, 이를 극복하는 데 있어 교육개혁위원장을 비롯한 교육개혁위원회 위원들의 전국적 홍보 강연이 상당한 효과가 있었다. 한편, 학교장들은 학운위가 자신들에 대한 불신에서 만들어졌다는 피해의식이 컸고, 그 때문에 대부분이 부정적이거나 방어적이었다. 따라서 솔선해서 학운위 활성화에 나서는 이들이 드물었고, 많은 학교에서 학교장의 독단이 계속되었다. 그래서 학교장이 학운위와 협의해서 자율적으로 단위 학교의 특성을 살리는 학교운영을 모색하기보다는 지역 교장단에서 미리 결정한 내용을 획일적으로 실시하려는 경향이 여전하였다. 그런가 하면 교사들도 기존의 '상명하달' 식의 관행에 젖어 주체적 참여의식이 박약했고, 인사상의 불이익을 당하지 않을까 우려하여 참여 자체를 꺼리는 경우가 많았다. 따라서 교사위원들이 안건을 직접 발의하거나 학교장과 의견을 달리하는 경우는 매우 드물었다. 학부모들 역시 참여의 경우 재정적 부담을 지지 않을까, 자신의 자녀가 불이익을 당하지 않을까 하는 걱정 때문에 적극적으로 나서지 않았다. 학운위 파행의 주요 요인 중 하나는 학부모나 지역인사 등 학운위 구성원들의 전문적 식견 부족이었다. 이들이 학교의 예·결산, 교육과정 및 학사 운영에 대한 구체적 이해가 없어 심의가 형식적으로 진행되고, 결국은 학교 측의 일방적 주도로 끌려가는 경우가 많았다. 따라서 많은 학교에서 학운위의 자율적, 주체적 운영풍토가 조성되지 못하고 형식화되는 형국이었다(김광조, 1998: 29-33).

이에 교육부가 앞장서서 학운위의 취지와 기능, 중요성 등을 알리는 홍보와 연수를 지속적으로 시행했다. 그리고 시·도 교육청 평가를 통해 학운위 활성화에 박차를 가했다. 그러나 처음부터 그 실질적 효과가 나타나기는 어려웠다. 학교운영위원회 개혁사업을 시행하면서 다시 한 번 일정한 기관이나 기구를 공식적으로 설치하는 것과 그것이 당초 취지대로, 실질적으로 운영되는 것과는 큰 차이가 있다는 것을 실감했다. 일정 제도의 법적 · 형식적 제도화와 그것이 참여자의 의식 속에 자리 잡는 문화적 · 실질적 제도화 간의 간격은 생각보다 컸다.

그러나 시간이 지남에 따라 학교운영위원회에 대한 학운위 구성원들이나 일반 시민들의 의식이 점차 변화하기 시작했다. 학운위가 자율적 · 주체적으로 이루어질 때, 단위 학교가 안고 있는 많은 문제가 당사자들의 손에 의해 창의적으로 풀릴 수 있고, 그렇게 '학교가 달라진다'는 점이 점차 확인되면서 학운위에 대한 인식변화가 일기 시작한 것이다. 학운위에 대한 관심과 인식의 변화는 참여의식의 제고로 이어지고, 이는 다시 성과로 입증되면서 점차 그것이 '풀뿌리 교육자치'의 상징이자 표본으로 자리잡기 시작하는 추세였다.

1997년 9월 1일 현재 전국의 국·공립 초·중등학교 8,031개교 중 6,521개교(81.2%)에 운영위원회가 설치되었으며, 설치 여부가 학교 자율로 결정되는 사립학교의 경우에는 67개교에 학교운영위원회가 설치되었다.

비슷한 시기(1997년 8월)에 한국교육개발원이 약 1,600여 명을 무작위로 표본 추출하여 서면조사 형식으로 학교운영위원회 운영 실태조사를 실시했다. 조사결과 대부분의 운영위원들은 학교운영위원회의 도입 이후, 학교 운영의 자율성, 합리성, 책무성, 효율성, 공동체 의식 등이 개선되었다고 답했다. 대체로 볼 때, 평교사와 학부모들의 학운위에 대한 시각은 호의적인 것으로 나타났다.

그러나 이런 긍정적인 반응만 있는 것은 아니다. 중등교육협의회는 1997년 비슷한 시기에 결의문을 통해 학운위는 우리 풍토에 맞지 않는 잘못된 제도이므로 이를 학교장의 자문기구로 하라고 주장했다. 이후에도 학운위에 대한 반발과 저항은 계속되었다.

1997년과 1998년 초에 이루어진 학교운영위원회에 대한 중요한 제도개선 내용은 다음과 같다.

지방교육자치에 관한 법률의 개정(법률 제5467호, '97.12.12.)에 따라 각급 학교의 학교운영위원회는 교육감, 교육위원 등 지방교육자치를 담당할 기구 구성에 직접 참여하게 되었다. 즉 학교운영위원회는 이 개정 법률에 따라 학부모위원 또는 지역위원 중 1인을 선출하여 교육감, 교육위원 선거인단을 구성하도록 함으로써, 단위 학교의 자치기구와 시·도 단위 교육자치구와의 연결고리가 형성되었다. 이로써 학교자치를 기반으로 지방교육자치를 이룩할 수 있는 기틀이 마련된 것이다.

이후 학교운영위원회는 한 걸음 더 전진한다. 1998년 3월, 그동안 대통령령 또는 조례로 규정하여 왔던 학교운영위원회의 중요기능을 법률로 상향 · 규정하고 순수 심의기구로 성격을 명확히 하였다. 또한 교감에게도 교무위원 피선거권을 부여하여 모든 교원이 학운위에 참여토록 하고, 심의 사항 미시행 시 시정명령 등 관련 법령의 실효성을 강화하였다. 아울러 학운위의 설치 범위를 확대하여 모든 국·공립 초·중·고 특수학교에 설치하도록 하고, 학교 발전을 위한 물적 토대 형성을 위해 학교 발전기금 조성 · 운용을 가능하게 하였다.

다소 무리하게 제도화 과정을 밟았으나, 학교운영위원회는 그 출범 2년이 되는 1998년 봄부터 이 제도가 연착륙하고 있다는 느낌을 던져주기에 이른다.

4) 초등영어교육

후일담

2004년 4월, 안병영 교육부 장관은 아시아 태평양 경제협력체(APEC) 교육 장관 회의에 참석하기 위해 칠레 산티아고에 가는 길에 일본에 들러, 가와지마 일본 문부과학상과 만났다. 교과서 문제 등 한일 간에 여러 가지 난제가 얽혀 있었기에 소통을 위해 안병영이 나종일 주일대사에게 부탁해서 마련된 자리였다. 그런데 가와지마 장관은 안 장관을 보자, 대뜸 "당신이 1997년에 한국에 초등영어 교육을 도입한 장본인이라는 얘기를 들었다. 정말 대단한 일을 했다. 일본에서도 같은 시기에 초등영어 시행이 치열한 사회적 쟁점이었는데, 좌고우면하다가 끝내 결단을 내리지 못하고 뒤로 미뤘다. 그런데 우리는 아직도 초등영어를 도입하지 못하고 있다. 세계화 경쟁에서 크게 실기(失期)했다. 천추의 한이다."라고 말했다.

그의 얘기를 들으며, 안병영은 초등영어 출범 전후를 되돌아보았다. 당시 교육부는 1995년 이후, 1997년 3월을 목표로 초등영어 실시를 준비하고 있었다. 그때 일본도 한국과 마찬가지로 초등영어 도입을 위해 막판 스퍼트를 하고 있었다. 준비 정도만 가지고 따진다면, 일본이 한국보다 한발 앞섰다. 그러나 워낙 세심하고 조심스러운 일본인지라 이리 살피고 저리 재다가 끝내 결단을 내리지 못하고, 시행을 연기했다. 당시 한국의 상황도 무척 복잡했다. 사회적 논란이 격화되면서 우려의 분위기가 팽배해서, 청와대나 당·정 어디에서도 장관의 등을 떠미는 사람이 아무도 없었다. 당시 안병영의 머릿속에는 두 가지 생각이 맴돌았다. 하나는 '지금 미루면 자칫 아주 늦어질 텐데, 그 역사적 책임은 누가 감당할 것인가?' 라는 근본적 우려와 다른 하나는 '이게 실패하면 오로지 내 책임이 될 터인데, 일단 한발 늦춰볼까?' 라는 기회주의적 생각이 그것이었다. 오랜 고뇌 끝에 얼마간 무리수인 줄 알면서도, 예정대로 1997년 첫 학기에 초등영어 교육을 시행한다는 건곤일척(乾坤一擲)의 결단을 내렸다. 당시의 상황을 복기(復棋)하면 다음과 같다.

배경과 초기 과정

우리나라에서 영어교육의 필요성이 강조되면서 1982년부터 초등학교 특별활동시간에 희망자 중심으로 영어교육을 실시하여 왔다. 그러는 가운데 초등영어교사연구협의회가 조직 · 운영되는 등 영어교육에 대한 상당한 경험이 축적되었고, 해마다 특별활동 시간에 영어교육을 실시하는 학교가 늘어났다. 1992년부터 각 시·도 교육청에서 교사 영어연수를 실시하여, 1995년 말을 기준으로 9,461명의 특활 영어교사를 확보하고 있었다. 그러나 초등학교에서 특별활동이나 방과 후 교육활동시간에 학생의 희망에 따라 영어교육을 실시하였으므로 대다수 학생에게 교육의 혜택을 주지 못하였고, 영어교육에 대한 학부모와 학생의 욕구를 충족시켜 주지 못하고 있었다.

김영삼 정부의 세계화추진위원회가 1995년 2월 24일 대통령에게 세계화 추진을 위하여 외국어 교육의 강화 필요성을 보고했다. 특히 이미 세계어로 자리 잡고 있는 영어를 초등학교에서부터 교육시킬 것을 강력히 건의하였다. 그러면서 지금까지의 단어, 문법 중심 외국어 교육으로부터 의사소통 중심의 교육으로의 일대 변화가 필요하다는 점을 강조하였다. 같은 해 3월 15일, 교육부는 〈초등학교 3학년부터 점진적으로 영어교육 실시계획〉을 확정하였다.

그런 가운데 1995년 5월 31일, 대통령 자문기구인 교육개혁위원회가 제1차 교육개혁 과제로 초등학교 영어교육 실시에 역점을 두어 외국어 교육의 강화를 대통령에게 보고하였다. 교육부는 이제 초등영어 시행은 지상명령이라고 생각하고, 발 빠르게 대응했다. 같은 해 6월 27일 초등학교 영어 교육과정 최종시안을 작성하고, 이후 심도 있는 교육과정 심의를 거쳐 그해 11월 1일, 초등학교 교육과정 부분개정 고시를 하기에 이른다. 여기까지는 비교적 무난한 흐름이었다.

참고로 1995년 당시 여론조사를 보면, 영어를 정규교과로 찬성하는 시민이 다수를 차지하고 있었고, 그 비율이 증가추세에 있었다.

- 코리아 리서치('95.2.) : 정규교과로 찬성 68%
- 한국교육개발원('95.5.) : 정규교과로 찬성 80%

바로 그 무렵인 1995년 12월에 안병영이 교육부 장관에 임명된다. 당시 대체적 여론은 초등영어 도입에 호의적이었다. 그러나 실제 정책과정에 영향을 미치는 이해관계 집단 및 여론주도 집단들의 입장은 보다 다양하고 복잡했다. 그때 이후 1997년 3월 초등학교 영어 교육을 실시하기까지, 사안의 중요성 때문에 주요 이해당사자인 교육부, 국회, 교육청, 학원, 출판사, 학부모 및 교육전문가 간에 매우 복잡하고 역동적인 상호작용이 전개된다. 그 과정에서 치열한 갈등과 공방 그리고 설득과 조정이 거듭되었다.

그런 와중에서도 1996년에 들어서자, 특별활동 영어교육 실시학교는 5,370개교(전체의 95.2%)로 늘었고, 방과 후 상설 영어반 운영은 3,960개교(전체의 70.2%)에 이르렀다.

쟁점화와 교육부의 대응

안병영 장관은 초등영어교육은 세계화 추세에 비추어 누구도 피할 수 없는 시대적 과제라고 생각했다. 이에, 초등학교 3학년을 대상으로 1997년 3월부터 예정대로 실시해야 한다는 확고한 입장이었다. 그러나 1996년 중반에 접어들면서 초등영어교육 실시 여부를 둘러싸고 사회적 논쟁이 격화되었고, 그해 후반 특히 10월경에는 그 갈등이 절정에 이르렀다.

크게 보아 초등학교 영어교육의 도입을 반대하거나, 그 실시를 늦추자는 쪽은 민족주의적(내지 국수주의적) 성향이 강한 일부 국회의원 및 정치인을 비롯하여 일부의 언론, 국어학계와 학원 및 교육계 인사, 그리고 학부모들이었다. 이들은 반대파와 유보파로 나뉜다. 반대파는 대체로 어려서부터 영어를 가르치면, 작금의 과도한 서양화 · 미국화의 격류 속에서 우리 말과 글, 그리고 우리 고유의 문화를 지키기가 더 어려워질 것이라는 점을 강하게 부각시켰다. 거기에는 반미정서도 한몫을 했고, 그러다 보니 반대파 중에는 진보진영 인사들이 많았다. 한편, 유보파는 초등영어교육은 필요하나 아직 준비가 충분치 못하므로 2, 3년 더 연기해야 마땅하다는 입장이었다. 이들은 또한 초등영어 실시가 가시권에 들어오면서, 조기영어 열풍이 몰아쳐서 학원가를 비롯하여 심지어는 일부 유치원에까지 영어 과외를 하는 등 그 부작용이 크다는 점을 지적하며 학부모들의 사교육비 부담이 크게 늘고 있다는 점을 심각한 현실적 문제로 제기하고 나섰다.

초등영어교육을 찬성하는 측은 그 시행을 앞장서서 추진하는 교육부를 비롯하여 교육개혁위원회, 교육청 및 일선 교육계, 그리고 다수의 학부모, 세계화의 추세에 민감한 시민들이었다. 찬성 측의 논지는 세계화 · 정보화 시대에 이미 국제공용어 · 세계어가 된 영어의 조기교육을 더 이상 늦출 수 없다는 입장을 피력하면서 세계의 대부분의 국가들, 특히 모국어 사랑에 가장 앞장서는 프랑스조차도 이미 오래 전부터 초등학교에서 영어교육을 시작했고 중국, 태국 등도 초등영어교육을 시작했다는 점을 내세웠다. 그러나 발을 동동 구르는 교육부를 제외하면 대체로 찬성하는 측은 침묵하는 편이었고, 기껏 입을 열어도 무척 소극적이었다. 그러니 교육부의 입장에서 보면, 분명 우군의 숫자가 많은데 그 세력이 조직화되어 있지 못했고, 오히려 언론 등에서는 반대와 유보의 입장만 강하게 부각시키는 형국이어서 계속 수세에 몰릴 수밖에 없었다.

시간이 지남에 따라 초등영어교육을 적극적으로 반대하던 세력 중 적지 않은 수가 유보 쪽으로 돌아섰다. 그러다 보니 점차 〈찬성 대 유보〉 간의 대결양상이 두드러졌다. 유보하자는 쪽에서는 보다 착실히 준비해서 신중하게 영어교육을 시행하자며, 이를 반대하는 것은 명분이 없다고 주장했다. 그들은 또한 교육부의 강행 태세는 신자유주의의 이념적 공세 내지 무분별한 성과주의라고 공격하며 심지어는 조기 영어교육기관의 로비에 포획되었기 때문이라는 비판도 서슴지 않았다. 국회 교육위원회의 김한길, 이수인, 정희경 등 몇몇 의원들의 반대는 매우 치열했다. 특히 초등영어 도입을 앞장서서 반대했던 김한길 의원은 당시 그의 교육위원회 질의의 대부분을 초등영어 반대에 할애하면서 유아영어교육의 실태, 교육일선의 준비부족, 교재의 졸속 제작 우려 등의 문제점을 고발하는 데 앞장을 섰고(제183회 1997.3.6. 및 1997.3.7. 국회 교육위원회 회의록 제1호 및 제2호), 그것이 언론에 크게 보도되곤 했다.

안병영 장관은 초등영어교육 실시를 위한 준비가 충분치 않은 것은 사실이지만, 한두 해 늦춘다고 그것이 완벽해질 수 없을뿐더러, 마침 그것이 교육개혁위원회의 교육개혁방안으로 크게 부각되어 한창 많은 이의 기대와 관심을 모으고 있는 현시점에서 초등영어를 출범시키는 것이 가장 바람직하다고 판단했다. 그러면서 자칫 이 모멘텀을 잃으면 앞으로 몇 년이 더 늦춰질지 모른다는 걱정을 했다. 무엇보다 장관은 초등영어 교육을 더 늦추면 도시와 농촌 및 빈부 학생 간의 영어격차가 더 벌어질 것이라는 점을 크게 우려했다. 조기영어교육 열풍이 걷잡을 수 없는 기세로 크게 일고 있는 상황에서, 거의 모든 도시 중산층 자제들은 이미 사설 학원이나 개인 과외 등을 통해 어려서부터 영어를 익히고 있었다. 반면 농·어촌 및 도시 빈곤층 자제들은 중학교에 입학할 때까지 영어 공부를 할 기회가 거의 없는 것이 눈앞에 펼쳐지는 차디찬 현실이었다. 그러다 보니 중학교 입학 후 두 그룹 간의 영어능력 격차가 지나치게 벌어지게 되고, 그 부정적 영향력이 이후의 학업 및 대입과정, 그리고 멀리는 사회생활에까지 심대한 영향을 미칠 것이 불을 보듯 뻔했다. 따라서 안 장관은 초등학교 3학년부터 모든 학생들에게 영어의 학습기회를 제공하는 것이 분명이 격차를 줄이는 데 크게 도움이 될 것이라는 판단을 했다.

초등영어 실시를 둘러싼 논쟁은 날이 갈수록 가열되었다. 개중에는 준비가 잘 된 대도시부터 초등영어교육을 실시하는 것이 어떻겠느냐는 의견도 개진되었다. 교육부는 그렇게 되는 경우, 이미 벌어진 도농 간의 조기영어교육 격차가 더 벌어진다는 이유를 들어 반대를 분명히 했다. 그런 가운데, 새로 취임한 유인종 서울시 교육감이 초등영어교육 반대 의사를 피력하여 물의를 일으켰고, 몇몇 사회적으로 존경받는 정치인, 교육계 인사들도 공공연하게 초등영어 도입 반대 의견을 개진했다. 한국교육개발원 보고서에서도 유보 쪽을 지지하는 글이 발표되는 등 자중지란이 일어나 혼선을 빚기도 했다.

초등영어 도입 쟁점이 사회적으로 점화되면서, 교육부의 기대와 달리 반대 내지 유보 의견이 갑자기 탄력을 받기 시작했다. 그런 가운데 교육부와 일선 교육계는 초등영어 교육 준비에 만전을 기하기 위해 온 정성을 쏟았다. 하지만 상황은 오히려 더 불리해졌다. 당초 초등학교 영어교육을 위해 전국 5천9백여 개 초등학교 중 3학년 학급 수가 10개 이상인 241개 학교에 한하여 영어 전담교사를 배치하려는 계획을 추진하였으나 관계부처인 총무처, 재경원과의 협의과정에서 교원증원과 예산문제 등에 차질이 생겨 결국 담임교사 담당제로 기존 방침을 변경하게 된다. 그 충격은 컸다. 교육부의 체면 손상은 고사하고, 이는 프로그램의 실효성 차원에서 매우 우려되는 일이었다.

이처럼 불리한 흐름에도 불구하고 교육부는 수시로 초등영어 준비상황을 점검하고, 무엇보다 초등학교 교사연수에 힘을 모았다. 그러면서 우리보다 한 해 앞서, 즉 '96년부터 이미 시행 중인 태국의 초등영어교육의 진행과정과 그곳의 여론 추이에 촉각을 곤두세웠다. 당시 정태동 주태국대사가 수시로 상황변화를 알려주며 유익한 조언을 했다. 태국의 경우, 초등영어 출범 준비가 우리보다 훨씬 허술했는데도 불구하고 그에 대한 국민적 반응은 매우 호의적이었다. 그 소식에 우리는 매우 고무되었다. 반면 그동안 초등영어교육 실시를 위해 우리보다 더 장기간 그리고 더 치밀하게 준비해 왔던 일본이 끝내 도입을 유보한다는 소식을 접할 때는 심경이 매우 착잡했다.

정책 결정

1996년 10월로 접어들면서 안병영 장관은 시행시기에 대해 마지막 결단을 내려야 했다. 당시 초등영어 출범 시기를 늦추자는 여론이 오히려 증폭되는 분위기였고, 청와대나 당·정 모두 그러한 사회적 분위기에 민감했다. 이수성 총리와 청와대 박세일 수석은 안 장관이 어떤 결정을 내려도 그 결정을 지원하겠다고 말했다. 그런 가운데 이 총리는 너무 무리하지 않는 게 어떻겠냐는 말도 덧붙였다. 우회적으로 유보 선호를 내비친 것이었다. 이영탁 차관과도 의견을 나눴다. 그도 말은 아꼈지만 연기 쪽으로 기울어져 있다는 인상을 주었다. 주위가 이러니 안병영 장관의 마음이 흔들렸다. 여차하면 1년 연장하는 게 어떨까 하는 생각이 서서히 고개를 들었다. 그런데 김정기 비서관이 흔들리는 장관의 마음을 읽었다. 그는 시행을 불과 5개월 앞두고 초등영어 실시를 미룰 경우, 그간 장관만을 믿고 오랜 기간 동안 열정과 헌신을 다해 각고의 노력을 해 온 일선 교육현장에 일대 패닉 현상이 일어날 것이고, 교육부에 대해 엄청난 불신을 불러올 것이 불을 보듯 뻔하다며 펄쩍 뛰었다. 안병영 장관은 부하의 직언에 움찔하면서도 "흔들리긴 누가 흔들린다는 말이냐!"고 태연한 척했다. 그런데 무엇보다 그를 힘들게 만들었던 것은, 만약 1년을 늦추면 그 사이 대통령 선거가 있는데, 새로 들어설 차기 정권이 과연 초등영어를 도입할지에 대한 의구심이었다.

장관은 총점검 결과, 상황이 크게 우려할 정도는 아니라는 결론을 얻었다. 그런데 바로 그때 예상치 못한 일이 터졌다. 10월 13일자 동아일보 저녁 가판에 〈초등학생 영어교육 연기검토〉가 일면 톱으로 대서특필된 것이었다. 안병영 장관은 부랴부랴 담당 기자와 편집국장에게 전화해서, 명백한 〈오보〉라고 항의했다. 동아일보는 "확실한 소스에 근거한 것"이라고 자신감을 피력하며, 쉽사리 물러날 기세가 아니었다. 옥신각신하면서, 안 장관은 내심으로 이제 시행을 결심할 때라고 생각했다. 그래서 "장관이 그렇게 말해도 구태여 오보를 내겠다면 당신들 마음대로 하라."며 전화를 끊었다. 장관의 결연한 태도에 동아일보는 결국 다음날 조간에 위의 톱기사를 거둬들였다. 돌이켜 보면, 이날 동아일보와의 해프닝이 한국에서의 초등영어 실시 일정을 결정하는 데 결정적 영향을 미쳤다고 할 수 있다.

일단 초등영어를 실시하는 것으로 결론을 내린 후, 초등영어교육의 성공을 위해 심혈을 기울였다. 교육감 회의 및 부교육감 회의를 수시로 열어 철저한 준비를 당부하고, 교육부 담당부서를 총동원하여 수시 점검을 했다. 원어민 교사를 통한 영어연수에도 박차를 가하고, 장관이 수시로 현장을 방문하고 격려했다. 그리고 장관이 초등영어교육 예정 교사들에게 특강을 해서, 그들의 역할과 임무의 중요성을 재삼 강조했다. 그러면서 TV에 자주 나가 초등영어교육의 준비상황을 국민들에게 알렸다. 아울러 효율적 영어교수방법에 대한 그간의 논의와 사례를 정리하고, 검증된 결과를 확산시키는 데 힘을 쏟았다.

무엇보다 어린이에게 영어교육의 도입이 그들의 국어 사랑과 국어교육에 부정적인 그림자를 드리우지 않게 하기 위해 〈영어교육발전위원회〉를 구성했다. 이 위원회에는 영어교육전문가 외에 국어 및 언어교육전문가, 그리고 어린이 신문 편집장 등이 두루 참여하여 영어교육이 나아갈 진로에 대해 심도 있는 논의를 했다. 위원장은 저명한 영문학자이면서, 연세 한국어사전 편집책임자였던 이상섭 교수(연세대)가 맡아 수고했다. 교육부 전문직들을 비롯해 온 교육부 직원들이 한마음이 돼서 열심히 준비했는데, 특히 구학봉 장학관의 노고가 컸다.

역설적이지만, 초등영어의 성공적 시행에 김한길 의원도 한몫을 했다.

그는 국회 본회의 및 교육위를 통해서, 그리고 잦은 방송출연, 신문기고 등을 통해 초등영어교육에 대해 줄기차게, 또 조직적으로 반대를 했다. 말하자면 결의에 찬 확신범이자 일급 저격수였다. 그 영향력 또한 만만치 않았다. 반대에는 논리뿐만 아니라 그의 작가적 상상력까지 동원했다. 그러나 초등영어에 대한 그의 신랄한 비판, 특히 준비부족에 대한 그의 집요한 지적은 교육부를 계속 긴장시켰고, 스스로를 엄격히 챙기는 데 크게 작용했다. 그래서 초등영어가 성공적으로 시행되자, 교육부 내에서 그에게 공로상을 주어야겠다는 얘기가 나왔던 것도 사실이다.

1996년 10월 과열과외 예방조치로서 '수, 우, 미, 양, 가' 형식의 평가 대신에 〈○○분야에 흥미가 있고 이해가 빠르다〉 등의 방식으로 담임이 관찰 평가하는 것으로 결정했다. 이어 1997년 1월, 출판사들의 문자 교습을 포함한 부교재 발행을 억제하고 기존 영어교육제도의 모순을 답습하지 않도록 초등학교 영어교육을 회화 위주로 하기로 확정했다.

마지막 고개 : 교과서 심의

초등영어를 시작하려면, 교과서가 마련되어야 한다. 그런데 검인정 교과서(2종)인 초등영어 교재선정과정 또한 순탄치 않았다. 그 1차 심사가 막 시작될 즈음, 유재현 경실련 사무총장이 급히 안병영 장관을 찾아왔다. 그는 매우 심각한 얼굴로 항간에 심사는 형식적일 것이고, 이미 최종합격 출판사 및 교재는 결정되었다는 소문이 파다하다고 말하면서 직접 전 심사과정을 철저히 감독하라고 조언을 했다. 안병영 장관은 급히 과천에 있는 심사장소로 달려가서, 심사위원들에게 초등영어 도입의 의의와 그 중요성을 강조하며, 공정하고 투명한 심사를 간곡히 부탁했다. 그리고 엄정한 심사를 보장할 수 있는 가능한 모든 조처를 취했다. 바로 그날 밤

심사위원 중 한 사람이 몰래 심사장을 벗어나서 전화로 밖에 진행 정보를 전하다가 잠복 중이던 경찰에 적발, 연행되는 사건이 벌어졌다. 1, 2차 심사를 통해 33개 출판사 45종의 교재 중 8개 출판사 12종의 교과서가 합격 판정을 받았다. 그런데 많은 이들이 당연히 합격하리라고 믿었던 국회 교육위원회의 영향력 있는 국회의원 소유의 출판사 교재, 막강한 권력기관의 강자가 관계한 교재, 거대 언론사가 정성들여 만든 교재 등이 줄줄이 낙방을 했다. 교육부 고위관료 중에는 이 선정결과가 몰고 올 후폭풍을 우려하는 이도 있었다. 그러나 안병영은 이러한 결과가 만인에게 초등영어 교재 심사의 공정성을 증거해 줄 수 있을 것이라고 보아 다행스럽게 여겼다.

정책의 시행

1997년 3월, 드디어 초등학교 3학년을 대상으로 초등영어교육이 출범했다. 예상을 뒤엎고, 처음부터 매우 호의적인 반응이 나왔다. 반신반의했던 언론도 〈성공〉 쪽으로 돌아섰고, 그간 치열했던 반대여론도 서서히 가라앉기 시작했다. 1997년 5월 29일부터 6월 12일(15일간)까지 미디어리서치(Media Research Inc.)는 전국의 초등학교 3학년 학부모 2,000명을 대상으로 하는 초등학교 영어교육 여론조사를 실시하였다. 그 결과 초등 3학년 영어교육 실시에 대해 절대다수(91.9%)의 학부모가 찬성하였으며, 영어교육 시작시기에 대해서도 다수(66.8%)의 학부모가 비교적 알맞다는 견해를 보였다(교육부, 1997b).

5) 초·중등교육 혁신과 열린교육 운동

배경과 방향

그동안 초·중등교육은 입시 위주의 주입식 · 암기식 단순 지식전달 교육과 획일적 교육과정 운영으로 점철되어 왔다. 따라서 창의력이 부족한 규격화된 인간형을 양산하여 왔다. '신교육과정' 은 이러한 잘못된 교육관행을 바로잡아 교육을 정상화하자는 것과 학생 개개인의 건전한 인성발달을 도모하고, 다양한 능력과 적성을 존중하며, 학생 스스로가 학습해 나갈 수 있게 교육방식을 재구성해야 한다는 명제 위에 설계되었다. 이를 위해 '교육과정 2000' 은 초등학교 1학년부터 고등학교 1학년까지 10년 과정을 국민공통 기본교육과정으로, 이후 고교 2~3학년 과정을 선택과정으로 나누어 학생의 선택의 폭을 넓히는 유연한 교육과정 편제를 구성했다. 아울러 학생 개인의 능력수준에 맞는 학습이 가능하도록 수준별 교육과정을 도입하고 개별화 교육의 강화, 방과후 교육활동의 활성화 등을 내세웠다. 또한 학생들의 인성과 창의성을 최대한 함양할 수 있도록 자기주도적 학습과 실천 위주의 인성교육 강화에 역점을 두었다.

한국의 초·중등교육과정에서 인성 · 창의성 개발에 역점을 둔 혁신사업을 주도하는 일은 당초부터 쉬운 일이 아니었다. 학생, 학부모, 학교가 온통 대학입시에만 관심을 쏟고 있는 상황에서 '사고의 반전' 을 꾀한다는 것은 실로 계란으로 바위치기에 비유될 만한 일이었기 때문이다. 더욱이 이 사업을 기존의 관주도적, 하향적 방식으로는 한다는 것은 처음부터 한계가 있다고 보았다. 그래서 교육부는 아래로부터 자발적으로 이루어지는 '풀뿌리 운동' 가능성을 모색했다. 그러던 중 1990년대 초부터 기존의 고식적인 교수 · 학습 방식을 탈피하여 교육본질의 차원에서 새로운 인간상의 구현을 추구하는 교사들의 자발적 운동인 '열린교육'과 만나게 된다. 교육부는 열린교육이 자생적 · 자발적 아래로부터의 운동이며, 그것이 교사들의 각성과 열정에서 비롯되었기 때문에 이를 슬기롭게 지원하면 초·중등교육 혁신에 큰 성과가 있을 것으로 생각하였다.

'열린교육' 운동과 교육부의 관여

'열린교육'은 교사들의 우리나라의 교육현실에 대한 성찰과 자각에서 출발하여 확산된 자생적 운동이다. 1986년 서울의 운현초등학교, 영훈초등학교 및 일부 유치원 등에서 선구적으로 시도되었다. 이후 1990년경에는 일부 공립 초등학교(경기도 안중초등학교)에서도 열린교육이 실시되었다. 이러한 흐름에 힘입어 1991년에는 '한국열린교육연구회'가 창립되었고, 매년 방학마다 연수회가 개최되어 600~1,000명 수준의 교원들이 자발적으로 참여하여, 운동적 성격을 띠며 요원의 불길처럼 전국으로 확산되었다.

'열린교육'은 본래 학교공간과 시간표가 지닌 획일성이 교육과정을 획일화하는 결정적 요인이라는 점에 주목하여 학교공간의 재구성과 수업시간표의 신축운영에 학교개혁의 초점을 둔 서구의 교육이론에서 시작되었다. 이것이 한국에서 교사운동의 형태로 도입되는 과정에서 제대로 인식되지 못한 채 그 집행상 개념이 불분명하고 애매하여 어려움을 겪었다. 특히 교사들에 의해 수업 공간과 시간 활용의 신축성이 시도되는 것은 기존 학교지배구도를 뒤흔들 가능성이 높은 것이었으므로 학교관리자들의 반대에 부딪힐 공산이 컸다. 훗날 교육부 장관이 된 교육철학자 이돈희는 이를 기존의 획일성, 기계적 학습, 권위주의적 방법, 타율적 통제식 훈련 및 학습기회의 불평등을 배척하고, 학습자의 인격적 존엄성을 중시하면서 전인교육, 개성교육, 공동체의 삶, 자율성과 창의성을 지향하는 교육 본질 회복 운동이라고 광의로 정의하고, 한양대 정진곤 등과 더불어 이 운동을 주도했다. 그런가 하면 열린교육을 현장에서 앞장섰던 성기옥은 "학습자의 개인차를 존중하는 개별화, 자율화, 협력화 교육"이라고 정의하면서, 교실수업 개선을 위한 열린교육이 교육혁신의 열쇠라고 주장했다.

열린교육을 어떻게 정의하든, 이 운동에 참여하는 교사, 교육운동가, 교육학자들은 대체로 교육과정의 유연화, 학습자의 개성 · 능력 · 흥미를 고려한 개별학습 및 협력학습, 수준별 학습, 내재적 동기유발을 통해 스스로 생각하고 탐구해 나가는 자기주도적 학습 등을 중시했고, 아울러 열린교실 환경의 중요성과 열린교육 정보체제의 슬기로운 활용 필요성을 강조했다. 열린교육 운동이 확산되면서 '공간의 열림, 시간의 열림, 과정의 재구성', 그리고 '학교 이제는 달라져야 한다'는 등의 구호가 인구에 회자되었고, 열린학습의 다양한 형태가 곳곳에서 실험되고 평가되었다.[9] 현장에서의 열린교육은 저학년의 학습지도에서부터 적용하여 고학년으로 확산되는 추세였다. 따라서 초등학교 교육현장에서 그 열기가 더 뜨거웠다. 열린교육에 대한 기본철학이나 개념이 내면화되지 않은 상태에서 열린교육 운동에 참여했던 운동가들 중에는 열린교육을 위해서는 반드시 교실 벽을 허물어야 한다든가, 특정 형태의 교수 · 학습 방법을 따라야 한다는 식의 독단적 · 경직적 주장을 하는 이들도 없지 않았다. 그러나 점차 실험과 경험, 연구가 축적되면서 열린교육은 학습자의 편에서 보다 유연한 방식으로 교육본질을 추구하는 인간화 운동으로 폭넓게 이해되었다.

---

9) 열린교육에서 사용되는 학습활동에서는 다양한 학습방법들이 사용되었는데, 이를 구체적으로 제시하면 ① 여러 영역이나 주제의 학습센터를 한 교실 내에 설치해 놓고 학생들이 돌아다니면서 선택하여 학습하게 하는 활동자리 학습, ② 활동자리 학습을 위해 40~45분 단위의 시간표를 없애고, 2시간 혹은 4시간 연속하는 연속수업, ③ 여러 능력 수준의 학생이 팀을 이루어 학습하게 하는 협력학습, ④ 주제를 정하여 수행해 나가는 주제 학습 및 프로젝트 학습 등이다(교육개혁평가연구회, 1997: 75).

열린교육 운동의 가장 큰 강점은 현장교사의 각성, 깨어남에 있었다. 그들은 학습자에게 헌신하는 교사로서의 거듭남, 자존심의 회복에 큰 의미를 두었고, 거기서 비롯되는 결의와 열정은 교직사회에 참신한 기풍을 진작했다. 또한 이 운동의 자발성과 상향성, 그리고 순수 민간적 성격은 관주도의 하향적 개혁의 한계를 절감하고 있던 5·31 교육개혁 추진세력에게는 신선한 충격이었다. 무엇보다 5·31 교육개혁이 체제로서 열린교육을 지향하며, 초·중등교육 혁신의 주요 사업이었던 교육과정의 유연화, 자기주도적 학습, 실천 위주의 인성교육, 수준별 학습 등이 이 운동의 가치지향과 크게 일치한다고 판단, 이 운동과의 접목을 시도했다. 한편, 교육본질의 회복을 외치며 자생적 운동으로 외롭게 정진하던 열린교육 운동세력 또한 정부주도의 5·31 '신교육체제'가 같은 이름의 열린교육을 주창하고 나서자 '이게 우리 길이다'라고 한 배를 타게 된 것이다. 열린교육이 학생의 소질, 적성, 개성에 따른 다양한 개별학습 및 협동학습으로 자기주도적인 학습태도를 함양한다는 면에서 양자는 접점을 발견한 것이다.

당시 안병영 장관은 '열린교육' 운동의 순수성과 자생성에 큰 의미를 두었다. 그러나 그것이 관과 접목이 되면 자칫 관제화될 수 있다는 점을 처음부터 걱정했다. 그래서 초등장학관과 장학사들에게 이 점을 누차 이야기하면서 '열린교육' 운동에 대해서는 지원을 하되 적정한 선을 넘지 말 것을 부탁했다.

교육부는 열린교육 시범학교를 지정하고, 이어 16개 교육청별 초·중등 열린교육 시범단지를 조성 · 운영했다. 아울러 초·중등교원에게 공동연수, 수업공개, 자료개발을 위해 별도의 예산 지원을 하였다.[10] 또한 열린

---

10) 열린교육 시범학교를 지정 · 운영(210교 : 30억)하고, 열린교육 화상연수, 영상연수와 CATV를 통한 원격연수, 열린교육 심화과정연수 등 단계별 다양한 방법의 연수를 실시했다.

교육 시범학교에 교단선진화 사업을 우선 추진하도록 도왔다. 이렇게 되자 적지 않은 수의 학교장이나 교육장들이 시범학교 등 사업지정을 받기 위해서 이른바 '부풀리기'가 시작되었고, 이는 열린교육 운동의 순수성을 훼손하면서 형식화 · 관제화를 재촉했다. 나아가 시·도 교육청 평가항목에 '열린교육'이 들어가면서 각 학교는 좀 더 많은 점수를 따기 위해 과열 경쟁을 했고, 그 결과 열린교육은 형식화를 넘어 획일화된 모습을 보이게 되었다.[11] 유연화와 개성화, 다양성과 창의성을 지향해야 할 열린교육 사업들이 날이 갈수록 형식화, 획일화, 관제화의 수렁으로 빠져들어갔던 것이다.

열린교육의 역사는 순수한 민간운동이 관과 접목되면, 그것도 관의 개입이 물질적 유인과 연계되면, 그 운동은 활력을 잃고 급작스럽게 형식화, 획일화, 관제화되며 이후 쇠락의 길을 걷게 된다는 것을 명징하게 보여준 사례이다. 열린교육 운동은 이후 하락세가 계속된다. 그 과정에서 순수한 운동가들이 등을 돌리게 되고, 2000년도에 이르러 '교실수업개선'으로 그 이름마저 바꾸게 된다. 이를 통해 자생적 운동은 거친 황야에 피는 '들꽃'처럼 그대로 놓아두어야 그 생명력을 유지하고 제 빛을 발휘한다는 큰 교훈을 얻을 수 있었다.

11) 당시 시·도교육청 평가, 학교평가에 참여했던 관계자들이 "다녀보니 모든 학교가 똑같은 방식으로 점수 경쟁만 하고 있었어요. 온몸에 힘이 다 빠지더라고요."라고 장관에게 보고했다.

6) 직업교육 3법 : 〈직업교육훈련촉진법〉, 〈자격기본법〉, 〈한국직업능력개발원법〉

신직업교육체제의 구축 배경

새 천년이 다가오면서 세계 각국은 지식기반사회의 도래와 산업구조의 고도화, 그리고 세계무역기구(WTO)의 출범 등 급변하는 시대적 변화에 부응하여 국가경쟁력의 강화를 위해 전통적인 직업기술교육체제에서 벗어나서 새로운 직업교육체제를 구축하려는 움직임을 활발하게 전개하여 왔다. 대체로 그 방향은 교육정책과 노동정책의 연계 강화, 직업교육훈련 기회의 확대와 다양화 및 질적 제고, 직업교육의 중등단계에서 고등단계로의 중심 이동, 자격제도의 개선, 특히 직업능력인증제의 도입과 민간자격제도의 활성화, 직업교육훈련에의 민간 참여 확대 등 다양하게 전개되었다.

그런데 우리나라의 직업교육훈련제도는 산업구조의 발전과 변화, 노동시장 구조의 변화 및 개인의 직업능력개발 욕구를 적절히 수용하지 못하여 산업현장과 유리된 상태에 머물고 있었다. 따라서 교육부와 노동부 등 각 부처별로 분산되어 있는 직업교육훈련에 관한 연구개발 기능을 통합하여 산업수요에 부응하기 위한 직업교육훈련체제의 구축이 요구되는 상황이었다.

이러한 시대적 상황에 부응하여 교육개혁위원회는 1996년 2월 9일, 〈신교육체제 수립을 위한 교육개혁방안(Ⅱ)〉에서 '신직업교육체제'의 구축을 발표한다. 여기서는 직업교육분야의 7개 개혁과제가 제시되는데 고등학교 직업교육의 다양화, 전문대학과 개방대학의 직업교육 활성화, '신대학'의 도입, 행·재정 지원체제의 강화를 비롯하여 소위 '직업교육 3법'

제정의 필요성이 언급되었다. 1996년 2월 9일의 제2차 교육개혁보고서에 담긴 평생직업교육개혁안의 핵심은 다음 세 가지에 놓여 있었다.

① 평생학습의 견지에서 교육과 훈련의 구분을 지양하고 직업교육과 직업훈련을 통일적으로 취급한다. 이를 위해 기존의 관련 법규들을 한데 모아 직업교육훈련촉진법을 제정한다.
② 자격제도를 국가가 독점하는 것을 지양하고 민간에 의한 자격인증과 발급을 원칙으로 하는 체제로 전환한다. 즉, 자격제도의 운영에 있어 시장체제에 의한 민간자격을 원칙으로 하며 국가자격제도를 예외적으로 운영하는 내용의 자격기본법을 제정한다.
③ 직업교육훈련 프로그램 지원과 자격제도 운영 지원을 위한 전문적 기관의 형성을 위하여 직업능력개발원을 설치하며 이를 위해 직업능력개발원법을 제정한다.

그런데 신직업교육체제 구축을 위한 개혁방안의 창안과정에서 선진 해외정보와 아이디어 차원에서 청와대 팀이 교육개혁위원회 팀을 앞섰다. 당시 교육부 관료로 OECD 사무국 교육과에 파견되었던 정기오와 청와대 교육비서실 행정관 김태기, 두 사람이 신직업교육체제의 이론적 · 실천적 기본 틀을 마련하는 데 크게 기여한다. OECD는 직업교육과 훈련에 관해 가장 선진적인 지식과 정보 그리고 사례를 보유하고 있었는데, 실제로 OECD의 모든 논의는 비회원국에서 접근하기가 어려웠다. 이로 인해 그곳에 파견되었던 정기오가 선진국의 최근 교육정책정보에 접할 수 있는 주요한 통로였다. 정기오는 수시로 교육정보자료와 선진국의 직업교육훈련 개혁사례를 대통령비서실, 교육개혁위원회, 그리고 교육부 세 곳에 보냈는데 보수적인 교개위의 교육전문가들과 교육부 관료들은 상대적으로 이를 소홀히 했다. 이에 반해, 대통령 비서실의 노동시장 전문가인 김태기는 노동시장의 근본적 변화를 전제로 하는 직업교육-훈련 체계의 혁신에 대해 정기오와 상호 공감하면서 긴밀한 정보교류와 정책 협의를 계속해 왔다. 그러던 중 1996년 1월 제2차 교육개혁안 초안에 대해 청와대가 이의를 제기하면서 교개위-청와대의 집중 협의과정이 이어졌다. 정기오-김태기의 아이디어는 비단 개혁방안의 창안과정에서뿐만 아니라 이후 신직업교육훈련체제의 집행과정에서도 큰 몫을 했다.

직업교육훈련 3법의 내용

한국이 산업화를 어느 정도 달성하고 선진경제 진입을 준비해야 할 단계에 이른 1980년대 말 이후부터는 국가기술자격제도가 그 역기능을 나타내기 시작했다. 그 주된 원인은 국가자격제도가 지닌 경직성에 있었다. 경제는 점점 고도화되어 가는 가운데 고용정책당국은 고도화되는 기능인력 수요를 감안하여 다기능습득(multi-skilling)을 강조하는 방향으로 기술기능 훈련정책을 전환하고 있었으나, 이조차 기존의 낡은 자격을 복수 취득하는 데 그쳤으며, 이미 시대에 뒤떨어진 낡은 자격 종목들과 시험 내용들이 경제의 변화에 맞는 내용으로 고쳐지지 못한 채 그대로 시행되고 있었다. 실업계 고교와 전문대학의 학생들은 이러한 낡은 지식을 반복적으로 학습하며 낡은 자격증 취득에 열중하게 되는 현상이 광범하게 퍼져 있었다.

위와 같은 상황이 〈평생직업교육〉을 기치로 하는 교육개혁의 주된 배경이었다. 특히, 인력수요의 변화에 부응하여 국가자격제도를 개편하는 것은 가장 시급한 과제였다. 이러한 변화를 달성하는 데 있어 국가자격제도가 가진 경직성은 커다란 장애로 등장하였다. 기존 자격종목 하나하나마다 학교 내외의 관련 교육훈련 프로그램, 자격시험준비 교재 등을 중심으로 강고한 이해관계 집단이 형성되어 있는 상황에서 자격제도의 사소한 변경도 지극히 어려울 수밖에 없었다. 생산기술 부문이 아닌 서비스 분야의 자격제도의 발전 역시 매우 시급하였으나 새로운 국가자격이 신규도입되는 것은 기존 자격종목의 변경 이상으로 더욱 어려웠다. 이러한 배경하에 신직업교육훈련체제의 정책방향을 제도적으로 지원하기 위하여 제정된 것이 〈직업교육훈련촉진법〉, 〈자격기본법〉 및 〈한국직업능력개발원법〉이다. 그 중요 내용은 다음과 같다.

직업교육훈련촉진법

직업교육과 직업훈련 간 상호 칸막이와 불통을 해소하여 실질적으로 직업교육과 직업훈련을 통합하는 것이 직업교육훈련촉진법의 목적이었다. 이 법은 특히 직업교육훈련을 고교수준에서 고졸 + 2년의 단계로 올리는 것에 주요 목표를 두고 실업계 고교와 전문대학 간의 협약에 의한 연계과정을 만들고 실업고교생이 대학에 무시험 진학하여 직업교육을 계속 받을 수 있도록 하는 데 중점을 두었다. 기타 이 법률에는 다음과 같은 사항들이 규정되었다.

- 교육과 노동시장의 연계 강화를 위하여 국무총리를 위원장으로 하고, 관련부처의 장관을 위원으로 하는 〈직업교육훈련정책심의회〉를 구성 · 운영
- 직업교육훈련에 대한 국가 및 지방자치단체의 책무 강화 및 직업교육훈련에 대한 행·재정적 지원을 강화
- 직업교육훈련 분야에 대한 행·재정 지원 강화
- 기타 각종 지원 대책 규정

자격기본법

자격기본법은 다음과 같은 내용을 주로 담고 있다.

- 각종 자격제도에 대한 절차나 법적 역할을 수행하는 자격에 대한 기본법으로서 국가자격의 신설 · 개선 등에 대한 절차를 규정
- 국가자격과 민간자격의 건전한 경쟁을 통한 자격제도 개선을 유도하기 위한 민간자격제도의 국가공인제도 도입
- 직업교육의 현장 적합성을 제고하기 위해 교육과정과 자격의 연계 강화

민간자격을 원칙으로 하고 누구든지 자격인증과 자격발급을 할 수 있도록 한 자격기본법 조문은 성질상 그 입법과 동시에 효력을 발휘할 수밖에 없었다. 그에 따라 민간기업체 연수원, 기존의 산업교육 전문가들을 중심으로 민간자격 사업자가 출현하기 시작하였으며 이들은 빠르게 조직화되어 1997년 8월에는 사단법인 민간자격협회가 결성되어 활동을 시작하였다. 그 결과, 이로부터 7년이 지난 2004년에 이미 〈표 4-11〉에서 보는 것처럼 1,310개종의 민간자격이 출현하게 되었다. 그 사이 국가자격의 분야와 종목은 전혀 변동이 없었다. 바야흐로 국가가 독점하는 국가기술

〈표 4-11〉 민간자격의 활성화

	1997년 이전		2004년
국가자격	27개 분야 637개 자격	→ → →	27개 분야 637개 자격
민간자격	없음		등록 자격 : 1310 1차등록 422 2차등록 233 3차등록 655
			국가공인 민간자격 : 70

자격 체제와 병행하는 거대한 민간자격시장이 형성된 것이다.

민간자격시장의 이러한 급격한 성장은 거의 아무런 시장규제가 없는 상황에서 이루어졌다. 민간자격 사업자의 신뢰성과 그들이 발급하는 민간자격의 질 관리 문제가 이후 지속적으로 쟁점이 되는 것은 필연적이었다. 이에 따라, 2000년 이후에는 민간자격사업자의 자격제한과 등록 등 진입규제가 본격 도입되게 된다.

사실 민간시장의 창출에는 ① 시장진입 · 퇴출에 관한 규제, ② 시장거래에 관한 규제, ③ 이러한 규제를 집행할 시장당국의 확립이라는 3가지 조건이 함께 따라 주어야 함에도 이러한 준비작업 없이 자격기본법 제정 발효와 동시에 민간자격사업이 허용되면서 혼란이 야기될 수밖에 없었다. 혼란이 예상됨에도 불구하고 민간자격제도가 초기에 완전 자유시장 체제로 출범하게 된 것은 국가자격과 공공훈련 체제를 중심으로 직업교육개혁에 대한 강력한 저항이 있는 상황에서 직업교육개혁의 수혜집단을 최대한 조속하게 창출함으로써 이러한 저항을 이겨내고 새로운 제도가 정착할 수 있는 여건을 조성하고자 하는 전략적 고려 때문이었다. 이러한 전략에 따라 민간자격제도는 기대 이상으로 빠른 속도로 정착하게 되었으며 다양하게 출현하는 민간자격들은 새로운 학습과 훈련 수요의 시그널 역할을 성공적으로 해내고 있다. 그러나 이제는 ① 시장진입 · 퇴출에 관한 규제, ② 시장거래에 관한 규제, ③ 이러한 규제를 집행할 시장당국의 확립 등 필요한 규제체계를 어떻게 정비해 나가는가 하는 것이 미완의 과제로 남아 있다.

한국직업능력개발원법

평생학습은 그 성격상 개인의 자율과 창의에 입각한 학습체제의 구축이 필수적이다. 이를 위해 한편으로는 시장기반의 평생학습과 자격운영체제를 창출하면서 기존에 운영되어 온 국가자격제도나 공공훈련체제처럼 국가가 전면에 나서서 지배하는 체제를 해소할 필요가 있었다. 직업교육훈련촉진법과 자격기본법은 이를 위한 입법이었다. 다른 한편으로는 이러한 방향의 변화를 촉매할 전문지식을 공급하고 지도할 변화촉진기구(change agent)의 존재가 필수적이었다. 직업능력개발원은 이러한 목적으로 그 설립이 제안된 것이다. 한국직업능력개발원법의 주요 내용은 다음과 같다.

- 교육과 노동시장을 종합적이고 체계적으로 연계할 수 있도록 직업교육훈련과정, 자격제도, 직업능력인증제 등에 대한 연구 개발과 평가
- 국가자격의 신설 · 개선 등의 경우 체계적인 연구 지원을 통하여 자격제도의 지속적 발전 도모
- 민간자격의 등록 및 국가공인 기능 수행 등

직업교육훈련과 자격제도의 개혁은 그 제안에서 입법 그리고 입법 후의 집행과정에 이르기까지 끊임없이 고용정책당국의 저항과 반대에 부딪칠 수밖에 없었으며 그 과정에서 부분적인 타협이 이루어졌다. 고용정책당국은 교육개혁위원회가 제안하는 직업교육훈련체제 개혁의 골격을 수용하는 대신 공공직업훈련제도와 그 중심에 서 있던 산업인력공단의 존치, 민간자격을 원칙으로 하는 가운데서도 예외적으로 유지된 국가자격제도의 관할을 지켜 내는 선에서 개혁을 위한 타협을 수용한 것이다.

[그림 4-1] 직업교육훈련 관련 3법 체계도

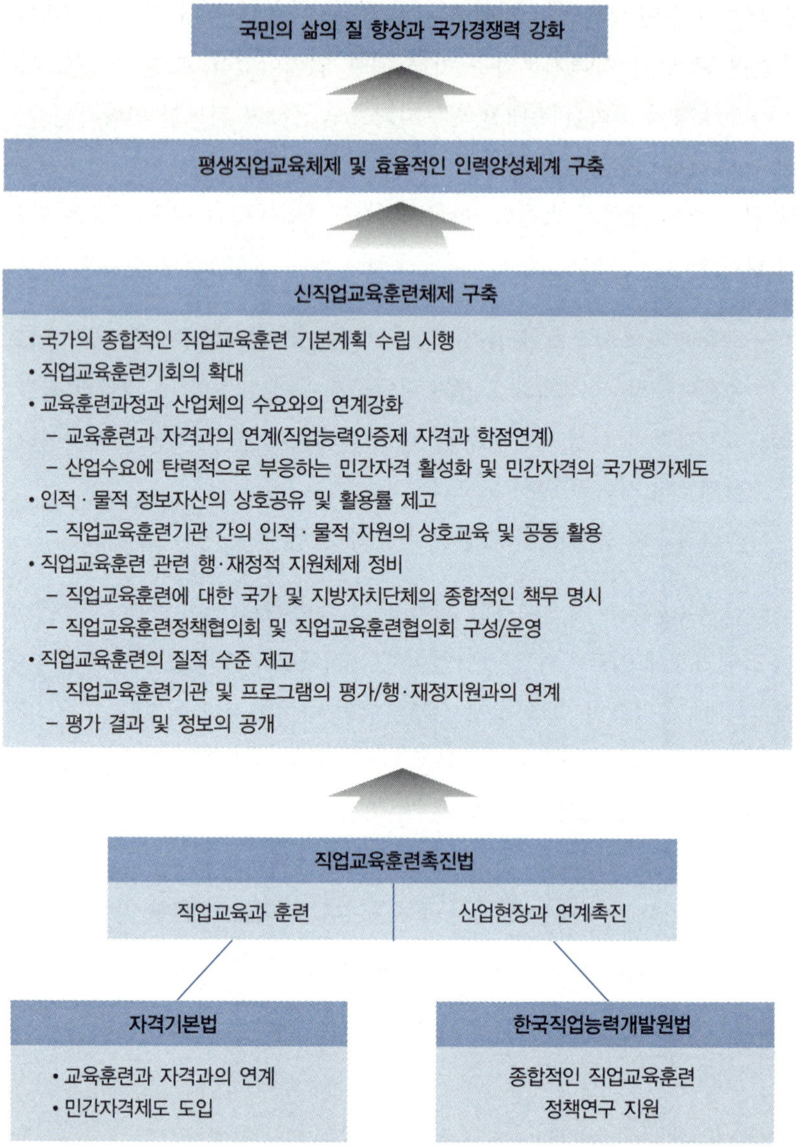

출처 : 교육개혁평가연구회(1997), 「21세기 새 지평 교육개혁」, p. 159.

직업 3법의 입법화 과정 : 갈등과 조정

직업 3법의 입법화 과정에서 교육부와 노동부는 적지 않은 갈등을 빚었다. 실제로 그것은 다음과 같은 이유에서 처음부터 예견되었다. 우선 노동부는 그동안 산업인력관리공단을 통하여 국가자격을 독점하고 있었는데 새로 민간자격이 등장하고, 그것을 직업능력개발원을 통해 국가가 인정을 하게 되니 상대적 박탈감을 느끼고 크게 저항했다. 그런가 하면 새로 신설되는 한국직업능력개발원의 주도권도 결국은 교육부가 잡으리라는 우려 때문에 시종 방어적이고 소극적이었다. 직업능력개발원은 교육부와 노동부가 공동으로 설립 · 운영하는 특수법인으로, 관계부처 공무원, 산업계 · 노동계 · 교육계 인사로 이사회를 구성하고, 그 하부조직은 정부 공무원과 민간 전문가로 구성된다. 그런데 노동부의 관점에서 볼 때, 대통령의 큰 관심사인 교육개혁의 도도한 물결 속에서 직업능력개발원은 결국 교육부가 장악할 것으로 전망했던 것으로 보인다. 그 때문에 노동부는 시종 유보적인 입장을 취했다.

안병영 교육부 장관과 진념 노동부 장관은 서로 협력을 다짐했지만, 교육부의 신진기 산업정책심의관과 그의 상대역인 노동부의 유필우 심의관(후에 국회의원이 됨) 간에는 처음부터 치열한 경쟁과 갈등이 있었다. 부처 간의 벽이 두텁고 공동작업에 익숙하지 못한 한국 관료제의 관행으로 볼 때, 불가피한 점도 없지 않았다. 차관회의에서 제안 설명을 누가 하느냐에서부터 시작하여, 국회 입법 심의의 전 과정에 이르기까지 두 부처 간의 갈등과 다툼은 계속되었다. 몇 번의 관문을 거쳤는데, 처음 직업교육개혁안이 마련되는 과정에서 청와대 수석과 교육부 장관, 노동부 장관의 3자 협의, 국무총리를 위원장으로 하는 〈교육개혁추진위원회〉에서 국무총리와 두 장관 간의 행정조정회의, 그리고 꽤나 치열했던 국회 입법과정에서의 주도권 다툼 등이 그것이다. 입법화 이후 기관형성 과정 속에서도 교육부와 노동부 간의 갈등과 비협조는 이 분야 개혁의 오랜 숙제로 남았다.

7) 교육정보화 개혁

교육정보화의 추진배경

1970년대부터 국가경쟁력 강화를 위해 컴퓨터 교육이 필요하다는 인식이 확산되면서 직업교육의 차원에서 실업계 고등학교 전산교육이 시작되었다. 이후 1980년대에 대통령 직속 자문기구인 교육개혁심의위원회의 '교육개혁종합구상'에서 정보화 사회에 대비한 컴퓨터교육 강화방안이 제안되자, 1987년 컴퓨터 교육을 초·중등학교에 적극 도입하는 '학교컴퓨터교육강화방안'을 수립하게 되었다. 이에 따라 국가주도로 교육용 컴퓨터가 각급 학교에 보급되자 새로운 교수 · 학습방법으로 '컴퓨터 활용 교육'이 각광을 받게 되었고, 학내 망 구축이 시작되었다. 이후 1990년대 중반에 이르러 기관 중심으로 인터넷 보급이 확대되면서 각급 학교에도 고속 인터넷 서비스가 구축 · 확산되었다. 이렇듯 컴퓨터와 인터넷의 도구적 활용과 함께 멀티미디어 활용 교육이 관심을 끌기 시작했다.

이후 학교교육 정보화는 1995년 국가 차원의 정보화기본법으로서 '정보화촉진기본법'이 제정되면서 도약기 진입을 위한 획기적인 전환점을 맞이한다. 교육부는 이에 근거하여 1996년 '교육정보화촉진시행계획'을 수립함으로써 기존 컴퓨터 교육 중심에서 교육 전반으로 정보화의 영역을 확대하는 초석을 마련한다. 이처럼 국가 및 교육부 차원에서 정보화 및 교육정보화 사업이 본격화되는 시점에서 1995년 5월 31일 제1차 교육개혁방안이 발표되었다.[12]

---

12) 5·31 교육개혁이 발표되던 1995년 말 우리나라의 교육정보화 상황은 대체로 다음과 같

5·31 교육개혁방안 중 교육정보화 과제

제1차 교육개혁방안에서 중앙단위 교육정보화 전담기관인 '국가멀티미디어교육지원센터'가 제시되었으나, 정작 교육정보화 개혁과제는 1996년 8월 20일 발표된 제3차 교육개혁방안의 '교육정보화의 청사진과

〈표 4-12〉 신교육체제의 교육정보화 개혁과제

구분	분야	실천과제
1차 교육개혁방안 ('95.5.31.)	열린교육사회 평생학습사회 기반 마련	• 국가멀티미디어교육지원센터 • 원격교육지원체계 구축
3차 교육개혁방안 ('96.8.20.)	교육정보화의 청사진과 개혁방안	• 21세기형 첨단학교, 가상대학 운영 • 정보기술활용교육의 도입 및 환경 구축 • 학교 정보관리 종합시스템 구축 • 소외지역에 대한 정보기술 관련 교육환경의 정비 • 학교 도서관(실)의 멀티미디어화 • 교육정보화 자원이 효율적 재배분 · 재활용체제 구축 • 지역 교육정보지원센터의 지정 · 운영
4차 교육개혁방안 ('97.6.2.)	정보화 사회 적응력 함양 위한 교육 강화	• 학교를 정보화 사회 체험의 장으로 조성 • 모든 교과에서 정보기술 활용 능력의 강화 • 정보소양 함양 및 정보윤리교육의 강화 • 정보인력 양성 기반 확충을 위한 지원 강화

출처 : 교육개혁위원회(1998).

았다. 어렵사리 1교당 1컴퓨터교실을 확보하였으나, 학교 보유 컴퓨터는 286 이하가 75%였고, 교육 PC 보급률은 약 15%에 불과했다. 통신회선이 부족하여 인터넷 등 최신 정보통신서비스를 교육에 활용할 수 있는 기반이 극히 취약했다. 그런가 하면 컴퓨터를 교육에 활용하거나 전문적으로 교육할 수 있는 교사 능력이 태부족이었고, 학생들의 학습효과를 높일 수 있는 교육용 S/W도 빈약했다. 실제로 당시 인터넷 인구는 20만 안쪽이었다. 그러나 교실망과 상용 네트워크망의 보급으로 학교에서의 인터넷 활용 환경이 빠르게 구축되고 있는 상황이었다.

개혁방안' 에서 집중적으로 제시된다. 그러나 교육부는 이미 그에 앞서 자체적으로 교육정보화를 위한 기본 계획과 전담조직을 마련하는 등, 정보화 사업을 본격화하기 위한 채비를 갖추고 있었다. 따라서 교육개혁과제의 시행은 매우 신속히, 그리고 효율적으로 진행될 수 있었다. '신교육체제' 에서 제시된 교육정보화 개혁과제를 살펴보면 앞의 〈표 4-12〉와 같다.

교육정보화 추진체계 구축

정보화촉진기본법과 동법 시행령이 1996년 1월 1일부터 시행됨에 따라 정보화 추진 등에 관한 사항을 심의하기 위하여 국무총리 소속하에 '정보화추진위원회' 를 두고, 동 위원회의 원활한 운영을 위하여 '정보화추진실무위원회' 를 두며, 분야별 정보화 추진을 위하여 '교육정보화추진분과위원회' 등 14개 분과위원회를 두도록 하였다.

그해 4월 4일 교육부는 교육부문 정보화를 촉진하기 위하여 교육정보화추진분과위원회(위원장 이영탁 교육부 차관)를 구성하고 제1차 회의를 개최했다. 24인으로 구성된 위원회에는 관계, 교육계, 산업계 인사 등 교육정보화와 유관한 다양한 분야의 인사들이 참여했다. 첫 회의에서 교육정보화 추진현황 및 계획을 보고하고, 이어 국가 멀티미디어 교육지원센터 지원 및 에듀넷(EDUNET, 교육정보 종합서비스 시스템) 구축, 민간 교육정보화 지원계획 등에 관하여 심도 있게 논의하였다.

한편, 1996년 7월 교육부의 대규모의 직제개편 과정에서 기존의 '과' 단위의 교육정보화 전담조직을 '국' 단위 조직인 '교육정보관리국' 으로 확대 · 개편하여 확장일로의 교육정보화 사업을 효율적으로 추진할 수 있는 틀을 마련하고, 한국전산원의 서삼영 박사를 첫 번째 국장으로 영입하였으며, 민간전문가의 공직 채용 첫 사례로 덕성여대 교수인 김준형 박사를 교육행정정보화담당관으로 영입하여 전문인력을 보강하였다. 교육부의 교육정보화 개혁사업이 중·장기적 미래조망 아래 보다 체계화 · 조직화되고 활력을 찾게 된 것은 그때부터이다. 이러한 중앙의 직제개편에 따라 모든 시·도교육청에서도 '과' 단위의 교육정보화 전담조직을 설치하기 시작함으로써 중앙과 시·도 차원에서 교육정보화 추진체계를 한층 강화해 나갔다.

이와 같은 행정조직체제 정비와 더불어 교육부는 1996년 초·중등교육정보화사업을 전담하는 중앙단위의 전담기관으로 '멀티미디어교육지원센터' 와 학술정보화 부문을 담당할 '첨단학술정보센터' 를 설립하였다. 이 두 기관은 1999년 한국교육학술정보원이라는 독립된 교육정보화 전담기관으로 통합되어 새로이 발족되었으며, 현재까지 국가단위의 교육학술정보화를 전담하는 대표적인 전문기관의 역할을 수행하고 있다. 그런가 하면, 교육부 주관 아래 교육정보의 효과적인 전달체계를 구축함과 동시에 분산되어 있는 각종 교육정보 및 자료를 상호 연계하고, 이를 종합적 · 체계적으로 서비스하기 위해 1996년 9월 교육정보종합서비스시스템인 에듀넷(Edunet)을 개통하였다. 각종 교육용 소프트웨어를 개발 · 발굴하여 에듀넷에 탑재하게 되는데, 이로써 웹기반 교육서비스의 초석이 마련되었다.[13]

1997년 1월, 교육부는 '1996~2000 교육정보화촉진 시행계획(안)' 을 통해 교육정보화를 위한 청사진을 마련하고 1997~2000년간 교원 1인 1PC, 1교 2컴퓨터 실습실 및 LAN 구축 등 구체적 실행계획을 마무리한다. 여기에는 교원용 컴퓨터 5만대 보급, 400개교 LAN 구축, 총 4,500종

---

13) 에듀넷은 개통 이후 불과 1년 남짓이 지난 1997년 10월 현재 15만 명이 가입했으며, 37개 민간 정보제공자(IP)를 확보하고 있다. 또한 초등영어 등 34종의 학습정보, 멀티미디어 교수 · 학습 자료를 개발 · 보급하였으며, 에듀넷 종합 상담 서비스, 교육기관 관련 단체모임, 교과동호회 등을 운영하고 있다.

의 멀티미디어 교육자료 개발보급, 멀티미디어 DB 개발을 비롯해서 모든 대학과 초·중·고교 등을 교육전산망으로 연결하는 계획이 포함되었다.

초기 교육정보화 정책은 〈교단 선진화 사업〉이라는 이름으로 학교 교실에 정보화 설비를 대거 집어넣는 일부터 시작되었다. 원래 교단 선진화 사업은 교육개혁의 일환으로 이미 1995년부터 광주시 교육청(안준 교육감)이 선구적으로 추진해 온 사업인데, 이를 전국으로 확산시키기 위해 교육부가 중앙정부사업으로 기획한 것이다. 그 내용은 교사들이 멀티미디어 학습 자료를 직접 제작하거나 기존 멀티미디어 학습 자료를 활용하여 생동감 있는 수업을 할 수 있도록 학교의 일반 교실에 펜티엄급 컴퓨터와 실물화상기, 대형 TV, VCR, OHP 및 스크린 등 첨단 교육매체를 보급하는 것이었다. 이를 위해 교육부는 1997년부터 3년 동안 막대한 예산을 투입하였다.

교육정보화 개혁사업의 추진과정

교육개혁과 관련하여 교육부가 주관한 교육정보화 사업은 ① 교육정보화 기반 구축, ② 교육자료 · 정보의 개발 및 보급, ③ 정보기술 활용교육의 강화, ④ 교육정보화 지원체계 구축, ⑤ 교육행정의 정보화로 크게 나눌 수 있다. 교육부는 2000년을 목표로 교육정보화를 종합적이고 체계적으로 추진하기 위하여 '1996~2000 교육정보화 촉진 시행계획' 을 수립하여 추진하였는데 그 개별 사업의 추진상황을 살펴보면 다음과 같다(「교육월보」, 1997: 72-78; 교육개혁평가연구회, 1997: 205-221).

〈표 4-13〉 교육개혁 관련 교육정보화 추진사업 주요 내역

사업분야	주요 추진사업
교육정보화 기반 구축	• 초·중등학교 정보화 3개년 계획 추진 – 초·중등학교 학내 전산망 구축 – 멀티미디어 교실 설치 • 교단 선진화 사업 추진
교육자료 정보화 개발 · 보급	• 에듀넷 구축 운영 • 교육용 소프트웨어 개발 보급 • 교수 · 학습용 소프트웨어 품질인증제 실시 • '학교생활기록부' 전산화
정보기술 활용교육의 강화	• 정보기술 활용 교육과정 운영 • 컴퓨터 교육 및 정보윤리교육의 강화 • 교원의 멀티미디어 활용능력의 배양
교육정보화 지원체제 구축	• 멀티미디어교육지원센터 설립 운영 • 첨단학술정보센터 설립 운영 • 가상대학 설립 운영 지원 • 학교 도서관의 멀티미디어화 • 학교정보관리종합시스템 구축
교육행정의 정보화	• 행정정보화 기반 조성 • 교육부 전자문서관리 시스템 구축 • 교육행정 DB 구축 • 교육부 전산실 운영

출처 : 교육개혁평가연구회(1997), p. 207.

교육정보화 기반 구축

초·중등학교 정보화 3개년('97~'99) 계획은 학교에 교사용 컴퓨터, 학생교육용 컴퓨터와 각 교실에 교단 선진화 장비를 보급하는 한편, 모든 정보인프라를 인터넷에 연결하는 대규모 정보화 사업이다. 이를 위해 정부 예산 지원은 물론 민간의 지원과 참여를 통한 컴퓨터 보급도 함께 추진했다. 우선, 교사용 컴퓨터는 '99년까지 1교사 1컴퓨터 보급을 목표로 추진하고 있었으며, '97년 현재 486급 이상 PC를 10만 7,590대를 보급하

였다. 또한 교육용 컴퓨터는 '97년 9월 현재 486급 이상 PC 22만 7,243대를 보급하였으며 교단 선진화를 위한 장비(컴퓨터, 실물 투영기, 대화면 TV · 모니터, VTR 등)는 '97년 말 현재 전체 학급의 33%인 6만 8,000학급에 보급되었다.

또한 정보통신망 구축에도 많은 노력을 경주하였다. 교육전산망(KREN) 구축은 교육 · 연구의 국제경쟁력을 높이기 위해 대학을 비롯한 각급 교육기관에서 국·내외 학술 정보를 활용할 수 있도록 전산망을 확대 · 구축하고, 통신망 구축을 지원하는 사업이었다. 이와 더불어 교내 근거리 통신망(LAN) 사업은 초·중등학교와 대학에서 교육 · 학술 정보를 교내 언제, 어디서나 활용할 수 있도록 통신망을 구축하기 위한 것이었다. 또한 초·중등학교 인터넷 망 구축 사업은 2000년까지 전국의 모든 초·중등학교의 20여 만개 교실을 인터넷으로 연결하여 멀티미디어 자료를 학습과 학사처리에 활용할 수 있게 할 예정이었다. 아울러 교원의 멀티미디어 활용능력 배양을 위한 연수를 시행하였다.

이러한 교육부의 혁신적인 교육정보화 청사진은 초·중등학교 및 대학의 정보화를 촉진함과 동시에 각 가정으로 확산되어 국가정보화를 앞당기는 데 기여하였고, 교육정보화 추진에 투여된 예산은 국내 정보산업의 시장 창출과 육성 · 발전의 초석이 되었으며, 정보화 강국으로 도약하는 밑거름이 되었다.

교육정보 자료 개발 · 보급

에듀넷은 교육 관련 정보를 종합적이고 체계적으로 제공하는 교육정보 서비스 시스템이다. 각종 교육용 소프트웨어를 개발 · 발굴하여 에듀넷(통신망)에 탑재하고, 문자 서비스 및 웹 서비스도 함께 실시하고 있다. 에듀넷은 '96년 9월 10일 개통했는데, '97년 10월 현재 13만 명이 가입했으며, 37개 민간 정보제공자(IP)를 확보하고 있다. 또한 초등영어 등 34종의 학습정보, 멀티미디어 교수 · 학습 자료를 개발 · 보급하였으며, 에듀넷 종합 상담서비스, 교육기관 관련 단체모임, 교과동호회 등을 운영하고 있다.

교육부는 교육용 소프트웨어 개발 및 보급에도 앞장섰다. '멀티미디어 교육지원센터'와 시·도교육청 주관으로 교사의 수업 및 학교업무를 지원할 수 있는 교육용 소프트웨어를 개발 · 보급하고, 교원을 대상으로 공모전을 실시하여 다양하고 수준 높은 소프트웨어를 발굴하여 보급하였다. 아울러 민간기관에서 개발된 교수 · 학습용 소프트웨어에 대하여 교육적 가치를 평가할 수 있는 검·인정제도를 운영하고, 인증된 소프트웨어에 대하여 교원들이 직접 검토할 수 있도록 홍보책자, 에듀넷, 전람회 등을 통하여 홍보하는 한편, 학교에 소프트웨어 구입비를 지급하였다.

그런가 하면 1997년 고등학교 3학년의 학교생활기록부 전산화를 완료하고, 1998년에는 고등학교 전 학년의 학교생활기록부를 전산화하여, 1999년에는 초·중학교 전 학년 학교생활기록부 전산화를 추진할 계획으로 있었다.

정보기술 활용 교육의 강화

2000년부터 적용될 제7차 교육과정에서는 정보기술을 활용한 교수 · 학습활동이 모든 교과에서 실천될 수 있도록 교육과정 각론을 구성하고 있었다. 이를 통해 교사들은 정보기술을 활용하여 수업의 질과 효율성을 높이고, 학생들은 정보화 사회에 걸맞은 문제해결능력을 키워 사회변화에 대응해야 할 것으로 기대했다. 한편, 초등학교 실과 교과와 중학교의 기술 · 가정교과에 정보소양 교육내용을 대폭 강화하여 학생들의 정보소양을 함양할 수 있도록 교과과정 각론 및 교과서 개발을 추진하였다.

교육정보화 지원체제 구축

'멀티미디어교육지원센터'는 열린교육사회, 평생학습사회의 기술적 기반을 구축하고, 활용가능한 모든 멀티미디어 학습자료를 개발하며, 상호 연계하여 누구나, 언제, 어디서나 원하는 학습자료를 활용할 수 있도록 하고, 교육정보화를 종합적으로 지원하기 위해 설립되었다. 이 센터의 주요 활동으로는 사이버 에듀케이션 구현, 교육정보 서비스 시스템인 에듀넷의 구축 · 운영, 교육정보화 지원을 위한 멀티미디어 교원 연수, 교원정보소양 인증제 운영, 교육용 소프트웨어 공모전 운영 및 품질인증, 그리고 위성교육방송 내용의 주문형 교육(EOD) 서비스 시범운영, 교원원격연수시스템 구축 · 운영 등이 있었다.

'첨단학술정보센터'는 1996년 12월 27일, 학술연구자에게 언제, 어디서나 국내외 학술정보자료를 공유할 수 있도록 학술정보 유통체제 및 분야별 전문정보 DB를 구축하고 서비스하는 것을 목적으로 설립되었다. 2000년까지 40개 분야 전문정보센터를 지정 · 운영할 예정이었다.

급속한 정보화의 진전에 따라 첨단 정보통신 기술을 기반으로 한 가상대학을 시범 운영하고, 이를 토대로 가상대학 설립 · 운영에 관한 법적 · 제도적 지원방안을 마련하고자 하였다. 향후 시범운영기관을 선정하여 운영하고, '98년 중 법령(안)을 마련한 후, '99년 1월 이후 가상대학 설립을 인가할 계획이었다.[14]

학교의 도서관(실)을 각종 첨단장비와 소프트웨어를 갖춘 멀티미디어화된 도서관으로 조성하고, 국내·외 대학 및 공공도서관, 공공기관 등과도 통

---

14) 가상대학은 정보통신기술을 이용하여 시·공을 초월한 다양한 형태의 교육이 이루어질 수 있도록 새로운 형태의 21세기형 첨단학교의 개념이었다. 정책연구 실시('97.5.), 관련 규정 마련(고등교육법 제54조)에 이어 가상대학 프로그램 시범운영('98.3.~2000.2.)이 추진되었으나 정권교체 등으로 인하여 계획보다 지연되어 2001년 9개 가상대학이 설립되었고, 현재 21개 가상대학이 운영되고 있다.

신망으로 연결함으로써 학생들의 다양한 지적 탐험과 학습활동의 공간이 되도록 그리고 이를 지역의 문화정보센터로 개발할 수 있도록 추진하였다.

이 시기에 교육부가 특히 역점을 두었던 사업은 초·중등학교 학사 관련 업무를 종합적으로 처리할 수 있는 종합정보관리시스템을 개발하고, 각급 학교와 시·도 지역교육청 등 교육행정기관과의 정보유통체제를 구축하는 사업을 추진하는 일이었다. 그 내용은 성적, 학교생활, 학적, 교수 · 학습 자료센터 등을 위한 교무업무지원 시스템, 전자결재, 문서수발, 전자우편, 게시판 등을 위한 교육정보 유통시스템, 그리고 교원인사 · 시설 · 회계 · 양호 · 도서관 관리 등을 위한 학교경영 업무지원시스템으로 이루어졌다. '97년 5월 교육정보 유통시스템(전자결재 등) 프로그램을 개발 · 완료했으며, '97년 6월 시범운영기관을 대상으로 교육정보유통시스템 사용자 교육을 실시했다. 학교생활기록부 전산화 프로그램 보급('96. 3.)도 이러한 노력의 일환이었다.

교육행정정보화

정보통신기술을 활용한 행정시스템의 효율화와 행정서비스의 질적 개선은 당시 새 천년을 앞둔 모든 행정기관의 관심사항이었다.

교육부의 교육행정정보화는 일선 학교 교원의 학사 업무 경감과 교육행정의 효율화를 주목표로 추진되었다. 이를 위해 교육부 정보인프라 구축, 학교종합정보시스템 개발 및 교원 · 행정직원에 대한 정보화 교육을 단계적으로 추진하여 교육행정정보화 기반을 조성하고, 교육부 전자문서관리시스템(전자결재 등)을 구축 · 운영함으로써 전 국가적 정보화 사업에 동참함과 함께, 수작업 처리(교육부–시·도교육청–지역교육청–일선학교) 시 최소 2주일 이상 걸리는 자료 취합시간을 불과 2~3일로 단축시킴으로써 교육행정의 효율화와 합리적 교육정책 수립의 하부 인프라로서 큰 성과를 거두었다.

예 산

교육정보화 사업은 이념적 쟁점이 별로 없는 사업이기 때문에, 정권이 바뀌더라도 지속될 것으로 생각하고 1997~2000년간 소요 예산을 마련했다. 아래 그 총괄표가 있다. 교육재정 GNP 5% 확보와 정권변동을 고려하지 않은 예산계획이므로 낙관적 미래조망에 바탕을 둔 것임은 부정할 수 없다. 그러나 교육정보화가 한국 교육의 도약을 위해 절체절명의 기회라고 생각했고, 그 때문에 이 부문에 대해 집중적으로 예산투입을 기획했다.

〈표 4-14〉 소요 예산 총괄표 (단위 : 억 원)

과제명	1997	1998	1999	2000	계
1. 교육정보화 기반 구축	3,379	3,941	4,441	5,604	17,366
(1) 교육용 컴퓨터 보급	2,620	1,860	1,841	3,283	9,604
(2) 교사용 컴퓨터 보급	550	1,350	1,350	1,071	4,321
(3) 초·중등 전산망 구축	125	625	1,250	1,250	3,250
(4) 학교 도서관 멀티미디어화		60			60
(5) 위성교육방송 기반 구축	57	47			104
(6) 열린학교 시범 사업	27				27
2. 교육정보 자료 개발 · 보급	119.2	1,101	913.9	1,128	3,262.1
(1) 멀티미디어 교육센터 설립운영	7.9	277	328	468	1,080.9

(2) 교수학습용 DB 및 S/W 개발보급	94.7	774	598.9	590	1,967.6
(3) 교육정보종합 서비스시스템	16.6	50	77	70	213.6
3. 정보기술활용 교육 강화	70.9	83.7	96.8	105.3	356.7
(1) 컴퓨터 관련 교육과정 강화	별도 예산 불요				
(2) 정보교육 담당 교원 양성 및 연수	70.9	83.7	96.8	105.3	356.7
4. 교육정보 지원 체제 구축	142	480	583	571	707.1
(1) 교육전산망 구축	29	175	315	315	841
(2) 대학 내 전산망 구축	77	160	119	50	397
(3) 첨단학술 정보센터 설립 · 운영	16	88	109	118	331
(4) 학술정보 DB 구축	20	26	44	44	134
(5) 대학도서관 전산화		31	44	44	119
5. 교육행정 전산화	18.7	69.8	115.8	115.8	320.1
(1) 교육행정 정보화 기반 조성	8.7	59.8	105.8	105.8	280.1
(2) 교육정보관리 종합시스템 구축	10	10	10	10	40
계	3,729.8	5,676.5	6,169.5	7,524.1	23,119.9

출처 : 「교육월보」(1997.3.), p.78.

교육통계연보에서 '교육정보'라는 항목이 독립적으로 설정된 해는 1996~1998년 3개 연도이다. 1995년 이전에는 교육정보화 예산 항목이 별도로 설정되어 있지 않았으며, 1999년부터는 교육정보라는 항목이 아니라 교육부 본부 기관 중의 하나로 한국교육학술정보원 예산만이 별도로 계상되어 있어 전년도와의 비교가 불가능하다.

〈표 4-15〉 교육정보화 예산의 증가(1996~1998년)

(단위 : 천 원, %)

	1996	1997	1998
총계(A)	15,652,792,859	18,287,608,665	18,127,837,527
일반회계(B)	10,973,971,089	12,182,476,255	11,756,388,211
교육부 본부(C)	1,189,431,930	1,540,334,151	1,438,265,027
교육정보(D)	36,407,209	86,229,368	106,381,741
D/A	0.23%	0.47%	0.59%
D/B	0.33%	0.71%	0.90%
D/C	3.06%	5.60%	7.40%
증가율	–	136.85%	23.37%

출처 : 교육통계연보, 1996~1998.

어쨌건 1996년부터 3개년 동안의 교육정보화 예산 증가는 괄목할 만한 수준이다. 1996년 364억 원이었던 정보화 예산이 1997년에는 862억 원, 1998년에는 1,064억 원으로 증가하여 증가율이 136.85%와 23.37%에 달하고 있다. 이에 따라 교육정보화 예산이 교육부 전체 예산에서 차지하는 비중도 1996년 0.23%에서 1998년 0.59%로 상승하였고, 일반회계에서 차지하는 비중도 0.33%에서 0.90%로 급격히 증가하였다. 교육부 본부 예산에서 차지하는 비중은 더욱 가파르게 증가했음을 볼 수 있는데, 1996년의 3.06%에서 1998년에는 7.40%로 두 배 이상 비중이 증가하였다.

소 결

교육부가 막대한 예산을 투입하며 앞장섰던 교육정보화사업은 대체로 아래의 세 가지 기대효과를 겨냥하고 있었다. 그 첫째는 교육체제 및 방법의 혁신이었다. 정보공학을 이용한 교육 · 학습체제를 구축하고, 교육정보의 공동 활용체제 구축, 교육기관의 행정정보화 등을 통해 교육체제 및 방법의 혁신을 추구했다. 이를 통해 학교 차원에서 교사의 수업능률 향상, 교사의 질 향상, 교육행정 업무 처리 효율화를 기하고자 했다.

두 번째는 교육서비스의 균등화 및 질 개선을 겨냥했다. 평생교육, 열린교육 제공, 교육의 기회균등, 온라인을 통한 자녀 교육 및 진로 상담 등 대국민 교육상담 서비스를 제공하며, 아울러 교육기회 확대를 통해 지역간 교육 및 문화 격차를 해소하며 삶의 질 및 국민의 교육 복지권을 구현하고자 했다.

세 번째는 교육비용 절감을 기대했다. 컴퓨터 통신망을 통한 최상의 개별화 교육 제공으로 사교육비를 경감할 수 있을뿐더러 멀티미디어시스템의 교실도입을 목표로 하는 교단 선진화 사업, 교육행정업무 전산화 및 교무 자동화, 전자정보 유통체제의 도입, 국내외 학술정보 관계 기관과의 자원 공유체제 구축, 교육행정 정보화 S/W 및 DB를 표준화하고 공동 개발하여 교육행정 비용의 절감을 기하고자 하였다. 실제로 컴퓨터를 이용한 교수 학습방법은 학급규모 축소, 수업일수 연장, 보충수업 실시 등의 방법보다 비용이 훨씬 적게 들 수 있다(교육월보, 97.3.: 78).

8) 학부제

배 경

고등교육 정책 중에서 학부제만큼 대학사회에서 오랫동안 논란이 지속되었던 정책'예도 드물다. 학부제는 학문의 다양성을 수용하고 경쟁력 있는 인력을 양성하기 위하여 지나치게 세분화된 전공학과를 통·폐합하거나 학과의 벽을 크게 낮춰 학생들에게 학문경험 및 전공 선택의 기회를 제고하기 위하여 도입된 제도이다. 학부제가 제대로 시행되는 경우, 빠르게 변하는 현대사회에서 다양한 지식을 폭넓게 배울 수 있게 하며, 대학 운영의 효율성을 높이고 학문 간의 유기적인 관계를 도모할 수 있게 하는 이점이 있다.

또한 학부제는 대학교육과 노동시장을 유기적으로 연계할 수 있는 효과적인 기제로 작동할 수 있다. 즉 전공 선택권이 학생들에게 주어지게 되면, 사회경제적 변화에 맞춰 학과에 대한 수요가 다르게 반영될 것이며, 이는 변화하는 산업구조에 유연하게 대응할 수 있을 뿐 아니라, 자연스럽게 대학의 구조조정을 유도할 수 있다. 학부제는 학생들의 선택권을 확장하고, 학과 간 경쟁을 통한 대학의 경쟁력 제고를 도모한다는 의미에서, 이념적으로 그 바탕에는 신자유주의적 속성이 강하게 깔려 있다.

학부제에 대한 구체적 관심은 일찍이 서울대학교 공과대학에서 기존의 한국의 공학교육을 반성하면서 그 단초가 열렸다. 서울 공대는 입시에서 유사학과를 '전기 · 제어 · 계측공학군' 이라는 학과군(群)으로 묶어 모집하면서, 세분화된 학과를 통합하는 개념으로 '학부' 를 구상하고, 이 새로운 학사조직 단위의 법적 근거를 마련하기 위해 1993년 정부에 입법화를 건의하였다. 교육부는 이 건의에 따라 1994년 고등교육법 시행령에 "대학에는 학과와 학부를 둔다"는 규정을 만들게 되었고, 이후 학부제는 주로 공과대학을 중심으로 퍼져 나갔다(김화진, 1999: 63-73).

5·31 교육개혁방안이 발표되기에 앞서 1995년 2월 정부는 고등교육법 시행령을 개정하여, 최소전공인정 학점제의 원활한 시행을 위해 졸업학점(140학점)을 폐지하고 교양과목 의무배정 비율(30%)을 자율화하였다.

교육부의 입장과 추진 경과

교육개혁위원회는 제1차 교육개혁방안에서 명확하게 '학부제'라는 개념을 사용하지는 않았다. 그러나 희망과 적성에 따라 학생들이 다양한 교육을 받아 다전공 · 복합 학문연구를 할 수 있도록 졸업에 필요한 이수학점을 전공학점의 1/4 수준으로 낮춰 학부제의 바탕을 분명하게 세웠다. 교육부는 1995년 7월, 교무처장협의회 정기총회에서 대학별 자율시행을 권장하고, 이어 그해 9월 대학별 자율시행 권장 공문을 시행했다.

교육부는 학부제 자율실시를 권장하면서, 비교적 신중한 정책적 접근을 시도했다. 교육부가 1996년 3월 대학개혁 우수사례를 모아 발간한 「대학이 변하고 있다」의 한 구절을 옮겨보면 다음과 같다.

"그러나 학부제 운영의 경우 각 대학의 교육목표와 사회적 수요 및 학문의 성격 등에 대한 충분한 검토와 사전준비를 거쳐야 하는데도 이를 소홀히 하는 사례가 없지 않습니다. 학부형태로 운영하는 것이 바람직한 경우도 있고 오히려 세분화된 학과 체제로 운영하는 것이 타당한 경우도 있으므로 성급한 시행은 득보다 실이 클 수 있습니다. 학부제는 오랫동안 지속되어 온 학과 중시 체제에 대한 전면적인 방향 전환을 시사하고 있기 때문에 장·단기 종합계획을 세워 신중히 추진함으로써 시행착오를 최소화해야 할 것입니다(교육부, 1996)."

교육부는 1997년 최소전공 인정 학점제 운영방안 사례를 발표하였다. 이어 교육부는 대학별로 학칙 또는 학사규정에 운영근거를 규정하도록 권고하고, 학과별 전공과목 이수학점인 기존의 60~100학점을 복수전공이 가능하도록 조정하였다.

〈표 4-16〉 교양 및 전공 교과목 이수학점 비교표(예)

<table>
<tr><th rowspan="2">연도</th><th colspan="2">교양교과목</th><th colspan="3">전공교과목</th><th rowspan="2">졸업이수
학점</th><th rowspan="2">총개설학점</th></tr>
<tr><th>교양
필수</th><th>계열
교양
(선수)</th><th>전공
필수</th><th>전공
선택</th><th>이수
학점</th></tr>
<tr><td>1995</td><td>13</td><td>20~24</td><td rowspan="2">27~46</td><td>52~77</td><td rowspan="2">60</td><td>140</td><td>154~182</td></tr>
<tr><td>1996</td><td>6</td><td>13~15</td><td>35</td><td>140</td><td>154~182</td></tr>
</table>

1998년 8월 새로 취임한 이명현 교육부 장관은 특히 학부제에 대한 관심이 지대했다. 그래서 담당직원을 장관 집무실로 불러 학부제의 개념을 직접 칠판에 그려가며 설명하는 열성을 보였다. 그가 직접 지시하여 만든 학부제의 개념도는 다음과 같다.

1. 대학조직의 기본단위 : 학과 · 학부 → 단과대학 → 종합대학 – 학부는 학문과 이론적 토대와 유사, 상호연계된 분야의 종합적 단위 – 대학교원은 학과 또는 학부에 소속되는 것을 원칙으로 함
2. 학사과정의 학생전공 : 학과 또는 학부가 제공하는 일정학점 이상 이수한 경우 전공으로 인정 – 학생은 학과 학부에 소속되지 않는 것을 원칙으로 함 – 자유선택으로 전공을 결정하며, 2개 분과 이상을 전공할 수 있도록 함 • 연계전공 : 2~3개의 전공이 학교 또는 학생에 의해 연계된 교육과정 – 분야에 따라 총이수학점의 1/4(2전공)~1/6(3전공) 정도의 최소전공 가능 – 예) 정치학+철학+경제학, 영문학+정치외교학, 경영학+엔지니어링 등

3. 학생의 모집단위 • 학사과정 : 학부, 단과대학 또는 대학 전체 • 대학원과정 : 학과별 모집 및 학과에 소속된 전공 선택 • 학사과정은 예외적으로 학과단위로 모집할 수 있으나, 이 경우 의학계, 약학계 등 특별한 경우를 제외하고는 해당 학과 이외의 전공 선택 의무화
4. 선도대학은 학사과정과 대학원 과정 간의 교육과정 연계 운영 가능
5. 시행방법 : 교육과정 전면 개편을 위한 교육과정심의위원회 설치 – 2개 이상의 다전공 이수가 가능하도록 교육과정 편성 – 교육과정의 중복 및 과도한 세분화 지양

교육부는 1998년 2월 24일, 복수전공 등이 가능하도록 전공인정을 위한 최소학점을 학칙으로 정하도록 규정(제19 제2항)하는 내용의 고등교육법 시행령을 제정하였다(교육부, 1998b: 134-135).

문제점

1998년 초에 이르자, 전국 대학의 약 50%에서 다전공제도가 활성화되는 등 가시적 성과가 있었다. 그러나 실제로 각 대학은 계열별로 전공이수 학점 수를 정하고, 교육과정을 개편하는 등 제도 도입 초기에 적잖은 어려움을 겪었다.

대학 1학년 때부터 전공분야를 공부하는 학과제와 달리 학부제 학생들은 1학년 때 계열 안에서 다양한 과목을 공부하면서 전공탐색의 기회를 가진 후에 적성에 맞는 전공을 최종 선택하게 된다. 그러나 인기학과와 비인기학과 간의 양극화 및 불균형, 전공 선택 시 인기학과로 가기 위한 과열경쟁 등이 문제점으로 부각되었으며, 또한 단기적인 유용성이 높은 응용교육 쪽으로 학생들이 몰리는 바람에 순수 기초학문의 경우 학문적 존속 자체가 어려울 정도로 학생확보에 어려움을 겪고 있어 학부제의 장래에 관해 어두운 그림자를 드리웠다.

9) 대학설립준칙주의

배 경

5·31 교육개혁 이전에 시행되던 대학설립인가제도(설립예고제)의 경우, 신규 대학설립을 위해서는 대학정원, 학과 수 등이 일정 규모 이상이 되어야 하며, 시설 · 설비 · 교원 및 재정규모 등에서도 일정 수준 이상을 충족해야 했다. 뿐만 아니라 학교 설립의 계획 단계에서부터 인가에 이르기까지 각각의 세부적인 단계를 밟아야 했다. 그 밖에도 허가청인 교육부가 설립지역과 계열 그리고 설립자의 육영의지 등을 종합적으로 판단하여 독자적으로 설립을 결정하여 인가했다. 이처럼 대학설립이 까다롭다 보니 신청하는 측의 설립에 대한 불만이 계속 증폭되었고, 그 화살은 항상 독점적 권한을 행사하는 교육부로 향했다. 이 밖에도 자신의 지역구에 대학을 설립하려는 국회의원들의 정치적 로비설도 끊이지 않아 대학설립에 있어 정책전환이 이루어져야 한다는 목소리가 높았던 게 사실이다.

이러한 상황에서 문민정부의 교육개혁위원회는 5·31 교육개혁을 통하여 기존의 획일적인 학교설립 기준을 지향하고, 일정 기준을 충족하면 학교를 자유롭게 설립할 수 있도록 하는 준칙주의를 제안했다. 대학설립준칙주의는 이와 함께 시행된 대학정원 자율화 정책과 더불어 설립주체와 대학에 대한 대표적인 규제완화 정책으로 당시의 대학 자율화 흐름과 궤를 같이하며, 국가가 나서기보다는 시장에 맡겨 경쟁을 통해 문제를 해결해야 한다는 신자유주의의 영향을 크게 받은 정책으로 평가된다. 이 정책은 이후 대학설립을 너무 쉽게 만들어 부실대학을 양산했다는 여론의 질타를 많이 받았다.[15)]

---

15) 이러한 비판에 대해 대학설립준칙주의를 강하게 주도한 교육개혁위원회와 청와대 측은,

과제 내용과 교육부의 입장

대학설립준칙주의는 최소의 기준충족을 전제로 대학설립을 보다 자유롭게 함으로써 진입장벽을 크게 낮추고 다양하고 특성화된 소규모 대학(단설 대학원대학)의 설립을 유도하며, 대학설립을 자유화함으로써 국내 대학의 경쟁력 강화로 교육 · 연구 역량을 제고하고자 하는 취지에서 도입되었다. 따라서 학교법인이 대학을 설립하고자 하는 경우, 대학설립 · 운영규정 및 동법 시행규칙에 의거한 설립절차에 따라 일정 설립기준을 충족하면 당연히 설립할 수 있도록 하였다.

1995년 교육개혁위원회는 대학설립준칙주의로 제도 전환을 검토하면서 교육부에 검토와 의견제시를 요구했다. 교육부 내에서는 교개위가 제안한 방안을 토대로 실무적인 입장을 정리하였는데, 대다수의 교육부 관료들은 이러한 정책전환이 자칫 심각한 부작용을 초래할 수 있다는 우려에서 반대의 입장을 표명하였다. 이들은 준칙주의가 시행될 경우 일정 기준만 충족되면 대학설립을 허용하게 되므로 많은 대학이 설립될 것이 예상될 뿐만 아니라 소규모 대학이 늘어남에 따라 재정적으로 부실한 대학이 속출할 것에 대해 크게 우려했다. 특히 학령인구의 감소 추세에 따라 2003년경이면 대학입학정원이 고교졸업생 수와 엇비슷하게 될 터인데, 대학설립을 너무 용이하게 만들면, 앞으로 다수의 대학에서 신입생 미달사태가 일어날 수 있다는 데에 대해 크게 우려했다. 그러나 이러한 교육부 의견을 접한 교개위 일각에서는 교육부를 기득권 보호에 급급한 반개혁적 조직이라며 드러내놓고 비판하기도 했다. 이러한 갈등 속에서도 교

이 제도개혁을 통하여 대학설립과정에 투입되는 정치적 개입을 차단할 수 있었다는 점을 크게 내세우고, 교육부가 '준칙'의 높낮이 수준을 합리적으로 조절하였다면 대학남설을 막을 수 있었다고 말한다. 그러나 전자의 입장은 대학설립준칙주의 도입의 주된 명분으로는 지나치게 옹색하고, 후자의 입장은 대학설립준칙주의의 본래의 목적이 이른바 '준칙' 자체를 가능한 한 낮추기 위한 기제임을 감안하면 자가당착적인 측면이 있다.

개위와 교육부는 수많은 협의와 의견개진을 나눴다. 교육부는 5·31 교육개혁안 중, 대학개혁의 주요 고리인 대학설립준칙주의를 끝까지 반대할 수 없어 이를 수용하더라도, 그 예상되는 부작용을 최소화하기 위하여 적잖은 고심을 했다. 당시 실무과장 및 국장이었던 김영식(후에 차관)은 그때의 고민과 교육부가 나름대로 추구했던 부작용 최소화 방안들을 다음과 같이 술회하고 있다.

등록주의가 아닌 준칙주의

개선안의 취지대로라면 정부가 설립기준만 제시하고 그 기준을 충족하면 별도의 정부의 정책결정이나 절차 없이 대학설립을 허용해 줘야 한다. 그러나 이러한 등록주의 개념이 갖는 위험요소를 고려하여, 약간이나마 정부의 정책결정 개입의 여지를 마련하기 위해 준칙주의의 개념을 강하게 주장했다.

대학설립의 최소 입학정원 기준의 상향 조치

준칙주의는 소규모 특성화 대학을 지향하므로 대학의 기능에 따라 대학 규모는 클 수도 있고 작을 수도 있다. 예컨대 대학은 총정원 400명, 단설 대학원대학은 100명을 최소기준으로 하되, 그 이하라도 무방하다는 입장이다. 그러나 교육부는 입학정원 기준을 너무 낮추는 경우, 소요되는 투자비용도 과소하여 대학설립은 훨씬 쉬워질 것이며, 그렇게 될 경우 소규모의 부실대학이 양산될 것이 분명하기 때문에, 최소한의 입학정원을 높이기 위해 교개위와 수많은 협의와 의견개진이 있었다.

대학설립심사위원회 설치 운영과 육영의지 반영 노력

교육부가 독단적으로 결정하기보다는 위원회를 구성하여 운영하는 것이 보다 객관성과 공정성을 기할 수 있을 것으로 판단해서 시종 대학설립심사위원회의 구성을 주장했다. 또한 최소한의 기준이 충족된다 하더라도 설립자의 육영의지가 대단히 중요하다는 점을 상기시키며 설립자의 교육철학과 사명 등 육영의지를 반영하도록 심사위원회에 권고하였다.

단설 대학원대학의 경우 가능한 한 종교분야에 한정토록 권고

특히 대학원대학의 경우, 당시 수도권에도 설립이 가능하므로 많은 대학원대학들이 우후죽순 격으로 난립될까 우려되어, 가능한 한 종교재단에서 지원하는 종교인 양성분야에만 대학원 설립을 허용하도록 권고했다.

교육개혁위원회와 교육부는 이미 1995년 6월에 준칙(안)제정위원회를 구성 · 운영하여 이듬해 7월 대학설립 · 운영규정을 제정하고, 이어 동법 시행규칙을 제정했다.[16] 준칙주의는 교육개혁위원회의 제안대로 1996년부터 대학설립 심사에 적용되었다. 1996년에 준칙을 예고하고 대학설립 신청 · 접수를 하였는데, 62개 대학(원)이 신청하였고 이 중 대학 15개교, 대학원대학 3개교 등 18개교만이 설립인가를 받았다. 다음 해인 1997년에는 대학 8개교, 개방대학 1개교, 대학원대학 7개교가 설립인가되었다. 이 과정에서 교육부는 전 과정을 예의주시하며, 준칙 기준의 엄수를 살폈고, 대학설립심사위원회에게 시종 엄격한 기준 적용을 종용했다.

16) 1955년 대학설치기준령과 인가주의(대학설립예고제)는 설립의 최소 기준으로 총정원 5,000명 이상 설치학과 25개 이상을 요구했고, 설립 요건, 교지, 교사, 교원, 수익용 기본재산, 실험실습비 등에 대한 조건도 일정 기준 이상을 엄격하게 요구했다. 이에 반하여 1996년 설립운영규정은 총정원과 학과의 수에 대한 규정을 만들지 않았고, 교지, 교사, 교원 수익용 기본재산 확보의 최저기준만 제시했다. 다만 교사의 기본 면적을 요구했고 교원 1인당 학생 수를 인문사회계열 25명, 자연과학/공학/예체능 계열 20명, 의학계열 8명으로 제시했다. 진입장벽을 크게 완화하여 대학의 교육품질을 유지할 최저 또는 최소 기준만 제시한 것이다.

10) 평가와 행·재정 지원 연계

추진배경

5·31 교육개혁이 몰고 온 큰 변화의 하나가 평가를 통한 행·재정 지원 연계였다. 그 대표적인 것이 시·도교육청 평가와 대학 평가였다. 교육청 평가는 시·도교육청 간 경쟁을 촉발하여 수요자 중심의 교육체제를 조기에 착근하고 이를 통한 현장교육의 질 제고를 위해 1996년부터 교육개혁 차원에서 실시하기 시작하였다. 이는 유사 이래 중앙정부의 산하 행정기관에 대한 최초의 평가 시도였다. 지방교육자치가 실시된 이후 지방의회, 교육위원회의 정치적 지지를 등에 업은 민선교육감들은 중앙정부에 대해 상당한 자율성을 갖게 되었으며 교육부는 점차 정책추진력을 잃어가고 있었다. 이러한 상황에서 대통령 주도의 교육개혁방안을 구상하고 실행하는 데는 특별한 추진 수단이 필요한 상황이었다. 교육청평가는 이러한 배경 속에서 도입되었다.

또한 대학 평가는 5·31 교육개혁 이후 대학교육 및 운영의 자율성 제고에 따라 대학 간의 질 향상 경쟁을 촉진하기 위하여 도입한 것으로, 대학별 평가를 활성화하고 그 평가결과에 따라 국가재정을 차등지원하려는 시도였다.

교육청 평가

교육청 평가는 '91년 지방교육자치제 실시 이후 자율권이 대폭 늘어 시·도교육청의 대국민 책무성을 확보하기 위하여 '96년도부터 도입되었으며, 평가결과에 따라 '96년에 500억 원, '97년에 800억 원을 차등지원하였다.

지난 2년간의 평가를 계기로 초등학교 열린교육이나 중·고등학교 수준별 교육과정 운영이 전례 없이 빠르게 현장에 확산되고 있어 교육청 평가가 초·중등분야의 교육개혁 추진을 촉진하는 중요한 견인차 역할을 담당하고 있었다. 그러나 교육청 평가와 이의 행·재정 지원 연계는 자칫 이제 겨우 첫걸음을 시작한 지방교육자치의 자율성을 저해하며, 사업의 관제화, 획일화, 형식화를 유도한다는 문제점을 낳을 수 있다. 초등학교 열린교육의 경우가 그러한 예가 될 것이다.

시·도교육청 평가를 매년 시행하기 위하여 초·중등교육법에 평가의 근거를 마련하였으며, 또한 '98년부터는 평가위원회의 상시 가동, 현장평가, 중점평가 방안 등을 폭넓게 도입하여 동 사업을 더욱 내실 있게 추진해 나갈 계획으로 있었다.

대학 평가

대학 평가와 재정지원의 연계는 대학의 다양화 · 특성화를 향한 대학의 자구노력을 유도함으로써 대학의 질적 수준 제고에 크게 기여하였다. 대학 평가를 통해 차등지원하는 특수목적사업은 〈표 4-17〉과 같았다.

대학 평가는 아직 연륜이 일천하여 그 실시과정에서 적지 않은 문제점이 발견되었다. 평가위원 선정과 평가 일정상의 문제점이 자주 제기되고, 전체대학 단위로 지원함에 따라 대학 전체로서는 뛰어나지 않으나 특정 학부, 학과가 우수한 대학에 대한 지원이 미흡하다는 비판의 소리가 높았다. 뿐만 아니라 대학의 대외적 지명도 등 여건 우수 대학이 지원대상으로 선정될 가능성이 크기 때문에 이른바 '부익부 빈익빈' 현상에 대한 소규모 후발대학의 불만이 증폭되었다. 따라서 〈발전지표〉 중심으로 평가

〈표 4-17〉 대학 평가를 통한 차등지원 특수목적사업

구 분	'97 예산액	총사업비	사업기간	지원대상
공과대학 중점지원	400억 원	2,000억 원	1994~1998	8개교
대학원 중점지원	200억 원	1,000억 원	1995~1999	5개교
국제전문인력 양성지원	200억 원	1,000억 원	1996~2000	9개교
지방대학 특성화 지원	200억 원	1,000억 원	1997~2001	28개교
이공계 대학 연구소 기자재 첨단화 지원	170억 원	1,500억 원	1997~2000	200여 개 연구소
교육개혁 우수대학 지원	300억 원		1996~	40여 개교

출처 : 교육부(1998), 「교육개혁 추진성과 '95~'98」, p. 46.

지표를 재구성하고, 평가지표에 Flow 개념을 도입하는 등 개선의 필요성이 제기된 바 있다.

11) 교육규제완화

교육규제완화의 추진배경

선진 제국들은 이미 1980년대 초부터 자국의 경쟁력을 향상시키고 다른 나라와의 협력관계를 원만히 하기 위하여 정부기능의 재정립이라는 차원에서 규제개혁에 많은 노력을 경주하여 왔다. 여기에는 세계화라는 도도한 시대적 흐름과 신자유주의의 영향이 컸다. 김영삼 정부도 출범 이후 행정쇄신위원회, 경제행정규제위원회 등을 설치하였고, 부처별로 규제완화위원회나 대책반을 구성하여 운영해 왔으며, 특히 세계화위원회가

규제개혁에 큰 관심을 가지고, 각종 규제완화에 대한 정책건의를 하였다. 1994년에는 규제완화를 위해 '행정규제 및 민원사무기본법'(법률 제4,735호)이 제정되어 행정규제법정주의와 행정규제의 원칙 등을 규정하였다(교육개혁평가연구회, 1997: 283).

특히 1995년 4월 27일 김영삼 대통령은 '교육의 세계화'에 관한 대통령의 신교육구상을 발표하면서 〈규제 위주의 교육〉에서 〈자율 중심의 교육〉으로 바뀌어야 한다는 입장을 강력하게 천명했다. 이에 발맞춰 대통령 자문기구인 교육개혁위원회는 그해 5월 31일, 제1차 교육개혁방안을 통해 〈규제완화위원회〉를 설치 · 운영하는 방안을 제시하고, 학교가 자율적이고 창의적으로 교육의 질을 향상시키고, 양질의 다양한 교육서비스를 제공하기 위하여 교육규제를 최소화할 것을 분명히 했다. 규제완화위원회의 주된 기능은 주요 규제완화 대상을 파악하여 체계적인 규제완화 방안을 제시하며 교육행정규제에 대한 이의 신청을 받아 이의 적정성 여부를 검토하고 시정 여부를 결정하는 것이었다. 아울러 신규 규제를 마련하는 경우 이의 적정성을 심사하여 규제의 조건과 기준이 최소화되도록 한다는 것이었다.

교육규제정비 추진 경과

교육부는 1995년 7월 교육부 장관의 심의 · 자문기구로 '교육규제완화위원회' 설치 계획안을 수립하였다. 위원회의 구성은 위원장을 포함한 13인 이내의 위원으로 하되 위원은 관계공무원, 교육전문가와 교원, 학부모 중에서 피규제자 또는 중립적 지위에 있는 사람으로 교육부 장관이 위촉하도록 하는 것을 주요 내용으로 하였다. 그해 9월 14일 교육부는 교육규제완화위원회 규정을 교육부 훈령 제522호로 제정하여 위원회의 세부 운영에 관한 사항을 확정하였다. 아울러 교육부는 학교설립, 교육과정운영, 학생선발 등 교육제도 전반에 걸친 규제를 완화하기 위해 교육, 산업, 법조계 전문가와 교원, 학부모, 학교법인 이사장 등 13명으로 교육규제완화위원회(위원장 : 박한규)를 구성 · 설치하고 9월 27일 제1차 회의를 개최하였다. 한편, 시·도교육청은 '95년 10월 25일 제주교육청 교육규제완화위원회 구성을 시작으로 '96년 1월 9일 경기, 충남교육청이 위원회 구성을 마침으로써 교육부를 비롯한 15개 교육청에 교육규제완화위원회가 출범하게 되었다. 이로써 교육개혁위원회가 5·31 교육개혁방안을 발표한 후, 6개월여 만에 교육규제완화를 주도할 제도적 틀이 마련되었다. 또한 교육규제의 정비는 교육부 장관을 정점으로 시·도교육청과의 연계 · 협력 체제를 기반으로 교육부 및 시·도 교육규제완화위원회의 심의 · 자문을 받아 추진하였다.

교육부는 1996년 중에 훈련, 예규, 고시, 지침 등 행정명령을 전면 개정하고, 법률, 대통령령, 조례, 교육규칙 등 법규문서는 1997년도부터 단계별로 정비하되 '96년도 교육관계 법령 정비계획과 병행 추진하며, 각급 기관, 단체, 일반국민이 제안하는 과제는 수시로 교육규제완화위원회의 심의를 거쳐 관계법령을 개정해 가기로 하였다(교육부, 1996a).

교육부의 교육규제 개혁의지를 가장 극명하게 보여준 것은 이른바 '일몰제(sunset clause)' 의 도입이다. 즉 교육부는 1996년 1월 17일 '96년 주요업무 보고에서 '교육규제의 전면철폐' 를 표명하고, 일선 교육현장의 자율성과 창의성을 저해하는 각종 훈령, 예규, 지침 등 교육관련 규제를 전면적으로 정비하되 정부 수립 이후 지금까지 교육부와 시·도교육청이 발령한 행정명령 등 현행 교육규제 중 교육규제완화위원회의 심의를 거쳐 "'96년 말까지 필요성이 입증되지 못한 규제사항은 '96년 12월 31일을 기준으로 자동 폐지한다."는 게 그것이다. 또한 '96년 2월 15일 교육규제완화위원회의 운영을 지원하기 위하여 교육부 기획관리실 행정관리담당관 소속하에 4급 1명, 5급 1명, 연구사 1명, 6급 이하 3명 등 6명의 위원으로 행정지원반을 구성하여 교육규제업무를 효율적으로 추진할 수 있는 기반을 구축하였다. 1996년 5월 14일 세계화추진위원회는 교육부를 '사회분야규제개혁 시범부처' 로 지정했다.

교육부가 1996년 집중적으로 시행한 교육규제정비 작업은 크게 제안과제 정비와 행정명령 정비로 나눌 수 있다. 1996년 1월부터 1996년 말까지 교육부에서 접수한 국민 제안과제는 305건이며, 이 중 84건에 대한 심의 결과, 폐지 또는 완화된 과제는 37건, 부동의 47건이다. 기타 221건은 이미 심의한 내용과 동일하거나, 제안내용의 중복, 민원성격의 제안사항 등으로 위원회의 심의를 생략하고 제안자에게 회신하여 종결 처리하였다. 한편, 시·도교육청의 경우 278건의 심의 결과, 폐지 또는 완화된 과제가 116건(41.7%)이다.

교육부는 1996년 9월 5일 정부 수립 이후 '96년 2월 말까지 교육부가 발령하여 현재까지 효력이 있는 모든 훈령, 예규, 지침, 일반 문서 중 323종 981건을 자체 발굴하여 151종 381건은 전문을 폐지하고, 47종 114건은 일부 내용을 폐지하거나 완화함으로써, 교육규제완화위원회가 꼭 필요하다고 인정한 125종 486건을 제외한 모든 행정명령은 '97년 1월 1일자로 완전 폐지하거나 완화한다는 교육규제 정비조치를 단행하였다. 또한 '96년 12월 16일 제10차 교육규제완화위원회에서 '96년 3월 이후 생산한 행정명령에 대하여 훈령 2종, 예규 1종, 고시 4종, 지침 5종 13건, 회의서류 3종 8건, 일반문서 4종 7건 이외의 모든 문서는 폐지하기로 의결하였다.

각 시·도교육청 또한 교육부에 상응하는 행정명령 정비작업을 대대적으로 전개하여 총심의대상 과제 수 2,044종 4,323건의 정비 결과, 전문폐지 792종 1,457건, 일부폐지 89종 283건, 일부완화 171종 404건, 전문존치 992종 2,179건으로 51.5%(총기준)의 폐지 · 완화율을 보였다.

전체적으로 볼 때, 교육부 및 시·도교육청의 2,386종 5,332건에 달하는 정비대상 행정명령 중 1,250종 2,639건이 폐지 · 완화되었고 1,136종 2,693건만 전문 존치시키기로 확정된 것이다. 이는 그동안 얼마나 많은 불필요한 교육규제가 교육현장 및 교육수요자의 자율성과 창의성을 옥죄여 왔는가를 여실히 보여주는 동시에 교육규제정비가 앞으로도 지속적으로 추진해야 하는 과제임을 시사해 주고 있다. 교육부는 1997년 1월, '1차 교육규제완화백서' 1,300부를 발간 · 배포했다.

1997년에 들어 교육부는 다시 교육규제완화에 박차를 가해, 〈교육규제사전심의제〉 실시(1997.1.), 〈교육규제실명제〉를 시행(1997.4.)하였다. 이어 교육관련 법률, 대통령령, 교육부령, 조례, 규칙 등에 의한 교육규제를 대상으로 교육규제완화위원회에서 교육규제의 타당성을 심의하여 폐지 · 완화하는 법령에 의한 교육규제정비에 나섰다. 1997년 9월 현재 358건 중 55건(15.4%)이 정비되었다.

교육규제정비 평가

1996년도 제1단계 행정명령 규제정비를 통해 정부 수립 이후 발령된 전체 행정명령의 대부분을 폐지 또는 완화함으로써, 우리 교육이 개성과 창의성을 발휘할 수 있는 기반을 조성하고, 학교운영의 자율성 및 책무성을 신장시키며 열린교육사회와 평생학습사회의 기반을 마련하는 데 크게 기여하였다. 그러나 일선 교육현장에서는 아직 그 효과를 체감하고 있지 못한 실정이었다. 여기서 우리는 이들 각종 행정명령 규제의 법적 근거를 이루는 교육 관계법령 정비가 선결되지 않은 상황에서 행정명령에 대한 규제완화를 적극 추진하는 데서 오는 한계가 너무나 크다는 사실을 인정하지 않을 수 없다. 실제로 규제 담당자들은 상위법의 규제 근거가 존치하는 한, 필요할 때 언제든지 새로운 행정명령을 생산할 수 있다는 점도 염두에 두어야 할 것이다. 그러나 실제로 교육기본법제의 전면 개편과 규제완화 작업 간의 빈틈없는 연계를 마련하는 일은 매우 어려운 일이며 또한 장기간의 연구와 노력을 필요로 하는 작업이라는 점도 함께 인정해야 할 것이다.

교육부의 줄기찬 노력에도 불구하고, 교육규제완화의 추진노력에 비해 그 체감 성과가 다소 기대에 못 미치고 교육현장에서 교육규제완화 결과가 과도기적 혼란이 빚어지고 있는 실정이었다. 이러한 문제점을 해소하기 위하여 1998년도에는 교육규제를 기본적으로 억제하는 〈사전심의제〉를 강화하고 "교육과정, 교원, 시설, 재정분야" 등의 중점 규제영역을 전반적으로 재검토하여 완화하고자 하였다(교육부, 1998b: 287).

교육규제정비를 위한 향후 추진전략은 대체로 다음 세 가지로 집약되었다. 첫째 교육개혁 작업의 일환인 교육기본법제 개편 작업과 교육규제정비작업을 동반 추진하고, 둘째 교육규제 정비의 의의와 필요성을 이론적으로 정립하여 교육부와 시·도교육청 구성원의 교육에 활용하여 그들의 의식에 교육규제완화의 절실함을 내면화하며, 셋째 보다 본질적 맥락에서 교육규제정비 건수보다 그 실질적 내용에 더 큰 관심을 기울이는 노력을 해야 한다는 것이었다(교육부, 1996a: 16-26).

12) 교육관계법령체제 개편

교육법제개혁의 주요 논점

개혁의 마무리는 최종적으로 법제의 개편으로 이어져야 한다는 점에서 교육법제의 개편논의는 교육개혁위원회의 주요 논의 사항 중 하나였다.

특히 교육법학 전문가이자 〈교육권〉 이론가인 수원대학교 강인수 교수가 전문위원으로 활동하면서 이 논의의 중심이 되었다. 교육개혁위원회의 '수요자 중심 교육'은 국가교육권이나 교사의 교육권보다 더 기본적인 어린이 · 학생의 교육권(교육받을 권리)과 이에 대한 일차적 의무와 권리를 가진 학부모의 교육권(교육할 권리)을 우선 보장하는 것이 헌법정신인 자유민주주의 교육체제의 근간이므로 이를 교육법제에 체계적으로 반영하는 것이 교육법제 개혁의 핵심이었다.

〈교육기본법〉을 별도의 교육헌법처럼 운용해 온 일본의 선례를 따르는 방향으로 합의가 이루어졌다. 그러나 그 경우 초·중등, 고등, 유아교육과 사회교육을 포괄하고 있는 기존 〈교육법〉을 어떻게 할 것이냐가 쟁점이었다. 교육기본법 + 분야별 교육법제로 가느냐, 아니면 기존 교육법 속에서 교육개혁 기본법 정신을 소화하여 담을 것이냐 여부에 대하여 교육개혁위원회와 청와대 교육비서실 내에서 논란이 있었다. 후자는 법제의 전면 개편작업의 지난함을 그 이유로 들었으며, 전자의 주장은 초등–중등–고등 교육으로 이어지는 단선형 학제가 지닌 공급자 중심의 획일성을 벗어나려면 역사적으로 서로 다른 기반과 배경을 지닌 유아교육, 초·중등교육, 대학교육을 별개의 법률로 하여 그 고유한 특성을 인정해야 한다는 것을 논거로 삼았다.

최종적으로 전자의 견해가 채택되어 법제 개편이 이루어졌다. 이에 따라 교육개혁위원회는 교육에 대한 학생과 학부모 및 교원의 권리를 구체적으로 보장하고 자유민주주의 교육체제를 지향하는 헌법 정신을 충분히 구현할 수 있도록 교육 관계법의 전반적 체제 개편을 목표로, 교육기본법, 초·중등교육법, 고등교육법, 그리고 사회교육법 개정방안을 마련하여 이를 발표하였다.

교육부의 교육법제화 추진

그러나 교육개혁위원회의 교육법제 개편은 교육3법으로의 체제 개편과 교육기본법상의 교육당사자의 교육권 개념, 초·중등교육법상의 학부모 교육참가를 위한 학교운영위원회 규정 등 주요 내용을 담고 각 법률 내용에 대한 작업은 교육부로 이관되었다. 교육부는 관련 전문가들을 모아 기존 교육법의 조문 하나하나마다 그 연원과 배경이론을 추적하고 검토하는 등 엄청난 노력을 기울여 법제연구 작업에 1년 이상 매진했다.

그러나 교육부는 1997년 중반, 교육법학적 지식축적의 빈곤과 시간적 지체를 이유로 당초에 겨냥했던 심층적 · 본질적 연구를 중단하고 단순히 기존 교육 법조문에 5·31 교육개혁에서 제시된 새로운 사항을 첨부하고 분야별로 분류 · 취합하여 〈교육기본법〉, 〈초·중등교육법〉, 〈고등교육법〉, 〈평생교육법〉을 제정하는 것으로 작업방향을 전환하였다. 내용이 비교적 간단한 교육기본법안은 쉽게 마련이 되었으나, 초·중등교육법안과 고등교육법안의 전면적인 새로운 초안 마련은 1년이 넘는 별도 작업반 중심으로 수많은 인원이 참여한 입법준비 활동에도 불구하고 실패로 돌아갔다. 그 결과 입법추진 일정상 구교육법의 초·중등교육 관련 조문과 고등교육 관련 조문을 추출하여 각각 초·중등교육법안과 고등교육법안을 마련하는 미봉책으로 교육법제 개편을 추진하게 되었다. 이렇게 된 이유 중의 하나는 입법추진 과정에서 외국의 법제와 관련 이론 등 광범한 자료가 수집되고 검토되었음에도 불구하고, 그동안 법적인 연구와 이론 축적이 되어 있지 못한 상태였으며, 상정된 조문상의 주요 쟁점들에 관해서도 전문가들의 확신 없는 의견만이 있을 뿐 토론과 조정을 거쳐 교육계의 합의를 끌어낼 만한 쟁점별 공론화 과정의 성숙이 없었다는 사실에서 비롯된다. 따라서 온전히 새로운 초·중등교육법제와 고등교육법제를 마련하기에는 결과적으로 준비 부족이 걸림돌이 되었다.

이와 연관하여, 교육관계법의 전면적인 내용 개정을 사실상 중도 포기하게 된 중요한 이유는, 조문 하나하나를 검토하면 할수록 그것이 엄청난 교육논쟁 내지는 이념논쟁으로 비화될 위험성을 뒤늦게 발견했기 때문이다. 예컨대, 종전 교육법에 기술된 핵심적 교육이념으로서 '홍익인간'을 계속 앞세울 것이냐의 문제에서부터, 교육민주화의 흐름 속에서 교장의 지위 및 교사와의 관계에 대한 미세한 조문상의 표현에 이르기까지 사회적으로 큰 논란을 벌이지 않고는 법률을 개정하기가 결코 쉽지 않은 크고 작은 문제들이 지속적으로 돌출했던 것이다. 그런데 이때는 이미 김영삼 정부의 임기 말에 진입해 있었기 때문에 그런 논란을 돌파할 만한 정치적 · 행정적 의지나 역량도 이미 크게 소진된 상태였다.

결국 1997년 정기국회 의결을 거쳐 구교육법이 폐지됨과 동시에 교육기본법, 초·중등교육법, 고등교육법이 제정되었으나 그 외의 법률개정 과제에 대한 작업은 계속되지 않았다. 이때 잠정 포기하고 말았던 교육법제 개편 작업은 이후 김대중, 노무현 정부로 이어지는 동안 영영 잊혀지고 말았다. 결과적으로 단일 법전이었던 구교육법을 폐지하고 교육기본법을 중심으로, 유아교육법, 초·중등교육법, 고등교육법, 평생교육법의 5개 기본법전 체제로 전환하였으나 구교육법 조문들을 풀어헤치고 나누는 교육법전 체제의 개편에 그쳤을 뿐 교육개혁을 위한 새로운 규제의 틀을 담는데 실패하고 말았다.

법제 개편 작업의 실질적 무산은 곧 교육규제개혁 작업의 한계 봉착을 의미하는 것이었다. 법률에 의한 원초적 규제 틀을 바꾸지 못한 상태에서, 하위법령과 행정훈령을 제아무리 폐지 · 완화하거나 바꾸어도 규제의 본질은 달라지지 않는다. 오히려 규제의 틀은 그대로 있는 상태에서 하위규정과 행정규칙들이 사라지게 되면, 교육행정의 예측가능성이 저하되고 불투명성이 높아지며 교원단체와 시민단체의 참여가 가세된 상태하의 편의주의적 결정이 오히려 크게 늘어나기가 십상이다.

OECD의 보고서(OECD, 2006: 182)가 한국고등교육규제에 관하여 언급하면서 한국은 3불 정책을 폐지하기 이전에 새로운 교육규제의 틀을 먼저 마련해야 한다고 한 것은 바로 이러한 한국의 사정을 정확히 파악한 것이다. 이러한 규제의 틀은 국민적 합의를 바탕으로 국회가 제정하는 법률을 통해서만 마련될 수 있으며 행정부 차원의 규제개혁 작업이나 공공관리개선 작업으로는 성취될 수 없다. 이른바 3불 정책을 둘러싼 논란이 오도된 형태로 흘러가며 해결의 탈출구를 찾지 못한 이유도 여기에 있다. 그동안의 교육규제개혁과 교육자율화 작업은 이러한 관점에서 볼 때 그 한계가 너무나 뚜렷한 것이다.

여하튼 이때 새로 추가된 주요한 사항을 열거하면 다음과 같다.

〈교육기본법〉은 헌법상의 교육받을 권리를 구체화하여, '학습법(권)' 개념을 도입하고, 학생 · 부모 · 교원 · 학교설치-경영자 · 국가의 교육권 개념 규정, 학교운영의 자율성 보장, 학생 · 학부모의 교육 참여권, 교육의 정보화 및 평가 등에 관한 사항을 새로이 규정함으로써 모든 교육에 있어 교육관계법령의 입법, 생성 및 적용의 기준이 되게 하였다. 한편, 〈초·중등교육법〉은 취학 전 1년의 유치원 무상교육, 학생의 자치활동 보장과 징계 시 적정절차 도입 및 학교운영위원회 등에 관한 사항을 새로이 규정하여 학생 및 학부모의 권리 보장 및 학교운영의 자율성을 보장하였다. 또한 〈고등교육법〉은 대학설립준칙주의, 학생의 자치활동 보장과 징계 시 적정절차 도입, 학교 명칭 사용 자율화 및 전문대학의 전공심화과정 설치 등을 새로이 규정하여 대학의 자치 기반을 확충하고, 고등교육기회를 확대하며, 교육 연구의 질 향상을 도모하였다(교육부, 1998a: 41).

이상의 내용을 담아 1997년 12월 13일 교육기본법, 초·중등교육법 및 고등교육법을 제정하였다. 이러한 변화는 교육개혁추진의 전체적 전략상으로도 커다란 의의가 있었다. 즉 교육기본법체제하에 유아교육법 독자 제정을 위한 여지를 남김으로써, 이때 이미 유아교육법이 제정될 수 있는 방향과 그 틀이 설정된 것이다. 기존 단일교육법전 체제가 계속되었다면 유아교육법 제정은 거의 불가능했을 것이다. 한편, 기존의 〈사회교육법〉은 각종 사회교육에 관한 제반 법령에 대한 기본적 사항과 사회교육을 조정·통괄할 수 있도록 크게 개정하여 〈평생교육법〉을 제정하고자 입법을 추진하였다. 〈평생교육법〉은 이후 국민의 정부 아래서 1999년 8월 30일 입법화되었다.[17]

13) 사학의 자율과 책임의 제고

'사학의 자율과 책임'은 교육개혁위원회가 그동안 다수의 내부토론은 물론 공청회와 정책협의회, 간담회 등을 통하여 오랫동안 논구하여 오던 주제다. 사학이 제 구실을 하려면 자율과 책임이 균형 있게 조화를 이루어야 하나, 현실적 이해관계 때문에 양자 중 어느 한쪽을 더 강조하는 경우가 많아 이해관계자들 간의 갈등이 많았다. 따라서 사학의 공공성 제고와 동시에 사학의 자기 발전적 노력을 추구하도록 제도를 개선하는 일은 매우 지난한 사업이다. 제1·2기 교육개혁위원회 모두에서 소위원장으로 활동한 이돈희가 특히 사학문제에 큰 관심을 표명했고, 자립형 사립학교 설립에 대해서도 적극적이었다. 이른바 '자사고'는 많은 이의 관심을 불러일으켰으나, 그 구체적 시행은 뒤로 미루어졌다.[18]

사학 문제는 기본적으로 사학의 자율성과 공공성의 대립문제이다.

17) 〈한반도선진화재단의 교육개혁패널 팀〉은 현행 교육법체제의 미비점을 비판하며 진정한 교육개혁을 위해서는 법제혁신이 시급한 과제라고 주장한다. 그 기본방향은 '교육제도 법정주의와 법치행정'이다(한반도 선진화재단, 2007: 89-101).

18) 당시 교육부 장관이었던 박영식, 안병영 모두 자립형 사립학교 설립에 대해서는 유보적이었다. 따라서 제도화를 위한 구체적 작업도 진척되지 않았고, 얼마간 논의는 있었으나, 치열한 논쟁으로까지 번지지는 않았다.

5·31 교육개혁 이전에는 공공성에 비중을 두었던 것에 반해, 개혁안에서는 상대적으로 자율성에 강조점을 두었다고 볼 수 있다. 이 문제는 이후 노무현 정부에서 사립학교법 개정 시도를 계기로 이념대립으로 비화되는 단초가 되었고, 더 나아가 이명박 정부에서 자사고를 대폭 확대 도입하면서 이념대립의 핵심 쟁점으로 부각이 되었다.

사학분쟁조정과 거버넌스의 개혁

교육개혁위원회는 사학의 공공성과 투명성을 확보하기 위하여 사학분쟁조정위원회를 설치하고, 예산 및 결산을 공개하도록 하였다. 또한 거버넌스의 민주화를 도모하였다. 그러나 이사회 구성의 자율성 보장은 기존 체제를 온존시키는 조치로서 개혁효과를 기대하기는 어려운 방안이었다.

과제 내용

- 사학운영의 공공성을 확보하기 위하여 사학과 관련된 각종 분규를 조기에 중재, 해결하기 위한 기구로 교육부 장관 산하에 〈(가칭)사학분쟁조정위원회〉를 설치하도록 한다. 사학분쟁조정위원회는 현행 〈교원징계재심위원회〉를 개편하여 설치하되, 중재 · 조정 등의 효력을 법적으로 뒷받침한다.
- 법인과 학교의 운영에 관한 예산 및 결산은 매 회계연도별로 확정된 즉시 이를 공개하도록 한다. 공개의 방법은 법률로 정한다.
- 사학운영의 자율성을 보장하고, 공공성과 투명성을 확보하기 위하여 필요한 제한 이외의 이사회 구성에 관한 사항은 각 학교법인이 자율적으로 정하도록 한 현행 규정을 준수하도록 한다.[19]

19) 현행 사립학교법 제21조(임원선임의 제한)는 현행대로 존치한다. 단, 이사 중 적어도

- 사립대학의 민주적이고 효율적인 운영을 보장하기 위하여 대학평의회 설치를 의무화한다. 대학평의회는 교수와 연구에 관한 주요 사항에 대하여는 심의하고, 학교운영 및 발전에 관한 일반사항에 대해서는 자문하고 건의한다. 대학평의회의 조직 · 운영 및 기능에 관한 구체적 사항은 법령으로 정한다.
- 사립학교 총·학장을 임기 중에 해임하고자 할 경우에는 이사 정수의 1/3 이상의 찬성으로 의결하도록 한다.
- 사립학교 교원의 임용은 국·공립대학 교원의 기간제 임용을 준용함으로써 신분보장에 있어서 형평을 기한다.

추진 경과

1997년 1월 13일 사립학교법을 개정하여 학교법인 이사의 수에 대한 규제를 완화하고 같은 해 12월 13일 고등교육법 개정으로 총학장의 신분보장을 강화하고 예산 · 결산의 공개 및 대학평의회 설치를 법제화하였다.

사립 초·중등학교 운영의 자율성 확대

추진배경과 과제 내용

1999년부터 실시된 중학교 무시험 진학제도와 1974년부터 추진되어 온 평준화 시책으로 사학의 자율운영과 교육여건 개선에 적지 않은 제약이 따랐다. 바야흐로 국제화, 개방화, 자율화의 흐름 속에서 교육의 질 향상과 경쟁력을 높여가기 위하여 사학의 활성화 대책이 필요하다는 인식이 높아졌다. 그런 관점에서 공익 우선 특별 프로그램 운영사학에 대한

1/3 이상은 교육경험이 3년 이상인 자로 구성하도록 한다.

행·재정적 지원을 확대하고, 1998년 이후 등록금 및 입학전형 방법 등의 자율 결정권을 가진 자립형 사학 도입을 검토하기로 하였다. 기타 영세 사립 중·고등학교의 통·폐합 및 공익법인 전환도 포함되었다.

추진 경과

- 자립형 사립고교 육성방안에 대한 정책연구('97.12.)
- 자립형 사립고등학교 운영모델 개발에 관한 공청회 개최('97.10.)
- 〈공익우선 특별프로그램 운영 사학〉 재정지원 계획 수립('97.3.)
  - 대상 사학 : 대안학교 6개교, '98 예산지원 : 60억 원(특별교부금)
- 〈영세사학의 통·폐합 및 공익법인 전환〉을 위한 법령 개정
  - 사립학교법('97.8.) 및 동법 시행령('97.12.) 개정
- 〈자립형 사립고등학교〉 도입 여부 방침 결정
  - 2000년 이후 도입 검토(「교육개혁요람」, 1998: 116-117)

사학에 대한 재정 · 금융 및 세제상 지원 강화

추진배경과 과제 내용

그동안 사학은 정부의 재정 지원 없이 등록금 수입에만 의존하여 학교를 운영해 온 결과, 국·공립학교에 비해 교육환경의 열악성을 면치 못하고 있었다. 한국 교육에서 사학이 차지하는 절대적인 비중을 감안할 때, 사학의 발전 없이는 교육 전반의 발전을 기대하기 어려운 것이 현실이다. 이에 사학의 당면한 어려움을 해결하고 나아가 공교육의 수행자로서 맡겨진 역할을 제대로 수행하게 하려면 사학에 대한 지원은 더 강화되어야 한다는 인식을 바탕으로 한다.

따라서 향후 국가와 지방자치단체에 의한 재정지원 규모의 확대를 추진하였다. 2000년도까지 1조 원의 기금을 조성하여 자체 자금만으로도 사학지원 사업을 수행할 수 있도록 할 계획이었으며, 세제형평성을 고려한 세제상의 혜택도 고려하였다.

추진 경과

- 사학 관련 조세제도 개선 자료 수집, 정리('96.10.)
- 사학재정지원 규모 확대 : 1,100억 원('95) → 2,086억 원('97)
- 사학진흥재단 발전방향 연구('96.4.~'96.12.)
- 사학에 대한 세제지원 확대방안 수립, 관계부처 협조요청('97.2.)

사학의 전문경영체제 육성

추진배경과 과제 내용

정부에 의한 규제보다 사학 스스로에 의한 경영 공개와 투명성 제고를 통하여 사학의 공공성을 확보하고 아울러 사학의 자주성을 실질적으로 보장하는 일은 매우 필요하다. 아울러 사학의 전문경영체제의 육성을 통하여 사학운영의 전문성과 합리성을 제고하는 일 또한 시급한 일이다.

이를 위하여 사학의 회계제도를 개편하고 외부 감사제도를 도입하는 한편, 대학(원) 수준의 사학경영, 회계 등과 관련된 강좌 및 연수 프로그램을 개발하며, 한국 사학진흥재단, 한국대학교육협의회 등 사학 관련 단체가 참여하는 연수 및 자문체제의 확립을 추진하였다.

추진 경과

외부감사제도의 근거를 마련하기 위하여 사립학교법('97.1.) 및 동법 시행령을 개정('97.8.)하고, 전국 사립대학 재정관리자 협의회 회계 관련 연수회를 개최('96~'97)했다. 새로 도입된 외부 감사제도는 당해 회계연도 입학정원이 2,000명 이상인 대학 또는 개방대학을 설치 운영하는 학교법인(전문대학 이하 각급 학교는 제외)을 시행대상으로 하며, 1997년 결산서 제출 시부터 시행하였다.

한편, 한국대학교육협의회, 한국사학진흥재단, 전국 사립대학교 재정관리자 협회 등을 매개로 사학의 행정관리직 직원들에게 직무, 회계 및 세제 관련 연수를 실시하고 사학운영의 자문기능을 강화함으로써 경영전문인 양성의 제도화를 추구하였다. 1998년 하반기에 사학 관련 회계제도의 정비를 마칠 예정이었다(교육부, 1998b: 163-166).

14) 지방교육자치제도의 개혁

추진배경

1991년 지방교육자치의 본격적인 실시 이후, 여러 가지 문제점이 노정되어 그 개선을 위한 노력이 계속되어 왔으나, '교육자치'를 '교육자 자치'로 오해하는 교육계의 반발[20]로 소기의 성과를 거두지 못하고 있었다.

20) 지방교육자치제는 지방자치제도의 실시를 전제로 지방분권 차원에서 교육의 전문성, 특수성을 살리기 위한 제도이다. 따라서 지방교육자치제는 "지역 주민 또는 주민의 대표기구가 교육관련 전문인력을 활용하여 지역적 성격을 지닌 교육사무를 자율적으로 처리해 나가는 것"이라고 정의할 수 있다. 그러므로 지방교육자치제는 교원, 교육전문가, 교육행정가에 의한 자율적 관리가 아니라 지역주민, 학부모의 소망 사항을 교육현장에 효과

그 중요한 문제점을 적시하면 다음과 같다.

첫째, 교육행정과 일반행정의 이분화로 자치단체의 교육행정 참여가 원천적으로 봉쇄되고 있다는 문제점이 있었다. 이로 인해 지방정부의 수장은 교육에 대한 아무런 권한도 책임도 없었다. 따라서 그들은 학교건축을 위한 토지할당이나 급식시설 지원, 평생교육, 직업교육 등 교육적 투자에 대한 주민요구가 강렬함에도 불구하고, 이에 대해 독립적으로 어떠한 효과적인 행동도 취하기 어려웠고, 실제로 이러한 행동을 해야 할 강력한 유인도 없었다. 이에 자치단체장의 지역교육에 대한 역할과 책임 확대를 위해서도 지방교육자치제를 개선할 필요가 절실했다.

둘째, 교육위원회가 의결기관으로 운영됨에 따라 지방의회와 교육위원회의 이중 심의 및 중복 감사 실시 등의 문제가 발생했다. 이에 따라 교육청과 일선 학교의 업무 부담이 지나치게 많아 교육개혁 추진과 관련된 산적한 교육행정 업무의 시의 적절한 추진이 실제로 불가능한 상황이었다. 교육위원회의 회기가 60일, 시·도의회의 회기가 120일로서, 교육 관련 예산안과 조례안을 교육위원회와 지방의회에서 이중으로 심의받는 동안 지방교육청은 각종 자료 제출, 답변 등 심의절차를 밟기 위해 1년의 절반 이상을 소모해야 했고, 교육위원회의 행정 감사, 시·도의회의 조사활동에 따른 출석 및 자료 준비를 위해 일선 학교조차도 많은 시간과 노력을 쏟아야 했다. 따라서 이에 수반하는 교육 행정력의 낭비가 극심했고, 정책 집행의 시의성을 상실하는 사례가 빈번했다.

셋째, 교육 발전을 위해서는 단체장 및 지방의회의 지원과 협조가 필수적이며 이를 위해서는 교육감과 교육위원회가 긴밀하게 협조하지 않으면 안 된다. 그러나 교육위원회와 교육감이 "의결기관 대 집행기관"으로 분리 · 독립되어 있기 때문에 교육위원회가 교육감의 업무를 감시 · 감독하

적으로 구현하기 위한 제도인 것이다. 그러나 교육계에서는 지방교육자치를 마치 교육이 지방자치와 완전히 분리되어야 하는 것처럼 인식하는 분위기가 팽배해 있었다.

는 데 치중함으로써 상호 간의 긴밀한 협조보다는 불필요한 긴장 · 대립 관계가 야기되고 있는 실정이었다.

넷째, 지방교육행정조직의 인적 구성이 교육계 인사 중심으로 되어 있기 때문에 교육에 대한 의사결정이 공급자 위주로 이루어지고 있다는 문제가 발생하고 있었다. 전국의 교육위원 224명 중 교육경력자가 148명에 달하여 그 비율이 66%에 이르는 것에서도 알 수 있는 바와 같이, 교육정책결정과정에 각계 인사의 다양한 참여가 제한되어 교육에 대한 지역주민의 요구를 수용하기가 매우 어렵게 되어 있었다.

당시 실시하고 있던 지방교육자치제도를 간략하게 정리하면 다음과 같다.

① 지방교육자치 실시단위 : 시·도

② 성격 : 일반행정과 분리된 특별자치(1991년 이후 실시)

③ 의결 : 시·도교육위원회와 시·도의회로 이원화

④ 교육위원회의 성격 : 심의 · 의결기관(시·도의회가 의결권을 위임한 형태)

※ 다만 조례, 예·결산, 주민부담사항은 교육위원회의 의결을 거쳐 시·도의회가 최종결정

⑤ 집행 : 시·도교육감

⑥ 교육감의 지위 : 독임제 집행기관

⑦ 기관구성 : 학교운영위원회 · 교원대표로 구성된 선거인단에서 선출

⑧ 자격 : 교육위원 정수의 1/2 이상은 교육(행정) 경력 10년 이상인 자
교육감은 교육 · 교육공무원 경력 5년 이상인 자

교육개혁위원회의 지방교육자치제도 개혁 방안

위의 문제점을 극복하기 위하여 교육개혁위원회에서는 1996년 8월 20일에 발표한 제3차 교육개혁방안에서 일반행정과의 연계를 강화하고, 교육위원회의 합의제 집행기관화와 위원정수의 축소 등을 주 내용으로 하는 지방교육자치제도 개혁 방안을 제시한 바 있다. 그 주요 내용은 다음과 같다.

교육위원회의 조직 및 운영에 관한 개선

① 교육위원회의 성격 : 교육위원회의 성격과 기능을 위임형 의결기관에서 합의제 집행기관으로 전환한다.

② 교육위원의 선출 방법 개선 : 시·도지사가 위원 정수의 1/3배수를 추천하고 교육계에서 위원 정수의 2/3배수를 추천하여 시·도의회에서 위원을 최종 선출토록 한다.

③ 교육위원의 정수 : 교육위원의 정수를 7~25명에서 7~11명으로 축소한다.

④ 위원의 자격 개선 : 경력자의 경우 교육 또는 교육행정 경력 10년 이상에서 15년 이상으로 상향조정한다.

⑤ 교육감의 선출방법 : 후보등록 과정을 추가한다.

일반행정과의 연계 강화

일반행정과의 연계를 강화하기 위하여 지방자치단체의 장이 교육을 조장 · 지원할 수 있는 근거를 명시하며, 교육자치에 속하는 사무내용을 명백히 하여 기타의 교육 · 학예 지원의 일반적 책임을 지방자치단체가 지도록 한다는 내용을 포함하고 있었다. 당시 실시되고 있던 현행제도와 개정안을 비교하면 다음과 같다.

〈표 4-18〉 교육자치 개선안의 주요 내용

	현행	개정안
지방교육자치제의 기본구조	집행기관인 교육감과 의결기관인 교육위원회로 분리	집행기관인 교육감과 의결기관인 교육위원회를 통합하여 합의제 집행기관인 교육위원회로 변화 교육 · 학예에 관한 의결기능은 도의회가 담당
지방교육자치의 실시단위	광역자치단체	현행과 같이 광역자치단체까지 실시
교육위원회의 기능	시·도의회의 의결사항 중 일부 위임받아 교육 · 학예에 관한 사항을 심의 · 의결	시·도의회 의결에 따라 교육정책을 결정하고 집행하도록 변경
교육감의 위상	독임제 집행기관	교육감이 교육위원회 의장 겸임, 교무위원회 대표로서 사무 총괄
교육위원회 정수	7~25인	7~11인
교육위원 선출방식	기초의회에서 2명 후보를 추천받아 광역의회에서 그중 1명을 선출하는 이중간선 방식	교육계 추천인단으로부터 교육위원 정수의 2/3 배수를 추천받아 교육위원회에서 그 1/3을 선출
교육감 선출방식	무등록 · 무추천에 의한 소위 교황식 선출방식	후보등록 등의 절차를 거쳐 교육위원회에서 선출하되, 1차 및 2차 투표에서 재적의원 과반수의 득표자가 없을 때에는 시·도의회에서 선출

교육부의 지방교육자치제도 개혁 노력

교육개혁위원회로부터 지방교육자치제도 개혁방안을 제시받은 교육부는 공청회, 전문가협의회 등 광범한 의견수렴과정을 거치면서 정부개혁안을 마련하는 작업에 박차를 가했다. 그러자 기득권을 침해받는다고 생각하는 이해관계집단들로부터 심각한 반대에 봉착했다. 교육감 및 교육위원회 구성원들은 서울에 모여, 교육개혁위원회와 교육부를 줄지어 항의 방문했다. 그러나 교육부의 개혁의지가 확고한 것을 알고는 입법과정에 개입하여 개혁입법을 적극적으로 방해하는 방향으로 전략을 바꿨다. 이후 그들은 개혁안의 통과를 저지하기 위해 국회의원들을 향해 치열하게 로비를 벌였다. 그들은 교개위의 개별 위원들에게 공격적으로 압력을 구사했고, 이에 여야의 많은 의원들이 크게 흔들렸다.

교육부는 1996년 12월 5일 정부안을 국회에 제출했다. 이후 교육부는 안병영 장관을 필두로 국회는 물론 언론계, 학계 등 다양한 유관 단체와 접촉하며 활발한 홍보와 설득 작업을 벌였다. 아울러 장관이 직접 교육감 및 교육위원을 만나 설득하는 노력도 계속하였다.

당시 교육부는 지방교육자치에 관한 법률 개정안의 입법화를 위해 전심전력을 다했다. 따라서 입법과정에서 여야의 도움을 청하기 위해[21] 장관이 직접 국회 3당의 대표들을 차례로 만나 간곡하게 협조를 청했다. 안병영 장관은 1997년 5월 24일 신한국당 이회창 대표, 5월 29일 국민회의 김대중 총재, 6월 4일 자민련 김종필 총재 등과 만나 사안을 직접 설명하고 확답을 구하려고 애썼다. 실제로 이처럼 법률안 통과를 위해 주무 장관이 모든 정당의 대표를 일일이 만나는 일은 매우 이례적인 일이었다. 이회창 대표와 김종필 총재는 호의적인 반응을 보였다. 그러나 관건은 역시 야당 대표인 김대중 총재였다. 안병영 장관은 5월 29일 아침 서교호텔에서 김 대표를 만나 열심히 설득을 시도했다. 김 총재는 두세 질문을 던졌으나 주로 경청하는 편이었고, 현장분위기는 대체로 우호적이었다. 면담을 마친 후, 배석했던 김한길 의원이 나오면서 "분위기가 좋았습니다. 장관님, 성공하신 것 같습니다."라고 안 장관에게 얘기했다. 그러나 정치 9단의 김 총재는 그리 녹록치 않았다. 후에 드러난 결과로 볼 때, 결국 김

21) 지방교육자치제 개혁안에 가장 역점을 두었으나, 교육부는 그것 외에도 교육과정평가법과 '교육 3법' 등 비중 있는 주요 법안을 함께 추진하고 있었다.

대표는 정부안을 수용하지 않았다.

교육부가 마련한 지방교육자치에 관한 법률 개정안의 주요 내용은 다음과 같다.

지방교육자치제도의 기본구조

교육위원회와 교육감을 통합하여 합의제 집행기관인 교육위원회로 개편하고 교육 · 학예에 관한 사무를 합의하여 집행하도록 한다.

교육위원회의 권한

교육위원회는 기존의 기능을 그대로 유지하면서 교육규칙 제정권, 중요 교육시책 결정권을 가지도록 한다.

교육위원회의 구성 및 정수

교육감을 포함한 7~11인의 교육위원으로 구성하되, 교육위원의 정수는 시·도별 인구수를 기준으로 7인, 9인, 11인의 3가지 유형으로 정한다.

교육감의 지위

교육위원회의 대표로서 교육위원회의 사무를 총괄 처리함과 아울러 교육위원회의 의장이 된다.

교육감 선출방법

등록, 공개검증절차를 거쳐 교육위원회에서 무기명투표로 선출한다.

㉠ 1, 2차 투표결과 재적위원 과반수 득표자가 없을 때에는 시·도의회에 통보하여 시·도의회에서 선출한다.

㉡ 교육위원이 교육감 후보로 등록하고자 하는 경우에는 그 전에 교육위원직을 사퇴토록 하고, 교육감이 교육감 후보로 등록한 경우에는 투표에 참가할 수 없도록 한다.

교육위원 선출방법

㉠ 시·도의회가 시·도지사, 교육계의 추천인단으로부터 교육위원 정수의 배수에 해당하는 후보를 추천받아 그중에서 교육위원 정수에 해당하는 교육위원을 선출토록 한다.

㉡ 시·도의회에서 교육위원을 선출한 후 위원으로 선출되지 아니한 후보 중에서 교육위원 예정자를 미리 순위를 정하여 선출하고 교육위원의 결원이 발생한 경우 그 순위에 따라 교육위원이 되게 한다.

교육위원의 자격

㉠ 현직교원도 교육위원이 될 수 있게 하되, 초·중등 교원이 교육위원으로 선출된 경우에는 휴직토록 한다.

㉡ 교육연구 경력도 교육위원 자격경력으로 인정한다.

교육부에서 제출한 지방교육자치에 관한 법률 개정안은 국회에서 논의되는 과정에서 두 차례의 공청회(1996년 12월 9일의 제1회 공청회와 1997년 7월 11일의 제2회 공청회)를 개최하는 등의 노력이 있었으나, 많은 이해당사자의 의견이 엇갈려 여·야 합의를 보지 못하였다.

1997년 7월 1일 개막된 제184회 임시국회에서 정부안에 대한 논의가 계속되었으나, 대선을 앞둔 정치적인 상황에서 심도 있는 논의가 전개되지 못하였으며, 교육위원 등 이해관계자의 집요한 반대의사 표명으로 인해 합의를 보지 못한 채,[22] 제185회 정기국회로 연기되었다.

---

22) 7월 16일 열린 국회 교육위 법안심사소위에서 지방교육자치에 관한 법률 개정안과 고등교육법이 유보되었고, 교육과정평가원법은 3 : 2로 표결 통과되었다.

국회 교육위원회의 대체 입법

일반 대중들은 대체로 정부개혁안을 지지했으나, 기득이익집단들을 대표하는 조직화된 소수자들이 개별 모임에서는 오히려 훨씬 목소리가 컸다. 조직적 로비활동이 나름대로 성과를 거두는 형국이었다.

제184회 임시국회 폐회 후 울산 교육감이 선출과정의 비리로 인해 구속되는 등 현 제도의 문제점이 다시 표면 위에 떠올라 국회 교육위원들을 중심으로 온갖 비리의 온상이 되고 있는 교육위원과 교육감의 선출과정만이라도 개선되어야 한다는 합의가 이루어졌다. 제185회 정기국회에서 다른 개선과제는 차기 국회에서 보다 심도 있게 논의하기로 의결하고 교육위원과 교육감의 선출방법만을 개선한 지방자치에 관한 법률 개정안이 의원입법을 통해 1997년 11월 18일에 통과되었다. 이렇게 통과된 수정안은 정부안에 대한 국회의 대체안이며, 이로써 그 전해 12월 5일 정부가 제출했던 개정안은 폐기되었다. 개정안의 폐기와 더불어 교육개혁안의 개혁요소 대부분은 현실화되지 못하고 좌초했다. 대체안의 주요 골자는 다음과 같다.

교육위원 선출방법의 개선

학교운영위원회의 대표와 교원대표로 구성된 선거인단에서 교육위원을 선출하도록 하였으며, 선거공보의 발송과 소견발표회를 제외한 일체의 선거운동을 금지하여 선출과정에서 우려되는 과열과 혼탁을 방지하였다.

교육감 선출방법의 개선

기본적인 선출방법은 교육위원 선출과 동일하지만 후보등록 등 공개적인 검증과정을 거치도록 하였다.

교육위원 정수의 축소

1998년 6월 3일에 지방교육자치에 관한 법률을 개정하여 시도별 7~25인이던 교육위원 수를 7~15인으로 축소하였다. 이에 따라 교육위원의 총수는 146명으로 감소하였다. 또한 전국 57개 선출권역에서 2~4인을 선출하도록 하였다.

이후 1998년 1월 20일 '교육위원 및 교육감 선출 등에 관한 규정'이, 그리고 같은 해 2월 14일 '교육위원 및 교육감 선출 등에 관한 시행규칙'이 공포되었다.

15) 유아교육의 공교육체제 구축

배 경

많은 나라가 인간의 생애주기의 첫 단계인 영·유아의 학습능력 발달에 높은 정책적 우선순위를 두고 있다. 초기 환경이 인간의 지적, 정의적, 사회적 기초를 형성하므로 유아교육은 교육투자의 효과성이 탁월하며, 출발선에서의 교육평등의 실현, 저출산 완화 및 여성근로 촉진 등 다양한 맥락에서 그 중요성은 아무리 강조해도 지나치지 않다.

그럼에도 불구하고 유아교육은 교육정책의 우선순위에서 늘 밀려 왔다. 이로 인해 유아교육에 대한 관리 및 지원이 체계화되어 있지 못하였을 뿐 아니라, 전적으로 수요자 부담원칙에 의존하여 이루어져, 많은 유아들이 적절한 유아교육을 받지 못한 채 초등학교에 진학하는 실정이었다.

선진 여러 나라들은 대체로 3세 미만의 영아를 위해서는 양질의 탁아를 제공하고, 3세 이상의 유아를 위해서는 공교육체계 안에서 교육과 보호 서비스를 통합하여 제공하고 있다. 이처럼 국가적 차원의 질 관리를 통하여 취학 전 유아들에게 최적의 교육과 보호를 제공하고, 국가가 재정 지원을 통하여 유아교육에 대한 책임을 떠맡는 것이 세계적 추세이다(교육개혁위원회, 1998: 320-321).

한국의 경우, 교육 및 보육체계가 유치원과 보육시설(어린이집)로 이원화되어 있고, 각각 교육부와 보건복지부에 의해 관장되어 많은 문제를 야기하여 왔다. 5·31 교육개혁이 진행되던 당시 유아교육의 현황을 간략히 정리하면 다음과 같다.

유치원(초·중등교육법, 유아교육진흥법 적용 : 교육부)
- 만 3~5세 대상 유아교육기관, 반일제 운영(필요시 전일제 운영)
- 지역교육청의 인가를 받아 설치, 국가교육과정에 따라 운영
- 취원율 : 만 5세아: 45.09%, 3~5세: 27.2%

보육시설(영유아보육법 적용 : 보건복지부)
- 만 0~5세 기준 영유아의 보호와 교육을 목적으로 하는 시설, 종일제 운영
- 시장·군수의 인가를 받아 설치, 가정보육시설은 시장·군수에게 신고로 설치
- 입소율 : 만 5세아: 30.2%, 3~5세: 15.7%

유아교육의 공교육 체제 구축을 위해서는 이처럼 이원화된 유아 및 보육체계를 일원화하여 교육과 보호 서비스를 통합 제공해야 한다는 필요성이 매우 절실했다. 유아교육의 통합을 통한 공교육체제 구축은 유아교육의 질을 향상시키고, 장기적으로 유아교육의 기간학제 편입에 대비한다는 의미에서 더 이상 미룰 수 없는 정책과제였다.

유아교육의 공교육 체제 구축과 더불어 당시 유아교육계와 교육당국이 가장 관심을 쏟았던 것이 유아교육의 내실화와 무상교육의 단계적 추진이었다. 무엇보다 유아교육이 전적으로 수요자 부담 원칙에 의존하므로 가계부담이 과중했고, 육아부담으로 여성의 사회활동이 크게 제약을 받았다. 따라서 초등학교 취학 전 유아에 대한 1년간 유치원 무상교육 실시가 주요 정책의제로 떠오르고 있었다.[23]

교육개혁과제 내용

교육개혁위원회의 유아교육 분야 개혁의 기본 방향은 다음과 같다.

첫째, 3세 이상 초등학교 취학 전 유아들의 교육을 공교육체제 안에 원칙적으로 포함하고, 교육과 보호 서비스가 함께 제공될 수 있도록 새로운 형태의 '유아학교' 체제를 구축한다.

둘째, 유아교육의 질적 수준의 제고를 추진한다.

셋째, 초등학교 취학 전 유아에 대한 1년의 무상교육을 단계적으로 추진한다.

넷째, 출발점 평등을 위한 유아교육기회를 확대한다.

교육개혁위원회는 위의 '유아학교'와 연관하여 ① '유아학교 교육과정' 운영을 기본으로 하고, 학부모의 요구에 따라 다양한 형태의 종일반을 운영하며, ② 유치원을 포함한 기타 유아시설은 유아학교 기준에 맞추어 '유아학교'로 전환할 수 있도록 문호를 개방한다고 발표했다.

아울러 유아교육의 질적 제고를 위하여 교원의 자질향상 방안 마련 및

---

23) 1996~1997년에 교육부가 마련한 '교육복지종합대책' 안에 당초에 유아교육이 포함되어 있었고, 그 주제는 '저소득층을 위한 유아교육대책'이었다. 그러나 1997년 6월 2일 교육개혁위원회에서 제4차 교육개혁방안의 하나로 유아교육의 공교육체제 구축을 발표하게 되자, 교육부는 마지막 순간에 교육복지종합대책에서 유아교육대책을 뺐다.

장학체계 확충, 유아교육에 대한 국가와 지방자치단체의 지원 확대, 유아교육 행정체제 정비 · 강화 등의 방안을 내놓았다. 그리고 초등학교 취학 전 유아에 대한 1년의 무상 유아교육 단계적 추진과 연관하여, 2005년까지 취학 전 유아학교 취원율의 100% 추진을 다짐했다.

그러나 실제로 이원화된 유아교육 및 보육체제 내에서 유치원과 보육시설 간, 다시 말해 교육부와 보건복지부 간의 갈등이 계속 첨예화되어 있는 상황에서 '유아학교' 체제 구축이 용이하리라고 내다보는 사람은 별로 없었다. 그런 의미에서 교개위의 유아교육 개혁과제는 실질적인 해결책이라기보다는 미래에 대한 희망적 조망 내지 원칙의 표명에 준하는 선언적 성격이 짙다는 평가를 받았다.

추진 경과

유아교육체제의 구축을 위한 노력

유아교육체제의 구축을 겨냥해 1997년 7월 유아교육추진특별위원회가 구성되었다. 이 위원회는 이후 오랜 논의를 거쳐 1998년 1월 '유아교육추진방안' 을 심의 · 확정하였다. 그러나 이때는 이미 문민정부의 말기에 이르렀기 때문에, 집행과정에서 새로운 변화를 이끌어 내기에는 시간이 너무 촉박한 시점이었다. 그 사이 교육부 장관도 안병영에서 이명현으로 바뀌었다. 유아교육추진특별위원회는 두 가지 추진원칙을 제시했는데, ① 유치원을 유아학교로 전환하여 향후 기간학제 편입에 대비하되, 수요자의 선택에 의해 일원화될 때까지 유아학교와 보육시설의 이원체제를 인정한다는 것과 ② 유아학교와 보육시설의 선택은 수요자가 판단토록 하고, 중·장기적으로 일원화하는 방향으로 추진한다는 것이었다. 추진방안에서 상정한 유아학교의 개념은 다음과 같다(교육부, 1998b: 16).

- 성격 : 초·중등교육법상 정규학제에 속하는 유아교육기관
- 설립주체 : 국가, 지방자치단체, 법인, 개인
- 취학대상 : 3~5세 유아 중 취학희망자
- 교육내용 : 교육부 장관이 정하는 유아학교 교육과정 적용, 종일반의 경우 보건복지부 장관이 정하는 보육지침 적용
- 교원자격 : 현행 유치원 교원 자격기준 규정을 적용하되, 일정기간 보호관련 연수
- 시설기준 : '고등학교 이하 각급학교 설립운영에 관한 규정'에 의하되, 종일반의 경우에는 보호관련 시설 보강–개편절차 및 시기
- 유치원은 유아교육진흥법 부칙에 일괄 전환 규정을 두어 유아학교로 명칭을 변경('98년 중)하고, 시설 · 설비 미달교는 2004년까지 보완

그런데 유아교육개혁추진방안이 심의 · 확정되기 직전인 1997년 11월 13일 제185회 국회 교육위원회에는 유아교육 관련 두 개의 법안이 제출되었다. 하나는 유아교육진흥법개정법률안(함종한 의원 외 21인 발의)이고, 다른 하나는 유아교육법안(김원길 외 21인 발의)이었다. 그런데 전자는 현재의 이원화를 전제로 유아교육진흥방안을 제시한 것인 데 반해, 후자는 이원화되어 있는 유아교육을 유아학교로 통합하자는 내용이었다. 더욱 흥미 있는 것은 이에 앞서 11월 11일 국회 보건복지위원회에서는 영유아보육법을 통과시켰다는 사실이다. 영유아보육법은 이원화를 전제로 보육시설의 진흥을 위한 법률안으로서, 말하자면 유아교육진흥법개정법률안과 대칭되는 것이었다. 그런데 두 법률안이 제출된 시점이 제15대 대통령 선거를 한 달 앞둔 시점이었다. 유아교육법을 야당인 새정치국민회의의 김원길 의원이 제출한 것은 새정치국민회의가 대선공약에서 교육개혁위원회가 제시한 유아교육 일원화를 여당인 한나라당보다 오히려 더 강하게 주창했던 것과 연관된다. 이 법안은 또한 유아교육법의 제정을 위해 줄기차게 애써온 유아교육학계와 유치원교육계의 열망과 밀접하게 연관된다. 이 법안을 국회에 작성, 제출하는 과정에는 제2기 교육개혁위원회의 위원이었던 중앙대학교의 이원영 교수, 한국사립유치원 총연합회 한

경자 회장, 부산대의 임재택 교수, 엄기형 새정치국민회의 전문위원, 그리고 정기오 교개위 행정관 등이 적극적으로 참여 · 협력했다.[24] 그러나 유아교육법은 국회의 벽을 넘지 못하고 회기가 끝나자 자동폐기되었다.

그런데 막상 새정치국민회의가 정권을 잡았으나, 대통령직 인수위원회와 첫 교육부 장관으로 취임한 이해찬 모두 국민회의가 대선공약으로 내걸었던 유아교육 일원화를 위해 적극적으로 나서지 않아, 유아교육 통합을 위한 추진 동력이 약화되었다.

유아교육의 내실화 및 무상교육의 단계적 추진

교육부는 유아교육의 질적 수준의 제고를 위해 ① 교육 및 보육지원을 위한 관계부처 협의를 정례화하고, ② 유아학교의 보호기능에 대해서는 보건복지부가, 보육시설의 교육기능에 대해서는 교육부의 장학 및 점검 지도를 상호 허용하며, ③ 교원양성을 위한 이수과목을 점차 접근시켜 일원화하거나 상호 인정체제를 구축하여 교원자격의 일원화를 추진한다는 기본방침을 세웠다. 또한 유아교육의 내실화를 위해 유아교육진흥회를 구성했다.

아울러 무상 유아교육을 2005년까지 1단계(읍·면 이하 지역)부터 2단계

---

24) 185회 국회 교육위원회에서 새정치국민회의의 설훈 의원과 새나라당의 안택수 의원의 발언을 보면 당시 양당이 겪고 있던 갈등을 느낄 수 있다.
"…앞으로 나아가야 할 방향들을 생각한다면 유아교육법이 주장하고 있는 일원화가 마땅하다고 생각을 합니다.… 이 두 개를 비교 검토해 가지고 장점을 택해서 하나의 법으로 묶는 그런 작업이 있어야 되지 않을까 이렇게 생각합니다."(설훈).
"…기왕 보건복지위원회에서 영유아보육법을 통과시켜 놓았고 그러면 우리는 오늘 여기서는 유아교육진흥법을 일단 통과시켜서 내년에 새 정부가 들어서고 난 뒤에 그 두 법을 새 정부 차원에서 교육부와 보건복지부 또 우리 국회 교육위원회와 보건복지위원회, 어느 정도의 컨센서스가 이루어진 뒤에 통합 법안이 나오는 것이 입법의 순서상 맞지 않겠는가. … 그래서 저는 오늘 우리 교육위원회에서는 통합법 정신인 유아교육법을 조금 다음 국회로 미루고 유아교육진흥법 개정안을 다루는 것이 더욱 합당하다고 생각합니다."(안택수). 제185회 국회 교육위원회회의록 제7호(1997.11.13.).

(시 이하 지역)를 거쳐 3단계(광역시, 특별시 포함 전 지역)로 단계적으로 추진하되, 국·공립은 납입금 면제, 사립의 경우 학부모에게 일정액의 전표를 지급하여 선택 취학하되, 전표 이상은 학부모가 부담하도록 방침을 정했다. 이를 위해 1997년 12월 13일 제정된 초중등교육법에 '초등학교 취학 직전 1년의 유치원 교육은 무상으로 하되, 대통령령이 정하는 바에 의하여 순차적으로 실시(제37조)' 할 것을 규정했다.

소 결

오랜 논란 끝에 교육개혁위원회는 제4차 교육개혁방안에서 유아교육 개혁방안을 제시하였으나, 실제로 유아교육 이원체제를 극복하기에는 유아교육계와 유아보육계, 그리고 교육부와 보건복지부의 갈등의 골이 너무 깊었고, 이것을 조율하여 유아교육의 통합을 이끌어 내기에는 시간도 너무 촉박했다. 교육부가 유아교육의 공교육 체제 구축을 위해 기본 방침을 세웠으나, 그 집행 책임의 대부분은 후속 정권으로 미룰 수밖에 없었다.

5. 교육부의 5·31 교육개혁 보정(補正) 노력

'문민정부'의 대통령자문기관인 '교육개혁위원회'가 내놓은 5·31 교육개혁방안들은 대체로 세계화와 신자유주의, 그리고 민주화의 영향을 크게 받았다. 이것은 당시의 시대적 상황과 정권의 특성과도 깊이 연관된다. 따라서 기존의 획일주의적이고 규제 위주의 그리고 공급자 위주의 교육을 보다 자율적이며 수요자 위주의 교육으로 바꾸고, 교육과정도 보다 민주화하자는 내용이 강조되었다. 그러나 이들 교육개혁 과제들을 구체적으로 살펴볼 때, 경쟁력 강화 내지 수월성 지향의 방안들이 그 주류를 이루었고, 협력과 공존 능력의 제고 내지 교육소외의 극복과 인간화를 위한 프로그램은 상대적으로 적었다. 즉, 거시적 정책 지형은 형평성에 비해 다분히 수월성에 편향되어 있었다. 당시 교육부 장관 안병영은 거시적 교육정책 틀의 전체적 균형과 조화를 위해 형평성의 제고가 필요하다고 평가하고, 이를 위해 '교육복지' 라는 블루오션을 찾아 나섰다. 그는 고심 끝에 교육부 정책관료들을 독려하여 합동연구팀을 구성, 집중적인 연구를 통해 "소외된 자와 특별한 배려가 필요한 자"를 대상으로 우리나라 최초의 '교육복지종합대책(1997~2000)' 을 수립했다.[25]

오늘날 '교육복지' 라는 개념이 보편화되었으나, 당시로서는 교육부 정책 아젠다로 역사상 처음 등장한 매우 생소한 개념이었다. 당시 안병영 장관은 교육부 회의나 정책토론을 할 때 의도적으로 '교육복지' 라는 개념을 자주 쓰고 교육복지에 대한 정책적 관심을 촉구했다. 이렇게 마련된 '교육복지종합대책(1997~2000)' 에는 교육소외집단인 학교중도탈락자, 학습부진아, 특수교육과 유아교육 대상자, 그리고 귀국자녀 등에 대한 다양한 정책이 포함되어 있었다. 이후 안병영 장관은 재임기간 안에 이들 교육복지 프로그램을 통해 '문민정부' 의 거시적 정책지형을 보정하고 전체적 균형을 잡아보려고 애썼다. 위의 대책 가운데 중도탈락자대책은 "대안학교 설립 및 운영지원대책(1997.3.)" 으로 발전하면서 후에 대안학교의 제도권 진입의 계기가 되었다.

또한 안병영 장관은 1997년 8월 EBS 수능방송을 출범시켰다. 국가가 나서서 과외를 한다는 데 대해 적잖은 사회적 비판이 따랐으나, 그는 정

---

25) 1996년 12월에 발표된 〈교육복지종합대책 (1)〉과 이듬해 6월에 나온 〈교육복지종합대책 (2)〉에 그 내용이 담겨 있다.

부가 무상으로 양질의 수능방송을 하는 것이 사교육비 경감과 교육격차의 해소를 위해 필요하다고 생각했다. 여기에도 교육복지 차원의 고려가 크게 작용했다. EBS의 열악한 재정형편으로는 생각할 수 없는 사업이었으나, 천신만고 끝에 교육광고 허가를 얻으면서 그 어려움을 극복했다. 위의 두 사업은 5·31 교육개혁에서 비롯된 것이 아니라, 그것을 보정하기 위해 장관이 창안 · 주도한 것이므로, 교육부 안에서는 장관 프로젝트로 불리기도 했다.

1) 교육복지 종합대책과 대안학교

추진배경과 장관의 생각

안병영 장관은 취임 후 기존의 교육정책과 추진 중인 정책들을 면밀히 살펴보고, 사각지대가 적지 않다는 것을 발견했다. 우선 장애아를 위한 특수교육이 매우 뒤처져 있었고, 유아교육도 걸음마 단계에 있었다. 무엇보다 중등교육과정에서 중도탈락자가 한 해에 무려 7~8만 명이 되는데, 이들에 대한 대책이 아무것도 없다는 데 크게 놀랐다. 그런가 하면 지능이 크게 뒤지지 않는데도 초등학교 고학년이나 중학교 학생들 중에도 한글 철자법이나 기본 셈조차 제대로 깨치지 못한 학생들이 의외로 많다는 사실과 이들을 위한 별도의 교육적 배려가 별로 없다는 것도 충격적이었다. 또한 부모를 따라 얼마동안 외국에 가서 생활하다가 귀국한 초·중등학교 학생 중에 많은 수가 귀국 후 우리나라의 교육과정에 제대로 적응하지 못해 큰 어려움을 겪고 있고, 개중에는 적지 않은 수가 다시 외국으로 발길을 돌리는데, 이들에 대한 정책적 관심이 매우 미흡하다는 점도 발견했다. 이에 취임 후, 특별한 관심과 배려가 요구되는 이들을 위해 교육부문에 대한 종합대책을 세워야겠다는 결심을 했다. 그렇게 하는 것이 신자유주의 한길로만 치닫는 사회분위기와 경쟁력 위주의 교육개혁 과제에 대한 형평 복원 차원에서 필요한 일이라고 생각했던 것이다. '교육복지종합대책(1997~2000)' 은 구태여 말하자면 장관이 숙고해서 방향을 세우고, 그 준비와 시행을 지시했던 장관주도형 정책유형이라고 볼 수 있다.[26] 다섯 개의 부문, 즉 유아교육, 특수교육, 중도탈락자, 학업부진아 및 귀국자녀 중 유아교육 대상은 〈소외계층〉이라고 부르기 어렵다는 점에서 성격상 다른 부문과 차이가 있으나, 역시 특별한 관심과 배려가 요구되는 부문이라는 점에서 유사하여 같은 큰 틀 안에 넣었다. 그러나 교육부가 정책연구를 계속하던 "저소득층을 위한 유아교육대책"은 1997년 6월 2일 교육개혁위원회에서 제4차 교육개혁방안의 하나로 〈유아교육의 공교육체제 구축〉을 발표하게 됨에 따라 교육부의 종합복지대책에서는 빠졌다.[27] 종합대책을 만드는 과정에서 당시 교육정책총괄과장이었던 김영식, 서남수의 수고가 무척 컸다. 두 사람은 훗날 차관, 장관이 되었다.

위의 다섯 가지 정책부문 중 중도탈락자 대책은 안병영 장관이 가장 관심을 가졌던 정책영역이었다. 1995년 12월 취임 이후 학교 중도탈락자 문제로 고심하던 안 장관은 1996년 6월 전남 영광에서 각종 학교 형태로 대안학교 실험을 하고 있던 영산성지학교를 방문하였다.[28] 이후 교육부는 그해 12월 발표한 〈교육복지종합대책(1)〉에서 중도탈락자 예방대책의

---

26) "나(안병영)는 기회 있을 때마다 교육복지를 외쳤고, 대안학교, 특수학교, 유아교육 현장을 바쁘게 찾았다. 당시 많은 이에게 생소한 개념이었던 교육복지가 뭐냐고 물으면, 나는 '소극적으로는 교육소외의 극복이고, 적극적으로는 교육본질의 회복' 이라고 답했다. 교육복지에 대한 공감대가 확산되면서 교육부의 과장급 젊은 관료들은 열정적으로 돕기 시작했다."(안병영 · 김인회, 2009: 머리말).

27) 그러나 교육부는 교육개혁위원회의 〈유아교육 공교육체제 구축〉 방안을 흡수하여 1997년 10월 유아교육담당관실 주관으로 '유아교육 공교육체제 확립을 위한 유아교육 장기발전방안(1997~2000)' 을 내놓았다.

28) 〈대안학교 이야기〉, 안병영 부총리 서한(2004년 12월 23일 교육인적자원부 홈페이지) 참조.

기본방향으로 ① 학교 모델의 다양화 · 특성화를 통해 다양한 학습욕구를 수용하고, ② 학교운영체제를 혁신하여 학교생활 부적응 현상을 최소화하며, ③ 부적응 학생을 위한 사회적 지원체제를 구축하는 것으로 가닥을 잡았다. 그리고 이를 위하여 대안학교 설립, 대중적 문화수요를 수용할 수 있는 학교설립, 학생징계제도 개선, 중퇴생 학교복귀를 위한 특별조치 등 여러 가지 대책을 모색했다.

그러나 얼마 안 가 제도권 교육만으로 이 문제에 접근하는 데에는 한계가 있다는 인식에 이르러, 정책의 역점을 중퇴생과 학교 부적응 현상이 심한 학생들을 대상으로 하는 대안학교를 설립하는 데로 돌렸다. 이에 따라 ① 정규형(3년 과정의 중학교 및 고등학교) 및 ② 프로그램형(이수 후 원적교로 복귀하는 1년 이내의 단기과정)의 설립을 구체적으로 논의하기 시작했다(교육부, 1996b: 50). 당시 대안학교라는 개념은 매우 생소했고, 실제로 몇몇 알려진 대안학교들도 깊은 시골, 외진 곳에서 공교육과는 접점을 찾지 못할 정도로 극단적인 탈학교 형태를 띠고 있었다. 따라서 이들 학교에 대한 장관의 정책적 관심과 지지는 이후 교육부문에 이른바 '교육복지'라는 새로운 정책기조를 형성하는 계기가 되었다.

〈특성화학교〉 유형의 대안학교의 설립과정

그러나 이에 대해 공교육에 종사하는 사람들의 반발은 컸다. 교육부 내에서도 공립학교로 지원될 교육예산이 대안학교로 흘러들어가는 데 대한 반대의 목소리가 만만치 않았다. 특히 학교 설립인가권을 가지고 있는 교육청 공무원들의 냉소와 반대는 상상을 초월했다. 제도권 밖에서 활동하던 대안학교 교육자들의 반응도 결코 호의적인 것만은 아니었다.[29] 그러

29) 대안학교 운동가, 교육자들은 무엇보다 그들이 정부 지원을 받으며 공교육체계에 흡수되는 순간 그들은 정부의 통제와 감시 아래 놓이게 되는 것을 우려했고, 이는 자칫 그들

나 장관은 결연한 의지로 새로운 '대안(alternative)'의 끈을 놓지 않았다.

교육부는 대안학교 설립을 준비하는 과정에서 이를 교육개혁위원회의 제2차 교육개혁방안(1996.2.)의 〈특성화 고교 확대〉 방안 및 〈고교설립준칙주의〉와 연계하여 추진하기로 기획한다. 교육부는 마침내 1997년 3월 대안학교 설립 · 운영 지원계획을 확정 · 발표한다.[30] 정부가 앞장서서 대안학교를 제도교육 안으로 끌어들이려는 최초의 시도였다.

이어 '초·중등교육법 시행령'('98.2.)과 '고등학교 이하 각급학교 설립 · 운영규정'('97.9.)이 제정됨에 따라 마침내 대안학교가 정규학교의 지위를 얻을 수 있는 설립근거가 마련되었다. 이렇게 탄생한 것이 특성화고교 유형의 대안학교인데, 여기에는 영산성지학교와 같은 중도탈락자 전담 수용 대안학교뿐만 아니라, 전인교육 지향의 대안학교들도 최소 설립요건만 충족되면, 학력인정 등 정규교육으로 받아들여졌다. 이에 따라 다양한 유형의 대안학교가 제도권 진입에의 길이 활짝 트이게 된 것이다. 1993년 3월 위의 영산성지학교를 비롯하여 비인가 대안학교였던 간디학교, 천주교 재단의 양업고등학교, 원불교 재단의 화랑고등학교와 원경고등학교, 기독교 재단의 한빛고등학교 등 6개 학교가 특성화 고등학교로 인가를 받아 개교[31]하여 정부의 재정적 지원을 받게 되었다. 이후 초·중

의 당초의 혁신성을 약화시킬 것을 걱정했다. 따라서 많은 이들이 '두고 보자'는 입장이었고, 일부는 강력하게 반대하는 입장이었다(Bae, 2002: 15-16).)

30) 교육부는 고교유형의 다양화 방안 정책연구(1996.6.)를 거쳐 고교유형의 다양화 방안 추진계획을 수립(1996.9.)하였다. 당초 교육개혁방안에는 소규모 특성화 고교유형으로 정보고, 국제고, 영상고, 디자인고를 상정하였으나, 교육부는 여기에 대안학교를 곁들여 넣은 것이다. 이어 1997년 6월 고교설립준칙주의 도입 방침이 확정 · 발표됨으로써 대안학교 설립은 급물살을 탄다(「교육개혁요람」, 1998: 102).

31) 이 과정에서 1998년 3월 개교 예정 특성화 고교들은 학교설립계획서 제출과 학교설립인가 신청을 동시에 할 수 있는 절차상 특례를 받았다. *학교설립계획서 제출 및 설립인가 신청(10~11월) → 학교설립인가(11~12월) → 학생모집(12월) → 개교준비('98.1~2월) → 개교('98.3월). 그러나 정부의 이러한 적극적인 자세에도 불구하고, 이들 대안학교들은 초기 창설과정에서 하나같이 어려움을 겪었다. "충북 청주의 양업고등학교는 지금의 터에 학교를 세우기까지 네 번이나 자리를 옮겨야 했고 공청회에 아홉 번이나 불려가야

등교육법 시행령에 '자율학교' 제도가 명문화되면서, 교육과정 운영과 학생 및 교사선택 등에 관해 학교의 자율권이 크게 강화되어 학교운영에 질적인 변화를 가져왔다. 이처럼 공교육의 후견인인 정부가 대안학교라는 새로운 유형의 학교를 솔선해서 제도권으로 받아들인 것은 '한국 교육사의 혁명적인 사건'(Bae, 2002: 49)임에 틀림없다.

2) EBS 수능방송의 출범

추진배경

1997년 여름 EBS TV 위성교육방송이 고고의 성을 울릴 때, 그 기본계획안의 이름은 〈과열과외 완화 및 과외비 경감대책〉이었다. 격심한 입시경쟁에서 비롯되는 과도한 사교육 현상이 공교육을 무력화하고, 그 과도한 부담이 가계를 크게 압박하는가 하면, 때로는 가정해체의 위기까지 몰고 가기 때문에 이에 대한 대책이 무엇보다 절박했기 때문이다. 그리고 두 번째 목표로는 교육격차의 해소 내지 교육기회의 평등을 내세웠다. 사회경제적으로 볼 때, 사교육비가 날로 늘어나면서 빈부격차에 따른 교육불평등과 학력의 세습화 그리고 가난의 대물림이 사회 쟁점화되고 있었기에 이 또한 위성교육 출범의 필요성을 뒷받침하는 중요한 논거가 될 수 있다고 생각했던 것이다. 농어촌이나 산간오지, 절해고도와 같은 극심한 교육소외지역의 주민이나 낮은 사회계층의 자녀들, 그리고 장애우들에게 양질을 넘어 최상의 과외를 제공함으로써 그들에게 교육소외를 극복하

했다.… 화랑고등학교는 경주시 양북면의 현재 위치에 자리잡기까지 경남·북의 여러 지역을 전전해야 했다.… 폐교부지를 매입해 계약하려 하면 곧바로 그 지역 주민들 사이에 반대 여론이 일었다. 화랑교의 경우 지금 있는 곳이 세 번째 자리다."("대안학교, 대안교육," 「신동아」, 2001년 6월호).

고, 교육기회의 평등에 기여하고자 했던 것이다. 이러한 노력은 교육복지의 차원을 넘어 한국 사회의 학벌세습을 줄이고 계층이동을 쉽게 만듦으로써 사회통합과 국민형성의 관점에서 큰 의미를 지닌다고 믿었기 때문이다.

EBS 수능개혁에서 사교육비 경감대책을 앞세웠으나, 실제로 장관의 마음을 더 크게 움직였던 것은 교육격차의 해소와 이를 통한 교육소외의 극복이라는 두 번째 관점이었다. 나라가 앞장서서 무상으로 최상의 과외를 함으로써 산간벽지나 도시 빈민지역의 재주 있는 학생들이 소외를 극복하고, 일류대학에 합격하여 계층상승을 할 수 있다면, 얼마나 좋을까 하는 생각이 그의 뇌리를 크게 지배했다.

안병영 장관은 EBS 수능이 폭발적 잠재력을 가진 교육개혁사업이라고 생각했다. 카노이와 레빈의 분류에 따르면, 그것은 〈거시적 · 기술적 교육개혁〉의 사례로 분류될 수 있다. 이 개혁은 '수능'을 표적으로 삼았으나, 실제로 이를 슬기롭게 활용하는 경우 한국의 전체 교육체제의 변화와 개혁을 촉발하는 동시에 기술적 성격을 강하게 띠고 있었다. 이 사업은 교육 전체에 미치는 영향력이 지대하지만, 사교육비 경감이나 교육격차 해소를 겨냥하고 있어 반대할 명분이 별로 없었고, 대신 큰 관심은 오히려 기술적 성패에 집중되었다. 따라서 이 사업을 둘러싸고, 여야 간 혹은 교직단체 간의 첨예한 정치적 · 가치론적 갈등은 별로 없었다. 이 점은 사업을 추진하는 입장에서는 무척 다행한 일이었다. 그러나 교육학계와 사회 일각에서 나라가 앞장서서 과외를 한다는 데 대해 불편한 심경을 토로하는 사람들이 적지 않았다. 위성교육방송 프로젝트가 완성되는 시점에서 제4차 교육개혁방안(1997.6.2.)의 발표가 임박하게 되어, 이 사업은 '위성교육방송 등 교육방송 다양화 · 내실화'라는 이름으로 '과외대책을 위한 사교육비경감대책'에 연계되었다.

1997년 7월 위성교육방송이 출범할 즈음은, 1996년 초에 닻을 올린 우리나라의 교육정보화 사업이 한참 박차를 가하고 있을 때였다. 각급 학교에는 이미 TV가 보급되어 있었고, 한 학교당 하나의 컴퓨터 교실을 확보했다. 그러나 통신회선의 부족, 교사의 IT 능력 결여 등으로 전반적 교육정보화 수준은 아직 빈약했다. 교육부나 EBS의 입장에서는 위성방송 수신 설비를 구축하는 일이 당장 중요한 기술적 과제였으나, 보다 심각한 것은 이 대규모 TV 수능방송을 위한 재원조달 문제였다. 당초 계획은 교육방송에서의 광고방송 허가를 받아 이를 주재원으로 하고 교재판매수입을 보조재원으로 그리고 부족분은 국고로 지원한다는 것이었다. 그러나 공보처가 EBS에서의 광고방송 허가를 극렬하게 반대했기 때문에 위성방송 채널을 통해 TV 수능방송 계획은 그 혁명적인 발상에도 불구하고 거의 좌초할 지경에 이르렀다. 고건 총리와 안병영 교육부 장관, 오인환 공보처 장관 세 사람이 함께 만나 절충을 해 보았지만 그것도 수포로 돌아갔다. 천신만고 끝에 김영삼 대통령이 직접 나서서 광고방송 허가의 물꼬를 터주는 바람에 철옹성처럼 강고하게 느껴졌던 재원의 장벽을 넘을 수 있었다. EBS는 이미 1989년 이래 지상파를 통해 〈고교 가정학습〉을 제작 · 방송하고 있었고, 그 얼마 전부터 일정 기간 위성시험방송을 실시했던 경험이 축적되어 있었기 때문에 제작과정에서 야기되는 제반 문제는 그리 어렵지 않게 극복할 수 있었다. 실시과정에서 EBS 박흥수 원장의 열정과 돌파력도 큰 몫을 했다.

주요 쟁점과 장관의 입장

EBS 수능방송의 실시와 연관하여 몇 가지 가치 논쟁이 있었다. 이들 논쟁은 불꽃 튀는 쟁점으로 크게 솟아오르지는 않았으나, 아직도 내연(內燃)하고 있는 지속적인 논쟁거리이다. 그 첫 번째는 EBS와 공교육과의 관계였다. 당시 EBS 수능강의 실시가 혹시 공교육을 위축시키지는 않을까 하는 우려와 비판이 있었다. 또 실제로 학교 현장에서 이러한 걱정이 현실화되는 경우가 적지 않았다. 이 문제에 대하여 안병영 장관은 "EBS 수능강의는 공교육 정상화라는 큰 목표로 가는 길목이자 보조수단"이라고 보았고, 따라서 그것이 자칫 학교의 현장교육을 대체하거나 주인으로 올라서 공교육을 무력화하거나 파행으로 몰아서는 안 된다는 점을 강조했다. 한마디로 EBS 수능방송은 공교육의 보완재이지 대체재가 아니라는 관점이었다. 따라서 EBS는 스스로가 주연이 아닌 명품 조연의 역할을 해야 하며, 공교육 또한 각고의 노력을 통해 수준 높은 양질의 교육을 창출함으로서 일류 주연으로서 실추한 자신의 위치를 바르게 세워야 할 것임을 강조했다. 따라서 고교 현장교사들과 EBS 관계자들 간의 잦은 소통과 협업이 매우 중요하며, 같은 맥락에서 고교 현장교사들이 수능강의 제작과정에 강사 또는 교재 개발자로 적극 참여하는 것은 매우 바람직한 일이라는 입장이었다. 교육부도 이러한 양자 간의 바람직한 관계 정립과 바른 역할인식을 위해 가운데서 성실한 조언자로, 또한 슬기로운 중재자로 자신의 몫을 다해야 할 것임을 역설했다.

다음 EBS 수능을 바라보는 관점에 따라 '기능주의자'와 '본질주의자' 간의 갈등이 있었다. 기능주의 내지 성과주의 접근을 하는 사람들은 EBS 수능강의 내용이 수능시험에 가능한 한 많이 출제되어, 사교육비 경감효과가 빠른 시간 내에 극대화되어야 한다고 주장한다. 따라서 이들은 수능강의의 기능성과 효과성에 초점을 맞추는 그룹이다. 반면 교육 본질주의 내지 장기적 관점에 서는 사람들은 EBS 수능강의는 기본적으로 교육본질에 충실해야 하며, 따라서 단기성과에 집착하기보다는 다소 시간이 걸리더라도 교육 본래의 목적에 충실하게, 그리고 학생들의 실질적 학력신장에 기여할 수 있도록 설계되어야 한다는 입장이다. 이 두 가지 접근법은 자주 부딪히고 갈등을 빚었다. 대체로 기능주의자들은 수능강의와 수능시험 간의 연계성을 크게 강조하고, 유명 스타강사를 선호하며, 사교육 경감효과에 대단히 민감하다. 반면 본질주의자는 수능강의와 수능시험 간의 관계 못지않게 학교수업과 수능강의 간의 연계에 깊은 관심을 표명하며, 수능강사로 스타강사들보다는 학교 현장교사들을 선호한다. 무엇보다 이들은 시간이 걸리더라도 양질의 수능강의를 통해 수험생들의 학력이 높아져 그 성과가 자연스럽게 수능성적에 반영되는 편을 바람직하다고 여긴다. 양자는 모두 일장일단이 있다.[32] 당시 장관은 다분히 교육 본질주의 쪽으로 기울어져 있었으나 교육 현실을 외면할 수 없는 정책관리자로서 기능주의자들의 입장을 상당부분 고려하지 않을 수 없었다. 따라서 초기단계에서는 기능주의적 접근에 적절한 비중이 주어져야 할 것이나, EBS 수능강의가 좋은 성과를 거두고 연착륙을 한 후에는 교육 본질주의적 접근에 더 큰 비중을 두어야 한다고 나름대로 정리하고, 그러한 관점을 피력하곤 했다.

두 번째 쟁점과 연관하여 가장 뜨거운 쟁점은 수능강의와 수능시험 간의 연계 문제였다. 양자를 연계한다면 얼마나, 어떻게 연계할 것인지의 문제가 논란의 초점이었다. 연계라면 똑같은 문제가 나온다는 것인가, 아니면 같은 유형 혹은 변형인가, 또 변형이라면 어느 정도까지 변형인가, 그 물음과 논쟁은 끝없이 이어진다. 안 장관은 사교육비 경감을 위해 양자 간의 연계는 필요하나, 양자 간의 연계를 지나치게 강조하는 경우, 자칫 학교 현장교육의 설 자리가 협소해질 수 있다는 것을 크게 우려했다. 하여, "학교에서 성실히 공부하고, EBS 수능을 열심히 시청하면 수능시

32) 기능주의론자들은 사교육비 경감이라는 절체절명의 절박한 목표 앞에서 지나치게 교육 본질을 따진다는 것은 EBS 수능방송의 본래의 정책적 의도를 외면하는 것이 아니냐고 반문했다. 실제로 EBS 수능강의 출범에 관여했던 대부분의 인사들이 그러한 입장이었다. 그러나 본질주의자들은 실질적 학력신장이 이루어지지 않은 상황에서 수능교재만 달달 외어 수능시험이 몇 점 오른다고 그게 교육적으로 무슨 의미가 있느냐고 대응했다. 이러한 입장을 취하는 사람은 상대적으로 소수였다. 전자는 현실주의자 내지 실용주의자들이라면, 후자는 보다 이상주의자 내지 근본주의자라고 할 수 있을 것이다.

험은 걱정하지 않아도 됩니다."라고 말했다. 그리고 불가피한 경우, "수능 방송 프로그램은 사전 기획 단계부터 수능문제 출제기관인 교육과정평가원과 협조, 제작하므로 양자 간의 연계는 분명합니다."라는 정도까지 말했다. 그러나 끝내 구체적으로 어느 정도 연계된다는 얘기는 극력 피했다.

EBS 수능강의와 수능시험의 연계를 과도하게 강조하면 어쩔 수 없이 더 많은 수험생들이 EBS 수능강의를 시청하거나 〈수능연계교재〉에 매달리게 될 것이다. 그리고 그것이 상대적으로 교육소외지역이나 저소득층 자녀들에게 다소 유리하게 작용할 수 있을 것이다. 그러나 이러한 방식은 자칫 학생들을 획일적 학습으로 유도하기 쉽고, 지문이나 유형 익히기 식의 얕은 공부, 겉핥기 공부를 일상화하게 만들 수 있다. 그것은 또한 공교육을 파행으로 몰고 갈 위험이 있고, 또 오늘날 모두가 강조하는 창의적, 자기주도적 공부와도 거리가 먼 공부방식일 것이다. 그러므로 연계문제는 공교육–EBS 수능강의–수능시험 3자 간의 상호 소통과 협력, 수능강의의 지속적인 질적 제고, 그리고 수능강의를 매개로 한 학생들의 꾸준한 학력신장을 통해서만이 궁극적으로 해결될 수 있을 것으로 본다(안병영, 2013 기조연설; 전영평, 2014).

안병영 장관은 EBS 출범 이래 계속해서 '무료원칙과 공공성 및 양질화 추구'를 강력히 주장했다. 또 그것이 여타의 사설 온라인업체들과 차별화하는 특성이자, 중·장기적으로 EBS의 경쟁력이라는 것이 그의 일관된 입장이었다. "EBS가 무상 서비스를 제공하는 한, 사설 온라인업체들이 그들의 프로그램 공급가격을 비싸게 매길 수 없다. 따라서 수강학생들에게 도움이 된다. 또한 EBS는 그 공공성 및 양질화를 통하여 시장화와 상업화를 추구하는 사설업체와 차별화해야 한다. 그것이 EBS의 생존전략이다. 장기적으로 볼 때, 지속적인 '양질화' 노력 없이는 EBS의 미래는 어둡다.[33]

33) 이러한 관점에서 안병영은 EBS가 주관하는 수능방송 및 학습자료의 질적 제고를 위해

성 과

EBS 수능은 1997년 출범하였으나, 이후 20년 가까운 오늘까지 정권의 변동에 상관없이 지속적으로 유지되고 있다. 대부분의 국가 정책 프로그램이 정권이 바뀔 때 폐기되거나 대체 · 수정되는 경향이 있음을 감안할 때, EBS 수능방송의 생명력과 영향력은 매우 예외적이다. EBS 수능방송이 그 시행과정에서 지속적인 관심과 시청률을 확보하고 있으며, 아직까지 어떤 정치 · 사회세력이나 시민단체, 혹은 교육계에서도 EBS 수능방송의 존재가치와 공공성에 대해서 별다른 반대운동이나 비판이 조직적으로 드러나지 않았다. 그런 의미에서 이 정책 프로그램은 '한국 교육 프로그램 역사상 보기 드문 성공사례' (전영평, 2014)라는 평가가 우세하다. 물론 EBS 수능에 대한 교육학계의 본질적인 비판이 없지 않다. 가장 대표적인 것이 이른바 〈국가과외〉에 대한 비판이다. 그러나 여기서 대입과 연관한 한국의 참담한 교육현실에서 손 놓고 좌시할 수 없었던 교육당국의 고뇌와 절박한 심경도 함께 고려되어야 할 것이다.

그렇다면 EBS 수능강의가 실제로 사교육비를 크게 경감하는 성과를 거두었는가? EBS의 경감효과에 대해서는 조사마다, 시기마다 그리고 지역이나 인적 대상에 따라 차이가 있기 때문에 한마디로 집약하기 어렵다. 그러나 대부분의 연구 및 조사는 매우 유의미한 성과가 있다는 것을 인정하고 있다. 또한 대부분의 조사에서 사교육비 경감효과는 서울의 경우 강남보다 강북에서, 서울보다 지방에서 그리고 대도시 지역에 비해 군 지역에서 더 큰 것으로 나타나고 있다.[34] 이렇게 볼 때 EBS 수능의 사교육비 경감효과는 특히 교육소외지역 및 저소득층에서 더 두드러지게 부각된다

EBS와 교육학술정보원(KERIS) 간의 적절한 연계를 마련하여 협업하는 체제를 구축하는 일이 무엇보다 시급하다고 본다.

34) 한 조사에 따르면 대도시 지역(22.5%)에 비해 군 지역(84.5%)에서 긍정적 응답이 압도적으로 높았다.

고 볼 수 있다.

수능방송의 경제적 효과도 만만치 않다. 1997년 지상파 교육이 위성교육으로 확대되자 정보기술, IT 산업의 내수진작에 크게 기여했다. 당시 부도위기에 몰려 있던 A가전회사가 급증한 수상기 수요로 중단되었던 생산라인을 재가동했던 것은 유명한 이야기다. EBS 수능강의는 교육 및 정보통신분야의 고용증대에도 기여했다.

그런가 하면 정부는 EBS 수능강의를 소외계층의 복지증진과 연계하는 데 세심한 정책적 배려를 했다. 수능강의의 시행과정에서 소외지역 및 소외계층에 대해 각종 통신편의를 제공하고, 수능교재를 지원함으로써, 이들에게 고른 교육기회를 제공하는 데 앞장섰다. 나아가 EBS 위성교육방송의 출범으로 36%에 이르던 전국의 난시청 지역을 일거에 해소하는 큰 성과를 거두었다.

6. 5·31 교육개혁의 성과분석

여기서 말하는 '성과'는 1995년 5월 31일, 제1차 교육개혁방안이 발표된 이후 1998년 2월, 문민정부가 그 임기를 마칠 때까지의 추진성과를 말한다. 3년 미만의 상대적으로 짧은 기간이고, 제4차 교육개혁이 발표된 지 불과 7~8개월밖에 되지 않았으나 '교육혁명'을 표방했던 문민정부가 초기 집행과정에서 수확한 과실이 무엇인가를 점검하는 작업이므로 의미있는 일이라고 할 것이다.

초·중등교육 분야(53과제)

교육과정 운영의 다양화 · 특성화

공급자 중심에서 학습자 중심의 교육으로 전환하기 위하여, 교육과정 운영의 다양화와 특성화를 시도했다. 그 중요한 성과를 살펴보면 다음과 같다.

학생의 개인차를 최대한 고려하여 학업성취 정도에 따라 수준별로 수업을 받을 수 있도록 수준별 교육과정을 도입하였다. 1998년 1월 현재 일반계 고교 1,037교(91.37%), 실업계 고교 383교(49.68%), 중학교 2,333교(85.68%)에서 실시하였다. 수준별 수업 활성화를 위해 교과별 전문요원 6,055명을 투입하였고, 국고 18억 9,600만 원을 투입하여 120개의 수준별 수업 활성화 중심학교와 662개의 협력학교를 운영하였다. 아울러 컴퓨터용 소프트웨어 등 총 457종의 수준별 교재를 개발 · 보급하였다.

학교생활기록부제의 도입으로 실천적 인성교육의 강화와 함께 개성 있고 창의력 있는 인간을 양성할 수 있는 학생 평가관리 체제가 적어도 형식적으로 마련되었다고 할 수 있다. 그러나 시행 초기 거듭되는 시행착오를 감안할 때, 이것이 학생과 교원 그리고 학부모의 의식 속에 내면화된 가치로 자리 잡기 위해서는 오랜 기간이 걸릴 것으로 예상된다.

방과 후 교육활동은 학교의 인력과 시설을 활용하여 학생의 적성과 소질을 계발하고 개인별 보충 · 심화학습의 기회를 제공하여 인성교육을 정착시키는 한편, 학교 밖의 과외를 학교 안으로 흡수, 저가로 양질의 교육을 제공함으로써 과외비를 경감시키고자 도입되었다. 1997년 6월 현재 전국 초·중·고등학교의 96.9%가 실시하였으며 52.5%의 학생이 참여하였다.

실천 위주의 인성교육, 체험학습 등이 강조되고 이를 위한 수련활동,

시범학교 운영, 도·농 간 자매결연 등이 확산되었다. 또한 교사들의 열린 교육 운동과 연계하여 학습지도 방식의 개혁이 시도되었는데, 이는 교육과정 운영방식, 학습집단 구성 및 평가, 학습자료 활용을 위한 학습공간 구성 등에 걸쳐 다양한 변화를 불러왔다. 전국적으로 초등학교 가운데 약 70%가 이에 동참했던 것으로 집계되었다. 그러나 이 경우도 학습자의 내면세계에 이르는 실질적 성과에 대해서는 많은 이가 회의적인 것이 사실이다.

1997년 8월부터 실시한 위성교육방송은 지상파 방송의 난시청 지역을 해소하고 농어촌, 도서벽지 등 전국 어디서나 방송을 시청할 수 있게 하여 학교교육의 내실화를 도모함은 물론 과외욕구를 흡수하는 데 비교적 좋은 성과를 거두었다. 많은 논란을 빚으며 1997년 3월에 고고의 성을 울린 '초등학교 영어'는 세계화에 대응하기 위한 외국어 교육의 강화라는 맥락에서 큰 의미를 가진다.

학교운영의 자율성 확대

학교단위의 교육 자치를 실현하고 지역실정과 학교특성에 맞는 교육을 실시하기 위해 도입된 학교운영위원회는 1995년 시범 운영에 이어 1996년부터 전면 도입되었다. 국·공립학교는 설치를 의무화하고 사립학교는 자율적으로 설치하도록 하였다. 1997년도에 학운위를 설치한 학교 수는 초등학교 4,070개교, 중학교 1,598개교, 고등학교 798개교, 특수학교 22개교로서 총 6,488개교(설치대상의 107.0%)이며 이 중에는 사립학교 67개교가 포함되어 있다.

대안학교를 포함한 특성화고교의 설립 · 운영을 적극 지원하기 위하여 학사운영상의 자율성을 대폭 부여하고 〈초·중등교육법〉에 그 근거를 마련함과 동시에 시행을 위한 하위법령을 마련 중에 있었다.

아울러 소비자의 중·고교 선택권 확대와 관련, 1996년부터 '선지원·후추첨' 선발방식을 도입하였는데, 중학교는 101개의 지역교육청에서, 고등학교는 평준화지역이 있는 11개의 시·도교육청 모두 이 제도를 시범 또는 전면 실시하였다. 한편 교장, 교사 초빙제는 '95년 12월 〈교육공무원법〉을 개정하여 '98년 2월 시범 실시 중이며, '97년 9월 현재 초빙교장으로 156명이, 초빙교사로는 182명이 근무하고 있다.

학교교육의 내실화를 지원하기 위한 교육환경 개선

일선현장의 교육여건을 획기적으로 개선하기 위하여 막대한 교육재정을 투입하였다. 특히 〈교육환경개선특별회계〉를 신설하여 1996년부터 2000년까지 5조 원을 투자할 계획이었다. 먼저 학생 수용시설 확충에 있어 신도시 및 택지개발지역 학생 수용, 초·중·고교 과밀학급 완화와 초등학교 2부제 수업 해소를 위하여 집중적인 재정투자가 이루어졌다. 이를 위하여 '96~'97년도까지 약 2조 8,000억 원을 투자하였으며, '98년도에도 지방기채 1조 1,000억 원을 포함하여 약 2조 7,000억 원을 투자할 계획이었다. 학교 노후시설과 교원편의시설 확충 등을 위하여 1996년도부터 2000년까지 5개년간 1조 원씩 총 5조 원을 투자하기로 '95년 12월 〈교육환경개선특별회계법〉을 제정하여 교육환경을 연차적으로 개선할 계획이었다. '96~'97년도까지 노후교실 개축, 교원편의시설 확충, 노후 책·걸상 교체 등에 약 2조 원이 투자되었으며, '98년도에도 1조 원이 투자될 예정이었다. '95~'97년간 교육여건 개선 현황을 개관하면 다음과 같다.

〈표 4-19〉 '95~'97 교육여건 개선 현황

구 분	단 위	'95	'96	'97	'98 계획
〈초·중등교육〉					
1) 초등 2부제 수업 해소	2부제 학급 수 해소율(%)	1,652 –	973 41.1	717 56.6	0 100
2) 과잉 학급 완화					
– 초등학교	51명 이상 학급 수 완화율(%)	3,831 –	2,563 33.1	1,894 50.6	0 100
– 중·고등학교	51명 이상 학급 수 완화율(%)	36,480 –	35,436 2.9	29,228	0 100
3) 학교 운영비 현실화	표준 교육비 대비 (%)	55	64.8	73.0	50.0
4) 학교 급식 실시율					
– 초등학교	%	57.4	87.0	100	100
– 중·고등학교	%	–	5.3	13.7	50.0
5) 교육환경 개선					
– 노후교실 증·개축	목표 : 51,755실 증·개축률(%)	–	36.1	47.2	68.4
– 책·걸상 교체	목표 : 2,128천 조 교체율(%)	–	22	49	83
– 급수시설 개선	목표 : 8,464개 소 개선율(%)	–	21.6	42.6	72.7
6) 실업고 실험실습기자재 확보	%	57.2	60.0	63.0	65.0
7) 교원 1인당 PC 보유율	%	10	15	31.4	72.7
8) 초·중·고 첨단수업매체 보급률	%	–	10	34	67
〈대학교육〉					
9) 국립대학 시설 보유율	%	81.8	86.0	90.3	96.0
10) 국립대학 기자재 보유율	%	–	29.9	39.4	54.5
11) 사립전문대 기자재 보유율	%	74.3	80.9	84.3	90.0
12) 교수 학술연구비 수혜율	%	19	21	22	22

출처 : 교육부(1998), 「교육개혁 추진성과 '95~'98」, p. 48.

유아교육의 공교육체제 구축

〈초·중등교육법〉과 〈영·유아교육법〉에 만 5세아에 대한 무상교육 실시를 명시함으로써 유아교육의 공교육체제를 위한 제도적 바탕을 마련하였다. 그러나 이것도 실제로 선언적 의미에 가깝다고 보아야 할 것이다. 유치원 1년 무상교육은 국가의 재정여건을 고려하여 도서 · 벽지지역과 읍·면지역부터 우선 실시하기로 하여, '97년 만 5세아 취원율 45%를 '98년에는 50%로 높이도록 하였다(교육부, 1998b: 15-21).

고등교육 분야(19과제)

대학의 자율화 · 다양화 · 특성화

대학의 다양화 · 특성화를 실질적으로 구현하기 위해 대학의 기본조직과 학사운영을 대학이 자율적으로 정할 수 있도록 하였다. 이는 대학 자율화의 맥락에서 큰 발걸음으로 평가할 수 있다. 전면 개편된 열린교육과정과 총이수학점의 1/4(2개 전공)~1/6(3개 전공) 정도의 '최소전공인정학점제' 를 통하여 다전공 이수가 가능하도록 하였다. 일부 선도대학은 학사 및 대학원과정을 연계하여 운영할 수 있도록 하였다. 이와 같은 대학의 기본조직, 수업연한, 교육과정, 학위, 학생활동 등을 규정한 〈학칙〉을 종전에는 교육부에서 인가하였으나 〈보고제〉로 전환함에 따라 자율적 학사운영 권한을 대폭 확대하고, 이를 〈고등교육법〉 및 〈동법 시행령〉에 반영하였다.

일정한 교육여건을 구비한 대학에 대해 학생정원 자율 조정권을 부여하는 등 단계적으로 정원 자율화를 추진하였다. '96학년도에 제1단계 조치로 〈정원 신청제〉를 폐지하고 교육부가 결정한 계열별 증원규모 내에서 대학이 학과(학부) 신·증설 등을 자율적으로 결정하는 〈정원 포괄 승인제〉를 실시하였다. 이후 지방 사립대학의 정원 및 수도권 대학의 야간정원에 대해서는 매년 교육부가 교육여건 최소기준을 제시하고 이 기준에 충족하는 경우 자율권을 부여하는 〈교육여건연동제〉를 실시하였으며, '97학년도에는 포항공대 등 7개 대학, '98학년도에는 지방사립대학 41개, 수도권 대학 35개를 선정하고 그 수를 대폭 확대하였다. 제3단계 조치인 〈완전 자율체제〉는 '99학년도 이후 적절한 시기에 시행할 계획이었다.

그동안 정부가 대학설립을 인가하여 왔으나 〈대학설립준칙주의〉를 도입, 일정한 기준만 충족되면 대학설립을 허용하게 됨으로써 특성화된 소규모 대학설립이 가능하게 되었다. '96년에는 〈국제디자인대학원대학〉 등 18개 대학, '97년에는 〈한국정보통신대학원대학〉 등 15개 대학이 설립되었다. 그러나 종교단체 관련 대학의 경쟁적 난립, 양질의 인력양성 보장을 위한 대학설립 후의 평가방안이 미흡하다는 문제점도 지적되어 대학교육의 질 관리를 위한 평가모형을 개발 · 적용토록 하는 등 이를 개선 · 보완하기 위한 방안을 강구할 예정이었다.

〈표 4-20〉 준칙주의에 의한 대학설립 심사신청 및 인가대학 수

구분	신청대학 수	입학 정원	인가대학 수	입학 정원
'96	35	7,184	18	4,145
'97	24	2,038	15	1,508

주 : 1) '96학년도 신청대학 속에는 대학신설 4개교, 의과대학신설 2개교, 대학원대학 신설 11개교, 대학개편 18개교(전문대, 개방대 제외) 포함.

2) '97학년도 신청대학 속에는 대학신설 3개교, 의과대학신설 1개교, 대학원대학 신설 15개교, 대학개편 5개교(전문대, 개방대 제외) 포함.

출처 : 교육부(1998), 「교육개혁 추진성과 '95~'98」, p. 24.

연구중심대학 및 지방대학 집중육성

기초 및 첨단 학문분야의 기술을 발전시키고 선도하는 〈연구중심대학〉을 집중육성하기 위한 연구중심대학 종합육성방안을 강구하였다. 또한 1996년부터 5년간 약 200여 개 대학 부설 우수 연구소에 1,500억 원을 집중 지원하였다. 인재양성의 지방중심체제를 구축하기 위하여 지방대학에 대한 지원을 강화하여 교육여건과 질을 획기적으로 개선하고 지역인재할당제 도입 등을 검토하여 지방대학을 집중 육성해 나갈 예정이었다. 이를 위해 '94년부터 5년간 지방소재 공과대학 8개교에 2,000억 원, '97년부터 5년간 지방대학 특성화 지원 사업을 통해 1,000억 원을 지원하였다.

평가와 재정 연계를 통한 대학의 다양화, 특성화 유도

재정지원사업의 기본방향은 ① 대학에 대한 사전규제는 완화하되, 사후평가와 차등 재정지원은 강화, ② 현장 중심의 교육개혁 유도 및 정착, ③ 대학교육의 책무성 증진 및 대학교육 연구의 질 향상의 추구이다. 먼저 대학원의 특성화 · 다양화를 유도하기 위해 '95년부터 5년간에 걸쳐 이·공계열 대학원 5개교에 1,000억 원, '96년부터 5년간 국제전문인력 양성 9개 대학원에 1,000억 원을 지원하였다.

'96년부터 교육개혁 우수대학 지원 사업을 통해 매년 40개교 정도를 선정, 300억 원을 지원하고 있으며, 24개 국립대학을 대상으로 연차적으로 경영진단 평가를 실시함으로써 국립대학의 경영합리화와 책무성을 제고토록 하였다. 또한 대학의 자구노력 정도에 따라 '94년부터 매년 500~600억 원을 차등 지원하였으며, 공·사립대학 130여 개교를 대상으로 정책지표에 따라 시설 · 설비 확충지원비로 매년 1,000억 원 내외를 지원하였다.

대학입학제도 개선

기본적으로 대학이 정한 다양한 전형기준과 방식에 따라 자율적으로 선발할 수 있도록 하였다. 다만 국·공립대학은 학교생활기록부를 필수 전형자료로 활용하고, 국·영·수 위주의 필답고사를 폐지하고 필요 시 논술고사를 실시하도록 하였다. 아울러 농어촌학생 특별전형, 특수교육대상자 특별전형제도를 도입 · 실시함으로써 상대적으로 교육여건이 열악한 계층과 소외계층에 대하여 실질적인 교육기회가 보장될 수 있도록 하였다.

대학입학제도 개선을 통하여 학교장 추천제의 경우 '97년에 6개 대학 312명 선발에서 '98년에는 27개 대학에서 1,946명을 선발하였으며, 농어촌학생 특별전형의 경우에는 '97년 129개 대학 7,827명에서 '98년 141개 대학 8,109명으로 크게 증가하였다. 특수교육대상자 특별전형의 경우도 '97년 24개 대학 1,119명에서 '98년에는 33개 대학 1,371명으로 증가하였다.

사학의 자율과 책임의 제고

사학의 자율성을 보장하기 위하여 이사 수의 상한선을 개방하였고, 정관기재 사항 중 필수적인 사항 이외에 자율화 등을 통해 법인의 자율적 운영의 폭을 넓혔다. 이에 대응하여 사학운영의 공공성, 투명성을 확보하기 위하여 예·결산을 공개토록 〈고등교육법〉에 규정하고, 〈외부감사제〉 도입을 〈사학법〉에 규정하였다. 아울러 사학에 대한 재정 · 금융 및 세제상 지원을 강화하였다. '97년 2월 〈사학에 대한 세제지원 확대방안〉을 수립하고 관계부처에 협조 요청을 한 것도 그 예의 하나이다.

대학의 연구역량 강화

대학의 연구수준을 세계적 수준으로 끌어올리기 위하여 대학교수, 학술연구기관, 단체소속 연구원 등을 대상으로 학술연구 조성비를 대폭 증액했다. '95년 600억 원 규모에서 '96년 900억 원 규모로 50% 정도 대폭 증가하였으며, '97년에는 1,200억 원 수준으로 증액되었다. 아울러 기초과학 연구를 활성화하기 위하여 유전공학, 생물공학 등 10개 기초과학분야에 중점 투자하였다.

첨단학술정보센터의 설립 · 운영

대학 교수 등 연구자들이 국내·외 중요한 학술자료 및 정보를 연구에 활용할 수 있도록 세계적인 정보 데이터 전산망을 구축하고 국내 각 대학의 도서관과 네트워크를 연계하는 첨단학술정보센터가 '96년 12월 한국학술진흥재단 부설기관으로 설립되었다(교육부, 1998a: 22-32).

평생 및 직업교육 분야(23과제)

5·31 교육개혁은 21세기 지식정보화 사회에 대응하여 누구나 자신의 지적 자산을 극대화하기 위하여 언제, 어디서나 원하는 학습을 받을 수 있는 열린 · 평생학습사회의 구축과, 일과 학습이 통합되는 신직업교육체제로의 전환을 추진하여 왔다. 그 중요한 성과를 열거하면 다음과 같다.

열린교육사회 · 평생학습사회 기반 구축

1997년 1월 〈학점인정에 관한 법률〉이 제정됨으로써 '학점은행제' 가 본격적으로 도입되어 대학교육의 기회를 놓친 사람에게 학위취득의 길을 열어줌과 동시에 사회교육을 활성화하는 계기를 마련하였다. 아울러 정부는 〈교육법〉과 〈교육법 시행령〉을 개정하여 일반인도 시간제로 고등교육기관에서 손쉽게 학점을 취득할 수 있도록 '시간제 학생 등록제'를 도입하였다.

또한 학교의 '지역문화센터'로서의 역할을 제고하기 위하여 초·중등학교에서는 방과 후 학교 시설 · 설비를 개방하고 대학에서는 부설 사회교육원의 설치 확대와 프로그램을 다양화하는가 하면, 방송대학의 경우 원격교육을 이용하여 성인 학습자의 다양한 교육적 욕구를 해결함은 물론 평생교육기능을 확대하였다. 전국 145개 초·중등학교가 시·도 단위 사회교육 시범학교로 운영되고 있으며, '97년 현재 6,500개교가 학교시설을 제공하고 있다. 또한 '98년 1월 현재 전문대를 포함한 152개교 대학의 사회교육원에서 155,230명이 교육을 받고 있다.

신직업교육체제 구축

1997년 3월 소위 '직업교육 3법'인 〈직업교육훈련촉진법〉, 〈자격기본법〉, 〈한국직업능력개발원법〉이 제정되고, 이어 관련 시행령이 제정되었다. 직업교육훈련촉진법에서는 직업교육과 직업훈련 간에 연계체제를 구축하고 직업교육훈련을 행정적 차원에서 적극 지원 · 조정하는 틀을 마련하였고, 자격기본법에서는 민간자격제도 및 민간자격에 대한 국가공인제도를 도입함으로써 경직된 국가기술자격제도를 개혁함과 동시에 자격제도가 학력 이외의 주요한 지표로 기능하는 계기를 마련하였다. 아울러 1997년 10월 교육부와 노동부 공동으로 설립한 정부출연기관으로서 '한국직업능력개발원'이 발족함에 따라 향후 직업교육훈련 및 자격제도에 관한 정책의 연구 · 개발에 중추적 역할을 담당하게 되었다.

더하여 산업구조의 고도화로 인해 실업교육의 중심축이 중등교육 단계에서 고등교육 단계로 이동함에 따라 기술대학의 도입 등 직업 고등교육 기회를 확대하였다. 또한 실업계 고교 교육의 산업현장성을 높이기 위하여 산재보험 적용('97.8. 산업재해보험법 개정), 산업체 인사의 산학겸임교사 활용 등 다양한 제도개혁을 시행하는 한편, 실업계 고교의 시설 · 설비와 교육환경의 첨단화에 노력을 경주하였다. 아울러 직업능력인증제의 도입을 추진하였다(교육부, 1998a: 33-39).

교육인프라 분야(25과제)

교육관계 법령 체제 개편

21세기에 걸맞은 새로운 교육체제를 구축하고, 학교 급별 특성을 바르게 반영하기 위하여 〈교육법〉을 〈교육기본법〉, 〈초·중등교육법〉, 〈고등교육법〉으로 개편하였다. 또한 〈사회교육법〉을 전면 개정하여 〈평생학습법〉을 제정하고자 입법을 추진하였다. 신직업교육체제를 구축하기 위하여 직업교육 3법, 즉 〈직업교육훈련촉진법〉, 〈자격기본법〉, 〈한국직업능력개발원법〉('97.3. 공포)을 새롭게 제정하였다.

교육정보화 기반 구축

학교정보화 기반 구축 3개년 계획('97~'99)의 연차적 추진에 따라 1997년 말까지 초·중등 전 교원의 31.4%가 멀티미디어 PC를 보유하고 있고, 초·중등 전 교실(20만 실)의 33%에 멀티미디어 기자재를 보급하였다. 또한 1997년에서 2000년까지 모든 초·중등학교에 학내전산망(LAN) 구축을 목표로 '97년에 400개 학교에 LAN 구축비를 지원하였으며, '98년에는 2,000개 학교에 LAN 구축비 및 인터넷 통신료를 지원할 예정이었다.

1996년 12월에는 '첨단학술정보센터'를 설립하여 학술정보의 종합적 수집 · 관리 · 제공, 학술정보 데이터베이스 구축, 학술연구기관 간 네트워크 구축, 학술정보 유통체제 구축 등의 역할을 수행하게 되었다. 아울러 1997년부터 2000년까지 전체교원을 대상으로 매년 25%씩 연수를 실시할 계획으로 이미 6.8만 명의 연수를 실시하였다.

또한 멀티미디어 자료 정보화 프로그램을 중심으로 사이버 공간에서 운영되는 가상대학 운영을 위하여 1998년 3월부터 기존대학을 중심으로 시범운영할 계획이었으며, 초·중등학교의 교수–학습, 학사관리, 학교 경영 전반에 걸친 업무를 종합적으로 처리하기 위한 '학교정보 관리 종합시스템'이 시범운영 중이었다.

교육개혁 지원기구 체계화

'멀티미디어교육지원센터'의 설치(1997.3.)로 학교 · 사회직업교육을 정보공학적으로 연계, 교육정보화를 종합적으로 지원할 수 있는 기틀이 마련되었다. 또한 교육부 및 시·도교육청에 설치(1995.9.)된 교육규제완화위원회는 그동안 정부수립 이후 '96년 말까지 시행되고 있는 훈령, 예규, 고시, 지침 등 각종 행정규칙에 의한 교육규제 2,639건을 폐지 또는 완화하였으며, '97년에는 교육관련 법령 및 조례 규칙에 의한 교육규제 477건을 폐지 또는 완화하기로 결정하고 후속조치를 진행하였다.

1998년 설치된 한국교육과정평가원은 정부출연기관으로서 초·중등학교 교육과정과 평가도구의 개발, 대학수학능력시험의 출제 및 관련 정보의 누적, 평가정보의 관리 등을 수행하도록 되어 있다.

평가와 행·재정지원 연계

시·도교육청 평가는 1996년에 도입되었는데, 이를 매년 실시하기 위하여 초·중등교육법에 근거를 마련하였다. 또한 평가결과에 따라 '96년에 500억 원, '97년에 800억 원을 차등 지원하였다. 지난 2년간의 평가를 계기로 초등학교 열린교육이나 중·고등학교 수준별 교육과정 운영이 전례 없이 빠르게 현장에 확산되고 있어 교육청 평가가 초·중등분야의 교육개혁 추진을 촉진하는 중요한 견인차 역할을 담당하는 것으로 평가되었다. 그러나 교육청 평가와 이의 행·재정지원 연계는 사업의 관제화, 획일화, 형식화를 유도하는 문제점을 야기하는데, 초등학교 열린교육의 경우가 그러한 예가 될 것이다.

한편, 대학 평가와 재정연계는 대학의 다양화 · 특성화를 향한 대학의 자구노력을 유도함으로써 대학의 질적 수준 제고에 크게 기여하였다.

교육재정 GNP 5% 확보

1995년 현재 GNP의 4.11% 수준이었던 교육재정을 1998년까지 GNP 대비 5% 수준으로 크게 늘리기 위하여 〈교육환경개선특별회계법〉과 〈학교용지확보에 대한 특례법〉을 제정하고 〈교육세법〉, 〈지방교육재정교부금법〉을 제정하였다. 교육재정의 확충을 통하여 특히 초·중등학교 교육의 여건이 획기적으로 향상되었으며, 머지않아 이것이 각급 학교의 교육의 질 향상으로 이어질 것으로 기대하였다(교육부, 1998a: 39-49).

제 5 장

5·31 교육개혁의 평가

1. 기본적 논의

5·31 교육개혁에 대한 평가는 논자에 따라 다양하다. 또 평가의 시점에 따라 차이가 난다. 그런가 하면, 평가의 기준도 다양해서 어떤 이는 교육개혁의 투입요인을 중심으로 평가를 하는 데 반해, 다른 이는 교육개혁의 산출 내지 효과를 준거로 평가를 한다. 여기서는 5·31 교육개혁방안이 발표되고, 그 대부분의 과제가 이미 시행되어 초기 성과가 나오기 시작하던 2000년대 초 시점에서 5·31 교육개혁을 되돌아보고자 한다. 이 시점은 정권이 김영삼 정부에서 김대중 국민의 정부로 옮겨간 이후 단계이다. 이미 밝힌 바대로 김대중 정부가 5·31 교육개혁의 큰 물줄기를 그대로 이어받았고, 앞선 정부가 시간에 쫓겨 시행하지 못한 개혁사업들 중 일부를 스스로 집행하기도 했다. 따라서 정권교체에도 불구하고, 대략 이 시점이면, 5·31 교육개혁의 정책형성 및 집행과정을 차분히 되돌아보고, 그 초기 성과를 점검할 수 있는 시점이라고 생각한다.

5·31 교육개혁에 대한 찬반 논쟁은 매우 치열하다. 대체로 긍정적인 관

점은, 5·31 교육개혁이 한국 최초의 국가수준의 종합적인 교육청사진이라는 점, 한국의 교육문제를 역동적으로 의제화했다는 점, 그리고 무엇보다 그것이 과거 권위주의체제에 예속되어 중앙집권적, 폐쇄적, 획일적으로 운영되던 기존의 한국 교육의 틀을 투철한 미래조망을 바탕으로 혁명적으로 바꾸는 '패러다임적 전환'의 의미를 지닌다는 점을 높게 평가한다. 또 개혁과제의 대부분이 집행단계로 옮겨져, 한국 교육에 가시적 변화를 가져왔다는 점도 긍정적으로 평가된다.[1]

이에 반하여 5·31 교육개혁에 대한 반대의 목소리는 대체로 문민정부 교육개혁의 기본적 논리와 이념이 '신자유주의'로 요약되며, 한마디로 '경제의 교육지배 논리'라는 점을 비판한다(김용일, 2001; 주경복, 2005; 정진상, 2005; 김영석, 2007). 이들에 따르면, 5·31 교육개혁이 강조하는 '수요자 중심' 교육은 한마디로 '소비자 주권론'인데, 그 핵심 아이디어는 학교와 교원을 교육서비스의 공급자로, 학생 · 학부모 · 기업을 소비자로 보는 경제적 메타포에 바탕을 두고 있다는 것이다. 문민정부 교육개혁은 바로 이러한 이론적 토대 위에서 교육 공급자의 자율과 경쟁을 강조하는 각종 시장주의 정책을 의도적으로 양산했다는 것이다. 반대론자들은 신자유주의정책의 대표적 사례로 대학설립준칙주의, 국립대법인화, 특수목적고 및 자립형사립학교, 사학의 자율확대 등을 들고 있다. 5·31 교육개혁에 대한 가장 강력한 비판세력은 전교조, 민교협, 교수노조, 범국민교육연대 등이다. 이들은 문민정부의 교육개혁을 시장주의라는 단일의 이념적 잣대로 재단하여 부정적으로 평가하고, 그 성과도 '시행착오의 연속', '열정과 실망의 악순환', '일부 성공, 대부분 교착상태' 등으로 과소평가하고 있다.

1) 앞 장의 김영삼 정권이 끝날 시점에서의 5·31 교육개혁에 대한 성과분석에서 볼 수 있듯이, 학교환경 및 여건 변화, 교육정보화에서 초기 성과가 두드러졌고, 다수 법령개정을 통해 교육의 기본틀을 미래지향적으로 재정립한 것도 높게 평가된다. 아울러 학업성취도에서도 큰 진전이 있었다.

5·31 교육개혁을 성찰적 · 객관적으로 개관하면, 5·31 교육개혁의 주역들이 세계화라는 시대적 추세에 크게 영향을 받았고 얼마간 신자유주의에 경도되었던 것은 사실이다. 그러나 이는 당시의 미래조망과 시대적 사조(思潮)와 연관하여 총체적으로 살펴볼 필요가 있다. 당시의 시대적 배경을 되돌아보면, 5·31 교육개혁에는 세계화 못지않게 민주화의 격류가 크게 영향을 미쳤고, 정보화 및 지식사회화도 함께 작용했다. 또한 문민정부 교육개혁이 자주 내세웠던 키워드들, 즉 자율, 개방성, 다양성, 경쟁 등은 당시의 역사적 흐름을 관통하는 공통의 핵심가치였다. 그러므로 이들 현상들과 함께 작용한 다수의 개혁과제들을 단순히 신자유주의의 산물로 환원하는 것은 무리가 있다. 예컨대 5·31 교육개혁의 핵심과제였던 '학교운영위원회' 나 '지방교육자치제 개혁' 의 경우, 세계화보다는 오히려 민주화의 영향을 더 많이 받았다. 대입개혁의 핵심과제였던 '종합생활기록부' 또한 공교육 정상화를 겨냥한 것이지 신자유주의와는 직접적 관련이 없다. 그런가 하면, 역시 5·31 교육개혁의 역점사업이었던 교육정보화 사업은 세계화의 흐름과 밀접히 연관되나 신자유주의 이념으로 규정할 수 있는 사안이 아니다. 그리고 실제로 문민정부의 교육을 주도했던 개혁가들 중 어느 누구도 극단적 신자유주의[2]에 기울어진 사람은 없었다. 그들은 세계화의 빛과 그림자와 신자유주의의 장·단점을 숙지하고 있었고, 그 때문에 개혁 패러다임을 비교적 유연하게 구성, 해석, 운영하려고 크게 고심했다.

5·31 교육개혁의 창안자들은 세계화의 격랑 속에서 한국이 생존 · 발전하기 위해서는 국가경쟁력을 제고하는 일이 가장 시급하다는 데에 대체로 합의했고, 그 때문에 이념적으로 수월성에 정책적 역점을 두었던 것

2) 극단적 신자유주의자들은 '최소국가론(minimal state)' 을 주창하거나 '국가 대 시장' 의 단순 대립구도를 상정하고, 시장의 절대우위를 추구한다. 그러나 5·31 교육개혁의 창안자 그룹 중 이러한 편향된 입장을 견지했던 인물은 없었다.

은 사실이다. 그런 면에서 그들은 자신이 처한 시대적 한계를 뛰어넘을 수 없었다. 하지만 그들은 형평성의 제고나, 인성교육, 그리고 적성 및 창의성 신장에 대해서도 적지 않은 정책적 관심을 피력했던 게 사실이다. 초·중등교육에서 '학교공동체'를 강조하는 것도 이러한 면모라고 볼 수 있다. 그러나 그 개혁과제들이 우선순위에서 밀렸고, 그 정책적 성과가 두드러지지 않았다.

인성, 창의성과 같이 인간의 내면세계와 밀접하게 연관된 항목의 경우, 이에 대한 교육투자는 항용 그 회임기간이 길며 장기에 걸친 지속적인 노력 없이는 성과를 거둘 수가 없다. 따라서 대단한 결의와 정권의 수명을 뛰어넘는 장기적 · 정책적 관여 없이는 그 실효성을 기대하기 어렵다. 그런가 하면, 인성 및 창의성 교육은 실제로 학교현장에서 지식교육, 입시교육, 그리고 뒤(제9장)에서 논의하는 '지위경쟁'이라는 한국적 특수성 때문에, 그 필요성과 인식수준에 비해 현장에서의 실천수준은 낮고 수사(修辭)에 그치는 경우가 많았다. 또한 5·31 교육개혁은 그 종합적 · 포괄적 성격에도 불구하고, 상대적으로 형평성 제고와 인성 · 창의성 교육에 충분한 정책적 배려를 했다고 보기는 어렵다.

1996년 가을 OECD는 한국의 교육개혁을 검토한 후, 5·31 교육개혁의 집행 책임을 맡고 있는 교육부와 일련의 심도 있는 정책토론을 하였다. 그들은 5·31 교육개혁을 "매우 혁신적이고 포괄적이며 담대하다"고 평했다. 또한 이 교육개혁 청사진은 새 천년을 목전에 둔 시간적 압박 속에서 대통령의 적극적 리더십에 크게 의존하고 있는 것이 특징적이라고 말했다. 또 그들은 사석에서 한국의 '통 큰' 교육개혁은 미시적이고 치밀할뿐더러 매우 조심스럽게 접근하는 일본의 교육개혁 방식과 크게 차이가 난다는 점을 이야기했다. 그러면서, 한국이 교육개혁 방안 속에서 자율화와 분권화를 많이 강조하고 있는데, 한국의 경우 분권화를 위한 제도적 기반이 아직 취약하므로, 국가와 중앙정부의 관여는 여전히 유효하며, 중앙부처는 보다 고도화되고 세련된 전략과 조정 능력을 키워야 한다는 점을 강조하였다. 특히 초·중등교육에 대한 중앙정부의 책임은 아무리 강조해도 지나치지 않다는 점을 이야기했다.

2. 5·31 교육개혁 되돌아보기

5·31 교육개혁을 철학, 개혁방식, 시간, 사람, 재원이라는 다섯 가지 변수를 중심으로 되돌아보면 다음과 같다.

철 학

주지하듯이 5·31 교육개혁이 내세운 표제어는 '세계화'와 '정보화'였다. 세계화와 정보화에 대한 대응이 산업사회에서 지식사회로 옮겨가는 '문명사적 전환'의 길목에서 5·31 교육개혁을 창안하게 만든 가장 큰 동인이자 그 철학적 바탕이기도 했다. 5·31 교육개혁의 내용이 그 이전에 다른 대통령위원회가 내놓았던 교육개혁안과 다른 점도 바로 그것이다. 그런 의미에서 5·31 교육개혁은 새 시대에 대한 통찰력을 바탕으로 하고 있다. 김영삼 대통령은 1994년 가을 이후 '세계화'를 새 시대의 표제어로 내놓은 후, 1995년 벽두부터 일련의 '세계화 구상'을 제시했고, 그 중요한 고리로 5·31 교육개혁을 발표했던 것도 당시 '세계화'가 그의 국정철학의 핵심이었음을 증거하는 것이다.

이처럼 김영삼은 '지구촌화'되어 가는 세계의 흐름을 간파하고, 그에 적시(適時) 대응하기 위한 국가적 방책의 일환으로 5·31 교육개혁을 구상했다. 당시 김영삼의 뇌리에 가장 선명하게 각인된 세계화는 '무한경쟁'

이었고, 이에 대한 가장 확실한 대응방법은 '경쟁력 강화'였다. 따라서 5·31 교육개혁의 주조(主潮)는 수월성 쪽으로 기울어질 수밖에 없었다.

'세계화'는 명암(明暗)을 함께 지니고 있다. 그런데 5·31 교육개혁은 세계화의 빛, 세계화의 긍정론을 바탕으로 하고 있다. 그리고 세계화의 철학적 바탕인 신자유주의를 기본적으로 수용하고 있다. '수요자 중심'이라는 시장적 개념이 크게 부각된 것도, 교육개혁방안 곳곳에 경쟁, 자율, 선택이 등장하는 것도 그 때문이다. 교육개혁 내용을 보면, 그 창안의 두 주역인 이명현, 박세일은 세계화와 신자유주의의 어두운 면을 미리 내다보고, 그 점을 우려했던 것이 분명하다. 그 때문에 그들은 세계화를 창조적으로 재구성하기 위해 나름대로의 노력을 경주했다. 신교육체제가 지향하는 인간상의 첫 번째 덕목으로 '더불어 사는 인간'을 내세운 것이나, 경쟁력 개념보다는 창의성을 앞세우려고 애썼고, 자유와 평등 및 수월성과 보편성의 조화를 개혁의 기본 특징으로 설정했는가 하면 인성의 중요성을 적절히 강조하였다. 그러나 5·31 교육개혁방안 전편을 관통하는 기본정신은 '자율을 바탕으로 양질의 교육서비스 창출을 위하여 각급 학교를 경쟁하도록 유도한다'는 것이다. 따라서 전체적으로 볼 때, 교육의 형평성은 주변으로 밀렸고, 그것이 구체적 모습으로 형상화되기보다는 개혁이 지향하는 부차적 목표나 선언적 내용으로 제시된 경우가 많았다.

5·31 교육개혁의 세계화와 신자유주의 편중이 이념적 논란을 빚은 것은 사실이다. 그러나 새 천년을 목전에 두고 세계화가 날로 격화되는 시점에서 하루 빨리 글로벌 스탠더드를 추구해야 한다는 논리나 이미 국제사회의 지배적 이데올로기로 등장한 세계화와 신자유주의에 대한 절박한 대응으로 경쟁력 강화를 앞세우는 것 자체를 잘못된 선택으로 치부하는 것은 적절한 비판이라고 보기 어렵다. 그럼에도 불구하고 5·31 교육개혁에서 세계화나 신자유주의에 대한 편중이 지나친지 여부나, 혹 그렇다면, 그로 인한 빈틈을 메우기 위한 적절한 방책이나 정책적 수단을 얼마나 진

지하게 모색했는지에 대해서는 제대로 따져볼 필요가 있다. 그러한 점에서 이미 위에서 얼마간의 우려를 표명한 바 있다.

5·31 교육개혁이 '세계화' 못지않게 강조한 것이 '정보화'였다. 정보화는 세계화와 짝을 이루는 상징어로서 새 천년의 세계 변화의 가장 두드러진 측면이었다. 그런데 정보화는 세계화에 비해 보다 수단적, 관리 기술적 측면이 강하고, 인프라 구축의 속성이 두드러지기 때문에 가치중립적이며, 그 때문에 이념적 · 철학적 논란의 여지가 적다. 또한 이를 정책수단으로 사용하는 경우, 비교적 빠른 기간 내에 실효성 있는 가시적 성과를 거둘 수 있을뿐더러 형평성 제고의 수단으로도 매우 유용하게 사용할 수 있다는 장점이 있다. 더욱이 정보화는 후발주자인 한국도 노력 여하에 따라 앞서가는 선진국을 가장 빨리 따라잡을 수 있는 부문이기 때문에, 5·31 교육개혁이 이에 큰 역점을 둔 것은 적절한 선택이었다고 할 것이다.

개혁방식

주지하듯이 5·31 교육개혁은 정부주도의 '하향식(top down)' 개혁이었다. 대통령과 정부가 앞장서서 교육개혁위원회를 구성하였고, 이 위원회를 중심으로 창안된 개혁방안을 교육부가 집행하는 형식을 취했다. 교개위가 초당적, 비관료적 인사들로 구성되었으나, 기존의 교육적폐에 대해 적지 않은 책임을 져야 하는 교육부가 개혁 집행의 당사자가 되었다는 역설도 5·31 교육개혁이 가지는 추진방식의 문제점으로 지적될 수 있다.

그러나 당시의 상황을 되돌아보면, 이 모든 것이 불가피했던 점도 받아들여야 한다. 5·31 교육개혁과 같이 종합적이고 포괄적인 대규모 개혁사업을 정부가 앞장서지 않고 성사하기는 실로 지난(至難)한 일일뿐더러,

1990년대 중반 한국 사회의 민주화 · 자치화 수준으로 볼 때, 상향적 · 협의적 개혁을 추진할 수 있는 사회제도적 · 의식적 전제조건이 매우 취약했다는 점도 함께 감안해야 할 것이다. 당시 우리나라에는 정부는 물론 교육계에도 관료적 권위주의의 유산이 그대로 남아 있었고, 중간조직이 부재했을 뿐 아니라, '풀뿌리 민주주의'나 사회적 합의의 관행도 거의 경험하지 못했다. 또한 공공성을 추구하는 시민의식의 성숙도도 민주적 개혁을 이끌 만한 수준이 아니었다. 따라서 정부주도의 하향식 개혁은 불가피한 선택이었다.

5·31 교육개혁은 나름대로 '여론의 체계적 수렴을 통한 국민적 합의에 의한 개혁'(교육개혁위원회, 1996c: 26)을 추구했다. 5·31 교육개혁의 청사진을 만드는 과정에서 비교적 많은 수의 공청회, 현장방문, 토론회, 여론조사, 개혁 시안의 공개 및 언론 홍보 등을 통하여 국민적 합의와 지지를 얻으려고 노력했던 것이 사실이다. 그런가 하면, 비록 성공을 거두지는 못했으나, 초·중등교육의 '풀뿌리' 개혁을 위하여 '열린교육' 운동을 지원했던 것도 사실이다. 무엇보다 학교운영위원회 제도의 조기 정착을 통해 단위학교 수준에서 합의적 · 협치적 학교운영을 추구했고, 이를 통한 교육개혁의 활성화를 시도했던 것도 그러한 노력의 일환이었다고 말할 수 있다. 이렇게 볼 때, 교육개혁 프로그램 자체는 자율화를 지향하고 있었으나, 자율화의 집행은 권위주의적으로 진행되는 '권위주의적 자율화'로 귀결될 수밖에 없었다.

그러나 역시 큰 흐름으로 볼 때, 5·31 교육개혁은 정부주도의 하향적 개혁사업이었고 거기서 오는 적지 않은 장애요소와 실효성 차원에서의 한계가 있었던 것이 사실이다. 하향식 개혁은 개혁의 주체가 되어야 할 교사들과 학부모 등 주요 이해당사자들의 소극적 참여와 부정적 반응을 유발했고, 이는 개혁 성과에도 큰 영향을 미쳤다. 교육개혁사업 중 많은 것이 단순한 법령개정이나 기구창설, 제도변화 등 공식적 조치로 이루어자는 것이 아니라, 개혁 내용이 학습자를 비롯한 이해당사자들의 의식 속으로 스며들어 그들의 사고와 관행을 바꾸어야 진정한 성과가 나타나게 된다. 그러나 관제적 하향식 개혁은 자칫 개혁의 형식화 · 표피화로 귀결되고 그 실질적 성과가 교육현장에까지 이르지 못한다. '실천 위주의 인성교육', '자기주도적 학습', '수준별 학습'이 소기의 목표에 크게 미흡한 것이나, 학교생활기록부, 학교운영위원회 등이 초기에 큰 어려움을 겪거나 제도가 착근하는 데 시간이 크게 걸린 것도 바로 그러한 이유 때문이다.

따라서 당시 5·31 교육개혁이 시도했던 관주도의 하향식 개혁은 불가피한 측면이 컸던 것은 인정하나, 그러한 추진방식이 갖는 태생적 한계가 있었음은 함께 인정하지 않을 수 없다.

시 간

정책개혁에서 시간의 의미는 매우 중요하다. 우선 개혁은 역사적 시간, 즉 시대에 대한 정책적 대응이다. 또 개혁은 그 자체로서 일정 시간 동안 진행되며, 그것이 기획 · 집행되고 또 소기의 성과를 거두기 위해서는 일정한 시간이 소요된다. 여기서는 우선 5·31 교육개혁이 태동할 당시의 세계사의 거시적 흐름에서 본 시간 그리고 한국 현대정치사의 큰 물줄기 속에서 본 역사적 시간에 유의한다. 이를 여기서는 역사적 · 거시적 시간이라고 정의한다. 아울러 문민정부하에서 5·31 교육개혁이 입안되고 집행되던 3년 여에 걸친 구체적 시간대, 그 기간이 교육개혁 작업을 위해 적절한 기간이었는지 되짚어 본다. 여기서는 이를 구체적 · 미시적 시간이라고 정의한다.

5·31 교육개혁방안의 창안자들은 그들이 표방했던 '신교육체제' 구상이 '문명사적 전환'이라는 거시적 · 역사적 시간에 창출되었다는 점을 크

게 강조한다. 그것이 거시사회의 구조적 대변혁, 즉 산업사회가 지식 · 정보사회로 옮겨가고 세계가 지구촌화되는 전대미문의 문명사적 대전환에 대한 깊은 통찰력의 산물이라는 것이다. 그런 의미에서 정권변동기마다 등장하여 눈앞의 교육현상의 개선에 역점을 두었던 여느 대통령자문위원회들의 개혁방안들과는 역사적 시간 인식에서 큰 차이를 보인다. 5·31 교육개혁은 세계사 및 문명사의 관점에서 한국의 교육체제를 보다 큰 사회와의 유기적 연관 속에서 총체적, 포괄적, 그리고 본질적으로 혁신하자는 것이다. 이러한 시대사에 대한 철학적 통찰의 바탕 위에서 그들이 제시하는 교육개혁의 큰 방향이 바로 '열린교육사회, 평생학습사회' 건설인 것이다.

5·31 교육개혁의 출범 시점이 갖는 또 다른 거시적 · 역사적 시간의 의미는 그것이 정권 차원에서 한국 민주주의의 원년인 김영삼 문민정부의 작품이라는 사실이다. 그런 맥락에서, 당시 제1기 교개위 구성의 주역이었던 교문사회수석 김정남은 "그때 우리는 이제 새로 시작한다는 결의가 있었다. '원점(原點)' 이라는 의식이 우리를 지배했다."라고 술회한다. 실제로 5·31 교육개혁의 추진과정에는 한국 역사상 최초의 민주정부만이 가질 수 있는 자신감과 책임감이 충일했다. 교육개혁위원회의 인적 구성에서부터 심의 · 토론 방식, 대통령에게 보고하는 형식, 그리고 구체적 추진절차에 이르기까지 전 개혁과정에서 '원점' 만이 지닐 수 있는 당당함, 순수함과 열정, 그리고 창의와 헌신이 있었다. 원점에서 비롯되는 총체적 개혁의지 없이 총 120개의 개혁방안을 폭발적으로 쏟아 내기는 어려웠을 것이다. 일반 시민들도 최초의 민주정부가 추진하는 '교육혁명' 에 공전의 큰 기대와 부푼 희망을 걸었고, 대부분의 언론은 물론 평소에 비판적이던 야권이나 진보적 운동세력까지도 정면 비판을 삼갔고, 개중에는 어느 정도의 기대와 신뢰를 표명하는 태도도 보였다. 이렇게 볼 때, 5·31 교육개혁은 문명사적 전환기에, 정치적 정당성을 지닌 문민정부만이 지닐 수 있

는 역사적 · 거시적 시간의 축복이었다.

역사적 · 거시적 시간은 이처럼 잘 선택되었으나, 5·31 교육개혁의 성패를 가름하는 또 하나의 시간, 즉 교육개혁의 구체적 · 미시적 추진기간은 너무나 짧았다. 교육개혁은 촉박하게 진행되었고, 결국 시간 부족으로 적지 않은 개혁과제의 시행이 문민정부 임기 내에 이루어지지 못하고 다음 정권으로 미루어졌다. 이미 지적했듯이 제1기 교육개혁위원회의 출범 자체가 너무 늦었다. 교육혁명을 표방했던 문민정부는 집권 1년이 지난 1994년 2월에 교개위를 구성했고, 제1차 교육개혁방안이 비로소 세상의 빛을 보게 된 것은 그 후 1년 4개월이 지난 1995년 5월 31일이었다. 이때는 이미 문민정부가 집권 중반기에 접어드는 시간이었다. 그리고 마지막 방안인 제4차 교육개혁방안이 대통령에게 보고된 것은, 이후 다시 2년 여가 지난 1997년 5월 2일이었다. 이때는 이미 정권 말기에 접어드는 시점이었다. 몇 달 후, 대통령 선거를 통해 김대중 정권으로의 정권교체가 예정되었고, 뒤이어 이른바 IMF 금융위기가 엄습하여 나라 전체가 위기에 처하게 되었다.

교육개혁방안의 추진에 필요한 구체적 시간의 개념은 당시 5·31 교육개혁방안의 집행책임자인 교육부에게는 남다른 의미를 지녔다. 교육부는 실로 교육개혁 기간 내내 엄청난 시간의 압박을 받았다. 당연히 정권초기에 구성될 것으로 기대했던 교개위의 출범 자체가 시간적으로 너무 늦춰졌고, 정권의 중반 가까운 시기부터 정권 말기까지 약 2년 남짓의 기간 동안 네 차례에 걸쳐 교육 전반에 걸쳐 엄청난 양의 교육개혁방안이 홍수처럼 쏟아져 나왔다. 교육부는 개혁방안들을 120개의 정책과제로 정리한 후, 그중 적지 않은 것들을 입법화하는 등 구체적 프로그램으로 만들어 세심하게 집행단계로 옮기는 과정에서, 상상을 초월하는 시간적 압박과 과중한 업무 부담을 감내하지 않을 수 없었다. 그 결정적 시기(1995.12.~1997.8.)에 1년 8개월 동안 교육부 수장으로서 집행과정을 지휘했던 안병영은, "시작이 1년만 빨랐으면 모든 과정이 훨씬 수월하고, 정말 본때 있게 일을 했을 텐데" 라는 말을 수없이 되풀이했다.

정권은 막바지로 향하고 이미 레임덕 현상이 날이 갈수록 심화되는데, 뒤늦게 발표된 제3차, 제4차 교육개혁방안 중 많은 것을 집행단계로 옮기기에는 시간이 너무 촉박했다. 결국 교육개혁 차수별 시행과제 수와 비율을 보면, 제1차의 경우 48개 과제 모두가 시행(100%)되었는 데 반해, 차수가 진행될수록 그 비율이 점차 줄어 제4차 교육개혁방안의 경우 18개 중 5개가 시행(28%)되는 데 그쳤다. 결국 문민정부 임기 중 교육개혁과제 120개 중 87개, 약 73%가 시행되고 나머지는 차기 정권으로 넘겨질 수밖에 없었다. 예컨대 제4차 교육개혁방안에 포함되었던 '민주시민교육을 위한 교육'은 그 중요성에도 불구하고, 실제로 시간이 촉박하여 충분한 시행준비도 못한 채 다음 정권으로 이관했다.[3]

여기서 우리는 본질적으로 5년 단임제 대통령제 정부하에서 과연 정권 초기 단계에서부터 기획되었다고 하더라도 교육의 속성상 한 정권의 임기 내에 개혁작업을 완수할 수 있었겠는가라는 의문을 제기할 수 있다. 필자가 이 책의 제10장에서 '미래국가교육위원회'의 설치를 주장하는 것도 바로 그 때문이다.

사 람

5·31 교육개혁이 그 시작부터 전 과정에 걸쳐 대통령의 이름으로 진행

3) 이와 연관하여 박세일 수석도 다음과 같이 아쉬움을 피력하고 있다.
"가장 큰 문제는 추진기간이 너무 짧았다는 것이었다. 사실상 추진기간이 1995년에서부터 3년에 불과했다. 1998년에 있었던 정권교체로 인해, 교육개혁의 추진이 일부 중단되거나 그 내용이 변질되기 시작했다.… 교육개혁의 추진력은 정권교체로 인하여 크게 약화되었고, 교육개혁의 방향도 일정 부분 수정, 변화되지 않을 수 없었다."(박세일, 2010b: 639).

되었기에 당연히 첫 번째 주인공은 문민정부의 수장 김영삼 대통령이다. 그는 이미 대통령 선거과정에서 "차기 정권 담당자는 모름지기 '교육대통령' 이 되어야 한다."(김영삼, 1992: 17)고 외치며 강력한 개혁의지와 카리스마 그리고 지속적 관심을 가지고 교육개혁의 전 과정에 관여했다. 또한 네 번에 걸쳐 발표된 교육개혁안이 매번 대통령에게 보고되고 이를 접수하는 공식적인 보고행사를 통해 이루어졌고 그 과정이 극화되어 언론에 보도되었기 때문에, 국민들은 5·31 교육개혁을 김영삼 대통령과 동일시할 수 있었고, 그 정치적 효과도 증폭되었다. 또한 구체적으로 5·31 교육개혁의 창안과정을 주도한 이명현과 박세일은 아이디어와 기획력, 갈등조정능력과 열정 모두에서 발군이었다. 그런 의미에서 당대의 경세가인 이 두 사람을 적시에 발탁, 양팔에 안을 수 있었던 김영삼 대통령의 리더십과 안목은 높이 평가해 마땅하다고 본다. 5·31 교육개혁 창안과정의 주역인 이 두 사람과 초기 집행과정의 책임자인 안병영은 주어진 시간 안에 최상의 개혁성과를 거두기 위해 규범적 공동체를 이루며 최선의 협업을 했다고 본다. 이 밖에 위에서 언급한 안병영, 김정남, 김종서, 문용린, 이해찬 등도 5·31 교육개혁의 추진과정에서 중요한 기여를 하였다.

아울러 지적해야 할 것은 교육개혁위원회의 인적 구성이 비교적 잘 되었다는 점이다. 이미 언급한 대로 제1기 교육개혁위원들의 경우, 직업적으로는 대학교수의 비중이 컸으나, 대체로 다양한 배경을 지닌 명망 있는 사회인사들이었고, 이념적으로는 좌·우로 크게 편향되지 않은 중도개혁적 인물이 많았다. 그런가 하면 전체적 인적 구성의 균형감과 중량감이 돋보였고, 발탁된 인사들 중 어느 누구도 국민의 눈에 크게 거부감을 던져 주지 않았다. 또한 기존의 여느 교육부문 대통령자문위원회들과 달리 교육학자가 소수였다는 것도 특징적이었다. 이렇게 볼 때, 제1기 교육개혁위원회의 인적 구성은 그 사회적 대표성, 이념적 균형성 및 개개인의 능력과 자질에 있어 비교적 성공적이었다고 평가할 수 있다. 무엇보다 그 구성에서 정권적 특성이 거의 드러나지 않았고, 오히려 초당적 성격이 돋보였다. 이러한 점은 5·31 교육개혁사업에 대해 국민적 신뢰를 높이는 데 보탬이 되었을 것으로 보인다. 사회명망가 중심의 교육개혁위원 구성과 달리 교육개혁위원회의 전문위원 구성에서는 학자적 자질과 능력이 뛰어난 중견 교육학자들이 대거 발탁되었다. 이는 사회적 담론에는 강하나 전문성이 약한 교육개혁위원의 약점을 보완하기 위한 의미 있는 조치였다. 이에 따라 교육개혁위원들은 정책형성 과정에서 이들 전문위원들의 전문적 연구 및 정보능력에 의존할 수 있었고, 필요할 때 그들로부터 전문적 조언을 구할 수 있었다.

제1기 때와 달리 제2기 교육개혁위원회의 위원 구성에는 교육학자들과 교육현장의 교장 및 교사 등 교육계 인사들이 대거 참여하였다. 그리고 전문위원에는 교육개혁위원회 사무국의 행정관 및 연구관들이 다수 참여하였다. 이는 제2기 교개위가 교육개혁방안 창안에 못지않게 교육개혁의 착근과 확산에 역점을 두었다는 사실과 밀접하게 연관된다. 이렇게 볼 때, 제1기 및 제2기의 인적 구성은 비교적 성공적이었다고 평가할 수 있다.

재 원

5·31 교육개혁 이전과 이후의 대부분의 교육개혁안들 중 많은 것이 방안으로만 제시되고 집행 차원으로 옮겨가지 못한 데는 재원이 확보되지 못했던 것이 중요한 원인이었다. 그런데 5·31 교육개혁의 경우, 그 주역들이 초기부터 가장 큰 관심을 기울였던 것이 재원확보 문제였다.

5·31 교육개혁의 추진 주역들은 처음부터 교육개혁의 성공 여부는 교육재정의 확보 여부에 달렸다고 굳게 믿었고, 교육환경 및 교육여건을 획

기적으로 개선하지 않고서는 우리 교육의 질적 발전을 기대하기 어렵다는 현실인식을 공유하고 있었다. 그리고 무엇보다 교육재정 GNP 5% 확보는 대통령의 공약사항이었다. 따라서 문민정부가 들어서자마자 교육계는 공약의 이행을 촉구하였고, 교육대통령을 표방했던 김영삼 대통령 또한 그가 약속한 교육재정 GNP 5% 확보를 통해 교육개혁에 관한 문민정부의 강력한 의지를 표현하고자 하였다.

1994년 9월 5일 첫 번째 대통령 보고 자료에서도 교육개혁 11대 과제를 제시했는데, 놀랍게도 그 첫 번째 과제가 교육재정의 확충이었다. 여기서 중앙정부의 교육예산을 GNP 5%까지 확보해야 할 필요성과 재정확충 구도 및 구체적 정책대안까지 논의하고 있다. 구체적으로 기존재원의 투자 우선순위 조정을 통해 확충하는 방안과 국민의 추가적 세부담을 통해 확충하는 방안을 제시하였고, 아울러 민간재원의 유입을 통해 확충하는 방안까지 언급하고 있다.

1995년 5월 31일 발표한 제1차 교육개혁방안이 당초보다 늦어진 것도 재정확보 문제와 관련하여 재정경제원과 내무부 등 관련 부처와의 협의가 난항을 겪게 된 데 큰 원인이 있었다. 교육재정 GNP 5% 확보(1998년까지)가 제1차 개혁안의 아홉 번째 과제로 제시되었다. 그런데 이때까지도 완전한 조정이 이루어지지 않아 개혁안에 구체적으로 GNP 5% 확보를 위한 세부방안을 관계부처(국무총리 행정조정실장, 재정경제원, 내무부, 교육부, 건설교통부 차관)에서 수립하여 1995년 9월까지 대통령에게 보고·확정하며, 1996년도 예산부터 반영한다고 못을 박았다. 아울러 관계부처에서 논의·결정할 사항까지 명세하게 지시하고 있다. 이후 산고 끝에 1995년 8월 말 교육개혁추진위원회는 '교육개혁을 뒷받침하기 위한 교육재정 확보방안'을 발표하였다. 이어 정부는 발 빠르게 후속 조치로서 〈교육세법〉과 〈지방교육재정교부금법 및 동 시행규칙〉을 개정하고, 〈교육환경개선특별회계법〉과 〈학교용지 확보에 관한 특례법〉을 제정하였다.

당초 계획에 따르면, 1996년~1998년 3개년간 총 62조 3천억 원을 교육에 투자하게 되어 있었는데, 이 중 국가와 지방자치단체가 종전 추세대로 교육에 투자하는 52조 9천억 원을 제외한 9조 4천 7백억 원이 교육개혁을 위하여 추가로 확보되는 재원이었다. 이후 1998년도까지 예산계획상 GNP 5% 확보는 달성하였으나, 급작스럽게 몰아닥친 이른바 IMF 금융위기로 인한 세수부진과 지방자치단체의 협조 부족 등으로 추가 확보된 재원은 당초 계획보다 감소하였다.

3. '상대적' 성공의 원인

5·31 교육개혁은 드물게 성공한 정책개혁이었다고 평가할 수 있다. 그러나 그것을 장광설(長廣舌)하기에는 몇 가지 편치 않은 요소들이 없지 않다. 무엇보다 교육개혁의 주역인 대다수의 교사와 학부모들 그리고 많은 국민들이 교육개혁 추진 당시 교육개혁위원회의 활동에 대해 만족도가 높지 않았으며, 개혁으로 인한 변화를 그리 체감하지 못했다는 점이다(교육개혁위원회, 1998: 260). 개혁내용에 대한 홍보 미흡이나 이들 조사가 주로 개혁초기에 이루어졌다는 등의 이유가 있을 수 있지만, 5·31 교육개혁이 그 실질적 효과에 비해 국민들의 인식 속에 그리 인기 있는 개혁조치가 아니었던 것은 사실일 듯하다. 그 밖에도 대부분의 개혁사업이 그렇듯이 5·31 교육개혁 또한 빛과 그림자가 있었고, 성공 못지않게 실패의 단면이 있었던 것도 사실이다. 따라서 여기서는 '상대적' 성공이라는 제한적 의미를 부각시켰다.

대통령 요인 : '교육대통령' 선언과 지속적 관심과 지원

위에서 언급한 대로 최초의 문민정부의 수장인 김영삼 대통령은 대통령 후보시절부터 '교육대통령'을 자처했고, '교육혁명'의 필요성을 강조했다. 그런가 하면 대통령 임기 전 과정을 통해 교육개혁에 대해 지대한 관심을 표명했고 지속적 지원을 아끼지 않았다. 이러한 점에서 김영삼은 교육진흥이라는 맥락에서 볼 때, 그 이전과 그 이후의 어느 대통령과도 비교할 수 없다. 적어도 그는 공식적으로 교육재원 GNP 5% 확충 약속을 지켰고, 교육개혁위원회를 창설하여 4차에 걸친 교육개혁방안의 창안과정을 주도하고 임기 중에 그중 70% 이상을 집행단계로 옮기는 데 결정적인 역할을 수행했다.

대통령제 정치체제에서 대통령의 힘이 실리면, 그 정책의 실현가능성은 크게 증폭된다. 특히 '문명사적 시각'을 바탕으로, 그리고 '최초의 문민정부' 수장으로서의 김영삼의 정치적 정당성과 카리스마는 5·31 교육개혁을 성공으로 이끈 원동력이었다.

비전과 아이디어, 그리고 실행가능성

4차에 걸쳐 발표된 5·31 교육개혁은 그 기본 철학과 비전 및 아이디어에서 그 이전 또 그 이후의 어떤 교육개혁방안보다 출중하다. 하지만 개혁방안들을 자세히 살펴보면, 정밀하게 기획된 정책 프로그램으로 볼 수 있는 완성도 높은 제안으로부터 단순한 원칙의 제시 또는 해결방향의 적시로 볼 수 있는 방안들이 뒤섞여 있어, 개중에는 그 이전 전두환 대통령 시절의 교육개혁심의회의 개혁안보다 구조화 수준이나 세련도가 떨어지는 방안들도 없지 않다. 그러나 5·31 교육개혁안은 당장 눈앞에 당면한 교육현안 해결에 집착하기보다는 시간적 조망에서 앞으로 다가올 새 천년을 지향하고, 부문 인식에서 교육부문을 뛰어넘는 사회개혁적 함의가 강하다는 점에서 다른 교육개혁방안들과 질적으로 차이가 난다. 그러므로 시대와 전체의 틀을 인식하는 과정에서 미래지향적, 본질적, 포괄적 체제개혁을 겨냥했다. 5·31 교육개혁안이 20년이 지난 오늘까지도 그 생명력과 영향력을 지속했던 까닭도 바로 여기서 찾을 수 있을 것이다. 교육개혁위원회는 처음 창안과정에서 이상주의에 치우쳤으나, 초기에 시행착오를 거치면서 실행가능성을 높이는 데 많은 노력을 경주했다. 이처럼 실행가능성이 제고된 데는 청와대 수석실 및 교육부와의 직·간접적인 상호작용이 크게 작용했다. 이와 연관하여 교개위의 개혁방안들이 비록 세계화와 신자유주의에 얼마간 편향되었으나, 그 정도가 크게 지나치지 않았다는 점도 함께 지적할 수 있다.

조직적 추진 : 체계와 인적 구성

문민정부는 교육개혁의 창안기구인 교육개혁위원회를 비관료적, 초당적 순수 민간기구로 출범시키고, 그 안에서 소위원회의 심의와 운영위원회의 협의, 그리고 전체회의의 의결을 거쳐 대통령에게 보고하는 개혁안 창안의 기본적 틀을 마련했다. 아울러 범정부 차원의 교육개혁 추진을 위하여 1995년 8월 국무총리를 위원장, 교육부 장관을 간사로 하고, 12개 부처의 장관으로 구성된 '교육개혁추진위원회'를 출범시켰다. 또한 교육개혁추진위원회에 상정될 의안의 사전조정과 부처 간 협조를 위하여 국무총리 행정조정실장을 실무위원장으로 하는 '교육개혁추진실무위원회'를 구성하였다. 이처럼 5·31 교육개혁은 그 추진과정에서 교육부를 뛰어넘는 전 정부적 협력체제가 그 중심에 있었다. 실제로 5·31 교육개혁안을 정책 프로그램으로 만들고 이를 집행하는 책임은 교육부 장관이 지고 있었으나, 부처 간 협력을 제도화한 위의 추진체제는 다수의 복잡한 사안의 문제해결 과정에서 매우 긍정적으로 작용했다. 교육재정 확충을 위한 부처 간 협력이 그 대표적 성공사례이다.

뿐만 아니라 위에서 이미 논의한 교육개혁위원회–청와대–교육부의 3자 구조도 5·31 교육개혁을 성공으로 이끄는 데 긍정적으로 기여했다. 교개위의 이상주의와 교육부의 현실주의를 청와대가 중간에서 중재 · 조율하는 위의 3자 구도는 교육개혁안의 실행가능성을 제고하는 데 결정적으로 기여했다.

그런가 하면, 이미 언급한 5·31 교육개혁 과정에서의 '사람' 도 여기서 빼놓을 수 없는 주요한 요소다. 5·31 교육개혁의 주역인 김영삼 대통령을 비롯하여, 교육개혁 기간 동안 국무총리로 재직하며 교육개혁추진위원장을 맡았던 이수성, 고건 총리, 그리고 교육개혁 정책과정을 주도한 3인의 변혁역군(change agent)들, 즉 이명현, 박세일, 안병영의 역할 또한 개혁성과를 논의하면서 빼놓을 수 없는 요인이다. 이들의 개혁의지와 열정 및 추진력이 교육개혁 추진체제의 원활한 작동을 보장하는 주요한 고리였다.

교육재원의 확충

5·31 교육개혁이 단순한 처방으로 끝나지 않고, 실천으로 옮길 수 있었던 중요한 이유 중에 하나는 교육재정이 크게 확충되었기 때문이다. 당시 교육환경의 개선이라는 교육현장의 절박한 현실적 과제와 교육정보화라는 시대적 과제를 풀기 위해 그리고 대학의 경쟁력 강화를 위해 교육재정의 확보는 필수불가결의 요소였다. 그런 의미에서 교육재정의 확충은

5·31 교육개혁의 성공을 위한 주요한 열쇠였다.

4. '상대적' 실패의 요인

정부주도의 하향적 개혁

5·31 교육개혁은 관주도의 하향적 개혁이었다. 문민정부가 교육개혁위원회를 비관료적 민간위원 중심으로 구성한 것이나, 교육청사진을 마련하는 과정에서 정책의 합의기반과 타당도를 높이기 위해 폭넓은 의견수렴과 높은 빈도의 정책토론을 시도하는 등, 관제적 · 하향적 개혁방식을 완화하기 위해 나름대로 많은 노력을 경주했던 게 사실이다. 그러나 역시 거기에는 한계가 있었다. 5·31 교육개혁안의 창안과정에서는 정치의 개입이 최소화되었고 비교적 다양한 의견수렴이 있었으나, 그 추진과정을 보면 전형적인 정부주도의 하향적 개혁이었다. 그 때문에 한국 교육의 실패를 책임져야 할 주요 당사자로 지목 · 비판받아 마땅한 교육관료체제, 즉 교육부와 지방 교육청이 교육개혁 추진의 주역으로 나선 데 대해 교육계와 사회 일반의 불신과 거부감, 그리고 그에 대한 회의가 적지 않았다.

5·31 교육개혁이 민주화, 자율화, 분권화를 지향하였으나, 이를 전달하는 그릇과 틀, 그리고 방식이 여전히 권위주의적, 고식적, 지시적이었음을 부정할 수 없다. 따라서 정부주도의 하향적 개혁은 그 태생적 한계 때문에 개혁의 형식화, 획일화, 공동화(空洞化)를 초래할 위험이 크다. 또한 교육개혁의 본질적 내용이 교육 현장이나 학습자의 내면에까지 이르지 못하는 것이 상례이다. 대부분의 관주도의 하향적 개혁이 일견 공식적 제도개혁에는 성공한 듯하나, 그것이 행태와 의식의 변화에까지 이르지 못

하는 것도 그 때문이다. 그러므로 향후 교육개혁은 협치적 거버넌스를 바탕으로, 이해당사자들 간의 사회적 · 전략적 제휴 및 풀뿌리의 자발적 상향운동과의 연계 속에서 이루어져야 할 것이다.[4]

시간요인

위에서 언급했듯이, 5·31 교육개혁은 문민정부의 작품이나 그 출발이 너무 늦었기 때문에 그 집권기간 내에 심도 있는 개혁과제의 논의와 확정 그리고 그의 정책화 및 집행과정을 두루 거치기에는 처음부터 불가능했다. 그런데 가능한 한 정권교체 이전에 교육개혁의 대강을 마무리하기 위해 무리를 했고, 그러는 과정에서 얼마간 졸속과 시행착오가 야기되었다. 그러고도 끝내 제3차, 제4차 교육개혁방안의 많은 것을 다음 정권에 넘길 수밖에 없었다.

보상체계 미비

교육개혁 과정에서 가장 중요하고 힘든 당사자들이 교사와 교육공무원들이다. 이들은 개혁과정에서 감수해야 할 갈등과 혼란, 기득권의 침해, 업무의 폭주 그리고 그 과정에 수반되는 엄청난 스트레스 때문에 크게 시달린다. 그러나 5·31 교육개혁은 실제로 이들에게 아무런 보상도 하지 않으면서, 행태와 의식의 변화를 요구하고 자칫 반개혁적이라고 지탄을 받게까지 했다. 크게 보아 이들의 자발적 참여를 위한 동기부여가 극히 미

4) 5·31 교육개혁 이후 20년이 지난 오늘의 시점에서 볼 때, 정치 · 사회적 민주화는 진전이 되었으나, 보수와 진보 간의 이념적 양극화, 사회적 신뢰 위기의 심화, 자생적 사회운동의 저조, 관료제의 쇄신 미흡 등으로 이러한 바람은 자칫 낭만적 기대가 될 공산이 크다.

비했다. 이들에게 물질적 · 심리적 보상체계가 크게 부족했다는 것은 5·31 교육개혁의 '상대적' 실패의 주요 원인이 된다. 그나마 교육부의 개혁의지가 충만한 신진 정책관료들이 개혁사업의 성공을 위해 적극적으로 참여한 것은 무척 다행한 일이었다.

관료적 정책과정의 한계

교육개혁방안은 그 자체로 정책 프로그램이 아니다. 따라서 교육부는 문장형식으로 정리되어 있는 방안들을 정책화가 용이한 형태로 전환시키기 위해 낱낱의 개혁과제로 재구성하게 된다. 그렇게 마련된 것이 120개의 개혁과제들이다. 그런데 그 과제화 과정에서 개별 과제들이 당초 다른 개혁요소들과 유기적으로 구성되어 있는 큰 맥락에서 유리되어 단편화 · 파편화되고 개별 부서는 그 단편화된 개별 과제의 정책화 · 집행화에만 전념하게 될 수 있다. 그러한 과정에서 자칫 본질로부터의 이탈과 차질 혹은 왜곡이 야기된다.

그런가 하면, 교개위 개혁방안 중에는 그 창안과정에서 얼마간 정책토론을 거쳤다 해도 본래의 이상주의적 성격 때문에 실행가능성에 문제가 있는 방안들이 적지 않았다. 그런 경우 교육부는 이를 정책화하는 과정에서 실행가능성을 높이기 위해 본질적 맥락이 훼손되지 않는 한도 내에서 일부 수정이나 변용, 혹은 기간 연장 등의 편법을 쓰게 된다. 이러한 경우, 개별 과제의 집행과정을 보다 큰 맥락에서 면밀히 검토하지 않으면 개혁사업의 관료적 왜곡이 나타날 가능성이 있다.

환류(Feedback)의 결여

교육개혁사업이 시간적으로 쫓기는 가운데 교개위나 청와대가 교육 청사진 만들기에 바빴기 때문에 교개위는 물론 청와대도 개혁사업의 진척을 점검하고 되살펴보는 일을 하기에 너무 벅찼다. 교육부 또한 성찰적으로 자신의 사업을 되돌아보는 일에 별로 신경을 쓰기 어려웠다. 따라서 이러한 피드백 기능의 결여가 교육개혁 사업의 '상대적' 실패의 요인일 수 있다.

3부

문민정부 이후 역대 정권의 교육개혁

제 6 장

김대중 정부의 교육개혁

1. 기본 방향

김대중 정부의 교육정책을 이해하기 위해서는 정부 출범과 거의 동시에 나타난 이른바 IMF 외환 · 금융위기를 김대중 정부가 어떻게 해석했으며, 이에 대해 어떻게 대처했는지를 이해하는 것이 중요하다. 왜냐하면, 김대중 정부 전체 국정운용 방향의 한 부분으로 교육정책도 입안 · 집행되었기 때문이다.

흥미 있는 사실은 김대중 정부의 정책엘리트들이 김영삼 정부의 지배적인 정책 아이디어인 '신자유주의'에 기초해서 외환 · 금융위기의 원인을 해석했다는 점이다. 즉, 정부의 과도한 개입으로 인해 경제위기가 초래되었기 때문에, 정부의 축소, 민영화, 규제완화가 경제위기를 극복하는 가장 확실한 방법으로 '해석' 되었다는 것이다(하연섭, 2006). 국민의 정부가 출범하면서 내건 국정철학은 '민주주의와 시장경제의 병행 발전' 이었는데, 이는 시장의 민주화가 아니라 시장 기능의 활성화를 통한 민주주의의 제도화라는 의미를 지닌 것이었다. 그리하여 김대중 정부는 출범 초기부터 '시장의 활성화', '정부규제의 완화', '시장개방', '공정한 경쟁', '시장경쟁을 통한 보상' 그리고 '기회의 균등' 등을 강조하게 되었다(대한민국정부, 1998).

김영삼 정부가 정책의 기본 기조를 '신자유주의'로 설정했다면, 역사상 처음으로 수평적 정권교체를 이룩한 김대중 정부에서는 신자유주의로부터의 탈피가 이루어졌어야 할 것으로 기대할 수도 있다. 그러나 억압주의적 권위주의로부터의 탈피와 과도한 국가개입으로부터의 탈피를 위한 대안을 모두 '시장의 활성화'에서 찾게 됨에 따라, 김대중 정부에서도 '신자유주의'가 지속되게 된 것이다.

김대중 정부에서도 '경제자유화'가 이른바 '경제민주화'로 연결되었으며, '시장'의 자유로운 작동이 민주적인 경제 질서를 정착시키는 데 필수적인 요소로 인식되었다. '경제적 효율성' 대 '사회적 형평성'이라는 측면에서 시장과 경제민주화가 대립되는 관계로 설정된 것이 아니라 관치로부터 탈피하기 위해서는 시장이 자유롭게 작동해야 한다는 인식에 기초해서, '민주화 = 시장'이라는 등식이 성립된 것이다(하연섭, 2006). 보다 구체적으로, 민주화란 곧 권위주의적 질서로부터의 탈피를, 그리고 권위주의적 질서로부터의 탈피는 곧 자유화를, 자유화란 시장의 활성화를, 그리고 이러한 시장의 활성화는 궁극적으로 개인의 창의와 자율성을 보장해 줄 것이라는 등식이 성립하게 된 것이다. 이러한 이유로 김대중 정부의 기본적인 정책기조가 신자유주의적 개혁으로 나타나게 된 것이다.

바로 이 점이 김대중 정부 교육정책을 이해하는 데 있어서의 열쇠라고 할 수 있다. 사상 최초의 수평적 정권교체에 따라 김영삼 정부와는 차별적인 교육정책을 추구했을 것으로 기대할 수 있으나, 김대중 정부에서는 5·31 교육개혁의 기본 방향을 그대로 계승 내지는 오히려 강화한 것이 특징이다.

김대중 정부가 5·31 교육개혁을 계승한 데에는 개혁안 입안에 직·간접적으로 관여했던 교육부 관료들의 영향도 매우 컸다. 김대중 정부에서 초대 교육부 장관을 맡았던 이해찬 장관은 교육에 문외한이었을 뿐만 아니라 준비되지 않은 상태에서 장관직을 맡게 되었는데, 향후 교육정책의 큰 방향을 정하기 위해 취임 초기 교육부 간부들과 지속적으로 토론하는 기회를 가졌었다. 이 과정에서 김영삼 정부 때 마련된 교육개혁안이 매우 체계적이고 설득력 있는 안이라는 판단을 하게 되었고, 그 결과 문민정부 개혁안을 그대로 받아들이게 된 것이다(당시 교육부 국장이었던 정기오 교수와의 인터뷰, 2015.1.12.).

김대중 정부는 교육정책의 기본 목표를 다음과 같이 설정하였다. 즉,

① 사람다운 사람을 기르는 교육
② 지식 · 정보화 사회를 선도하는 교육
③ 국민의 고통을 덜어주는 교육

이러한 기본 목표 아래 교육정책의 주요 방향으로서는,

① 학생의 입시고통 완화
② 학부모의 사교육비 경감
③ 기업에는 필요한 인력 공급
④ 사회에는 협동하는 인간 배출
⑤ 교사의 명예와 교권 보장을 들고 있다.

교육 분야 개혁정책의 기조로서는,

① 지식 위주 교육에서 사람됨을 중시하는 교육으로
② 획일화된 교육에서 자율화 · 다양화 · 특성화된 교육으로
③ 공급자 중심에서 수요자 중심 교육으로
④ 학교 울타리 안의 교육에서 열린 평생교육으로

⑤ 학벌 중시에서 능력 중시 교육으로

⑥ 양적 확대보다 경쟁력 있는 질 높은 교육을 제시한 바 있다(김동석, 2001: 55).

그리고 교육정책의 목표, 방향 그리고 기조를 추진하는 방법을 다음과 같이 설정하고 있다.

① 교원 · 학부모 · 지역사회가 참여하는 상향식 교육개혁

② 교실 · 학교 변화를 체감할 수 있는 현장 중심의 교육개혁

③ 사회 각계각층이 함께하는 범시민운동 방식의 교육개혁

④ 평가와 연계하여 책무성과 효율성을 높이는 교육개혁(박도순 외, 2007: 66)

이렇게 볼 때, 김대중 정부는 김영삼 정부가 추진해 온 교육개혁의 방향과 기조를 거의 그대로 계승하고 있음을 볼 수 있다. 다만, 교육개혁의 추진 방법으로서 교원, 학부모, 지역사회가 참여하는 상향식 교육개혁, 학교 변화를 체감할 수 있는 현장 중심의 교육개혁, 사회 각계각층이 함께하는 범시민운동 방식의 교육개혁, 평가와 연계하여 책무성과 효율성을 높이는 교육개혁 등을 내세움으로써, 김영삼 정부가 추진했던 신자유주의적 교육개혁의 내용에 시민 참여적 현장 중심의 상향식 교육개혁 방법을 접맥하려 시도했음을 볼 수 있다.

2. 교육개혁 추진 기구와 정책과정

김대중 정부의 교육개혁 추진 기구는 1998년 6월부터 2000년 7월까

지 존속했던 새교육공동체위원회와 교육부가 교육인적자원부로 개편되면서 설치되었던 교육인적자원정책위원회(2000년 10월~2003년 2월)를 들 수 있다.

새교육공동체위원회는 교육개혁을 위한 아젠다 설정 과정에서 김영삼 정부의 5·31 교육개혁을 그대로 이어받은 것이 특징이다. 새교육공동체위원회의 차별성은 5·31 교육개혁의 실천 방법으로서 하향식(top-down)이 아닌 상향식(bottom-up) 방식, 그리고 시민참여를 통한 범국민적 공동체 운동으로서의 교육개혁에 초점을 맞춘 데서 찾을 수 있다. 즉, 새교육공동체위원회는 학부모, 교원, 시민단체 및 지역사회 등 각계각층의 인사들이 참여하는 새로운 공동체를 형성하여 현장 중심의 교육개혁이 지속적으로 추진될 수 있도록 하고, 동시에 교육에 대한 국민의식개혁, 교육개혁 추진 상황의 점검 · 평가, 교육개혁 추진에 관한 홍보 · 연수, 교육개혁 추진을 위한 시민운동의 활성화 등에 관해 대통령의 자문에 응하고 심의하기 위하여 설치되었던 것이다(새교육공동체위원회 규정, 1998; 신현석, 2003: 70에서 재인용).

그러나 새교육공동체위원회의 교육개혁은 별 진전을 보이지 못한 것으로 평가되는데, 그 이유로서는 다음의 두 가지를 들 수 있다.

첫째, 교육부와의 관계를 들 수 있다. 김영삼 정부에서의 교육개혁위원회는 뚜렷한 아젠다 설정기능을 보유하고 있었고 이로부터 교육개혁의 주체로서 기능하였다. 반면, 김대중 정부에서의 새교육공동체위원회는 나름의 아젠다 설정 기능을 갖지 못하였기 때문에, 교육개혁을 추진하기 위한 추동력을 가지기 어려웠다는 점을 들 수 있다. 특히, 김대중 정부 초대 교육부 장관으로서 소위 '실세' 장관이 임명되면서 교육정책 집행의 주도권이 완전히 교육부로 넘어가는 현상이 나타나게 되었다. 시민참여의 활성화라는 기치를 내걸고 교육개혁 자문기구의 명칭도 새교육공동체위원회라고 명명했으나, 이 시기 교육정책의 결정과 집행주체는 엄연히 교육부였기 때문에 본래의 의도와는 달리 오히려 교육정책의 결정에 시민참여가 약화되는 현상이 나타나게 된 것이다.

둘째, 김대중 정부 초기 교육정책의 가장 큰 쟁점은 교원정년 단축이었다. 이는 정부가 교육현장에서 지지를 상실하게 되는 가장 중요한 계기가 된 것으로서, 교육정책에 대한 신뢰와 지지가 약화된 상태에서 시민참여를 통한 교육개혁, 상향식 교육개혁은 처음부터 추진하기 어려웠다고 할 것이다.

새교육공동체위원회가 지니고 있었던 이러한 문제 때문에 교육부가 교육인적자원부로 전환하면서 새교육공동체위원회는 해체되고 대신 교육인적자원정책위원회가 설치되었다. 교육인적자원정책위원회는 교육분야뿐만 아니라 인적자원의 개발 · 관리 기능까지를 포함하는 의제 설정 기능을 가진 것이 특징이다. 즉, 교육개혁의 전략이나 방법에만 초점을 맞추었던 새교육공동체위원회와는 달리 인적자원을 중심으로 한 아젠다 설정 및 계획수립 기능까지 갖게 된 것이다.

교육인적자원정책위원회는 3차에 걸친 정책보고서를 통하여 제1차 교육개혁 영역에서는 공교육기반 강화, 대학의 지식 창출 및 전문인력 양성의 핵심기지화, 기업의 학습조직화 및 지식 근로자 육성, 여성 인적자원 개발 및 활용 극대화를, 제2차 교육개혁 영역에서는 학교-노동시장 이행 지원 체제 구축 방안, 계속학습자를 통한 능력개발 지원 방안, 도서관 정보 인프라 활성화 방안을, 제3차 교육개혁 영역에서는 학교교육의 질 향상을 위한 시스템 구축, 대학의 자율기반 구축 및 수월성 확보, 기업 내 인적자원 개발 활성화, 지역균형발전을 위한 인적자원개발체제 구축을 제시한 바 있다(박정수, 2010: 45).

그러나 김대중 정부 교육정책의 가장 중요한 특징 중 하나가 교육부 중심의 교육정책 수립 및 집행이라고 표현할 수 있을 정도로 교육인적자원정책위원회 설치 이후에도 교육정책의 주도권은 여전히 교육부에 속해 있었고, 교육인적자원정책위원회는 주변부적인 위치만을 차지하고 있었다. 즉, 신현석(2003: 71)이 지적했듯이, 교육인적자원정책위원회는 교육개혁위원회에 비해 정책의제 설정기능이 약해진 것은 물론, 의제가 공식적으로 교육인적자원부의 정책 형성과 집행에 연계 · 반영되는 정도가 미미해졌던 것이다.

그러나 보다 근본적인 문제는 과연 인적자원 관리와 개발이 교육의 차원을 넘어서 어떤 기능으로 발전해야 하는지 그리고 그러한 기능을 수행하기 위해서는 교육부를 넘어 타 부처와 어떤 협업을 해야 하는지에 대한 구체적인 계획과 전략 수립에 실패했다는 점이다. 사실, 이는 교육인적자원부가 존속한 노무현 정부에서도 지속되는 문제였다. 교육과 인적자원의 연계 방법, 인적자원 개발과 관리를 위한 정부 부처 간 협력과 조정의 방법 등이 교육인적자원부가 해체될 때까지도 해결되지 않은 과제로 남아 있는 상태였다고 할 수 있는데, 이러한 본질적인 문제와 지속적으로 씨름할 수밖에 없었던 것이 교육인적자원정책위원회였다고 할 것이다.

3. 초·중등교육

김영삼 정부에서 기획한 5·31 교육개혁 정책의 대부분은 국민의 정부에서 실행되거나 시범 실시되었다. 교육과정 개선에 있어 수준별 · 선택형 교육과정을 주된 내용으로 하는 제7차 교육과정의 시행, 학교 운영의 자율성 확대와 책무성 강화를 위한 학교운영위원회 설치 의무화, 학교유형의 다양화 · 특성화를 위한 자율학교와 특성화 고교 설립 · 운영, 자율형 사립학교 시범 운영, 그리고 새 학교문화 창조의 일환으로 추진한 2002학년도 새 대학입학제도 등이 김대중 정부가 계승한 5·31 교육개혁의 대표적인 예들이다.

교육과정 개선의 핵심 내용인 제7차 교육과정은 5·31 교육개혁방안에 의거해 탄생된 국가수준의 교육과정이다. 제7차 교육과정의 핵심 내용은 1996년 초 교육개혁위원회가 교육부에 시달한 '초·중등학교 교육과정 개혁'을 위한 세부적인 개정 지침을 그대로 반영한 것이다. 이 지침의 주요 내용은 ① 국민공통 기본교육과정 설정 등 신교육과정 편제 · 도입, ② 수준별 교육과정 도입, ③ 능력 중심 교육목표 진술과 구체적 내용 제시의 최소화, 독서교육의 강화, 교과교육에서의 컴퓨터 활용 교육 강화, 평가방법의 개선, ④ 선택과목 도입에 따른 수능제도의 개선, 교과서 제도의 자율화 확대, 교과서 질 제고, 다양한 교사제도의 탄력적 운영, 교사 연수 강화, 학교환경 및 시설의 개선 등을 포함하고 있었다(함수곤, 2003: 80).

제7차 교육과정의 개요는 다음과 같다. ① 초등학교 1학년부터 고등학교 2학년까지의 10년간을 '국민공통 기본교육과정'으로 구성, ② 고등학교 2, 3학년에 학생 선택중심 교육과정 도입, ③ 국가수준 교육과정에 수준별 교육과정 도입, ④ 중등학교에 재량활동 신설 및 초등학교 단계에서의 확대, ⑤ 이수과목 수의 축소와 교과별 학습내용의 최적화, ⑥ 질 관리 중심의 교육과정 평가체제 도입, ⑦ 지역, 학교의 역할 확대를 통한 교육과정 편성 · 운영의 분권화 등이다(이상진, 2009: 35; 함수곤, 2003: 83-86). 이처럼 김대중 정부 때 마련한 제7차 교육과정은 문민정부 교육개혁안을 그대로 수용한 것일 뿐만 아니라 오늘날까지도 초·중등교육의 기초로서 자리 잡고 있다.

학교 운영의 자율성 확대를 위해 핵심 과제로서 추진된 학교운영위원회는 교육개혁위원회의 개혁 방안에 포함되어 1995년 12월 정기국회에서 지방교육자치에 관한 법률을 개정하여 학교운영위원회의 설치 근거를 마련하였다. 1996년 2월에 동법 시행령에 학교운영위원회의 구성, 위원비율, 위원선출, 기능 및 운영에 관한 사항이 규정되었으며, 국공립학교에 설치를 의무화하였고, 그 밖의 세부 사항에 관해서는 시·도 조례로 위임하였다. 1999년 8월 31일 초·중등교육법의 개정으로 사립학교에도 학교운영위원회 설치를 의무화하였으며, 2000년 1학기부터 적용되었다. 그리고 2001년부터는 학교운영위원 전원이 교육감과 교육위원 선출을 위한 선거인단으로 참여하게 되었다(이일용, 2005: 64).

학교유형의 다양화 정책으로 추진된 대표적인 사업으로는 자율학교와 특성화 학교 운영, 자립형 사립고등학교 시범 운영을 들 수 있다. 자율학교는 교장 임용, 교육과정의 편성 · 운영, 교과서의 사용, 학생 선발 등에서 자율운영을 위한 특례를 인정받는 학교를 의미한다. 교육부는 1998년 8월에 '자율학교 시범운영 기본계획'을 발표하였는데, 그 주요 내용은 교육과정 운영의 다양성, 특수성 및 창의성이 특별히 요구되는 특성화 고교 및 예·체능 고교에 한하여 1999년 3월부터 2002년 2월까지 자율학교 제도를 시범운영한다는 것이었다(한유경, 2003: 109-10). 자율학교 시범운영 기간이 종료된 2002년 4월 1일 현재 특성화고 12개교, 예·체능계고 10개교 등 총 32개의 학교가 자율학교로 지정되어 운영 중이었다.

오늘날까지도 가장 논쟁적인 정책이 되고 있는 자립형 사립고교는 평준화의 한계를 극복하기 위한 학교체제의 다양화, 학생과 학부모의 선택기회 확대 및 교육욕구 충족, 사학의 건학이념을 추구할 수 있는 학교운영의 자율성 보장 등을 그 근거로 하여 추진된 정책이다. 그러나 "입시 위주 교육기관으로의 변질, 고교평준화제도에 대한 위협, 귀족학교의 출현으로 인한 계층 간 위화감 조성, 교육기회의 불평등 심화 등"(한만길 외, 2007: 73) 반대 의견도 강력하게 대두되어 김대중 정부 말기인 2002년부터 3년간의 시범운영에 들어갔다. 2001년 10월에 민족사관고, 광양제철고, 포항제철고, 해운대고, 현대청운고가 시범학교로 지정되었고, 2002년에 상산고가 추가 지정되어 총 6개교가 3년간의 시범운영에 들어갔다(한유경, 2003: 117-18).

1998년 10월에는 '새로운 학교문화 창조'를 위한 대학입학전형제도 개선안이 발표되었다. 2002학년도 대학입학제도 개선안의 핵심적인 내용으로는 ① 성적 비중의 대폭 축소와 특기 · 활동 · 품성 등 전형 요소의 다양화, ② 학생 선발에 있어서 석차 활용의 억제와 다양한 선발방법의 활용 유도, ③ 논술고사 외 필답고사, 기여입학제, 고교등급제 금지라는 이른바 '3불 정책'의 공식화, ④ 수능시험에서 영역별 점수제와 등급제(9등급) 도입, ⑤ 봉사활동, 특별활동, 동아리활동, 취업 경력 등 다양한 비교과 활용 등이 발표되었다. 대입전형의 다양화 · 특성화와 함께 이른바 '여러 줄 세우기'에 의한 학생선발이 공식화된 것이 2002학년도 대입제도 개선안이었다고 할 것이다(한만길 외, 2007: 80-81).

이외에 학교정책으로서 추진된 것들로는 공교육 내실화 방안, 중학교 의무교육의 연차적 확대, 고교평준화 확대 실시 및 관계 법령 개정 등을 들 수 있다. 또한 영재교육진흥법 제정, 실업계고교 육성대책 수립 시행, 교육정보화 종합발전방안 수립, 교직발전 종합방안 수립 등이 김대중 정부 때 추진된 초·중등 교육정책이다.

문민정부 교육개혁 방안에는 포함되지 않았지만 IMF 외환 · 금융위기를 극복하기 위한 강력한 구조조정 사업이 교육부문에서도 진행되었는데, 가장 대표적인 사업으로서 교원정년 단축을 들 수 있다. 교원의 정년을 65세에서 62세로 단축시키는 내용의 이 정책은 사실 외환 · 금융위기를 극복하는 고통분담, 청년 실업의 완화, 재정절약 등 여러 가지 정책목표를 배경으로 추진되었으나, 김대중 정부의 교육정책이 교육현장에서 지지를 잃는 결정적인 계기가 되었다는 데에는 이론이 없다. 재정절약과 교육경쟁력 강화라는 차원에서 추진된 정책의 또 다른 예로서는 소규모 학교 통폐합을 들 수 있다. 각 지역 공동체의 반발 등으로 본격적으로 추진되지는 못했지만, 소규모 학교 통폐합은 교육재정 절약을 위해 추진된 대표적인 예이다.

4. 고등교육

김영삼 정부 교육개혁방안에 담긴 고등교육정책의 주요 내용으로는 대학설립준칙주의, 대학정원 자율화, 대학의 다양화 · 특성화 · 자율화, 평가와 재정지원의 연계, 전문대학원 제도 도입 등을 들 수 있다. 김대중 정부에서는 김영삼 정부의 고등교육정책을 그대로 계승하였지만, 그중에서도 두뇌한국21(BK21) 사업의 추진과 학부제 정책은 김영삼 정부 교육개혁에서 구상한 것 이상의 강도로 추진된 대표적인 정책이다.

김대중 정부가 추진한 고등교육정책 중에서 현재까지 지속되고 있는 대표적인 정책은 BK21 사업이다. 원래 BK21 사업은 김영삼 정부 당시 대학 구조조정의 일환으로 구상되었던 사업이다. 즉, 5년간 1조 4천억 원을 서울대에 집중 투자하여 대학원 교육을 활성화함으로써 서울대를 연구중심대학으로 만드는 동시에 학부 학생 수를 약 3천 명 수준으로 대폭 줄여 우수한 학생들이 지방의 거점대학에 진학하도록 유도하여, 서울대를 지렛대로 본격적인 대학 구조조정에 나서려는 급진적인 개혁안으로 구상되었던 것이다. 교육개혁위원회 내에서조차 크게 공론화하지 않고 대학위원회 위원 등 좁은 서클 내에서만 논의하고 추진되었던 안이었으나, 이 안이 유출되어 서울대 교수협의회 등의 반발이 있자 김영삼 정부 때는 추진을 유보한 안이었다(문용린 전 교육부 장관과의 인터뷰).

어쨌건 김대중 정부 들어 연구중심대학 육성사업으로 BK21 사업이 추진되었는데, 김대중 정부에서 초대 교육부 장관을 맡은 이해찬 장관은 서울대가 학부를 대폭 축소하고 대학원 중심 대학으로 전환하는 데 대한 반대급부로서 막대한 재정지원을 약속했었고 당시 선우중호 서울대 총장과도 얘기를 시작하는 단계였다. 그러나 선우 총장의 갑작스러운 사퇴와 다른 대학들의 반발로 더 많은 대학을 포용하는 연구중심대학 육성사업으로 선회하게 되었던 것이다.

처음부터 BK21 사업은 대학원 중심 대학에 의한 연구력 향상과 대학 입시개혁이라는 목표를 동시에 추구한 정책이다. 사실, 연구력 제고가 BK21 사업의 공식적 목표였지만, 내면적 목표는 서울대 입시개혁(정원감축, 모집단위 광역화, 학교장 추천제 등)에 있었다. 그런데 사업의 대상이 전국의 모든 대학으로 갑자기 확대되면서 덩달아 타 대학에까지 학부제 등의 구조조정이 의무화되는 문제가 나타났던 것이다.

어쨌건 BK21 사업은 '선택과 집중'의 원칙으로 우수대학원을 선정하여 연구중심대학으로 육성·발전시키고 이를 통해 학문후속세대를 전문적인 우수연구인력으로 양성함과 동시에 지역 산업 수요와 연계한 지역대학의 특성화를 목표로 하여 추진되었다. 사업의 주요 특징으로는 창의적·국제적 수준의 신진 연구인력 양성, 대학교육 개혁과 연계 추진, 산학협력 강화 및 자립기반 조기 달성, 세계 수준의 외국대학원 벤치마킹을 통한 국제협력을 들 수 있다. 특히, 창의적·국제적 수준의 신진 연구인력 양성을 위해서 사업비의 약 70%를 학생 및 신진 연구인력에 대한 지원금으로 편성토록 하여 학문후속세대가 교육·연구에 전념할 수 있도록 하였다. 이는 초유의 대학원 수준의 대규모 인력 양성 사업이었다는 의미를 지닌다.

1단계 BK21 사업의 주요 특징은 대학교육 개혁과 연계하여 추진되었다는 점이다. 대학 차원의 입학제도 개선, 학부 입학 정원 감축, 학부 모집단위 광역화, 대학원 문호 개방 등을 대학에 요구했다. 또한 연구비 중앙관리제 도입을 통한 투명한 연구비 집행 유도, 사업단 참여 교수에 대한 업적평가제 실시 권장 등을 통해 우리나라 대학 운영 체제의 혁신적 변화를 유도했다는 의미를 지닌다(교육인적자원부·한국학술진흥재단, 2004).

학생선택권을 존중하는 전공운영을 위한 정책기제로서 도입된 것이 학부제였다. 모집단위 광역화란 이름으로 추진된 학부제는 BK21 사업의 진입 조건으로 설정됨으로써 정책효과가 극대화된 정책이었다고 할 수 있다. BK21 사업의 참여 조건으로 학부제가 제시되면서, 학부제는 전국의 거의 모든 대학으로 파급되었다. 즉, 1998년 BK21 사업이 추진되면서 서울대는 2002학년도부터 모집단위를 학부 및 계열로 설정하기로 결정하였다. 1999년 동 사업의 공고문에 사업신청 자격으로 '모집단위 광역화' 가 못 박혀 있었고, 이에 서울대를 비롯한 많은 대학들이 학부제를 실시하게 된 것이다. 이후 학부제는 대부분의 교육부 재정지원 사업의 지원 자격으로 제시되었을 뿐만 아니라 평가와 연동되었기 때문에 국·사립, 수도권-지방 구분 없이 전국 대부분의 대학에 확대되었던 것이다.

BK21 사업은 무엇보다도 서울대의 입시제도 개혁(무시험 전형과 학교장 추천제), 대학구조개혁(학부 정원의 획기적 축소 및 모집단위의 광역화), 의·법학전문대학원 도입을 통해 고교 단계에서 서울대를 둘러싼 입시경쟁과 특정 학과로의 경쟁을 완화하여 초·중등교육을 정상화하고 사교육비를 경감한다는 정책목표를 바탕에 깔고 설계되었다. 1998년 국민의 정부에서 첫 대통령 업무보고에서, 교육부는 연구중심대학사업 추진 배경으로 (대학의 연구력 강화 이전에) 국민의 과외비 부담과 교육적 폐해 해소를 위한 교육 구조조정을 직접적으로 언급하고 있다. 이에 1999년에 BK21 사업을 추진하면서 사업신청 조건으로 ① 입시제도 개선(무시험 전형 및 학교장 추천제 등), ② 구조조정(학부생 수 대폭 감축 및 모집단위 광역화 등), ③ 의·법대 등 전문대학원 전환을 설정하고 이를 강하게 요구하였던 것이다. 이러한 추세가 이후 다른 재정지원사업과 모두 연계되면서 모집단위 광역화는 행·재정 지원 사업 신청을 위한 필수조건이 되고 말았다.

대학의 여건 차를 고려하지 않고 거의 모든 대학에 대해 무차별적으로 추진된 학부제는 학생 선택권 존중, 학문 간 연계 강화 등의 장점에도 불구하고 인기학과와 비인기학과 간 양극화와 불균형, 전공 선택 시 인기학과로의 쏠림 현상, 순수 기초학문의 위축 등의 문제를 낳게 되어 지속적으로 개선 요구가 제기되었다. 이에 교육부는 마침내 2009년 1월 고등교육법 시행령을 개정하여 공식적으로 학부제 정책을 중단하기에 이른다.[1]

그런데 학부제는 단순히 학생의 선택권 존중 측면에서뿐만 아니라 이를 통한 노동시장과 대학의 연계를 추구했다는 점에서 주목해야 한다. 높은 입학경쟁률로 표현되는 공급자 독점 시장이 한국 대학의 주요 특징인데, 그 결과 대학의 교육과정 구성, 대학의 학사운영, 교수와 학생의 관계가 모두 학생 위주가 아니라 대학과 교수 위주로 구성되어 있었다고 해도 과언이 아니다. 대학의 교육과정 및 학사 운영에 있어서 시장 메커니즘을 도입하고 이 과정에서 수요자인 학생들의 선택권을 존중하기 위해서는 정보가 부족한 상태에서 선택한 전공을 학생들이 (반)강제적으로 이수하는 데에서 벗어나 입학 후 전공에 대한 정보를 얻게 함으로써, 교수와 학생 간 그리고 대학과 학생 간 정보비대칭(information asymmetry) 문제를 해소할 수 있도록 하는 것이 필요한데, 이를 위한 제도적 장치가 바로 학부제였다고 할 수 있다.[2]

---

1) 1998년 이후 교육부가 학부제를 BK21 사업, 수도권 특성화, 누리사업 등 각종 재정지원 사업의 평가지표에 포함시키는 등 대학구조개혁과 연동하여 강하게 추진해 왔다는 점을 고려할 때, 2009년 학부제의 법적 근거 삭제는 제도개선이라기보다는 정책의 '포기선언'에 더 가깝다고 할 것이다.

2) 학부제는 신자유주의의 이론적 기초라고 할 수 있는 티부모형(Tiebout model)을 대학운영에 도입한 것이라고 할 수 있다. 티부모형에서는 정부가 일률적으로 제공하는 공공서비스를 모든 주민들이 동일하게 소비함으로써 나타나는 후생의 감소를 극복할 수 있는 방안으로, 다수의 지방정부가 존재하는 상태에서 주민들이 완벽한 이동성을 가질 수 있다면 주민들이 자신이 거주하고 싶은 지역을 선택할 수 있도록 함으로써 주민들의 후생을 극대화하는 동시에 지방정부 간 경쟁을 통해 질 높은 공공서비스를 제공할 수 있다고 주장한다(Tiebout, 1956). 동일한 논리가 적용되는 것이 학부제라고 할 수 있다. 학부제에서 각 학과는 일종의 가게(shop)에 비유되며, 학생들은 쇼핑을 하는 소비자에 비유된다. 학생들의 선택의 자유가 넓어지고 학생들을 유치하기 위한 학과 간 경쟁이 나타나면, 그 결과 학생들의 후생이 증가하는 동시에 대학의 경쟁력이 전체적으로 상승하는 결과를 얻을 수 있다는 것이다. 바로 이러한 이유로, 학부제와 동시에 필수 과목의 대폭 축소, 선택 과목의 확대 등이 추진되었던 것이다.

학부제는 대학교육과 노동시장을 연계할 수 있는 효과적인 기제로서도 기대를 모았다. 즉, 한국의 학과들은 공급자 중심으로 운영되고 있기 때문에 대학 외부의 환경이 변한다 할지라도 학과들의 축소를 포함하는 구조조정이 거의 불가능하다는 것이다. 그런데 전공 선택권을 학생들에게 맡기게 되면 사회경제적인 변화에 따라 학과에 대한 수요가 다르게 나타날 것이고, 그 결과 대학의 구조조정이 이루어지는 동시에 대학교육과 노동시장의 연계가 강화되는 효과가 나타날 수 있다는 것이다.

학부제와 모집단위 광역화는 제도의 본래 취지와 대학에서의 운영 사이에서 심각한 괴리(decoupling)가 나타났으며, 급기야 이명박 정부에 오게 되면 제도가 소멸되게 된다. 공급자 독점시장을 형성하고 있던 교수들의 반발이 직접적인 원인이기는 하지만, 보다 근본적인 이유는 교육부가 학부제 운영을 위한 큰 틀을 제시하지 못한 채 미시적인 수준에서의 강제적인 기제에만 의존했기 때문이다. 즉, 학생의 선택권 보장과 대학 운영에서의 시장 기제의 활성화를 위해서는 시장 기제가 제대로 작동할 수 있는 제도적 환경에 대한 심각한 고민이 필요했다고 할 수 있다. 학부제를 운영하면서 나타났던 기초학문 보호의 문제는 사실 국립대와 사립대의 역할 분담, 수도권 대학과 지방대학의 역할 분담, 명문 사립대와 비명문 사립대의 역할 분담 등에 대한 심도 있는 고민과 한국 대학의 생태계 변화 방향에 대한 사회적 합의가 전제되어 있었어야 한다는 것을 보여준다. 그러나 이러한 큰 틀 없이 시장 기제의 활성화를 미시적인 수준에서의 강제적 기제에만 의존하여 추진함으로써 대학 구조조정을 위한 항구적인 틀을 상실하는 결과가 나타났다고 할 것이다.[3)]

---

3) 최근 교육부는 '산업연계 교육활성화 선도대학 지원사업(일명 PRIME 사업; PRogram for Industry needs Matched Education)'을 시행할 계획인데, 학부제가 본래의 의도대로 지속되었다면 산업계의 인력 수요와 대학의 인력 배출 간 미스매치 현상은 상당 부분 자연스럽게 해소되었을 것이다.

BK21 사업과 학부제 이외에 김대중 정부에서 추진했던 고등교육정책으로는 법학전문대학원의 도입과 국립대학 구조조정을 들 수 있지만, 김대중 정부에서는 법학전문대학원 도입을 위한 사회적 논의가 시작되었을 뿐, 노무현 정부 말기에 가서야 총정원의 확정과 15개 예비인가대학 선정이 이루어졌으며, 이명박 정부가 들어선 이후인 2008년에야 법학전문대학원을 최종 인가하게 되었다. 국립대학 구조조정도 노무현 정부에 들어서서야 국립대 통폐합으로 구체화되었다(장수명, 2009).

5. 평생 · 직업교육

평생 · 직업교육 분야에서의 성과로는 1998년 3월부터 시행된 학점은행제, 1999년의 평생교육법 제정, 2001년에 발표된 국가인적자원개발 기본계획, 2002년 사이버대학의 설치 · 인가, 그리고 2002년에 발표된 평생학습진흥종합계획 등을 들 수 있다. 5·31 교육개혁에서 주창했던 평생교육 관련 개혁안은 1999년에 제정된 평생교육법에 그 내용이 상당 정도 반영이 되었다.

첫째, 직장인들의 평생학습 기회 확대를 위하여 유급 또는 무급으로 학습휴가를 실시하거나 학습비를 지원할 수 있는 유·무급 학습휴가제를 도입하였다.

둘째, 평생교육시설의 설치, 평생교육사의 양성, 평생교육 프로그램의 개발 및 평생교육기관에 대한 경비보조 등 평생학습 기회 확대를 위한 국가 및 지방자치단체의 임무를 분명히 하였다.

셋째, 고등교육 기회를 확대하기 위하여 사내대학을 양성화하고, 정보통신매체를 이용한 원격교육을 가능하게 하였다.

넷째, 평생교육과정을 이수한 사람이 학점 또는 학력을 인정받을 수 있도록 하였다.

그리고 평생교육법이 제정되면서 평생교육센터 및 지역평생교육정보센터 신설을 위한 근거 조항이 마련되었으며, 그 결과 2000년 3월에 한국교육개발원에 평생교육센터를, 2000년 7월에는 16개 시·도에 지역평생교육정보센터를 설치 · 운영하게 되었다(한만길 외, 2007: 175-76).

그러나 평생교육법의 제정에도 불구하고 김대중 정부의 평생학습정책은 본래적 의미의 평생학습지원체제의 구축과는 거리가 있다고 할 것이다. 한승희(2005)에 의하면 평생학습이란 학교 외의 교육만을 의미하는 것이 아니라 열린교육을 통해 공식적인 학교체제와 학교 밖 교육이 연계되어 있고, 이러한 파트너십에 기반해서 모든 국민이 공식적인 학교체제를 포함해서 계속적으로 학습할 수 있는 제도적 틀을 만드는 것을 의미한다. 그러나 김대중 정부에서 구체화되기 시작한 평생교육은 단순히 공식적인 학교체제 바깥에 위치하는 교육, 그리하여 공식적인 학교체제와 절연되어 있는 교육시스템으로 자리매김되었다는 것이다. 즉, 평생교육법 제2조 제1항에서 "평생교육이라 함은 학교교육을 제외한 모든 형태의 조직적인 교육활동을 말한다."라고 규정함으로써 평생교육의 의미를 학교 밖 교육으로 축소하기 시작했다는 것이다.

그러나 김대중 정부에서 평생교육을 학교교육과 분리한 것은 우리의 법체계상 불가피한 선택이었다는 지적도 있다. 즉, 교육기본법에서 유아교육법, 초·중등교육법, 고등교육법으로 분리되어 있기 때문에 법체계상 평생교육법이 모든 단계의 교육을 포괄할 수 없었다는 것이다. 어쨌건 5·31 교육개혁이 지향한 평생교육은 학교교육과 학교 바깥의 교육이 연계되는 총체적 교육이었지만, 현실의 평생교육은 공식 교육 외의 교육으로 규정되는 제도적 단초가 김대중 정부 때 형성되었다고 할 것이다.

6. 교육인프라

다음의 〈표 6-1〉은 김대중 정부 동안에 교육재정의 추이를 보여주고 있다. 김대중 정부에서는 정부예산 대비 교육예산의 비중은 오히려 줄어드는 모습을 보이고 있다. 정부예산의 연평균 증가율이 10.05%였던 데 반해, 교육예산의 연평균 증가율이 6.81%에 불과했기 때문이다. 교육예산의 연평균 증가율보다 뚜렷하게 높은 증가율을 보인 부문은 특수교육(14.21%)이었으며, 실업교육의 증가율도 상대적으로 높은 수준이었다(11.87%). 반면, 사회교육은 1%의 낮은 증가율을 보였는데, 이는 평생교육법의 제정이라는 일정한 성과에도 불구하고 김대중 정부 동안에는 평생교육이 예산배분의 우선순위에서는 뒤로 밀려 있었음을 보여주는 것이다.

교육인프라와 관련해 가장 특징적인 사업으로서는 이른바 7·20 교육여건개선 조치를 들 수 있다. 2001년 7월 20일 당시 한완상 교육부 총리가 김대중 대통령에게 2003년까지 초·중·고교의 학급당 학생 수를 35명 이하로 감축하는 내용의 '교육여건개선 추진계획'을 보고하였고, 김대중 대통령은 이를 토대로 이른바 '7·20 교육여건개선 조치'를 발표한 것이다. 7·20 교육여건개선 조치에 따라 2001년부터 2004년까지 11조 5,263억원이 투입되었으며 그 결과 2003년 기준으로 학급당 학생 수를 초등학교 33.9명, 중학교 34.8명, 고등학교 33.1명으로 낮출 수 있었다(한만길 외, 2007: 244).

또한 김대중 정부에서는 2001년 학교예산회계제도를 도입하였는데, 이를 통해 단위학교 예산운영의 자율성 확대, 예산운용의 투명성 제고, 학교 회계연도와 학년도의 일치를 통한 재정운영의 효율성 제고 등의 성과가 나타난 것으로 평가되고 있다(이일용, 2005: 68-69).

교육정책 거버넌스의 변화와 관련된 정책들도 추진되었는데, 지방교육

〈표 6-1〉 교육분야 재정규모 추이 : 1998~2002년

(단위 : 천억 원, %)

	1998	1999	2000	2001	2002	연평균 증가율
교육분야 (A)	173.33 (100)	168.68 (100)	185.75 (100)	214.26 (100)	223.83 (100)	6.81
초·중등교육	150.00 (86.54)	145.21 (86.09)	160.98 (86.67)	188.31 (87.89)	195.44 (87.32)	7.11
고등교육	16.12 (9.30)	18.65 (11.06)	18.18 (9.79)	19.31 (9.01)	21.44 (9.58)	7.61
특수교육	0.17 (0.10)	0.17 (0.10)	0.20 (0.11)	0.24 (0.11)	0.29 (0.13)	14.21
사회교육	0.69 (0.40)	0.59 (0.35)	0.48 (0.26)	0.59 (0.27)	0.68 (0.30)	1.39
교육일반	2.66 (1.54)	0.38 (0.22)	0.63 (0.34)	0.65 (0.31)	0.48 (0.21)	−10.50
실업교육	3.69 (2.13)	3.69 (2.19)	5.28 (2.84)	5.17 (2.41)	5.50 (2.46)	11.87
정부 총예산 (B)	777.38	883.02	939.37	1,025.29	1,138.99	10.05
정부 총예산 대비 교육분야 비중(A/B)	22.30	19.10	19.77	20.90	19.65	

주 : 1) 당초예산 기준임.
2) 초·중등교육은 지방교육양여금특별회계와 교육환경개선특별회계를 포함.
3) 고등교육은 병원관리를 포함.
4) 국유재산관리특별회계와 농특세관리특별회계는 예산액에서 제외.

출처 : 한국교육개발원, 「교육통계연보」.

자치제의 개편과 교원노조 합법화 등이 바로 그것이다.

지방교육자치제는 집행기관인 교육감과 의결기관인 교육위원회로 분리된 상태에서 실시 단위는 광역자치단체에 국한되었고, 교육위원회의 기능은 시·도의회의 의결사항 중 일부를 위임받아 교육 · 학예에 관한 사

항을 심의 · 의결하는 것으로 규정되어 있었다. 교육위원의 자격은 당초 위원정수 1/2 이상은 교육행정경력 10년 이상이었다가 1997년부터는 위원정수 1/2 이상은 교육 또는 교육행정경력 10년 이상 혹은 양 경력을 합해 10년 이상으로 완화되었다. 교육위원의 선출 방식은 기초의회에서 2명의 후보를 추천받아 광역의회에서 그중 1명을 선출하는 이중간선방식으로 진행하다가, 1997년부터는 학교운영위원회 대표, 교원단체 대표 등으로 구성된 선거인단에서 선출하는 것으로 변경되었고, 다시 2001년부터는 학교운영위원회 위원 전원으로 구성된 선거인단이 선출하는 것으로 변경되었다.

교육감 선출방식은 당초 무등록 · 무추천에 의한 소위 교황식 선출방식에서 1997년부터는 학교운영위원회 대표, 교원단체 대표 등으로 구성된 선거인단에서 선출하는 것으로 변경되었다가 다시 2001년부터는 학교운영위원회 위원 전원으로 구성된 선거인단이 선출하는 것으로 변경되었다(〈표 6-2〉 참조).

김대중 정부에서 지방교육자치제도의 개선 문제는 대통령직 인수위원회에서 선정한 100대 국정과제에 포함될 정도로 핵심적인 정책과제 중 하나였다(김흥주, 2003: 58-59). 김대중 정부에서 의욕적으로 추진한 지방교육자치제도 개선 노력은 1998년 8월부터 1999년 1월까지 활동했던 '지방교육자치제도개선 특별위원회' 의 보고서에 잘 드러나 있다. 이 위원회는 지방교육자치제도의 문제점으로서 ① 광역지역으로 한정된 불완전한 교육자치, ② 일반행정으로부터의 지나친 분리 · 독립으로 인한 연계성 상실, ③ 의결권의 중복 · 이원화로 인한 행정력의 낭비, ④ 교원 등 공급자 위주의 교육자치, 그리고 ⑤ 교육감, 교육위원 선출제도의 문제 등을 들고 있다(교육부 지방교육자치제도개선 특별위원회, 1999: 18).

이러한 문제의식에 터하여 동 위원회는 광역 단위 교육자치제도 개선의 기본 방향으로서 ① 교육위원회의 합의제 집행기관화와 사무처리 책

〈표 6-2〉 지방교육자치제의 변화 과정

	1995년	1997년	2001년
지방교육자치제의 기본 구조	집행기관인 교육감과 의결기관인 교육위원회로 분리	좌동	좌동
지방교육자치제의 실시단위	광역자치단체	좌동	좌동
교육위원회의 기능	시·도의회의 의결사항 중 일부를 위임받아 교육 · 학예에 관한 사항을 심의 · 의결	좌동	좌동
교육감의 위상	독임제 집행기관	좌동	좌동
교육위원의 정수	7~25인	7~11인	좌동
교육위원의 자격	위원정수 1/2 이상은 교육행정경력 10년 이상	위원정수 1/2 이상은 교육 또는 교육행정경력 10년 이상 혹은 양 경력을 합해 10년 이상	좌동
교육위원 선출방식	기초의회에서 2명의 후보를 추천받아 광역의회에서 그중 1명을 선출하는 이중간선방식	학교운영위원회 대표, 교원단체 대표 등으로 구성된 선거인단에서 선출	학교운영위원회 위원 전원으로 구성된 선거인단이 선출
교육감 선출방식	교육위원회가 선출	학교운영위원회 대표, 교원단체 대표 등으로 구성된 선거인단에서 선출	학교운영위원회 위원 전원으로 구성된 선거인단이 선출
교육감 자격요건	교육/교육공무원으로서 교육경력 15년 이상	교육/교육공무원으로서 교육경력 5년 이상	좌동

출처 : 교육인적자원부.

임자로서의 교육감의 기능 변경, ② 교육위원의 정수를 5~7인으로 축소하고, 학교운영위원회 전원이 선출하는 방식으로 변경, 그리고 ③ 교육감은 지방자치단체장이 지방의회의 동의를 얻어 임명하는 방안을 제시한 바 있다. 또한 기초단위로의 교육자치 확대를 위하여 일반기초자치단체를 단위로 하여 교육자치를 실시하는 방안, 교육청이 설치되어 있는 180개 기초단위를 대상으로 교육자치를 실시하는 방안, 그리고 교육위원 선출권역과 유사한 단위로 교육자치의 기초단위를 광역화하여 실시하는 방안 등 세 가지 안을 제시한 바 있다(교육부 지방교육자치제도개선 특별위원회, 1999). 그러나 김대중 정부에서 추진한 지방교육자치제도 개선의 핵심 사항인 합의제 집행기관화는 교육계와 비교육계의 갈등과 대립으로 추진되지 못하였고, 다시 2001년 1월에 '지방교육자치제도 개선 추진 위원회'를 구성하였으나, 이 또한 실질적인 개선 방안의 법제화에는 이르지 못하였다.

지방교육자치제의 개편은 일반행정과 교육행정의 관계 재설정 및 중앙정부와 지방정부의 역할 재설정을 통한 교육 거버넌스의 근본적 변화를 추구하는 것이었으나 김대중 정부에서의 지방자치제 개편은 교육감과 교육위원의 자격 요건과 선출 방식의 부분적 개편에만 머묾으로써 사실상 지방교육자치제의 개편은 실패로 끝났다고 평가할 수밖에 없다.

또한 단위 학교의 자율성 강화, 교원노조의 합법화와 교원의 단결권 인정 등은 교육 거버넌스의 분권화를 위한 단초를 형성한 것이었지만, 분권화를 위한 제도적 전제조건이라 할 수 있는 집권화에 실패함으로써 분절화(fragmentation)의 위험성이 내재된 변화였다고 할 수밖에 없다. 조직이론의 고전적인 명제는 분권화는 집권화를 전제로 한다는 것이다. 집권화 없는 분권화는 분절화, 파편화를 초래할 수밖에 없다. 그러나 5·31 교육개혁 이후 분권화와 동시에 추구해야 하는 중앙의 조정능력 강화를 위한 거버넌스 재설계에 실패함으로써 교육개혁을 위한 중요한 제도형성(institution building)이 이루어지지 못하는 결과가 초래되었다고 할 것이다.

국민의 정부 초기에는 교육정보화 사업의 진척이 그리 두드러지지 않았다. 그러나 2000년 김대중 대통령은 신년사를 통해서 2002년을 목표로

'교육정보화 종합계획'을 완결하겠다고 천명하고, 이에 따라 "세계에서 컴퓨터를 가장 잘 쓰는 나라를 만들기 위한" '교육정보화 종합발전방안'이 마련되면서 교육정보화 정책 추진은 급물살을 탄다. 이후 '정보화추진기금'을 통한 과감한 예산투자가 이루어지고, 2000년 12월부로 초·중등학교의 교육정보화 물적 기반이 일차적으로 완료되어 전국 학교 어디서나 정보 인프라 기반의 교육환경이 구축된다. 이후 교육정보화 정책의 방향은 교육과정에서의 정보통신기술(ICT) 활용에 역점을 두는 방식으로 자리를 잡는다(강명희 외, 2005).

7. 소 결

앞에서 지적한 것처럼, 김대중 정부는 외환 · 금융위기의 원인을 과도한 국가개입에서 찾았고, 권위주의적 국가개입의 유산을 청산하는 가운데 외환 · 금융위기를 극복하고자 하였다. 이에 따라 교육정책에서도 국가의 과도한 개입으로부터 벗어나는 정책들이 주류를 형성하게 되었던 것이다. 그리고 교육정책에 있어서 국가개입의 최소화, 시장기제의 활성화라는 기본 방향은 이미 김영삼 정부의 5·31 교육개혁의 근저를 이루는 철학이었기 때문에 아무런 고민 없이 김영삼 정부의 5·31 교육개혁안을 김대중 정부의 교육정책 방향으로 채택하게 된 것이다. 다만, 김대중 정부는 신자유주의적 교육개혁을 상향적 방식과 시민참여에 기초하여 추진하고자 했던 것이 차이점이다.

그러나 상향식 교육개혁이라는 당초의 목표와는 달리, 김대중 정부 동안 교육정책은 교육부에서 거의 전적으로 주도한 것이 특징이다. 이러한 이유로 김대중 정부의 교육정책을 '5·31 교육개혁안의 관료적 재해석'(박도순 외, 2007: 139)이라고 표현해도 큰 무리는 아닐 것이다. 그러나 교원 정년 단축에서 볼 수 있듯이 급속한 밀어붙이기식 정책추진과 경쟁논리의 도입으로 교육정책에 대한 교육현장의 지지를 확보하는 데에는 실패했다고 평가할 수 있다. 그리고 전체적으로 볼 때 김대중 정부에서는 교육정책의 기본 목표, 개혁정책의 기조 등이 제시되긴 했지만 이를 위한 구체적인 정책대안들이 상호 연계성을 갖고 추진되지는 못하였다고 평가할 수 있다.

제 7 장

노무현 정부의 교육개혁

1. 기본 방향

노무현 정부 교육개혁의 기본 방향은 5·31 교육개혁에 교육의 형평성과 공공성을 가미한 것이라고 할 수 있다. 그러나 시장논리와 경쟁을 핵심으로 하는 신자유주의적 교육개혁의 기본 방향과 형평성 및 공공성을 조화시키기 위해서는 정교한 정책설계가 전제되어야 하지만, 노무현 정부는 이 두 가지를 조화롭게 조정하였기보다는 어색한 동거가 지속된 기간으로 평가할 수 있다. 특히, 정부 출범 초기 강조했던 교육의 공공성, 협동성, 연대성으로부터 2005년 이후로는 교육정책의 무게 중심이 인적자원의 개발, 산학협력으로 옮겨가면서 교육정책의 일관성마저 상실하는 모습을 보였다.

노무현 정부 교육정책의 기본 방향은 다음과 같다.

① 교육의 공공성 강화와 공교육 내실화

② 학벌 타파와 대학 서열 완화

③ 지역 간 교육격차 해소 및 지방대학 육성

④ 단위학교의 참여와 자치 확대
⑤ 대학운영의 민주성과 자율성 강화

교육의 공공성 강화와 공교육 내실화

노무현 정부가 제시한 교육의 공공성 강화와 공교육 내실화의 주요 내용으로는 ① 모든 국민의 수준 높은 교육을 위한 공교육시스템 구축, ② 평준화 정책의 기조 유지, ③ 유아교육의 공교육화를 들 수 있다. 그리고 교사의 교육력 확보를 통한 공교육 내실화 정책으로 ① 교원의 전문성 신장 기반 조성을 위한 제도 정비, ② 교원의 전문성 신장을 위한 종합적 교원 양성대책 마련, ③ 능력 위주의 교원승진제도 개편 등을 제시하였다(박도순 외, 2007: 91).

학벌 타파와 대학 서열 완화

교육의 형평성과 공공성 확보를 위한 주요 과제로 노무현 정부에서는 서울대를 정점으로 한 학벌체제 타파와 대학 서열체제 완화를 설정하였다. 이를 위한 주요 정책으로서 ① 서울대 학부정원의 단계적 축소 및 대학원 중심 대학으로의 집중 육성, ② 대학의 영역별 특성화 강화, ③ 등급화를 주요 내용으로 하는 수능시험 개편을 제시하였다. 그리고 이러한 개혁을 통해 궁극적으로 학벌 중심 사회에서 능력 중심 사회로 전환하겠다는 청사진을 제시하였다.

노무현 정부의 대통령 자문기구인 교육혁신위원회는 대입문제의 근본적인 개혁을 위해서는 강고한 대학 서열구조를 해체해야 한다는 확신이 있었다. 그러한 맥락에서 2004년 3월 '국립대 공동학위 수여제'를 구상했다. 그 내용인즉, "서울대 등 전국 26개 국립대 간 공동학위제를 도입하고, 교수도 공동선발해 3~5년 주기로 순환근무를 하게 하자."는 것이었다.[1] 이에 대해 당시 안병영 교육부총리는 "학벌주의는 타파해야 하지만 좋은 대학을 가려고 노력하는 분위기는 권장해야 한다."며 "국립대 공동학위 수여제는 시행하지 않을 것"이라고 못 박았다(국정브리핑 특별기획팀, 2007: 16). 당시 안병영은 이러한 급진적인 개혁안이 서울대를 비롯한 국립대 전체의 경쟁력 약화를 초래할뿐더러, 정부의 과도한 개입으로 대학의 자율성과 책임성을 해치고 사회적 논란을 극대화할 것을 크게 우려하여, 이 개혁안이 공론화되기 이전인 초기 단계에서 급히 진화했다.

지역 간 교육격차 해소 및 지방대학 육성

노무현 정부에서 추진하고자 했던 지역 간 교육격차 해소의 주요 정책 내용으로서는 ① 농어촌 및 도서벽지학교 지원 육성으로 도-농 간 교육격차 해소, ② 사회적 취약계층의 교육격차 해소를 위한 우선 집중 투자, ③ 정보격차 해소로 소외계층의 참여 복지 및 삶의 질 향상 등을 들 수 있다. 그리고 지방대학 육성정책의 핵심 내용으로서는 ① 권역별 대학특성화 사업 추진, ② 지방대학과 지역산업의 협력 활성화와 지방대학 육성 기반 조성(박도순 외, 2007: 89-90), ③ 그리고 정부의 모든 대학 재정지원 사업에 있어서 지방대학의 비중 제고 등을 들 수 있다.

1) 이에 따르면, 협약에 의해 국립대학 졸업 시 공동학위(국립대 총장명 병기)를 수여한다는 것이었다. 구체적으로 지역거점 국립대 9개 대 92개 개설학과 중 70개 학과(76%)의 4개 대 공통 개설, 47개 학과(51%)의 6개 대 공통 개설을 구상했다.

단위학교의 참여와 자치 확대

단위학교의 참여와 자치 확대를 위한 정책들로서는 ① 교사회, 학생회, 학부모회의 법제화를 통한 학교자치 역량 강화 및 학교 민주화, ② 학교운영위원회 기능의 확대 · 강화, ③ 교육주체의 참여 확대 및 대표성을 제고하는 방향으로 교육감 또는 교육위원 선출 방식의 개선 등을 들 수 있다.

대학운영의 민주성과 자율성 강화

대학운영의 민주성과 자율성 강화에 있어서는 대학의 지배구조를 대학 관련 구성원들의 참여를 보장하는 방향으로 개편하고자 하였다(박도순 외, 2007: 90-91).

2. 교육개혁 추진 기구

노무현 정부에서 교육개혁의 첨병 역할은 교육혁신위원회(2003.7.~2007.10.)에 맡겨져 있었다. 김영삼 정부 때의 교육개혁위원회와 마찬가지로 기본적인 교육개혁 프로그램의 기획은 대통령 직속 기구인 교육혁신위원회에서 담당하고, 집행은 교육인적자원부에서 담당하는 것으로 역할 분담이 정리되어 있었던 것이다. 노무현 정부 국정철학이었던 분권과 자치의 이념을 실행하고 기득권 세력의 영향력으로부터 벗어나기 위하여 교육혁신위원회의 위원들은 지방대학 교수 출신 10명, 교장 · 교사 출신 6명 등 21명으로 구성되었다.

교육혁신위원회는 교육의 공공성 강화와 공교육 내실화를 위해서 평준화 체제의 유지와 3불 정책의 지속을 기본 입장으로 견지했으며, 학벌체제 타파와 대학 서열구조 완화를 위해서는 초기 단계의 국립대 공동학위 수여제를 통한 서울대 폐지론에서부터 수능 등급제를 주창하기에 이르렀다. 특히, 단위학교의 참여와 자치 확대를 위해서 교사회 · 학생회 · 학부모회의 법제화를 추진했으며, 일반행정과 완전히 격리된 지방교육자치제의 실현을 강구하였다. 그리고 대학운영의 민주성과 자율성 강화를 위해서 사립학교법 개정을 강력하게 주장하였다.

교육혁신위원회가 당면한 과제는 크게 두 가지였다고 할 수 있다. 첫 번째 과제는 5·31 교육개혁이 상대적으로 결여하고 있었던 교육의 공공성 · 형평성 확보를 위한 구체적인 정책대안의 설계였으며, 두 번째 과제는 열린교육과 경쟁 강화라는 5·31 교육개혁의 기본 방향과 교육의 공공성 · 형평성이라는 또 다른 차원의 정책 목표를 슬기롭게 조화시키는 일이었다. 그러나 교육혁신위원회는 이러한 과제를 수행하는 데 있어 뚜렷한 한계를 노정했다. 무엇보다도 정책형성과 집행 메커니즘에 대한 낮은 이해 때문에 발생한 실행가능성의 무시와 이념적 순수성에 대한 지나친 강조, 편중된 위원 구성, 그리고 교육지상주의에 따른 교육공급자 중심의 논의 등이 한계였다고 지적할 수 있다. 열린교육과 경쟁을 강조했던 5·31 교육개혁의 양면성을 조화롭게 극복하고 이에 더하여 교육에 있어서 형평성과 공정성을 강화하기 위해서는 정교한 정책설계가 필요했음에도 불구하고, 교육혁신위원회의 아마추어리즘은 이를 불가능하게 만들었던 것이다.

3. 유·초·중등교육

유아교육은 김영삼 정부 당시 유아학교 체제로의 공교육화 방안이 구체화되었으나 유아교육계와 보육계의 갈등으로 무산된 바 있다. 이후 김대중 정부에서 3~5세 유아학교 도입을 주 내용으로 하는 유아교육법안을 국회에 상정하였으나, 유아교육계와 보육계 간 갈등으로 법적 기반 마련이 지연되다가 2004년이 되어서야 유아교육법이 제정되었다.[2] 노무현 정부 때는 유아교육과 보육을 분리된 형태로 존속시키는 것을 암묵적으로 허용한 상태에서 보육과 유아학교라는 용어를 삭제하고 유치원 종일반 허용, 사립 유치원 운영비의 국가 지원 허용을 규정한 유아교육법을 제정하게 된다(이미화 외, 2013: 73). 유아교육법의 제정을 통해 비로소 유아교육이 교육대상과 교육과정 등에 있어서 초·중등교육과 다른 독립적 실체를 인정받게 되었다.

노무현 정부에서는 교육과 보육의 통합서비스가 가능한 유치원 종일제 운영이 확대되었는데, 종일반을 운영하는 유치원의 비율이 김대중 정부의 마지막 해인 2002년 29.6%에서 노무현 정부의 마지막 해인 2007년 79.1%로 빠르게 증가하였다(한만길 외, 2007: 37-38). 또한 2005년에는 '육아정책개발센터'를 설립하여 그동안 한국교육개발원, 한국보건사회연구원, 한국여성정책연구원에서 분산되어 수행하던 유아교육 및 보육정책 연구를 통합적으로 수행할 수 있게 되었다.[3]

---

2) 2004년 1월 유아교육법이 제정되기까지 수많은 고비가 있었다. 유아교육계의 끈질긴 노력에도 불구하고 보건복지부와 유아대상 미술교육을 하는 학원연합회 및 보육시설연합회의 격렬한 반대로, 문민정부 이후에도 1999년 정희경 의원, 2001년 이재정 의원에 의해 발의되었던 유아교육법안은 번번이 국회에서 좌초했다. 더욱이 2003년 2월 모든 보육시설이 여성부로 이관됨에 따라 유아교육법안은 보건복지부와 더불어 여성부까지 합세한 제정반대에 내몰려 거의 통과가 불가능해 보였다. 그런 가운데 2003년 4월 한나라당 김정숙 의원이 유아교육법을 다시 발의하여 꺼지려는 불꽃을 살렸고, 그해 12월에는 1997년 유아교육의 공교육화를 주도했던 안병영이 다시 교육부 장관으로 임명되어 유아교육법 제정을 적극적으로 지원하면서 상황이 호전될 기미가 보였다. 그런 가운데, 한나라당 황우여 의원과 이원형 제3정조위원장이 유아교육대표자연대 의장 이원영(중앙대 교수)과 보육시설연합회의 임원들 간의 중재에 나섰고, 그것이 크게 주효했다. 이런 우여곡절을 거쳐 2004년 1월 8일 유아교육법이 극적으로 국회를 통과했다.

3) 이후 2008년에는 육아정책개발센터 운영에서 한국여성정책연구원이 제외되었고, 2009

노무현 정부 초·중등 교육정책의 집행과정을 논의하기 위해서는 핵심적인 교육정책은 아니었다 할지라도 빼놓을 수 없는 정책이 교육행정정보시스템(National Education Information System, 이하 NEIS)의 도입이다. NEIS는 기존에 학교단위로 구축되어 있던 정보시스템을 개편하여 교육인적자원부, 교육청 등 모든 교육행정기관과 초·중등학교를 인터넷으로 연결하여 교육행정 업무를 전자적으로 연계 · 처리할 수 있도록 구축한 시스템을 의미한다(김홍원 · 김갑성, 2005). 사실 NEIS는 노무현 정부에서 처음 시작한 사업이 아니며, 그 연원은 교육행정정보화사업에 대한 김대중 대통령의 신년사가 있었던 2000년 1월로 거슬러 올라간다. 그러나 김대중 정부 시절 정보유출 가능성을 제기한 전국교직원노동조합과 인권침해 가능성을 제기한 감사원의 지적에 따라 표류 상태에 빠지게 되었으며, 갈등이 본격화하기 시작한 것은 노무현 정부가 출범한 직후 NEIS의 재개통을 앞두고 교육 · 시민단체가 국가인권위원회에 진정서를 제출한 2003년 3월부터였다고 할 수 있다. 국가인권위원회의 권고 등을 둘러싸고 교육인적자원부, 전교조, 교총, 한교조, 학부모 모임, 교장협의회 간 갈등이 심화되었으며, 당시 교육부총리의 일관성 없는 언론 인터뷰로 사태가 악화되자 교육부총리가 물러나는 사태로까지 전개되었다. 이후 국무총리 소속으로 격상된 교육정보화위원회에서 합의안이 도출되었으며, 2005년도부터 논란이 된 교무 · 학사, 보건, 입(진)학 등 3대 사항을 NEIS에서 분리해 별도 시스템으로 한다는 결정에 따라 NEIS는 2005년도부터 전격적으로 개통되었고, NEIS를 둘러싼 갈등은 일단락되었다(하연섭 외, 2006).

교육혁신위원회의 아마추어리즘과 더불어 NEIS 사태는 노무현 정부 초기에 일관되고 전략적인 교육정책을 입안하기 힘들게 만든 결정적인 사건이었다고 할 수 있다. 정권 초기 1년 동안 교육정책에 대한 청사진을

년에는 육아정책연구소로 개칭되었다.

제시할 시간적 여유를 잠식했을 뿐만 아니라 교육정책, 특히 초·중등교육 정책의 대상 그룹이라 할 수 있는 교원들의 지지 하락과 교육단체 간의 갈등 심화를 초래함으로써 교육정책의 추동력을 정권 초기부터 상실하는 결과가 나타나게 되었던 것이다.

노무현 정부의 초·중등교육 정책의 주요 내용은 2004년 2월 17일에 발표된 '공교육 정상화를 통한 사교육비 경감대책'에 모두 담겨 있다고 해도 과언이 아니다. 사교육비 경감대책은 근본적으로 학교교육의 내실화를 통한 사교육 수요 자체의 감소에 역점을 두고 있다. 이를 위한 핵심적인 방안으로 제시한 것이 ① 우수교원 확보를 위한 교원 평가제도 개선과 ② 학교교육의 질 보장을 위한 학업성취도 평가 실시인데, 사실상 이 두 가지 방안은 획기적인 방안이었지만 5·31 교육개혁방안에 이미 포함되어 있던 내용들이다.

노무현 정부의 교육정책 기조를 보다 적극적으로 반영한 방안으로서는 모든 국민에 대한 최소한의 교육기회 보장과 실질적인 교육복지 실현을 들 수 있다. 이를 위해 노무현 정부는 교육 소외계층에 대한 지원을 강화하고 교육기회의 불평등 해소를 위한 국가의 책무성을 제고할 것임을 천명한 바 있다. 노무현 정부에서 추진한 획기적인 정책으로서는 e-learning을 통한 사이버 학습 지원 등으로 사교육 수요를 학교 내로 흡수하겠다는 정책을 들 수 있다. 그리고 장기적으로는 대입경쟁 과열을 야기해 사교육을 조장하는 학벌주의 및 대학 서열구조 등 사회 · 문화 풍토 개선을 추진하겠다는 점을 밝히고 있다.

보다 구체적으로, '사교육비 경감대책'은 다음과 같이 구성되어 있었다.

《학교교육 내실화 : 중기대책》
- 우수교원 확보 : 학교교육의 신뢰 제고
- 교육과정 정상운영 : 학교교육의 기능 회복
- 학생선택권 · 수준별 교육 강화 : 학교교육의 경쟁력 제고
- 대학학생선발제도 개선 : 대학 입시에 예속된 학교교육 정상화

《국민 최저 교육기회 보장 : 단기대책》
- 기초학력 책임지도제 운영 : 국민 기본학력 보장
- 초등 저학년 '방과 후 교실' 운영 : 탁아서비스 제공

《과외수요 학교 내 흡수 : 단기대책》
- e-learning 체제 구축 : 수능과외 대체 및 자율학습 지원
- 수준별 보충학습 자율실시 : 보충 · 심화학습 사교육 감축
- 방과 후 특기 · 적성교육 : 예·체능재능계발 수요 충족
- 영어체험프로그램 확대 : 영어 학습 욕구 해소

《사회 · 문화 풍토 개선 : 장기대책》
- 학벌주의 극복 : 대입경쟁 과열 완화

출처 : 교육인적자원부.

'사교육비 경감대책'을 중심으로 노무현 정부 초·중등교육 정책의 특징적인 면을 살펴보면 다음과 같다.

첫째, 교원평가체제 개선을 통해 교직의 책무성 · 신뢰성을 제고하겠다는 것이다. 교직사회에 선의의 경쟁을 촉진할 수 있도록 교원평가제도를 개선하겠다는 것으로, 교장 · 교감, 동료교사 및 학부모 등이 참여하는 학습지도력 중심의 객관적 · 합리적 기준에 의한 다면평가제 도입을 제시했다.[4] 교원평가체제는 학교교육 정상화를 위한 핵심적인 기제였음에도 불

4) 안병영 교육부 총리가 2004년 2월 그간 금기시되었던 '교원평가제' 실시 의지를 천명하자 그 후폭풍은 대단했다. 노무현 대통령도 개인적으로 우려의 뜻을 표명했고, 전교조 등의 반대는 격렬했다. 그러나 안병영은 그해 6월 3일, "내년부터 초·중·고 교사에 대해 동료 교사, 학부모까지 참여하는 다면평가제를 도입하겠다고 밝히고, 반대에도 불구하고 올해 안에 교원평가를 위한 방안을 확정할 계획"임을 밝혔다. 그해 내내 교육부는 집중적으로 교원평가제도 개선을 위한 정책연구와 토론 그리고 교직단체와의 협의를 진행했다.

구하고, 즉각적으로 실시되지 못하고 상당히 약화된 형태로 2008년에 와서야 실행되었다.

둘째, 노무현 정부 초·중등교육 정책 중 5·31 교육개혁의 유산이 크게 남아 있는 정책 내용은 학생의 선택권과 수준별 교육의 강화라고 할 수 있다. 학력수준에 맞춘 수준별 수업의 확대를 위해 중 1학년부터 고 1학년까지 수학 · 영어 교과에 대한 수준별 이동수업을 확대하고, 고 2, 3학년 학생의 수준에 맞는 과목선택권을 확대하겠다는 내용을 포함하고 있었다. 고교 학업성취도 평가 도입도 5·31 교육개혁의 유산이라고 할 수 있는데, 고등학교 1학년 대상 학업성취도 평가를 실시, 학업성취 및 학습지도 수준을 파악하고 부진사유 등을 분석하여 수업에 대한 학교 · 교사의 책무성을 제고하겠다는 내용을 포함하고 있었다. 영재교육 등 수월성 교육 강화도 5·31 교육개혁의 유산이다. 영재교육 기회 확대를 위해 영재학급 및 영재교육원을 설치 · 운영하며, 우수학생의 조기 진급 및 조기 졸업기회를 확대하고, 대학의 교과목을 미리 이수하여, 대학에서 학점으로 인정받는 AP, PT제 도입을 권장하는 내용을 포함하고 있었다. 그리고 학생과 학부모의 학교선택권을 확대하는 내용을 포함하고 있는데, 학교별로 특성화된 분야에 다양한 교과목을 편성하고, 이를 집중 이수하도록 함으로써 학생의 소질 · 적성에 따른 학교 선택기회를 제고하겠다는 내용과 더불어 '학교군별 선지원 후추첨 배정제도'의 확대, 고등학교의 다양화 · 특성화 · 자율화를 제시하고 있다. 특히 고등학교의 다양화 · 특성화 · 자율화에 따르면 실업고를 인력수급 상황을 고려하여 다양한 직업군의 특성을 반영하는 '특성화고'로 전환하고, 학사 및 교육과정의 탄력적 운영을 위한 자율학교 지정을 확대하며, 자립형 사립고는 '05년도에 시범운영 결과를 종합적으로 평가하여 제도 도입 여부를 결정하겠다고 밝히고 있다. 다만, 특수목적고에 대해서는 설립취지에 맞도록 운영 정상화를 유도하겠다고 밝히고 있다.

셋째, 노무현 정부의 '사교육비 경감대책' 뿐만 아니라 초·중등교육 정책 전반에 걸쳐 가장 특징적인 사업으로서는 EBS 위성방송과 인터넷 강의를 들 수 있다. EBS 위성방송과 인터넷 강의는 e-learning 보편화의 계기가 되었다고 할 수 있는데, e-learning은 단순히 과외비를 줄이자는 목적뿐만 아니라, 보다 더 중요하게는 발달된 정보통신 매체를 활용하여 정보화 시대에 걸맞은 교육으로 전환한다는 의미를 지니고 있었다.[5] 2004년 4월 1일에 시작된 EBS 수능강의는 학생들의 수준에 맞추어 초급, 중급, 고급 과정으로 구성되었으며, EBS 플러스 1의 전용채널로 위성방송되고, 24시간 후에는 인터넷으로도 제공되었다. 이에 따라 수험생들은 시간과 장소에 구애받지 않고, 다양한 정보통신 매체를 모두 활용해 학교뿐 아니라 가정에서도 자유롭게 수능강의를 이용할 수 있게 되었다. 특히, 농어촌 및 저소득층 자녀에 대해서는 정보격차가 발생되지 않도록 PC보급이나 통신료 지원, 그리고 위성방송 무료설치 등을 통해 EBS 수능강의에서 소외되지 않도록 배려함으로써, EBS 수능강의를 포함한 e-learning이 농어촌 및 저소득층 자녀에게도 실질적으로 대도시 지역의 학생들과 같은 교육기회의 제공을 통해 사회통합과 교육복지를 실현하는 계기가 될 것으로 기대하였다. 이렇게 볼 때, e-learning은 항간에서 지적한 국가과외의 의미를 뛰어넘어 소득과 지역에 구애받지 않은 국민 최소한의 교육기회의 보장이라는 의미를 지니고 있었다고 할 것이다(안병영, 2013).

넷째, '2·17 사교육비 경감대책'에서 눈여겨보아야 할 대목은 이른바 방과 후 교육활동을 핵심 내용으로 포함하고 있었다는 점이다. 맞벌이 부부들에게 실질적으로 도움을 주는 동시에 사교육 수요를 흡수할 수 있는

5) 1997년 〈EBS 위성교육방송〉 사업을 주도했던 안병영 장관이, 7년 후 다시 〈EBS 인터넷 강의〉의 주역이 되었다. 흥미 있는 일은 1997년 고건(총리)–안병영(장관)–서삼영(국장)–박경재(과장) 팀이 2004년에 다시 모였다는 것이다. 달라진 것은 서삼영 국장이 이번에는 전산원장으로, 그리고 박경재 과장이 이번에는 주무국장으로서 사업 추진에 큰 몫을 했다는 점이다.

탁아서비스 제공을 그 내용으로 하는 초등학교 저학년 대상의 '방과 후 교실', 고등학교 단계에서 사교육 수요 흡수를 위한 수준별 보충학습 허용, 그리고 예·체능 재능계발과 영어과외 수요를 흡수하기 위한 방과 후 특기 · 적성교육이 본격화되었던 것이다. '방과 후 교육' 정책은 문민정부의 5·31 교육개혁에서 '방과 후 교육활동' 이라는 명칭으로, 그리고 국민의 정부에서 추진한 '새 학교 문화 창조(1998.10.22.)' 에서는 '특기 · 적성교육' 이라는 명칭으로 중요한 자리를 차지한 바 있다. 그리고 2004년 후반에 들면서 노무현 대통령이 직접 '방과 후 학교' 라는 명칭을 창안하고,[6] 이에 대해 정책적 관심을 표명하면서 대통령 프로젝트로 위상이 변화되었다. 2005년 이후 '방과 후 학교' 는 파격적인 정책적 지원을 받으며 크게 확산되어,[7] 노무현 정부 초·중등교육의 트레이드마크가 되었다.

5·31 교육개혁의 흐름과 구별되는 노무현 정부의 특징적인 교육정책으로는 교육복지를 들 수 있다. 노무현 정부에서는 복지부, 문광부, 노동부, 정통부, 여성부, 건교부 등 6개 부처가 참여하여 '참여복지 5개년 계획안' 을 작성하고 2004년 1월에 이 안을 국무회의에 상정하였는데, 당시 새로

---

6) 당시 장관이던 안병영 교수는 이렇게 술회하고 있다. "2004년 5월 말경으로 기억된다. 〈2·17 사교육비경감대책〉의 진척상황을 논의하던 중 노무현 대통령이 당시 장관이었던 내게 '방과 후 교육' 을 '방과 후 학교' 로 명칭을 바꾸는 게 어떻겠냐고 물었다. 내가 '좋은데요, 그렇게 하시지요' 라고 대답했다. 노 대통령은 매우 흡족해하며, 강력히 지원할 뜻을 비쳤다." 노무현 대통령이 '방과 후 학교' 라는 명칭에 애착을 가진 이유는, 이를 기존의 학교교육이 갖는 문제점을 해소할 수 있는 기제로 인식했기 때문이다. 즉, 방과 후 교육을 단순히 보조 프로그램으로서가 아니라 정규학교교육과 교사에 대한 대안적 수단으로 활용함으로써 학교 현장에 경쟁구도를 형성시키고, 이를 통해 학교교육을 혁신할 수 있을 것으로 기대했던 것이다.

7) 2006년에는 교육인적자원부 '학교정책실' 에 '방과 후 학교 기획팀' 을 조직하여 행정적 지원체제를 구축함과 아울러 교육감, 도지사 등 교육관련 인사들을 대상으로 일련의 토론회를 개최하여 정책의지를 홍보 · 확산시키는 한편, 시범학교를 전국 280개로 확대하였으며, 12월에는 교육인적자원부 등의 주관으로 페스티벌과 성과보고회를 개최하였다. 2007년 3월 '방과 후 학교 운영 기본 계획' 에서는 방과 후 학교의 '양적 확대와 질적 향상' 을 위해 지원을 강화하는 것으로 설정하고, 1,150억 원의 소요예산을 투입하기로 하였다(최태호, 2012: 22).

부임한 안병영 교육부총리가 국무회의 석상에서 복지정책에 교육부문이 반드시 포함되어야 한다고 강력히 주장하였고 이를 대통령이 받아들여 참여복지 5개년계획에 교육부문이 포함될 수 있었다(안병영 · 김인희, 2009: 53). 2004년 5월에 발표된 교육복지 종합대책의 주요 내용은 다음의 〈표 7-1〉과 같다.

〈표 7-1〉 교육복지 종합대책

목표	정책영역	구체적 정책대상
1. 국민 최저교육 수준 보장	모든 국민의 교육기회보장 및 기초학력 성취	장애인 및 병·허약자, 저소득층 학생, 저학력 성인, 고등교육 소외자, 외국인 근로자 자녀, 기초학력 미달자
2. 교육 부적응 해소	교육 부적응 예방 및 치유	학교 부적응자 및 학업 중단자, 귀국학생, 북한이탈 청소년
3. 교육 불평등 해소	교육여건 불평등 해소	도시 저소득지역 및 농어촌지역, 정보화 격차, 사교육으로 인한 불평등
4. 복지 친화적 교육환경 조성	밝고 건강한 교육환경 구축	비복지적 학교풍토, 비교육적 · 비위생적 학교 내·외 환경, 취약한 학생보건

출처 : 교육인적자원부.

교육복지의 기본 목표는 교육소외현상 해소를 통한 모든 국민의 국민최저 교육수준(national minimum in education) 보장에 있었다. 국민최저 교육수준은 모든 국민이 적어도 고등학교 교육은 받을 수 있어야 하며 학습결과에 있어서도 각 학년 · 교과별 최소수준에 도달하여야 함을 의미하는 것이었고, 국민최저 교육수준 보장을 위해 장애인 및 병·허약자, 저소득층 학생, 저학력 성인, 외국인 근로자 자녀에 대한 교육기회 접근 보장, 장애인 및 저소득층의 고등교육기회 확대, 기초학력 미달자에 대한 학력 보장을 위한 조치가 필요함을 밝혔었다.

교육 부적응 해소는 기본적인 교육기회 접근과 기초학력은 도달되어 있으나 자신에게 부적절한 교육내용 · 방법으로 인해 나타나는 부적응 현상을 치유하는 것을 의미하는 것이었으며, 학교 부적응자 및 부적응으로 인한 학업중단자, 귀국자녀, 북한이탈 청소년 등이 대상 그룹이었다. 교육 불평등 해소는 불균등한 교육여건으로 인해 교육과정 및 결과에 있어서 발생하는 상대적 교육격차를 해소하는 것을 의미하는 것으로서, 농어촌 및 도시 저소득 지역 학교, 정보화 소외 계층, 사교육기회의 차이로 인

〈표 7-2〉 교육복지 정책과제

<table>
<tr><th>정책목표</th><th>정책영역</th><th>정책대상</th><th>정책과제</th></tr>
<tr><td rowspan="7">국민최저 교육수준 보장</td><td rowspan="6">모든 국민의 교육기회 보장</td><td>장애인 및 병·허약자</td><td>특수교육 강화</td></tr>
<tr><td rowspan="2">저소득층 학생</td><td>유아교육 기회 확대</td></tr>
<tr><td>저소득층 교육비 지원</td></tr>
<tr><td>저학력 성인</td><td>저학력 성인 교육기회 확충</td></tr>
<tr><td>고등교육 소외자</td><td>장애인 · 저소득층 고등교육 기회 확대</td></tr>
<tr><td>외국인 근로자 자녀</td><td>외국인 근로자 자녀 교육지원</td></tr>
<tr><td>기초학력 성취</td><td>기초학력 미달자</td><td>기초학력 보장</td></tr>
<tr><td rowspan="7">교육 불평등 해소</td><td rowspan="3">학교 부적응 치유</td><td>학업중단자</td><td>학업중단자 예방 및 대책</td></tr>
<tr><td>귀국학생</td><td>귀국학생 교육 지원</td></tr>
<tr><td>북한이탈 청소년</td><td>북한이탈 청소년 대책</td></tr>
<tr><td rowspan="4">교육여건 불평등 해소</td><td>도시 저소득지역 학생</td><td>도시 저소득지역 교육지원</td></tr>
<tr><td>농어촌지역 학생</td><td>농어촌지역 교육여건 개선</td></tr>
<tr><td>정보화 취약 계층</td><td>정보화 격차 해소</td></tr>
<tr><td>저소득층 자녀</td><td>사교육으로 인한 불평등 완화</td></tr>
<tr><td rowspan="3">복지 친화적 교육환경 조성</td><td rowspan="3">건강하고 풍요로운 교육환경 구축</td><td>학교 풍토</td><td>학교구성원의 학생복지 의식 제공</td></tr>
<tr><td>학생 건강</td><td>학생 건강 증진</td></tr>
<tr><td>학교 내·외 교육환경</td><td>안전하고 건강한 교육환경 조성</td></tr>
</table>

출처 : 교육인적자원부.

한 교육기회 불균등 등의 해소를 목표로 하였다. 그리고 복지 친화적 교육환경 조성은 모든 학생의 교육복지 수준을 제고하기 위하여 복지 친화적 학교 환경을 조성하는 것을 의미하는 것이었고, 이를 위해 학교 구성원의 학생복지 의식을 제고하고, 건강하고 안전한 학교 내·외 교육환경을 조성하며 학생 건강을 증진하고자 하였다.

교육복지의 목표를 달성하기 위해 제시한 정책과제는 앞의 〈표 7-2〉에 정리되어 있다.

교육복지 정책의 주요 내용으로서는 특수교육 강화, 유아교육기회 확대, 저소득층 교육비 지원, 저학력 성인 교육기회 확충, 외국인 근로자 자녀 교육기회 제공, 장애인 및 저소득층 고등교육 기회 확대, 기초학력 보장이 제시되어 있었다. 이렇게 볼 때, 교육복지 정책은 단순히 초·중등학교에 국한된 정책이 아니라 평생학습과도 긴밀히 연계된 정책이었다고 할 것이다. 이와 연관하여 문민정부 때 시작한 교육부의 대안학교 지원정책은 이후 꾸준히 발전하여 다양한 형태의 대안학교[8]가 생겼고, 그 교육프로그램과 학습내용도 크게 발전했다.

이외에 교육복지 차원에서 특기할 일은 2003년부터 시범운영을 시작한 〈교육복지투자우선지역 지원사업〉이다. 이 사업은 교육 · 문화적 조건이 상대적으로 열악한 도시 저소득층 밀집지역의 학생들에게 지역사회와 연계하여 교육 · 문화의 혜택을 주고 교육기회의 불평등을 해소하기 위한 사업이다. 김대중 정부에서 시작한 이 사업은 노무현 정부 들어 활기를 띠었는데, 교육복지투자우선지역으로 선정되는 지역의 경우, 학습 결손 보완(일대일 소집단학습, 방학캠프), 문화 활동(특기적성, 동아리, 지역축제활동), 정신건강(멘토링, 가족기능강화 상담), 지역네트워크 복지(방과 후 교실

8) 그동안 위탁형 대안학교, 도시형 대안학교 등이 생겼고, 초등 대안학교도 등장했다. 인가 및 미인가 대안학교도 수적으로 크게 늘었다(안병영 · 김인희, 2009: 212-224; 교육인적자원부, 2007).

등), 출발점 평등을 위한 영유아 교육 프로그램 등이 무료 운영되었다(안병영 · 김인희, 2009: 181-85).

사교육비 경감대책, 교육복지정책 이외에 노무현 정부에서 강조했던 교육정책으로서 고교평준화 정책과 대학입시정책을 들 수 있다.[9] 고교평준화 정책에서는 평준화의 원칙을 지키고자 노력하였으며, 외국어고 등에 대해서는 정책실패로 인정하고 평준화의 기저를 계속 유지하고자 하였다(박도순 외, 2007). 대학입시정책 개선의 기본 방향은 크게 두 가지였다. 첫째, 기본적으로 3불 정책을 유지하면서 '뽑는 경쟁' 에서 '가르치는 경쟁' 으로 대학의 변화를 유도하고자 하였다. 둘째, 대입전형의 다양화 · 특성화와 '여러 줄 세우기' 에 의한 학생선발이라는 2002 대입제도의 문제점을 개선하고자 하였다.

2002 대입제도의 가장 큰 문제점으로 부각된 것이 (절대평가 방식으로 기록한) 학교생활기록부를 대입전형에 반영하면서 절대평가 방식의 빈틈을 파고 든 일선고교의 '성적 부풀리기' 였다. 고교 교육의 정상화를 유도하기 위해서는 학교생활기록부의 신뢰성과 함께 반영 비율을 높이는 것이 필요하였는데, 일선 고교의 '성적 부풀리기' 전략은 이 모든 것을 무력화시키고 있었다. 이에 대한 대책으로 나온 것이 교과 성적 기재 방식을 기존의 수·우·미·양·가의 평어 대신 평균과 표준편차를 병기하는 원점수 방식으로 바꾸고, 9등급의 과목별 '석차등급제' 를 도입하는 것이었다. 이외에 2008 대학입시제도 개선방안에서는 성적에 의해서가 아니라 학생의 잠재력을 평가하여 학생을 선발하도록 유도하는 동시에 학생 선발의 전문성을 강화하기 위해 '입학사정관제' 를 도입하였다. 그리고 대학수학능력시험의 과도한 영향을 완화하기 위하여 수능 점수의 제공 방식을 기존의 표준점수, 백분위, 등급에서 9등급제로 변화시켰다.

---

9) 이들 정책의 기틀은 안병영 부총리(2003.12.~2005.1.) 시절에 마련되었다.

그런데 2008 새 대입제도를 마련하는 과정은 결코 순탄치 않았다. 원래 새 대입제도는 대통령자문기구인 교육혁신위원회에서 마련하도록 되어 있었다. 그런데 이 위원회에서 논의되는 과정에서 독서이력철, 입학사정관제 등의 안들이 제기되었고, 최종적으로는 내신 5등급, 수능 5등급으로 혁신위 안이 굳어져 가고 있었다. 새 대입제도는 교육혁신위에서 만들고 집행은 교육부에서 하는 식으로 구도가 잡혀 있었지만, 당시 교육부총리의 반대로 혁신위, 청와대, 여당과의 갈등 끝에 수능 9등급, 내신 9등급이라는 새 대입제도가 탄생하게 되었다. 그런데 교육부가 절대로 양보하지 않았던 수능 9등급으로 정부 내에서 안이 결정된 이후, 마지막으로 제기된 쟁점이 1등급을 몇 %로 할 것인가의 문제였다. 정규분포를 상정할 경우 수능을 아홉 등급으로 나누면 통계적으로 1등급은 4%가 되지만, 청와대와 열린우리당 쪽에서는 1등급을 7%로 하라고 요구했었고, 많은 논란 끝에 수능 1등급을 4%로 하는 안이 최종적으로 결정되었다(하연섭, 2007; 안병영, 2008).

2008년 대입제도 개선안을 준비하는 과정에서 교육부-혁신위-열린우리당-청와대 간 갈등이 있었지만, 공교육 정상화와 사교육비 부담 완화를 추구한 교육부와 학생선발에 있어서 자율성 확보를 추구한 대학들 간에도 끊임없는 갈등이 표출되었다. 통합형 논술고사 도입 시도와 내신 무력화 시도 등이 대표적인 예이다. 개별 대학들은 마치 '독립운동' 하듯이 학생선발의 자율권을 주장하지만, 자율에 기초한 대학 간 '뽑는 경쟁' 이 잠재력 있는 학생의 선발, 공교육의 정상화, 나아가 우리 대학의 경쟁력 강화로 이어진다는 보장은 어디에도 없다.

2008 새 대입제도를 준비하고 도입하는 과정에서 대학과 교육부 간 갈등은 3불 정책의 유지와 폐지를 둘러싼 진보세력과 보수세력 간의 갈등으로 확대되었다. 이 갈등은 노무현 정부에 대한 보수진영의 반발이 교육영역에서 표면화된 것으로서, 교육이 교육적인 관점에서 논의되는 것이 아

니라 정치적인 갈등의 희생양이 되어버린 대표적인 예라고 할 것이다.

4. 고등교육

노무현 정부 고등교육 정책의 청사진은 2003년 11월 21일에 발표된 '소득 2만불 시대 도약을 위한 대학경쟁력 강화 방안'에 모두 담겨 있다고 해도 과언이 아니다. 이 방안에서는 대학경쟁력 강화를 위한 핵심 과제로서 대학의 자율역량 강화, 경쟁을 통한 교육 · 연구력 제고, 대학지원 정책의 획기적 전환을 제시하였다.

먼저, 대학의 자율역량 강화에서는 규제 철폐로 대학의 자율성 및 책무성 확대와 과감한 구조조정 추진을 제시하였다. 대학의 자율역량 강화를 위해서는 규제로부터 자유로운 대학을 만들기 위해 교육인적자원부의 기능을 정책 중심으로 전환하고, 기존의 규제적 업무는 대폭 폐지할 것임을 천명하였다. 이외에 다양하고 자율적인 학사행정, 평가제도 혁신, '공부하는 대학'을 위한 여건 조성이 세부 과제로 포함되었다. 과감한 대학 구조조정을 위한 방안으로는 국립대학 연합체제 구축, 사립대학 간 자발적 인수 · 합병 및 퇴출, 학생 정원 감축과 학과 통·폐합, 그리고 대학 경영의 민주성 · 효율성 제고가 포함되었다.

경쟁을 통한 교육 · 연구력 제고에서는 대학의 연구역량 제고와 지방대학 육성 그리고 수요자 중심의 교육 및 인력양성을 제안하였다. 대학의 연구력 제고를 위해서는 Post-BK21 사업 추진, 수도권 대학 7~8개, 지방대학 7~8개의 집중 육성을 통한 세계적 수준의 연구 중심 대학 육성, 기초학문육성사업 5개년계획 수립, 단기 · 소규모과제 지원에서 중장기 · 대규모과제 지원방식으로의 대학 연구지원 방식 개선, 우수 이공계 연구인력 확보 등의 과제가 포함되었다. 지방대학 육성을 위해 지방대학 혁신역량 강화사업을 추진하며, 수요자 중심의 교육 및 인력양성을 위해서 고급전문인력 수요에 부응하는 전문대학원 활성화, 교육과정의 현장적합성 제고, 산학협력단 운영 활성화, 다양한 산학협력 활동 촉진, 대학교육의 국제화 · 정보화를 제시하였다.

대학지원 정책의 획기적 전환을 위해서는 연구 중심(고급전문인력), 교육 중심(중견전문인력), 직업기술교육 중심(현장기술인력) 대학 등으로 학교 단위 유형화와 분야별 유형화를 동시에 추진하며, 대학이 자율 결정한 유형에 따라 행·재정 지원을 할 것임을 천명하였다. 또한 대학에 대한 일반 지원을 선택과 집중에 의한 선별지원으로 전환하고, 고등교육재정을 획기적으로 확충하기 위해 '고등교육재정지원법' 제정을 추진할 것임을 천명하였다.

2003년 11월에 발표된 '대학경쟁력 강화 방안'은 5·31 교육개혁안에 포함된 고등교육정책을 일정 부분 반영하면서도 대학 경쟁력 강화와 지방대 육성을 위한 세부적인 방안이 추가되었고, 앞으로 닥치게 될 학령인구 감소라는 시대적 여건을 반영하여 5·31 교육개혁과는 부분적으로 단절된 대학구조개혁 추진을 포함한 것이 기본적인 특징이다. 이런 측면에서 '대학경쟁력 강화 방안'은 노무현 정부 고등교육 정책의 청사진일 뿐만 아니라 사실상 이명박 정부를 거쳐 오늘날까지도 고등교육 정책의 기본 틀을 형성하고 있다고 해도 과언이 아니다.

고등교육 정책에 있어서 5·31 교육개혁의 계승은 대학에 대한 평가와 재정지원 연계의 지속으로 나타났다. 즉, BK21 사업을 지속했을 뿐만 아니라 2단계 BK21 사업을 설계했으며, 기존의 국립대 발전 계획 지원, 지방대 육성, 대학특성화 사업을 통합하여 지방대학 혁신역량 강화 사업(New University for Regional Innovation: NURI)을 새롭게 시작하였다(장수명, 2009: 24). 누리 사업은 지방대학이 중심이 되어 지자체, 기업, 연구소 등과의 연계를 통해 지방대학이 지역혁신의 중추기관으로서 기능하도록 하는 동시에, 지방대학의 다양화와 특성화를 추구하고 지방대 학생의 취업 경쟁력을 제고하기 위한 목적으로 추진되었다. 이 사업에는 2004년부터 2008년까지 5년간 총 1조 3,600억 원의 중앙정부 예산이 투입되었다(김영철, 2009: 57-58). 또한 노무현 정부에서는 산학협력중심대학사업, 산학협력단 · 학교기업육성지원 등 다양한 산학협력 촉진정책, 그리고 수도권 특성화 사업, 전문대학 특성화 지원 사업 등을 추진하였다.

5·31 교육개혁과 부분적으로 단절된 정책은 바로 대학 구조개혁이었다. 향후 예상되는 대학정원 대비 고졸자의 급격한 감소와 김영삼 정부 이래 설립준칙주의와 대학정원 자율화 등 규제완화 조치로 생긴 방만한 고등교육체제에 대한 정책적 대응으로서 대학 구조개혁이 추진되었던 것이다. 노무현 정부에서 추진한 대학 구조개혁 방안의 내용은 2004년 12월 28일 발표된 '경쟁력 강화를 위한 대학 구조개혁 방안'에 나타나 있다. 대학 구조개혁 방안의 기본 방향은 사회 수요에 적합한 인력양성 구조로의 전환 촉진과 대학운영 시스템의 효율성을 제고하는 구조개혁 지원에 두었다. 즉, 사회 인력수요가 크게 감소한 분야의 정원 감축, 학부(과) 통·폐합 및 산업계 수요를 반영한 교육과정 혁신이 동반된 구조개혁을 유도함으로써, 궁극적으로 대학 구조개혁이 단순한 규모의 감축이 아니라 사회 수요에 적합한 고등교육으로의 질적인 전환을 가져올 수 있도록 지원하겠다는 목표를 지니고 있었다. 또한 총장 선임, 교원임용 · 교수업적평가 등 인사제도 개선, 학생들의 전공선택권 보장 등 종합적인 학사구조개혁과 연계된 구조개혁을 우선 지원함으로써, 궁극적으로 교육의 수월성 제고와 연구의 경쟁력 강화를 위한 운영시스템 개선에 초점을 두고 있었다.

세부추진 방안으로서는 국립대학 구조개혁, 사립대학 구조개혁, 대학원 구조개혁을 제시했는데, 국립대학 구조개혁은 국립대학의 교육여건 개선 도모, 국립대학 회계제도 개선 추진, 국립대학 운영체제 개편, 국립대 통·폐합을 주요 내용으로 하였다. 보다 구체적으로 '09년까지 국립대학 입학정원의 총 15%(8만 3천→7만 1천 명) 감축을 추진하는 동시에 국고 일반회계와 대학 기성회계를 통합 운영하는 회계제도를 도입하겠다는 것이었다. 또한 대학운영의 객관성 · 투명성 · 민주성 보장을 위해 대학평의원회, 교수회, 학생회, 직원회의 법제화를 추진하며, 국·공립대학 총·학장 선출방식을 개선하겠다는 내용을 담고 있었다.

국립대학 통·폐합은 다음과 같은 목적 아래 추진되었다.

- 학교 · 유사학과(부) 통·폐합, 정원 감축 등을 지원하여 지역과 대학의 강점분야로 특성화할 수 있도록 자원 재배분을 통해 대학의 경쟁력 강화
- 기업과 사회가 필요로 하는 인력양성 구조로 대학 체제 개편 유도
- 국립대학의 입학정원 감축을 통해 학령인구 감소에 따른 대학 미충원 현상 완화

국립대 통·폐합 사업 결과 2004~2010년 기간 중 18개 국립대학(일반대, 산업대, 전문대 포함)을 10개로 통합하였는데, 자세한 추진 상황은 다음의 〈표 7-3〉과 같다.

사립대학 구조개혁 방안에는 교육여건 개선, 대학 간 통합 및 개편 촉진, 대학의 자발적 구조개혁, 해산 · 합병제도 보완 등이 포함되어 있었다. 특히, 사립대학 교육여건 개선을 위해서는 대학설립 준칙주의에서 부분적으로 벗어나 대학교육의 최소여건 보장을 위해 전임교원 확보의 연차별 준수목표를 설정하였다(〈표 7-4〉 참조).

그리고 이 기준을 이후 모든 재정지원사업에 반영하고, '09년 이후 기준 미달 대학은 정원 감축을 추진하겠다는 방안을 제시하였다. 특히, '04년 대비 '06학년도 학부 입학정원을 10% 감축하는 대학에 한하여 구조

〈표 7-3〉 연도별 국립대 통·폐합 현황 (단위 : 백만 원)

통·폐합 연도	통·폐합 전	통합 후	지원연도	지원예산
2005(1개)	충주대+천안공대	충주대	'05~'08년	22,698
2006(4개)	부산대+밀양대	부산대	'05~'08년	31,098
	전남대+여수대	전남대	'05~'08년	29,479
	강원대+삼척대	강원대	'05~'08년	24,664
	충주대+청주과학대	충주대	'05~'08년	17,306
2007(1개)	강릉대+원주대	강릉원주대	'06~'08년	20,554
2008(3개)	경북대+상주대	경북대	'08~'10년	21,426
	전북대+익산대	전북대	'08~'10년	23,665
	제주대+제주교대	제주대	'08~'10년	22,709
2009(1개)	인천대+인천전문대	인천대		
2011(1개)	충주대+한국철도대	한국교통대	'12~'15년	11,890
총 계				225,489

출처 : 국립대학 통·폐합 연차평가 위원회(2014), p. 2.

〈표 7-4〉 연차별 전임교원 확보 기준

(단위 : %), 의학계열 제외

구분	'05년	'06년	'07년	'08년	'09년
일반대(연구 중심)	55.0	57.5	60.0	62.5	65.0
일반대(교육 중심)	54.5	56.0	57.5	59.0	61.0
산업대 · 전문대	40.0	42.0	45.0	48.0	50.0

출처 : 교육부.

개혁 재정지원사업에의 참여 자격을 부여하고, '06년부터 교원(겸임 · 초빙 포함) 1인당 학생 수가 40명을 초과하는 대학은 정부의 모든 재정지원 대상에서 제외할 것임을 밝히고 있다. 대학신설 요건도 강화하였는데, 법인설립 허가 시 설립자의 육영의지 등 정성적 기준을 강화하겠다고 밝히고 있다.

대학원 구조개혁 방안도 포함되어 있었는데, 주된 내용으로는 대학원 평가시스템 구축으로 자율적인 구조개혁 촉진과 대학원 규모의 적정화 도모가 포함되어 있었다. 보다 구체적으로, '05년부터 대학원 종류별 · 학문영역별 평가체제를 마련하여 전임교원의 수, 전업학생(full time student)의 비율, 연구업적, 야간강의 · 시간강사 강의 비율, 논문 심사위원 · 자격기준 등을 평가할 뿐만 아니라 학문영역별 자율적 인증을 실시하여 재정지원과 연계 · 활용할 것임을 천명하고 있다. 또한 최근 3년간 충원율 등을 감안한 정원조정 시스템을 마련하고 학문분야가 유사한 소규모 대학원의 통·폐합 및 정원 감축을 추진하는 동시에 대학원 신설, 석·박사과정 설치 및 대학원별 운영 요건을 강화할 것임을 밝히고 있다. 그러나 대학원 구조개혁 방안은 전혀 실현되지 못했다.

그리고 구조개혁을 위한 방안으로 대학 및 대학원 관련 주요 정보를 의무적으로 공개함으로써 학생, 학부모, 정부, 산업체 등의 학교 선택 및 평가에 신속 · 정확하게 반영할 수 있도록 '대학정보 공시제'를 도입할 것임을 밝히고 있다. 대학정보 공시제는 신입생 충원율, 취업률, 교원확보율 등 교육여건 및 학교 운영 상태를 알릴 수 있는 지표를 공시하는 내용을 포함하고 있다. 그리고 대학 구조개혁을 촉진하기 위하여 '(가칭)대학구조개혁특별법'을 제정하고, '(가칭)고등교육평가원' 설립을 추진할 것임을 밝히고 있다. 궁극적으로, 대학정보공시제 운용 및 주기적인 기관별 · 학문분야별 평가 결과 공개로 고등교육 수요자에게 다양한 정보를 신속 · 정확하게 제공할 수 있을 것으로 기대하였다. 그러나 고등교육평가원 설립은 야당 국회의원들의 반대로 2006년 국회 교육위원회에서 무산되었다.

2005년에는 대학 구조개혁 재정지원 사업계획을 추진하였는데, 주요 내용은 '06학년도 학부 입학정원을 '04년 대비 10% 이상 감축하거나 '09년까지 15% 감축을 목표로 연차별 감축 계획을 제출하는 국·공·사립대학에 재정을 지원하겠다는 것이었다. 노무현 정부에서 기획한 대학 구조개혁 방안이 지속적으로 추진되었다면, 오늘날과 같은 대규모의 급격한 구조조정 없이 우리 대학이 연착륙할 수 있었을 것이다.

국립대 법인화도 추진하였는데 그 주요 내용으로는,

1) 외부인사가 과반수를 차지하는 이사회 도입
2) 총장은 추천위원회에서 추천한 인사 중 이사회에서 선임
3) 국립대 법인회계 도입 및 총액예산제도 도입으로 회계운영의 자율성 보장
4) 국유재산 소유권 이전 및 차입 허용
5) 성과목표 설정 및 외부기관에 의한 평가(변기용, 2009: 140) 등의 내용이 포함되어 있었다.

국립대 법인화는 제대로 시행되지 못하다가 이명박 정부에 와서야 서울대와 인천대가 법인화되었다.[10] 두 대학교를 제외하면 아직까지 국립대 법인화 실적은 없는 상태이다.

그리고 노무현 정부에서는 사립학교법 개정 등을 통하여 대학의 공공성을 높이는 정책을 추진하였다. 2005년 12월에 대학의 투명성과 공공성 제고를 위하여 '개방이사제 도입과 대학평의원회 도입', '친·인척 이사비율을 1/3에서 1/4로 축소'하는 내용을 핵심으로 하는 사립학교법 개정을 추진하였으나, 한나라당과 사학법인들의 강력한 반대 때문에 2007년 사립학교법을 재개정하기에 이르렀다(변기용, 2009: 130-140). 어쨌건 노무현 정부에서 사학법 개정을 통해 개방이사제 도입, 예·결산 공시 의무화, 대학평의원회 설치 의무화, 사학분쟁조정위원회 설치 등 사학의 공공성과 투명성을 제고할 수 있는 제도적 장치가 마련되었다.

10) 인천대는 통·폐합을 조건으로 법인화되었다.

5. 평생 · 직업교육

노무현 정부에서는 5·31 교육개혁이 지향하고 김대중 정부에서 구체화했던 평생 · 직업교육의 프로그램을 그대로 유지하였다. 평생교육법에 따라 1998년 3월부터 시행된 학점은행제를 보면, 시행 첫해인 1998년에 61개 교육훈련기관의 274개 학습과목이 평가 · 인정되었고, 2000년의 제 1회 학위수여식에서는 학사 111명과 전문학사 539명이 배출되었다. 노무현 정부 들어 학점은행제는 비약적으로 성장하여 2008년 2월의 졸업식에서는 학사 14,408명, 전문학사 5,288명이 배출되었다(김영철, 2009: 54).

평생교육에 대한 연구, 종사자 연수, 관련 정보의 수집 · 제공 등의 기능을 수행하기 위해 2000년 3월 한국교육개발원에 설치된 평생교육센터가 2008년 2월에 평생교육진흥원으로 확대 발족하였다. 1999년 평생교육법 제정 이후 교육부에서 평생교육을 관장하는 과는 '평생학습정책과'가 유일한데, 하나의 과만으로 평생교육정책의 전 영역을 관장할 수 있었던 것은 평생교육진흥원이 보조 역할을 했기 때문이라고 할 수 있다(한숭희, 2010: 22). 그리고 평생교육법을 근거로 2002년부터 5년 단위로 '평생교육진흥종합계획' 을 수립하도록 되어 있는바, 2007년 12월에는 제2차 '평생학습진흥종합계획(2008~2012)' 이 발표되었다(이상진, 2008: 38).

김대중 정부부터 본격화한 평생교육정책을 그대로 이어받았으나, 노무현 정부에서 새롭게 추가한 평생교육 프로그램은 그리 많지 않다. 그리고 교육의 공공성과 형평성을 강조한 정부임에도 불구하고 후술하는 바와 같이 평생 · 직업교육 관련 예산은 오히려 줄어들게 되는데, 바로 이러한 예산 비중의 변화는 프로그램 측면에서도 노무현 정부가 평생 · 직업교육을 상대적으로 소홀히 했음을 보여준다.

6. 교육인프라

노무현 정부에서 교육예산이 빠르게 증가했다고 보기는 어렵다. 정부 예산의 연평균 증가율이 6.77%였던 반면, 교육예산 연평균 증가율은 5.72%에 머물렀기 때문이다. 노무현 정부 5년 동안 초·중등교육 예산이

〈표 7-5〉 교육분야 재정규모 추이 : 2003~2007년

(단위 : 천억 원, %)

	2003	2004	2005	2006	2007	연평균 증가율
교육분야 (A)	248.00 (100)	264.68 (100)	279.12 (100)	290.28 (100)	309.74 (100)	5.72
초·중등 교육	217.50 (87.70)	232.62 (87.89)	244.29 (87.52)	254.13 (87.55)	270.14 (87.22)	5.57
고등교육	23.24 (9.37)	20.63 (7.79)	28.43 (10.19)	29.83 (10.28)	34.29 (11.07)	11.61
평생 · 직업 교육	6.40 (2.58)	6.38 (2.41)	5.72 (2.05)	5.58 (1.92)	2.87 (0.93)	−15.45
교육일반	0.86 (0.35)	5.04 (1.90)	0.68 (0.24)	0.75 (0.26)	2.43 (0.79)	158.42
정부 총예산 (B)	1,204.78	1,269.92	1,343.70	1,448.08	1,565.18	6.77
정부 총예산 대비 교육분야 비중(A/B)	20.58	20.84	20.77	20.05	19.79	

주 : 1) 당초예산 기준임.
2) 초·중등교육 예산은 특수교육, 지방교육양여금관리특별회계를 포함.
3) 평생 · 직업교육은 실업교육과 사회교육을 포함.
4) 재정융자특별회계, 국유재산관리특별회계와 농어촌특별세관리 특별회계 및 책임운영기관 특별회계는 예산액에서 제외.

출처 : 한국교육개발원, 「교육통계연보」.

전체 교육예산에서 차지하는 비중이 2003년의 87.70%에서 2007년 87.22%로 미세하게나마 줄어든 반면, 고등교육 예산은 2003년의 9.37%에서 2007년에는 11.07%로 빠르게 증가한 것을 볼 수 있다. 고등교육 예산의 연평균 증가율이 11.61%에 달하여 교육예산 연평균 증가율을 크게 상회했기 때문이다. 반면, 평생 · 직업교육 예산의 연평균 증가율은 −15.45%에 달하여 학교교육에 비해 평생교육과 직업교육을 상대적으로 소홀히 했음을 확인할 수 있다.

교육의 기본 틀을 개편하기 위해 노무현 정부에서도 김대중 정부에 이어 지방교육자치제 개편 작업에 나섰다. 원래 지방교육자치제 개편 방안도 교육혁신위원회에서 작업하기로 되어 있었지만, 교육혁신위원회의 원안은 생활권 단위로 교육자치제를 도입하자는 것이었다. 즉, 교육재정, 교원인사 및 교육과정 관련 위원회를 설치하고, 이를 통합할 합의제 집행기구를 설치 · 운영하는 것이 교육혁신위 안의 골격이었다.

다음 〈표 7-6〉은 2004년 초반 교육부와 교육혁신위 안을 비교해 놓은 것이다.

〈표 7-6〉 지방교육자치제 개편 관련 교육인적자원부 안과 교육혁신위원회 안의 비교

구분	교육인적자원부 입장	교육혁신위(안)
광역	• 의결기구 일원화	• 동일(집행기구 통합)
기초	• 기초단위(시·군·구) 교육자치제 실시 검토	• 생활권 단위(50여 개)로 재편하여 교육자치 실시
일반행정과의 연계	• 자치단체장의 교육에 대한 권한과 역할 강화	• 광역 : 자치단체장에게 역할 부여 • 생활권 : 일반행정구역과의 불일치로 역할부여 곤란(주 : 특별교육구 설치)

출처 : 교육인적자원부.

교육혁신위(안)의 가장 큰 문제점은 생활권 단위에서 지방의회와는 별도의 교육의회를 설치하겠다는 것이었는데 이는 헌법 제118조에 배치되는 것이었고, 생활권 단위의 개념이 불명확하며, 구역 재편 시 해당 지역 주민의 이견 조율이 곤란할 뿐만 아니라 시·군·구 단위 행정구역과의 불일치로 인해 일반행정과의 괴리가 심화될 수 있다는 것이었다.

이에 따라 지방교육자치제 개선을 위해 교육혁신위, 정부혁신 · 지방분권위, 교육인적자원부 간 정책조율을 이룬 끝에 최종적으로 도출한 안은 다음과 같다.

- 현 교육위원회는 지방의회 내 특별상임위원회로 개편(1/2은 교육전문가로 충원, 나머지는 광역의원으로 구성)
- 교육감 선출방식은 다음 복수(안) 중 조례로 선택
  - 런닝메이트제, 임명제(시·도의회 동의), 직선제, 확대된 학운위 선거인단제
- 기초교육자치 실시는 장기적으로 검토하되, 기초단체장에게 자체경비에 의한 학교설립 등 부분적 교육행정 기능 부여

그러나 이러한 교육부(안)에 대해 국무총리실이 개입하면서 현재와 같은 모습으로 지방교육자치제의 골격이 잡히는데, 그 구체적인 내용으로서는,

- 교육 학예에 관한 의결기관을 일원화하되, 교육위원 · 교육감 선출방식은 직선제로 개편
- 기초교육자치 실시는 중·장기 과제로 유보를 들 수 있다.

이러한 논의 결과, 교육감과 교육위원 직선제 개편으로 지방교육자치법이 개정된 것이다. 그러나 교육감 직선제의 도입은 일반행정과 교육행정을 제도적으로 완전히 분리하는 것이었을 뿐만 아니라 교육정책의 집

행과정에 거부점(veto point)을 늘리는 결과를 초래했다. 이명박 정부 이후 교육부와 교육감과의 교육정책을 둘러싼 갈등은 교육정책의 내용 때문이기도 하지만, 보다 근본적으로는 제도적으로 교육정책 집행과정에서 거부점이 늘어난 것이 주요 원인이다. 노무현 정부 당시의 제도개혁 내용이 정책유산으로 작용하여 우리나라 교육정책의 집행과정을 제약하는 대표적인 예라고 할 것이다.

7. 소 결

노무현 정부 교육정책은 교육의 공공성과 시장성의 조화라는 시대적 과제를 안고 있었다고 해도 과언이 아니다. 그런데 시장주의적 교육개혁의 방향에서 공공성, 형평성이라는 진보적 가치를 실현하기 위해서는 교육개혁의 청사진뿐만 아니라 정교한 실행 계획까지 갖추고 있어야 한다. 이는 곧 교육개혁 추진을 위한 전문성과 역량이 상당 정도 확보되지 않은 상태에서는 교육개혁을 추진하기 매우 어렵다는 것을 의미한다.

그러나 노무현 정부의 교육개혁은 개혁의 방향성에서부터 혼란을 경험한다. 노무현 정부 초기에는 교육의 공공성 강화에 초점을 맞추었다. 학벌 타파와 대학 서열 완화, 단위 학교의 참여와 자치 확대, 대학운영의 민주성 강화, 지역 간 교육격차 해소 및 지방대학 육성, 그리고 교육복지정책의 추진은 모두 교육의 공공성과 형평성 강화의 예이다. 그러나 정권의 중반기 이후에는 '대학은 산업이다' 라는 대통령의 언명이 보여주듯 시장주의 논리가 교육정책의 핵심 전략으로 자리 잡는다. 목표 차원에서의 모순은 곧바로 추진 전략 설계에 있어 혼란으로 나타날 수밖에 없었다고 할 것이다.

목표가 혼란스러운 가운데, 정책 추진을 더욱 어렵게 한 것은 교육혁신위원회의 아마추어리즘이라고 할 것이다. 교육혁신위원회에서 제시한 정책의 수는 많으나 이 정책들이 유기적으로 연결되지 못하고 분절적 접근으로 일관하고 있음을 볼 수 있다. 특히, 진보적 가치와 우리 사회의 보수층이 충돌하는 상황에서 단순히 이념 논쟁으로만 흘러가게 될 경우, 교육개혁을 추진하기는 거의 불가능하다. 정책의 성공적 수행을 위해서는 이념 논쟁이 아니라 현 상황에 대한 냉철한 분석, 정교한 정책대안 설계, 선제적 담론 형성을 통한 유리한 정책 환경 조성이 필요했으나 교육혁신위원회를 비롯한 정책 추진 주체는 이러한 역량을 보유하지 못했던 것이다.

이러한 이유로 노무현 정부에서 추진하고자 했던 주요 정책들, 교원평가 · 수석교사제 · 교장 공모제 등 교원정책, 등급제를 포함한 대입제도 개선, 사립학교법 개정 등이 모두 혼란과 갈등 없이 추진된 적이 없었으며, 이에 따라 정권 출범 시 제시되었던 교육개혁 정책의 실질적 집행은 별로 이루어지지 못하였다고 평가되고 있는 것이다(박도순 외, 2007). 사실, 이 시기부터 교육문제가 본격적으로 '정치쟁점화' 되는데 이는 더 이상 다른 사회영역과 절연된 상태로 교육정책이 논의될 수 없음을 뜻하는 것이기도 하다.

제 8 장

이명박 정부의 교육개혁

1. 기본 방향

이명박 정부의 교육개혁은 신자유주의적 교육개혁의 본격화라고 특징지을 수 있다. 즉, 5·31 교육개혁을 계승하는 동시에 이전 시기에 조심스럽게 진행되었던 신자유주의적 교육개혁의 전면적 실시를 특징으로 하고 있다.

이명박 정부 교육정책의 비전은 '인재 대국' 건설에 있으며, 주요 전략으로는 수요자 중심의 교육경쟁력 강화, 단위학교 자율성과 책무성 강화, 핵심인재 양성, 평생학습 생활화, 지방교육자치 내실화, 기초학력 바른 인성 책임제 등을 제시하였다(안선회, 2013: 134). 고등교육 분야에서는 이른바 포뮬러 펀딩 방식으로의 전환을 통한 정부개입의 최소화를 기본으로 하여 WCU 사업의 시행 등을 통해 대학경쟁력 강화를 추진하는 동시에 정보공시제의 본격화를 통한 대학 교육 공급자와 수요자 간 정보 비대칭의 해소, 그리고 교육 소비자 보호를 위한 대학 구조개혁을 추진하였다. 그러나 이명박 정부에서 신자유주의 정책 일변도로만 나아간 것은 아니다. 김대중 정부와 노무현 정부에서 강조하였던 교육격차 해소, 균형발전, 교육복지 확충 등의 정책을 동시에 추진하였고(서정화, 2010), 누리과정을 도입하여 5·31 교육개혁 이후 지연되어 왔던 유아교육의 공교육화에 큰 진전을 보였다.

2. 교육개혁 추진 기구

이명박 정부의 교육개혁 추진 기구는 국가교육과학기술자문회의(2008. 10.~2012.12.)였지만, 교육개혁의 추진 주체로서는 김영삼 정부의 교육개혁위원회, 노무현 정부의 교육혁신위원회의 위상에는 크게 미치지 못하는 수준이었다. 이명박 정부 시기 교육정책의 실질적 입안과 집행 기능은 교육과학기술부에 있었기 때문에, 국가교육과학기술자문회의는 과제에 대한 전문적인 조사연구와 교육과학기술 정책의 중·장기 발전방향을 제시하는 역할에 머물러 있었다.

3. 유·초·중등교육

5·31 교육개혁에서 추구했던 유아교육의 공교육화는 이명박 정부에 이르러서야 비로소 제대로 된 모습을 갖추게 된다. 가장 큰 변화는 2011년에 발표된 '만 5세 공통과정(5세 누리과정)'의 도입이다. 유아교육의 공교육화가 지연된 가장 큰 이유는 유아교육계와 보육계의 갈등 때문이었는데, 5세 누리과정을 통해 유치원과 어린이집으로 이원화되어 있는 유아교육 · 보육과정을 통합해 만 5세 유아들에게 적용되는 공통과정을 도입하

게 된 것이다. 또한 누리과정을 도입함으로써 1997년 '유아교육법'과 '영유아보육법'에 명문화하였던 5세아 교육 및 보육에 대한 국가 책임을 비로소 실현하게 된다. 2011년에는 소득기준으로 하위 70%의 학부모들에 대해서만 유아학비 · 보육료를 지원하였는데, 2012년부터는 부모의 소득에 관계없이 유치원비와 보육료를 지원하게 되었다. 누리과정 도입을 통해 정부가 부담하는 의무교육 기간이 실질적으로 10년으로 확대된 것이다. 5세 누리과정의 도입에 이어 2012년 1월에는 '3~4세 누리과정 확대 도입 계획'이 발표되어, 2013년부터는 누리과정이 만 3~4세 유아에까지 확대되었다. 3~4세 누리과정에 대해서도 2013년부터는 부모의 소득에 관계없이 유치원비와 보육비를 전액 정부가 지원하고 있다(장명림 외, 2012: 26-42).

3~5세 누리과정 도입 이외에도 이명박 정부에서는 유아교육의 투명성 · 공공성 제고를 위한 여러 가지 조치들이 단행되었다. 2012년 4월부터는 유치원에도 초·중·고등학교 및 대학에서와 같이 정보공시제가 도입되었다. 2012년 개정된 '유아교육법'에서는 교육부 장관이 매 5년마다 유아교육발전 기본계획을 수립 · 추진하도록 하였으며, 지역 실정에 맞는 평가를 할 수 있도록 유치원 평가 기능이 교육부에서 시·도교육청으로 이관되었다. 또한 중앙유아교육위원회의 심의를 거쳐 표준유아교육비를 정하고, 이를 기준으로 정부 지원 비용을 고시하도록 하였으며, 유치원에도 교원대표와 학부모가 참여하는 유치원 운영위원회 설치를 의무화하였다(장명림, 2013; 장명림 외, 2012).

5세 누리과정을 도입하면서 정부가 부담하는 유치원비와 보육료를 2012년부터는 지방교육재정교부금에서 전액 지원하기로 하였으며, 3~4세 누리과정을 도입하면서 2013~2014년 2년간은 기존의 국고 · 지방비와 대상 확대에 따른 추가 예산소요만 지방교육재정교부금으로 지원하되, 2015년부터는 전액 지방교육재정교부금에서 지원하기로 하였다. 이렇게 3~5세 누리과정을 지방교육재정교부금에서 지원하기로 한 것은 지방교육재정교부금의 재원이 내국세의 20.27%와 교육세 전액으로 법정화되어 있지만, 학령인구의 감소에 따라 초·중·고등학생 수가 지속적으로 감소하고 있기 때문에 지방교육재정교부금의 규모는 유지하되 그 대상 범위는 넓히기로 한 정책적 판단 때문이었다. 그러나 누리과정을 도입하면서도 여전히 유치원과 어린이집에 대한 관할권, 운영방식, 관련 이해집단들이 양분되어 있는 상태이기 때문에 유아교육의 정상화를 위해서는 유·보육 통합이 실질적으로 이루어져야 할 것이다.

이명박 정부의 초·중등교육 정책 중 신자유주의적 성향이 강하게 드러나는 정책으로서는 학교 다양화, 교원평가 확대, 그리고 단위학교 자율화와 연계한 교육과정 개편이다. 고교 다양화 300 프로젝트는 기숙형 공립고교 150개, 마이스터 고교 50개, 그리고 자율형 자립고 100개를 만드는 것을 목표로 하였으며, 이명박 정부 5년 동안 자율형 사립고 51개교, 자율형 공립고 97개교 지정, 기숙형고 150개교 건립 지원, 마이스터 고교 28개 설립 등의 성과를 내었다(이주호 외, 2011). 그러나 다양화를 통한 학생의 선택권 확대라는 정책 목표에도 불구하고 고교 서열화와 그에 따른 입시경쟁과 사교육비를 증대시켰다는 비판으로부터는 자유롭지 않다(안선회, 2013: 136).

노무현 정부에서 처음 실시된 교원능력개발평가는 일부 교원들의 반대에도 불구하고 학부모들의 적극적 지지를 기반으로 2011년부터 시행되었으며, 2012년부터는 교원 연수 등에 관한 규정으로 제도화되어 전국적으로 실시되고 있다. 또한 수석교사제와 교장공모제가 법제화되었다.

교육 과정 개편은 단위학교 자율화와 연계하여 이루어졌다. 2009년 개정 교육과정은 학습의 효율성, 창의 인성교육, 학생 핵심역량 강화, 학교 다양화를 추구하였다. 학교 교육의 다양화를 유도하기 위해 교과군별로 20% 범위 내 수업시수를 자율적으로 증감하도록 허용하였다(안선회,

2013: 137). 그러나 집중이수정책, 교과군 별 수업시수 20% 자율 증감 정책의 도입으로 국어, 영어, 수학 등 이른바 주요 교과가 더욱 강화되는 역효과가 발생되었다는 비판도 제기되고 있다(하연섭 외, 2012).

한편, 노무현 정부가 크게 역점을 두었던 '방과 후 학교' 정책은 이명박 정부에 들어서 승계되었으나, 이 시기에 들어 위탁경영 등으로 시장화의 길을 걷게 된다. 즉, 2008년의 '학교자율화' 조치로 '방과 후 학교'가 국가사무에서 지방사무로 이양되었고, 영리단체가 방과 후 학교에 참여할 수 있는 길이 열리게 되었다. 그 결과 방과 후 학교를 두고 학교와 영리목적의 민간 교육기관, 비영리기관 등이 학생들을 유인하기 위한 경쟁 상태에 들어가게 됨으로써(최태호, 2012: 119-20), 학교의 학원화라는 비판이 제기되고 있는 실정이다.

노무현 정부의 교육정책을 그대로 계승한 것으로는 EBS 수능강의의 지속을 들 수 있는데, EBS 수능강의의 내실화를 위하여 스타강사 등 우수강사 확보를 통한 수준 높은 강의, 맞춤형 강좌, 학습자 중심 서비스 강화 등을 추진하였다. 그러나 이명박 정부에서는 EBS 수능강의와 수능 출제를 기계적으로 연계시키는 정책을 추구함으로써 공교육 정상화를 오히려 저해하는 현상이 나타난 것은 비판의 대상이 되고 있다.

신자유주의적 교육정책을 추진하면서도 2004년 '교육복지종합대책' 이후 추진하여 온 대부분의 교육복지정책을 적극적으로 계승하여 발전시켜 왔는데, 초등보육교실 확대 및 종일 돌봄 교실 도입, 방과 후 돌봄 기능 강화, 지속적인 방과 후 학교 활성화 방안 등이 그 예이다. 또한 소외계층 대상 맞춤형 교육지원 확대를 위하여 소외계층 및 저소득층 자녀에 대한 학비지원 확대로 교육비 부담을 완화하였고, 농산어촌 전원학교 및 연중 돌봄 학교 및 기초학력 보장을 위한 지원을 확대하였다. 그리고 다문화가정 학생 및 탈북청소년 맞춤형 교육지원 강화, 교육복지투자우선지역 지원 확대, 장애학생 의무교육 정착 및 취업 지원, 고졸 취업 문화 확산 등을 추진하였다(박정수, 2010; 하연섭 외, 2012).

초기의 신자유주의적 교육정책 기조와는 달리 이명박 정부 후반기의 초·중등교육 정책은 '창의 · 인성교육 강화'를 기조로 진행되었다. 특히, 학교폭력이 사회문제화된 2010년부터 인성교육의 중요성이 크게 부각되었는데, 주요 개혁과제로는 핵심역량과 창의성 · 인성이 조화된 교육과정 운영, 창의적 체험활동 프로그램 개발 · 운영, 창의 · 인성교육에 적합한 평가방식 개선, 창의 · 인성교육을 위한 학교 환경 조성 등이 포함되어 있었다(하연섭 외, 2012). 사실, 실천 위주 인성교육은 김영삼 정부 교육개혁 방안 중에서 지식교육, 암기 위주 학교 교육의 폐해를 극복하기 위한 방안의 하나로 제시되었으며, 노무현 정부에서도 인성교육 프로그램의 개발 · 보급, 인성교육 시범 교육청 운영 등의 정책이 시행된 바 있다(한만길 외, 2007: 47).

그러나 경쟁 위주의 교육, 지식 위주의 교육이 중시되던 신자유주의적 교육정책을 근간으로 하면서 이를 보완하기 위해 추진된 인성교육이 소기의 성과를 내기에는 신자유주의적 교육정책의 역효과가 너무 컸다. 단순한 교육과정으로서의 인성교육이 아니라 전체 교육의 틀이 '더불어 사는 사람'을 육성하기 위한 방향으로 전환될 필요가 있다.

4. 고등교육

이명박 정부의 고등교육 정책 기조는 자율과 경쟁으로 요약된다. 핵심적인 정책으로서는 대학 입시 자율화, 포뮬러 펀딩 방식에 의한 재정지원, 대학정보공시제 활성화를 통한 고등교육 질 보장체제 구축, 대학 연구의 국제화, 등록금 부담 경감 등을 들 수 있다.

이명박 정부의 대학입시 정책은 대학 자율화에 기초한 '대학 입시 3단계 자율화' 방안이다. 1단계 자율화 방안은 수능등급 외에 표준점수, 백분위 점수의 동시 제공, 학생부와 수능시험 성적 반영률의 대학 자율 결정, 대입관리 업무의 대교협 및 전문대교협 이관, 그리고 학생 선발제도의 다양화 및 입학사정관제의 도입으로 구성되어 있었으며, 2단계는 수능 응시 과목 축소 및 수능점수의 영향력 축소, 3단계는 대입 완전 자율화의 내용을 담고 있었다. 이 중 대교협을 통한 입시 관리는 입시에 관한 대학의 자율적 조정능력 제고라는 측면에서 자율적 중간조직(intermediate organization)에 입시 관리 업무를 이양하는 것이었는데, 학부모 및 학생에 대한 입시 정보의 효과적 제공, 위반 대학에 대한 실효적 제재, 입시 관련 정책 개발 등의 면에서 성과를 내지 못한 것으로 평가되고 있다(하연섭 외, 2012).

대입 자율화는 성적 위주의 획일적 선발에서 소질, 적성, 창의력 등 다양한 특성을 고려한 선발로 전환되면 공교육 정상화와 사교육비 경감에 기여할 것이라는 믿음에 기반하고 있다. 그러나 우리 사회에서 교육이 지위재(positional good)로서의 의미를 지니고 있는 한, 대학입시의 다양화는 입시 경쟁의 다양화로 나타날 수밖에 없다. 대학입시 다양화의 결과는 수능만이 아니라 내신, 논술, 비교과까지 포함하는 전방위적 스펙 경쟁으로 나타났다.

더욱 심각한 문제는 다양한 전형 방법이 거래비용의 상승을 초래한다는 것이다. 입시제도가 복잡하면 복잡할수록 사회가 지불하는 거래비용은 기하급수적으로 늘어나게 된다. 수를 셀 수도 없이 많은 다양한 종류의 전형에 대한 정보획득비용, 다양한 전형에 대비하기 위해 소요되는 비용 등이 엄청난 규모이다. 이는 공교육 예산과 통상적으로 이야기하는 사교육비용 외에 추가적으로 발생하는 사회적 비용이다. 입시 컨설팅 산업의 팽창이 이 문제를 웅변으로 보여준다. 그런데 더 큰 문제는 정책의 입안과정에서 이러한 거래비용이 거의 '0' 으로 취급되고 있다는 것이다. 대학 입장에서도 거래비용을 신경 쓸 이유가 없으므로 갖가지 이유로 입시제도를 복잡하게 만드는 것이다.

복잡한 입시제도가 야기하는 높은 거래비용보다 더 심각한 문제는 거래비용의 지불 능력이 계층 간 뚜렷하게 차이가 난다는 사실이다. 정보획득비용을 포함한 거래비용을 지불할 수 있는 능력 차이가 계층 간 매우 크기 때문에, 복잡한 입시제도는 거래비용을 통해서 계층 간 불평등을 심화시키게 된다. 따라서 교육이 계층 이동의 사다리 역할을 제대로 할 수 있도록 하기 위해서도 입시제도를 단순화하는 것이 필요하다(하연섭, 2014).

대학입학과 연관하여 이명박 정부의 시책 중 이해하기 어려운 것은 입학사정관제의 실시방법이었다. 입학사정관제는 노무현 정부에서 처음 제안했던 것인데, 그동안 실시가 미루어져 왔던 것이다. 노무현 정부에서 처음 제안했을 때에는, 초기에는 주요 대학 중심으로 실험적 실시를 하면서 그 성과분석을 바탕으로 점진적으로 확대하자는 것이었다. 그런데 이명박 정부는 충분한 준비기간 없이 재정적 유인을 곁들여 일시에 모든 대학에서 실시하도록 유도하였다. 여기에 무리가 따랐고, 그 결과도 기대에 크게 미치지 못했다. 좋은 제도도 그 실시방법에 따라 성패가 갈라진다는 점을 생각하면 매우 안타까운 일이다.

대학 자율화 기조에 따라 대학에 대한 재정지원방식도 개별 사업에 대한 지원이 아니라 사전에 예고된 성과지표에 기반한 포뮬러 펀딩 방식으로, 그리고 예산 교부방식도 총액 배분 방식으로 전환한 것이 특징이다. 개별 사업의 입안과 집행 과정에서의 정부의 과도한 개입을 줄이고, 대학 특성에 맞는 프로그램 운영을 유도함으로써 재정운용의 자율성과 효율성을 제고하겠다는 것이 기본 목적이었다. 이러한 기조하에 운영된 사업으로는 교육역량강화사업과 학부교육선진화 선도대학 지원사업(ACE)을 들 수 있다.

교육역량강화사업은 그동안 정부의 대학 재정지원 사업들이 연구역량 강화에만 치중함으로써 학사과정의 교육역량을 강화하는 데는 상대적으로 소홀했다는 판단에 따라 시작한 사업이다. 이 사업은 취업률, 재학생 충원율, 교원확보율, 학사관리 및 교육과정 운영, 장학금 지급률, 학생 교육투자 등 정보공시 자료를 활용하여 대학의 평가부담을 경감하는 동시에 포뮬러를 중심으로 대학의 교육 여건과 성과를 개선하려는 목적을 가지고 있었다(하연섭 외, 2013: 36-37). 학부교육 선진화 선도대학 지원사업(ACE)은 "잘 가르치는 대학"이라는 모토 아래 특색 있고 경쟁력 있는 다양한 학부교육 선진 모델을 창출하기 위한 목적으로 교육과정 개편은 물론 학사제도, 교수평가 제도 등 교육 지원 시스템의 총체적 개선을 추구한 사업이다(하연섭 외, 2013: 52-53).

산학협력 강화를 위해 산학협력 선도대학(LINC) 육성 사업을 2011년부터 시행했는데, 이는 기존의 광역권 선도산업 인재양성, 산학협력 중심대학, 지역거점연구단을 통합하여 지역대학과 지역산업의 공생발전을 도모함으로써 궁극적으로 우수인력 양성과 기술혁신을 지원하고자 한 사업이다.

이른바 포뮬러 펀딩은 사업단 방식의 재정지원이 야기할 수 있는 '관치'의 문제를 해소하기 위해 도입되었으나, 지표 부풀리기 등 대학들의 전략적 행위에 따른 평가의 신뢰성 저하, 동일한 지표에 의한 대학평가에 따른 대학의 획일화가 초래됨으로써 5·31 교육개혁 이후 추구해 온 대학의 특성화 · 다양화가 오히려 훼손되는 문제가 야기되었다. 또한 '관치'의 해소를 위해 포뮬러 펀딩이 도입되었지만, 평가지표에 등록금 부담완화 지수, 대입전형 수 등 이른바 정책지표가 포함됨으로써, '관치'의 문제가 개선되지 않았다는 비판도 제기되었다(김수경, 2013).

대학정보 공시제의 활성화는 교육이 갖는 경험재(experience good)적

특성 때문에 발생하는 정보의 비대칭(information asymmetry)을 해소하려는 노력이었다. 즉, 정보공시를 통해 소비자나 고용주들에게 합리적 결정을 위한 정보를 제공하고, 이를 통해 대학의 질을 담보하는 방식을 활용하고자 한 것이다. 정보공시제와 연계한 대학자체평가와 정부가 인정한 민간 평가기구에 의한 외부평가로 구성된 새로운 고등교육 질 보장 체제를 구축하고자 한 것이다(변기용, 2009: 145).

대학 연구의 국제화를 위한 사업은 WCU사업(세계 수준의 연구중심대학 육성사업)인데, 이는 신성장동력분야의 융·복합 학과와 전공을 개설하여 국가 핵심인재 양성 기반과 해외석학을 국내대학에 유치하여 글로벌 수준의 교육 및 연구수행으로 세계수준의 연구중심대학을 육성하고자 하는 사업이다. WCU 사업은 2009년 총 38개 대학 160개 사업단을 대상으로 시작했다.

이상에서 볼 수 있는 바와 같이 대학입시 자율화, 포뮬러 펀딩 방식에 의한 재정지원, 대학정보공시제 활성화를 통한 고등교육 질 보장체제 구축, 대학 연구의 국제화는 대학의 자율과 경쟁을 촉진하기 위한 대표적인 정책수단들로서 5·31 교육개혁의 기조를 그대로 유지하고 있다고 할 것이다.

이명박 정부의 고등교육정책에 있어서 시장주의적 정책의 대표적인 사례이면서도 정부개입으로 귀결된 정책의 예로서는 '대학 등록금부담 완화 정책' 을 들 수 있다. 당초 이명박 정부가 출범하면서 공약에 포함시킨 것은 대학 등록금부담 완화를 위한 맞춤형 장학제도의 도입이었다. 이를 구체적으로 실현하기 위하여 2009년 한국장학재단을 설립하였으며, 2010년 든든학자금(소득연계학자금대출제도)을 도입하였다. 든든학자금(Income Contingent Loans: ICL)은 대학 재학 중 대출받은 학자금을 대학 졸업 후 소득이 일정 수준에 도달할 때 소득의 일정 비율을 상환하는 제도로서, 정부의 재정지원이 대학에 직접적으로 이루어지는 것이 아니라 학생을 통해 학생의 선택에 따라 대학에 대한 재정지원이 간접적으로 이루어지는 방식이다. 학생 개인에 대한 학자금 지원은 교육기회의 형평성 보장, 교육에 대한 투자에 내재한 리스크의 극복 방법, 그리고 우리나라의 경우 정부의 고등교육재정부담 확대라는 의미를 지닌다.

그런데 우리나라에서는 든든학자금의 도입과 함께 반값등록금 논쟁이 불거지면서, 대학등록금 인상을 억제하기 위한 '등록금 상한제'와 '대학에 등록금 심의위원회 의무적 설치' 등의 조치들이 동시에 시행된다. 또한 대학에 대한 재정부담의 지속적 상승을 우려한 예산 당국에서 든든학자금의 도입과 동시에 대학교육에 대한 질 관리를 요구하면서, 든든학자금 도입과 함께 이른바 '학자금대출제한대학제도'가 도입되었다.

그러나 반값등록금에 대한 요구가 정치적 쟁점으로 부상함에 따라, 2011년 국가장학금 유형 Ⅰ과 유형 Ⅱ가 도입되기에 이른다. 국가장학금 도입에 따라 다시 한 번 대학교육의 질 관리 문제가 대두되면서, 대학구조개혁위원회가 설치되고 고등교육 질 관리를 위해 '재정지원제한대학제도'가 도입되었다. 그런데 재정지원제한대학의 선정이 전적으로 정량지표에 의존함에 따라 가장 큰 문제로 등장한 것이 지표의 선정에 있어서 정부의 지나친 개입과 각 평가지표에 대한 대학의 전략적 대응이었다. 그 결과, 이명박 정부의 당초 기조와는 달리 오히려 정부의 개입은 심화된 반면, 대학 자율성은 훼손되는 결과가 나타난 것으로 평가되고 있다. 그리고 대학구조개혁위원회에서는 사립대학의 구조조정뿐만 아니라 국립대학에 대한 구조조정도 추진하게 되었는데, 그 결과 도입된 것이 총장직선제 폐지, 연봉제 도입 등 국립대학 선진화 방안이었다.

5. 평생 · 직업교육

평생교육에 있어서는 국정과제로 '평생학습계좌제의 도입과 운영' 그리고 '대학의 평생교육 기능 강화'가 강조되어 임기 동안 추진되었으며, 초·중등 진로교육 활성화, 고등학교 직업교육 선진화 등 직업교육 관련 정책들이 크게 강화되었다(하연섭 외, 2012).

이명박 정부의 직업교육정책은 '선취업 후진학 병행체제 구축'과 '고졸 취업 문화 확산 및 열린 고용' 지원 정책으로 대표된다. 선취업 후진학 병행체제 구축을 위하여 마이스터고를 통한 취업 진로의 소수정예화, WCC(World Class College) 사업을 통한 명문 직업교육기관 육성 등을 추진하였으며, 취업 중심 특성화고로의 전환을 통하여 취업 역량 강화와 특성화고 졸업자들에 대한 고용 확대를 추진하였다. 이러한 정책들을 통하여 고졸 대상의 괜찮은 일자리 발굴 및 배치, 기업 내 고졸 취업 여건 마련, 고졸 취업 문화 형성 및 확산 등의 성과를 낸 것으로 평가된다(하연섭 외, 2012). 이명박 정부에서는 초·중등교육에서의 진로교육도 매우 강조하였는데, 진로체험 활성화, 단위학교 진로교육 역량 강화, 진로진학상담교사 배치 확대 및 전문성 강화, 학부모 · 지역사회가 함께하는 진로교육 확대, 진로교육 지원 시스템 확충 등을 추진한 바 있다(안선회, 2013: 140).

이명박 정부의 마이스터고 정책은 직업교육에 있어 5·31 교육의 기본적인 지향이라 할 수 있는 직업교육단계의 중등 이후 교육(tertiary education)으로의 전환과는 전면적으로 배치되는 것이다. 또한 초기 단계에서는 마이스터고 활성화를 위하여 마이스터고 졸업자의 대학 진학을 원천적으로 봉쇄하려고 했던 것으로 알려져 있는데, 이는 중학교 교육이 끝난 시기에 학생진로를 결정하는 것이 너무 이르다는 5·31 교육개혁에 대한 1997년의 OECD 권고와도 사뭇 방향을 달리하는 정책이다. 다행히 마이스터고

졸업-선취업-후진학의 통로가 열려 있긴 하지만, 직업교육에 있어서 마이스터고-전문대-4년제 대학 간의 역할 분담은 여전히 해결해야 할 과제로 남아 있다.

6. 교육인프라

〈표 8-1〉은 이명박 정부 기간 동안의 분야별 재원배분 추이를 보여주고 있다. 2008년에 비해 2012년 현재 전체 정부지출에서 차지하는 비중이 뚜렷하게 증가한 분야는 R&D(4.2% → 4.9%)와 보건 · 복지 · 노동(26.2% → 28.5%) 분야이다. 문화 · 체육 · 관광, 환경, 국방, 외교 · 통일, 공공질서 · 안전은 거의 변화가 없는 분야이며, 산업 · 중소기업 · 에너지, SOC, 농림수산식품, 일반공공행정은 비중이 줄어든 분야이다. 교육이 전체 예산에서 차지하는 비중은 '08년~'12년 사이 13.7%~14.0%로 안정된 상태를 보이고 있다.

〈표 8-2〉는 2008~2012년 동안의 교육재정의 배분 추이를 보여주고 있다. 정부 총지출 대비 교육분야 비중은 2008년 13.7%에서 다소 하락하였으나, 2012년에 14.0%로 회복하는 모습을 보여주고 있다. 교육재정의 연평균 증가율은 6.0%인데, 고등교육과 평생 · 직업교육의 연평균 증가율은 각각 8.9%와 7.4%로 교육재정의 연평균 증가율을 약간 상회하고 있다. 이명박 정부 5년 동안 교육재정 배분에서 가장 큰 변화는 고등교육예산의 증가이다. 2008년 4조 4,311억 원이었던 고등교육 예산이 2012년에는 6조 2,207억 원으로 증가함에 따라 고등교육 예산이 전체 교육 예산에서 차지하는 비중도 동 기간 중 12.3%에서 13.7%로 상승하였다. 그러나 고등교육 예산의 증가가 대학에 대한 실질적 재정지원의 증가로 연결

〈표 8-1〉 분야별 재원배분 추이 : 2008~2012년

(단위 : 조 원, %)

	2008	2009	2010	2011	2012
R&D	11.1 (4.2)	12.7 (4.2)	13.7 (4.7)	14.9 (4.8)	16 (4.9)
산업 · 중소기업 · 에너지	14.7 (5.6)	20.8 (6.9)	15.1 (5.2)	15.2 (4.9)	15.1 (4.6)
SOC	20.5 (7.8)	25.5 (8.4)	25.1 (8.6)	24.4 (7.9)	23.1 (7.1)
농림수산식품	16.8 (6.4)	17.4 (5.8)	17.3 (5.9)	17.6 (5.7)	18.1 (5.6)
보건 · 복지 · 노동	68.8 (26.2)	80.4 (26.6)	81.2 (27.7)	86.4 (28.0)	92.6 (28.5)
교육	36.1 (13.7)	39.2 (13.0)	38.3 (13.1)	41.2 (13.3)	45.5 (14.0)
문화 · 체육 · 관광	3.3 (1.3)	3.6 (1.2)	3.9 (1.3)	4.2 (1.4)	4.6 (1.4)
환경	4.5 (1.7)	5.7 (1.9)	5.4 (1.8)	5.8 (1.9)	6 (1.8)
국방	26.6 (10.1)	29 (9.6)	29.6 (10.1)	31.4 (10.2)	33 (10.1)
외교 · 통일	2.8 (1.1)	3 (1.0)	3.3 (1.1)	3.7 (1.2)	3.9 (1.2)
공공질서 · 안전	11.7 (4.5)	12.4 (4.1)	12.9 (4.4)	13.7 (4.4)	14.5 (4.5)
일반공공행정	45.9 (17.5)	51.6 (17.1)	48.7 (16.6)	52.4 (17.0)	55.1 (16.9)
총지출	262.8 (100.0)	301.8 (100.0)	292.8 (100.0)	309.1 (100.0)	325.4 (100.0)

주 : 1) 총지출(일반회계 · 특별회계 · 기금의 총계에서 계정 간 내부거래 및 보전지출을 제외) 기준.

2) R&D는 각 분야에 포함되어 있는 R&D 지출을 합계한 금액.

3) 괄호 안은 총지출에서 분야별 재원이 차지하는 비중임.

출처 : 기획재정부.

되지는 않고 있다는 것이 문제이다. 왜냐하면 고등교육 예산 증가분의 대부분이 국가장학금 예산으로 충당되고 있기 때문에, 학부모의 부담을 대체하는 효과는 있지만 대학의 순수입을 증가시키는 데에는 이르지 못하고 있기 때문이다. 어쨌건, 이명박 정부 마지막 해인 2012년 현재 교육분야 재정의 총규모는 45조 4,911억 원이며, 이 중 유아 및 초·중등교육이 38조 5,549억 원으로서 전체의 84.8%를 차지하며, 고등교육은 6조 2,207억 원으로 전체의 13.7%, 평생 · 직업교육은 5,948억 원으로서 전체의 1.3%를 각각 차지하고 있다.

〈표 8-2〉 교육분야 재정규모 추이 : 2008~2012년

(단위 : 억 원, %)

	2008	2009	2010	2011	2012	연평균 증가율
교육분야 (A)	360,748 (100.0)	382,448 (100.0)	382,557 (100.0)	409,490 (100.0)	454,911 (100.0)	6.0
유아 및 초·중등교육	310,328 (86.0)	329,681 (86.2)	325,467 (85.1)	354,847 (86.7)	385,549 (84.8)	5.6
고등교육	44,311 (12.3)	46,371 (12.1)	50,440 (13.2)	46,899 (11.5)	62,207 (13.7)	8.9
평생 · 직업 교육	4,464 (1.2)	5,101 (1.3)	5,378 (1.4)	6,490 (1.6)	5,948 (1.3)	7.4
교육 일반	1,645 (0.5)	1,295 (0.3)	1,272 (0.3)	1,254 (0.3)	1,206 (0.3)	-7.5
정부 총지출 (조 원, B)	262.8	301.8	292.8	309.1	325.4	5.5
정부 총지출 대비 교육분야 비중(A/B)	13.7	12.7	13.1	13.2	14.0	

주 : 부문별 재정에서 괄호 안은 교육분야 재정에서 부문별 재정이 차지하는 비중임.
출처 : 교육과학기술부.

7. 소 결

이명박 정부 교육정책의 기본 방향은 5·31 교육개혁이 내포하는 신자유주의 이념의 현실화와 강화에 있었다. 자율과 책무, 경쟁, 다양성 등 신자유주의의 교육이념이 적극적으로 추진된 것이다. 다만, 이러한 기본적인 교육정책의 방향에 사회경제적 환경 변화를 반영하여 교육복지 확충과 교육격차 해소도 주요 정책과제로서 추진되었다.

그런데 아이러니하게도 이명박 정부의 교육정책 추진 방식은 권위주의적 자율화로 특징지을 수 있다. 이전 정부들과는 달리 교육개혁기구가 아닌 교육과학기술부가 교육정책의 입안과 집행을 전담했으며, 자율과 다양화라는 정책목표를 달성하기 위해 초·중등교육 단계에서는 지방교육자치의 틀을 뛰어넘은 교육과학기술부의 과도한 개입이 나타났다. 고등교육단계에서는 포뮬러 펀딩에 의한 재정지원이 기본 방향이었지만 포뮬러 펀딩을 위한 지표의 선정, 그리고 대학 구조개혁 과정에서 지표의 선정과 구조개혁 추진 과정에서 그 어느 때보다 교육당국이 깊숙이 개입했다고 할 것이다.

제 9 장

문민정부 이후 교육개혁의 종합평가

1. 절연된 교육정책과 권위주의적 자율화

5·31 교육개혁은 이를 설계했던 김영삼 정부뿐만 아니라 이후의 김대중 정부, 노무현 정부에서도 그대로 계승되었으며 이명박 정부에 와서는 신자유주의적 내용들이 한층 더 강화된 방향으로 나타났다. 5·31 교육개혁은 발전국가 주도하의 국민형성과 산업화를 위한 교육, 획일적인 교육, 공급자 위주의 교육, '권위 관계'에 기초한 교육으로부터 정보화, 지식기반경제, 세계화된 환경에서 인적자원 개발을 위한 교육, 교육의 다양화 · 특성화, 학생 · 학부모 등 수요자 중심의 교육, '시장기제'를 활용한 교육으로 전환한다는 의미를 지닌다. 이런 측면에서 5·31 교육개혁은 한국 교육사에 있어서 중대한 전환점(critical juncture)이라고 표현해도 지나치지 않다(〈표 9-1〉 참조).

〈표 9-1〉 5·31 교육개혁 이전과 이후의 교육정책 방향 비교

5·31 이전	5·31 이후
발전국가 주도하의 국민형성과 산업화를 위한 교육	정보화, 지식기반경제, 세계화 환경에서의 인적자원 개발을 위한 교육
획일적인 교육	교육의 다양화, 특성화
공급자 위주의 교육	학생, 학부모 등 수요자 중심의 교육
'권위 관계'에 기초한 교육	'시장기제'를 활용한 교육

5·31 교육개혁 이후 교육정책의 기본방향과 대표적인 정책 내용은 〈표 9-2〉에 정리되어 있으며, 교육개혁 자문기구의 특징은 〈표 9-3〉에 정리되어 있다.

5·31 교육개혁이 네 번의 정권교체를 거치면서도 면면히 계승된 것은 한국 사회의 변화에 대한 시의적절한 대응이었기 때문에 가능했다고 할 수 있다. 그러나 5·31 교육개혁의 기본 내용이 지속된 이유는 여기에만 그치지 않는다. 김대중 정부에서는 '정치적 민주화 = 권위주의로부터의 탈피 = 시장기제의 활성화'라는 등식이 성립되었기 때문에, 5·31 교육의 시장주의적 성격을 무비판적으로 받아들였으며, 노무현 정부에서는 5·31 교육개혁에 교육의 공공성과 형평성을 접맥시키는 데 실패했기 때문에 5·31 교육개혁이 온전히 보존되었다고 할 것이다(박도순 외, 2007). 이명박 정부의 기본 방향은 신자유주의적 정책의 강화에 있었기 때문에 교육정책이 신자유주의의 확대 · 강화에 있었던 것은 하등 놀라운 일이 아니다.

김영삼 정부 이후 5·31 교육개혁이 교육의 자율화와 분권화로 연결되었다는 증거는 찾기 힘들다. 그리고 5·31 교육개혁이 현재 한국 사회가 당면한 교육문제를 해결하는 데 최적의 방안인가에 대해서도 의문의 여지가 있다. 오히려 이제는 한국 사회의 변화를 반영한 제 2의 5·31 교육개혁이 필요한 시점이라고 할 것이다.

〈표 9-2〉 김영삼 정부 이후 교육정책 요약

	김영삼 정부	김대중 정부	노무현 정부	이명박 정부
기본 방향	• 열린 교육 • 수요자 중심 교육 • 교육의 다양화, 특성화	• 5·31 교육개혁의 관료적 재해석	• 5·31 교육개혁 + 교육의 형평성, 공공성	• 신자유주의 교육개혁의 본격화
초·중등 교육	• 유아교육의 내실화 및 무상교육 단계적 추진 • 학교운영위원회 설치 운영 • 학교생활기록부제 • 방과 후 교육활동 활성화 • 교육과정 운영 다양화 • 농어촌지역 거점우수학교 육성 • 고등학교 유형의 다양화 • 교원 양성기관에 대한 평가인정제의 도입	• 제7차 교육과정 • 학교운영위원회 설치 의무화 • 학교유형 다양화 • 자립형 사립고 시범 운영 • 공교육 내실화 방안 • 중학교 의무교육의 연차적 확대 • 고교평준화 확대 실시 및 관계 법령 개정 • 영재교육진흥법 제정 • 실업계 고교 육성대책 수립 시행 • 교육정보화 종합발전방안 • 교직발전 종합방안 • 교원정년 단축 • 소규모 학교 통·폐합 • 교원노조 합법화 • 교원성과급제	• 유아 교육법 제정 • 유치원 종일제 운영 확대 • NEIS 구축 • 2·17 사교육비 경감대책 • EBS 수능강의 • 수준별 이동수업 • 사이버 가정학습 • 교원평가제 • 방과 후 학교 도입('05) • 중학교 의무교육 전국 확대('04) • 교육복지 종합대책	• 5세 어린이를 위한 누리과정 도입 • 기초학력책임제도(국가수준의 학업성취도 평가, 학교 간 성적차 공개) • 고교다양화 정책(자율형 사립고 확대) • 기숙형고(150개교) • 학교자율화 조치 • 교육 과정 규제 완화 • 집중이수제 • 창의 · 인성교육

	김영삼 정부	김대중 정부	노무현 정부	이명박 정부
고등교육	• 대학정원의 자율화 • 대학설립준칙주의 도입 • 최소 전공인정학점제 도입 • 대학의 다양화와 특성화 • 학부제 • 단설 전문대학원 설치 • 대학의 정원 자율화 • 국제관계 전문 인력 양성 • 외국인 유학생 정책 개선 • 고등교육기관 해외 진출 지원 • 의학, 법학 등 전문대학원 제도의 도입 • 대학평가 및 재정지원 연계 강화	• 대학입시제도 개선 • 학부제 추진 • 학생선택권을 존중하는 전공 운영모형 • 두뇌한국 21(BK21) 사업 • 대학 구조조정 • 법학, 의학 및 교원 전문대학원 제도 도입 • 국립대학 구조조정 및 평가 사업	• 2008 새 대입제도 (내신 중심 9등급제) • 2단계 BK21 착수 • 지방대학혁신역량강화사업 (NURI) • 학교기업 · 산학협력단 • 대학특성화 및 다양화 정책 • 사학법 개정 및 개방형 이사제 도입 • 법인화 도입 시도 • 평가와 연계된 보조금 사업의 지속 • 정부보증학자금대출 • 대학 구조개혁 • 국립대 통·폐합	• 대학정보공시(대학알리미 사이트) • 맞춤형 국가장학제도 (든든학자금, 국가장학금) • 대학구조조정(학자금 대출 제한 대학, 재정지원 제한 대학) • 서울대 법인화 • 세계 수준의 연구중심대학 육성사업(WCU) • 대학교육역량사업 • 학부교육 선진화 • 선도대학지원사업(ACE) • 산학협력선도대학(LINC) • 입학사정관제도
평생 · 직업교육	• 직업교육 훈련 체제 구축 (직업교육 훈련 3법 제정) • 직업능력개발원 설립 및 직업능력인증제도 도입 • 학점은행제 실시	• 평생교육법 제정 • 평생교육센터 설치 • 지역평생교육정보센터 설치	• 평생교육진흥원 설립 • 제2차 평생학습진흥종합 계획	• 마이스터고(28개교) 등 직업교육 선진화 • 평생학습계좌제 • 초·중등 진로교육 활성화 • WCC 사업
교육 인프라	• 교육여건 개선 • 교육재정 GNP 5% 확보 • 멀티미디어 교육지원센터 설치 • 첨단학술정보센터 설치 • 교육과정평가원 설치 · 운영	• 교육여건 개선사업 • 학교예산회계제도 • 지방교육자치제 개선	• 지방교육자치제 개선(주민직선제, 의결기구 일원화)	

〈표 9-3〉 김영삼 정부 이후 교육개혁 자문기구 비교

기구명	교육개혁위원회	새교육공동체위원회	교육인적자원정책위원회	교육혁신위원회	국가교육과학기술자문회의
자문대통령	김영삼	김대중	김대중	노무현	이명박
설치 기간	'94.2.~'98.2.	'98.6.~'00.7.	'00.10.~'03.2.	'03.7.~'08.2.	'08.10.~'12.12.
주요 기능	• 교육 기본 정책과 교육 발전계획 • 추진사항의 현장 정착(2기)	• 국민의식 정책운동 • 교육개혁 추진 점검, 평가 • 교육시민운동 활성화	• 교육인적자원정책의 추진 전략 및 개혁 방안 수립, 추진현황 평가 등	• 중·장기 교육개혁방향 정립 • 교육체제 혁신 • 교육재정 • 교육복지	• 과제에 대한 전문적인 조사연구 수행 • 교육과학기술 정책의 중·장기 발전방향 제시
핵심가치	• 열린교육 • 평생교육 학습사회 건설 • 자율과 책무성 • 교육의 다양화	• 교육공동체 • 시민운동으로 활성화 • 구성원의 참여기회 확대	• 인적자원 개발 • 형평성과 수월성 추구 • 교육과 노동시장 연계	• 참여와 자치 • 교육복지 강화	• 교육과 과학기술의 발전 • 개방과 협력 • 교육 선진화
성과	• 대통령의 강력한 정책의지 • 단기간의 포괄적이고 과감한 정책추진 • 수요자 · 학습자 중심의 교육 • 정책안이 바로 정책화됨 • 현 교육제도 골격 형성 • 언론 홍보 활발	• 문민정부의 교육정책 계승 • 정책의 현장 착근 시도 • 상향식 교육정책 • 평생교육 • HRD • 현장 중심의 교육 정책 • 정책집행기능	• 교육과 인적자원 개발에 관한 보고 • 산관학 협력체제 구축 • 교육정책의 상호지원과 연계성 • 지역별 세미나 등을 통해 의견 취합	• e-러닝 확산 • 교육형평성 제고 • 미래교육비전 전략 수립 • 2008 대학입학전형제도 등 미래교육의 청사진 마련 • 부분적인 현안 과제 개선	• 교원평가 제도화 • 국정과제에 대한 객관적 진단 실시 • 국민과의 소통 확대 • 공감형 단기 정책개발 • 교육, 과학 분야의 물리적 결합으로 이원적 과제 개발 • 교육현장 방문, 의견 수렴 반영
평가	• 개혁안이 바로 정책으로 연결, 실천 • 정부주도의 하향식 추진	• 시민운동 성격 • 개혁방안 실적 미흡	• 인적자원 개발, 지평 확대 • 개혁방안 추진을 위한 부처 간의 연계 미흡	• 이해관계, 조정 한계	• 지원행정, 인력 부족 • 재정지원 부족 • 교과부, 청와대 협력 원활

출처 : 서정화 · 김지희(2013), 표 2 및 표 3을 저자가 일부 수정.

그렇다면, 5·31 교육개혁이 갖는 한계를 설명할 수 있는 제도적 · 정책적 요인은 무엇인가?

무엇보다도 5·31 교육개혁은 중앙집권화, 획일화되어 있던 교육시스템을 분권화, 다양화, 자율화시키겠다는 시도였다. 그러나 중앙집권화된 상태에서의 자율화와 교육체제가 상향식(bottom-up) 방식으로 형성된 국가에서의 자율화는 역사발전 경로에서 중대한 차이점을 갖고 있다. 지역 공동체를 중심으로 자율적 · 상향식 방식으로 교육체제가 구성되어 있는 상태에서 나타나는 문제는 분권화된 교육체계의 조정(coordination) 문제이다. 이 상태에서는 중앙의 역할이 강화된다고 하더라도 여전히 자율적인 교육시스템이 유지된다. 그러나 중앙집권화된 상태에서의 자율화는 국가권력을 벗어나 자율화를 이끌 수 있는 주체, 더 중요하게는 자율화에서 파생되는 문제를 해결할 수 있는 조정력을 갖춘 중간조직(intermediate organizations)의 등장이 필수적이다. 그러나 오랜 중앙집권적 제도적 틀 속에서는 제도를 구성하는 하위 요소들 간 조정을 이끌 수 있는 자생적 중간조직의 발달이 매우 어렵다. 또한 중간조직의 발달은 오랜 시간을 필요로 한다. 그러므로 중앙집권적 체제에서 자율적 체제로의 전환은 이상적인 모델로 삼았던 분권화된 체제로 전환하는 것이 아니라 집권적 · 권위주의적 자율화로 귀결되기 일쑤이다. 이명박 정부의 자율화 정책 추진 방식이 이를 웅변으로 보여준다.

더 심각하게는 '공유지의 비극'[1]을 자율적으로 해소할 수 있는 경험과 능력이 축적되지 않았기 때문에, 자율화에 따른 분절화와 혼란은 더 심각하게 나타난다. 국가를 대체할 수 있는 중간조직의 형성 문제가 해결되지 않는 상태에서, 분권화와 자율화의 추구는 조정 기능을 담당해야 하는 중앙기구(즉, 교육부)의 전략적 우선순위 설정 능력과 거시적 정책조정 능력

1) 공유지의 비극(the tragedy of the commons)이란 개별 의사결정 주체들이 자기 이익의 극대화만 추구한 결과 공동체 전체의 이익이 훼손되는 상태를 의미한다.

의 동시적 향상을 전제로 하는 것이다. 이런 측면에서, 5·31 교육개혁과 그 이후 교육정책들은 자율화를 위한 제도적 전제조건을 형성하는 데 실패했다고 지적하지 않을 수 없다. 그 결과 교육개혁 프로그램은 자율화를 지향하고 있었지만, 자율화의 집행은 권위주의적으로 진행되는 '권위주의적 자율화'로 귀결될 수밖에 없었던 것이다.

중간조직의 부재와 함께 중대한 문제로 지적될 수 있는 것이 중간조직의 부재에도 불구하고 자율화를 위한 정부의 정책결정과정이 매우 폐쇄적이었다는 점이다. 정책결정을 둘러싼 담론은 크게 조정적 담론(coordinative discourse)과 소통적 담론(communicative discourse)으로 구분할 수 있다. 조정적 담론이란 정책엘리트들 상호 간 혹은 정책엘리트와 사회집단들 간 정책을 조정할 때 나타나는 담론을 의미하며, 소통적 담론이란 정책엘리트들에 의해 채택된 정책의 필요성과 적절성을 정당화하기 위하여 일반 국민들을 대상으로 설득하는 담론을 의미한다(Schmidt, 2002; Schmidt & Radaelli, 2004).[2] 그러나 5·31 교육개혁, 그리고 이를 계승한 이후 정부의 교육개혁에서도 교육을 둘러싼 이해관계자들의 목소리가 정책결정에 적절히 반영되는 조정적 담론은 매우 약하게 나타났으며, 국민들에게 정책의 필요성을 설득하는 활동인 소통적 담론도 매우 제한된 상태로 나타났다. 사실, 교육정책 결정과정이 갖는 이러한 한계를 극복하기 위한 시도가 김대중 정부 때의 새교육공동체위원회였다고 할 수 있지만, 새교육공동체위원회는 교육개혁의 안을 설계하는 과정에서 조정적 · 소통적 담론을 추구한 것이 아니라 이미 성안되어 있는 개혁안의 집행과정에서 이를 도입하고자 했다는 점에서 개방적인 개혁 내용과 전략의 설계와는 거리가 먼 것이었다. 어쨌건 모든 정부에 걸쳐 조

---

2) 조정적 담론과 소통적 담론에 관한 보다 자세한 설명은 하연섭(2011)의 제 8장 '아이디어와 제도'를 참조할 것. 이 개념에 입각해서 한국의 정책갈등을 분석한 연구로는 Ha, *et al*. (2009)을 들 수 있다.

정적 담론과 소통적 담론이 모두 약하게 나타남으로써 자율화 · 다양화를 위한 교육개혁이 권위주의적인 방식으로 집행되는 한계를 노정했다고 할 것이다.

김영삼 정부 이후 민주화된 정부에서의 교육개혁은 발전국가의 개입주의적 · 획일적 교육정책으로부터 벗어나려는 노력의 연속이었다고 평가할 수 있다. 권위주의적 국가개입으로부터 벗어나려는 노력이 국가의 반대 개념으로서 시장을 상정함으로써 교육에 있어서도 시장기제의 활성화가 주요 정책 방향으로 자리 잡은 것이다. 그러나 김영삼 정부 이후 교육정책의 환경은 단순히 개입주의적 · 권위주의적 국가로부터의 이탈이라는 것에만 국한되지 않았다. 무엇보다도 민주화는 다원화를 수반하며, 교육에 있어서 다양화를 추구하는 것과 마찬가지로 교육에 대한 사회집단의 기대와 이해관계도 다원화될 수밖에 없었던 것이다. 정치적 다원화와 동시에 나타난 현상이 외환 · 금융위기의 도래와 그 극복 과정에서 나타난 소득분배의 불평등과 사회적 양극화의 심화이다. 정치적 · 사회적 다원화와 함께 경제적 계층 분화가 가속화되는 상황에서는 교육이 단순히 학교 울타리 안에서 일어나는 현상이 아니라 이를 둘러싼 정치 · 경제 · 사회적 환경과 부단히 상호작용하고, 사회적 가치 배분의 중심축으로 자리 잡게 된다.

다시 말해서, 교육이 시장기제에 의해서 운영될 만큼 단순한 대상이 아니라 교육이 정치경제의 중심 문제로 등장하게 된 것이다. 그러나 유감스럽게도 김대중 정부, 노무현 정부, 그리고 이명박 정부를 거치면서도 정치경제의 중심 문제로서 교육에 대한 인식과 이에 터한 교육정책은 제대로 나타나지 않았다. 따라서 본질적으로 '정치적인 문제'가 된 교육을 무리하게 탈정치화하려는 움직임이 나타났으며, 단순히 교육을 학교 울타리 안의 문제로 치부하는 아마추어리즘이 팽배하게 된 것이다. 우리 현실에서 교육문제를 지나치게 '정치화,' '이념화' 하려는 정치권의 움직임도 크게 우려되는 게 사실이나, 교육문제를 의도적으로 정치 · 사회와 절연된 문제로 간주하는 것도 현실과 동떨어진 정책을 낳게 된다. 무엇보다도 사회적 불평등이 심화되는 상태에서 교육에 있어 시장기제의 활성화는 교육을 통한 사회적 불평등을 심화시킬 수 있는 위험성을 안고 있다. 자율화 · 다양화를 추구하는 교육과 사회적 불평등 해소를 추구하는 교육을 조화시킬 수 있는 제 2의 교육개혁이 필요한 이유이다.

2. 자율과 경쟁의 신화와 공교육 : 초·중등교육 정책의 비판적 검토[3)]

문민정부 교육개혁방안은 네 차례에 걸쳐 발표되었는데, 제3차 혹은 제4차 교육개혁방안에 포함된 과제들은 해결방안을 찾기 쉽지 않은 영역에 속한 과제들이었다. 이러한 과제 중 대표적인 과제가 사교육비 경감대책이라고 할 수 있다. 여러 가지 어려움으로 사교육비 경감대책이 초·중등교육 개혁방안들과 뚜렷이 분리되어 제안된 것이다. 그런데 이러한 분리야말로 이후 전개되는 초·중등교육 개혁방안들이 소기의 성과를 올리지 못한 가장 큰 이유라고 할 것이다. 우리나라에서 사교육비 문제는 다른 초·중등교육 정책들과 병렬적으로 놓고 분리해서 접근할 수 있는 대상이 아니다. 사교육비 문제는 초·중등교육뿐만 아니라 전체 교육 시스템이 갖는 모순과 질곡이 응축되어 나타나는 현상이기 때문에, 사교육비 경감대책과 초·중등교육의 개혁방안은 전체적인 시각에서 유기적으로 연계된 가운데서 추진되어야 하는 정책과제들이다.

5·31 교육개혁이 터하고 있는 기본적인 전제는 자율과 경쟁을 통해서

---

3) 이 부분의 내용은 하연섭(2012)을 수정 · 보완한 것임.

공교육을 정상화할 수 있다는 강력한 믿음이다. 그러나 한국 교육의 특성과 문제를 극명하게 보여주는 현상이 바로 사교육비이기 때문에, 공교육의 정상화가 사교육비 경감으로 어떻게 연결되며, 또한 '자율과 경쟁' 이 궁극적으로 어떻게 사교육비 경감으로 연결되는지 비판적으로 검토해 볼 필요가 있다.

우리나라에서 나타나는 사교육비 현상을 이해하기 위해서는 지위재(positional good) 개념에 주목할 필요가 있다. 지위재란 소비를 통해 다른 사람과 자신을 구별해 줄 수 있는 재화라고 정의할 수 있다. 지위재의 개념을 정립한 Hirsch(1976)에 따르면 일반적으로 가계소득이 증가하면 할수록 지위재에 대해 더 많은 지출이 이루어지는 경향이 있다고 한다. 흥미 있는 사실은 교육이 지위재의 성격을 갖고 있다는 점이다. 가계소득이 증가하면 교육에 대한 투자가 증가하는 경향을 보이는데, 문제는 교육으로부터 얻는 효용이 단순히 내가 교육에 얼마만큼 투자했는가에 의해서뿐만 아니라 다른 사람들이 얼마나 투자했는가에 좌우된다는 사실이다.

교육이 갖는 지위재로서의 의미를 제대로 이해하지 못하면서 나타나는 현상이 우리 사회에 만연한 '공교육 실패의 신화' 이다. 우리 사회에서는 사교육이 번창하는 원인으로 공교육의 실패를 드는 데 주저하지 않는다. 공교육이 실패했기 때문에 이를 대체하기 위한 사교육이 발달하고 있다는 것이다. 매우 명쾌한 논리이다. 그러나 이러한 진단은 교육이 갖는 두 가지 차원을 구별하지 못하는 데서 오는 오류이다.

교육은 절대적 차원과 상대적 차원의 양면성을 지니고 있다. 교육이 갖는 절대적 차원이란 교육적 노력에 의해 학생의 수준이 향상되는 것을 의미한다. 공교육 질의 향상은 이러한 절대적 차원을 지칭하는 개념이다. 교육이 갖는 상대적 차원이란 교육을 받는 사람들 간 상대적 차이가 나기 마련인 현상을 의미한다. 교육이 갖는 이러한 상대적 차원 때문에 교육을 통해 보다 유리한 지위를 차지하려는 이른바 지위경쟁(positional competition)이 필연적으로 생겨나는 것이다. 공교육이 보편화되고 공교육 질의 향상이 추구되는데도 불구하고(혹은 바로 이 이유 때문에) 개인 간 지위경쟁은 더욱 심해지는 것이다. 아무리 전체적인 교육의 질이 높아진다 하더라도 한 사람이 교육을 통해 얻을 수 있는 편익의 정도는 다른 사람과 비교되는 상대적 지위(relative position)에 좌우될 수밖에 없다(하연섭, 2005).

우리 사회에서 사교육이 나타나는 근본적인 원인은 바로 지위경쟁 때문이다. 공교육의 질이 절대적인 차원에서 세계 최고 수준을 자랑한다 하더라도 지위경쟁이 존재하는 한, 지위경쟁에서 이기기 위한 사교육에 대한 수요는 끊임없이 생겨날 수밖에 없다. 다시 말해서, 공교육의 절대적인 질이 낮아서가 아니라 교육의 결과에 대한 상대적 지위 싸움 때문에 사교육이 번창하고 있는데도 불구하고, 우리 사회는 사교육이 존재하는 현상 그 자체가 바로 공교육이 실패하고 있음을 보여주는 징표라고 해석하고 있다. 이 상태에서는 공교육에 아무리 투자하고 공교육의 질을 아무리 높이더라도, 공교육은 지속적으로 실패하고 있다는 진단을 받을 수밖에 없다.

문민정부 이후 모든 정부는 사교육의 주원인을 공교육의 질 저하에서 찾고 있다. 공교육의 부실이 사교육의 주원인이라고 판단하면, 공교육의 질 저하를 막을 수 있는 대책이 필요하며 이러한 대책은 공교육 질 저하의 원인을 밝히는 데서부터 출발한다. 5·31 교육개혁 이후 교육정책 입안자들은 공교육 질 저하의 원인을 크게 세 군데에서 찾는 경향이 있다. 첫째, 오랜 관치로 말미암아 우리 학교가 자율성이 없기 때문에, 공교육의 질 저하가 초래되었다는 것이다. 둘째, 학교 간 경쟁이 없었기 때문에 공교육의 질 저하가 나타났다는 것이다. 셋째, 한 줄 세우기 교육 때문에 단선적인 경쟁이 생겼으므로 학생의 특성을 살릴 수 있는 여러 줄 세우기로 교육과정을 바꾸면 공교육이 살아날 것으로 본다. 이렇게 문제의 원인을 정의하면 문제의 해답은 매우 간단하다. 학교의 자율성을 신장하고 학교 간 경쟁을 불러일으키는 동시에 여러 줄 세우기를 시도하면 된다. 따라서 '자율과 경쟁' 이 공교육 부활을 위한 모토가 되는 것이다.

그런데 사회적 지위를 누릴 수 있는 혹은 비슷한 소득을 누릴 수 있는 길이 여러 갈래 있다면 그래서 지위경쟁이 여러 측면에서 나타날 수 있는 가능성이 있다면 이러한 정책들이 기대하는 효과를 낼 수도 있을 것이다. 문제는 지위경쟁이 단선적으로 이루어지는 상황에서의 '자율과 경쟁' 그리고 '여러 줄 세우기' 실험은 '지위경쟁을 위한 자율', '지위경쟁을 위한 경쟁 심화,' 그리고 '단선적인 지위경쟁에서 이길 수 있는 수단의 다양화' 로 귀결될 수밖에 없다는 데에 있다.

그리고 이러한 현상은 두 가지 문제를 추가적으로 야기한다. 첫째, 지위경쟁이 치열한 사회에서의 사교육의 원인은 지위경쟁에서 이기기 위한 노력이 아니라 지위경쟁에서 뒤처지지 않기 위한 몸부림이다. 지위경쟁에서 앞서 나가기 위한 투자가 아니라 남들도 다하고 있으므로 지위경쟁에서 뒤처지지 않기 위해 어쩔 수 없이 해야 하는 방어적 지출(defensive expenditure)로 사교육비가 지출되고 있는 것이다(Brown *et al.*, 2011: 12). 이제 경쟁이 다양한 국면에서 이루어지면, 다양한 국면에서 뒤처지지 않기 위한 몸부림이 동시다발적으로 일어나야 한다. 교과목뿐만 아니라 특기적성 영역, 외국어, 논술, 심지어 면접을 위한 사교육까지 번창할 수밖에 없는 이유이다. 둘째, 공교육 정상화를 위한 '자율과 경쟁' 은 거의 모든 단계의 학교에서 경쟁을 촉발시키므로 경쟁의 시기를 앞당길 뿐이다. 결국, 사교육이 번창할 수밖에 없는 정책을 만들어 놓고 사교육비를 줄여야 하는 아이러니가 나타나는 것이다(하연섭, 2012).

고등교육이 갖는 지위재적 특성 때문에 대학의 문호를 대폭 개방한다 하더라도 지위경쟁을 약화시키기 어렵고 오히려 더 심화시키는 역설적인 현상이 나타난다. 교육의 질이 동질적(homogeneous)이라면 고등교육의 팽창을 통해 사교육비 문제를 해결할 수 있었을 것이다. 문제는 교육의 결과가 동질적이지 않고, 교육이 지위재로서의 의미를 지니고 있다는 데에 있다. 무엇보다도 대학교육이 팽창함에 따라 명문대학이 갖는 상대적 희소성은 더 강화되는 역설적인 현상이 나타난 것이다. 이는 전체적인 주택공급을 늘리더라도 전체 주택시장에서 차지하는 강남 아파트의 비율이 더 줄어들어 강남 아파트의 상대적 가격이 오히려 더 올라가는 현상과 동일한 것이다.

대학교육의 절대 규모는 늘어나지만 명문대학은 상대적으로 더 희소해져서 프리미엄이 상승하는 현상은 곧바로 대학교육을 원하는 동시에 이에 소요되는 비용을 지불할 수 있는 중산층은 늘어나지만 중산층이 내부 분화되는 현상으로 연결된다. 교육을 통한 중산층의 내부 분화 현상은 곧 교육을 통해 지위를 확보하겠다는 경쟁뿐만 아니라 교육으로 인해 지위를 잃어서는 안 된다는 경쟁으로 연결된다. 결국 이기기 위한 경쟁뿐만 아니라 지지 않겠다는 경쟁으로 인하여, 사교육비가 갖는 방어적 지출의 의미가 더욱 커지는 것이다.

5·31 교육개혁이 추구한 '자율과 경쟁'이 공교육의 정상화와 사교육비 경감과는 정반대의 결과를 낳게 된 근본 원인에 대한 치밀한 평가가 앞으로 이루어져야 할 것이다. 무엇보다도 사교육비 경감과 초·중등교육의 정상화를 위해서는 학벌주의와 승자독식 구조를 약화시켜야 한다. 이는 앞으로 포용적 성장(inclusive growth)을 위한 방향으로 교육정책이 설계되어야 함을 시사하는 것이다.

3. 경쟁 환경 조성과 특성화 : 고등교육 정책의 비판적 검토

5·31 교육개혁에서 고등교육 정책의 기조도 '자율과 경쟁'이며, 이를 위한 대표적인 정책이 정보제공의 활성화를 통한 경쟁 환경의 조성, 대학의 특성화, 그리고 대학설립준칙주의였다고 할 것이다.

대학의 자율을 보장해 준 상태에서 대학의 질 관리를 위한 방식으로 선호되는 것이 정보공시제를 통한 대학 교육의 소비자에 대한 정보제공이며, 이러한 정보제공을 통해 개별 학생이나 학부모의 대학 선택이 자유롭게 이루어지면, 대학에 대한 경쟁 압력으로 작용하고 궁극적으로 대학의 질 향상이 이루어질 것으로 기대하고 있는 것이다. 그러나 5·31 교육개혁이 갖고 있던 결정적 한계는 시장도 하나의 '제도'이며 시장의 작동도 제도적 제약요건(institutional constraints)하에서 이루어진다는 사실을 소홀히 했다는 것이다.

소비자가 완전한 정보를 갖고 완벽한 이동성을 갖고 있을 때 정보제공을 통해 정보 비대칭의 문제를 해결할 수 있다. 그러나 엄연히 대학서열화가 존재하고 있고, 정보제공의 질이 개별적으로 정확한 후생의 증감을 판단하기 어려운 상황, 그리고 개별 대학의 입장에서는 고착화 현상(lock-in effect)이 존재하는 경우, 정보의 제공만으로 사회적 후생을 증가시키는 방향으로 대학이 움직일 것으로 기대하기는 곤란하다. 오히려 개별 대학의 입장에서는 불완전한 정보의 상황에서 학생 유치 극대화, 수입 극대화라는 자기이익 추구 행위를 지속할 가능성이 높으며, 이것들이 결합되었을 경우 전체적으로 대학 경쟁력이 낮아지는 이른바 '공유지의 비극'이 나타날 가능성은 얼마든지 있다. 완전한 정보와 완전한 이동성 하에서 소수의 참여자들 사이에 자유로운 협상이 가능하다면 대학을 둘러싼 공유지의 비극을 대학들 스스로가 해결할 가능성이 높다. 그러나 불완전한 정보, 고착화 효과에 의한 불완전한 이동성, 그리고 다수의 참여자 간 전략적 행위(cheating)의 가능성이 엄연히 존재하는 상황에서 정보의 제공만으로 대학들 스스로가 문제해결을 할 것으로 기대하기는 어렵다.

오히려 공유지의 비극을 해소할 수 있는 제3자의 역할이 중요해진다. 다만, 이때 공유자원의 문제를 해결하기 위해 개입하는 정부가 얼마나 투명하고 책무성을 가진 상태에서 접근할 수 있는지, 그리고 얼마나 전문성을 가지고 접근할 수 있는지는 앞으로 해결해야 할 문제이다.

5·31 교육개혁 이후 지난 20여 년간의 대학정책에서 줄곧 강조된 것이 대학의 다양화 · 특성화였다. 5·31 교육개혁에서 대학의 다양화 · 특성화를 강조한 이유는 이것이 대학서열구조를 완화할 수 있는 유력한 방법이라고 보았기 때문이다. 전국의 모든 대학이 비슷비슷한 학사구조와 교육과정을 갖고 있는 한 서울대를 정점으로 한 서열구조를 깨기는 힘들며, 그렇게 되면 교육이 갖는 지위재적 성격이 강화되는 동시에 교육을 통한 국가경쟁력 확보에도 걸림돌이 된다는 것이 대학의 다양화 · 특성화를 추진하게 된 근본적인 동기라고 할 수 있다.

대학의 다양화 · 특성화란 곧 비교우위(comparative advantage)에 입각한 대학별 발전전략의 추구와 정부의 대학 생태계 조성 정책을 의미한다. 소위 명문대학들은 다른 대학들과 비교할 때 학부, 대학원 등 모든 분야에서 절대 우위를 갖고 있다고 할 수 있지만, 이러한 절대 우위에 입각한 대학 발전전략 추구와 대학 생태계 형성은 승자독식을 심화시킬 수밖에 없고, 그 결과 교육의 지위재적 성격이 강화될 뿐이다. 대학의 서열구조를 깰 수 있는 가장 현실적인 방법은 경쟁력 있는 학부중심대학들을 키워내는 것이다. 이를 위한 방법이 바로 대학 특성화인 것이다. 뿐만 아니라 국내적 차원에서 절대 우위에 기초한 승자독식이 한국 대학의 국제경쟁력 향상으로 이어지지 않을 가능성은 매우 높다. 세계적 차원에서 진행되고 있는 대학 간 경쟁에서 한국 대학이 경쟁우위를 확보하기 위해서는 선택과 집중 전략을 택할 수밖에 없다.

그러나 지금까지 추진되어 온 대학 특성화 정책을 성공적이었다고 판단하기는 매우 힘들다. 대학 특성화가 소기의 성과를 내지 못한 가장 중요한 이유는 특성화를 위한 거시적 틀을 마련하지 못한 상태에서 교육부가 특성화 사업 시행이라는 미시적 차원에서만 개입했기 때문이다. 대학 특성화를 위해서는 연구중심대학, 교육중심대학, 직업훈련중심대학, 평생교육중심대학 등 대학의 역할 분담과 기능 분화를 위한 전략적 청사진이 마련되지 않으면 안 된다. 그리고 국·사립대의 역할 분담, 수도권 명문대와 지방대의 기능 분화 등에 대한 청사진도 마련되어야 한다. 그러나 아직까지 대학 특성화와 관련된 정부 전체 차원의 청사진이 없었을 뿐만 아니라 사회적 합의를 이끌어 내려는 노력도 부족했다고 지적하지 않을 수 없다.

무엇보다도 대학 특성화 정책이 소기의 성과를 거두지 못한 것은 정부가 일관된 제도설계에 실패했기 때문이다. 대학 특성화 정책은 장기적인 차원에서 일관된 정책기조를 유지하지 않는 한 대학의 예산 극대화 노력 때문에 실패할 수밖에 없다. 이 점에서 한국 고등교육을 둘러싼 이중의 예산 극대화 현상과 그에 따른 대학의 왜곡된 행태를 지적하지 않을 수 없다. 이중의 예산 극대화 노력이란 교육당국이 고등교육 예산 확보를 위해 다양한 사업을 설계해서 추진하려고 노력하는 동시에, 각 대학은 이렇게 확보한 고등교육 예산을 다시 따내기 위해 노력하는 현상을 일컫는다. 정부가 예산 확보를 위해 다양하게 설계한 각종 사업을 개별 대학이 다시 확보하기 위해서는, 각 대학별로 다양한 프로그램을 진행하는 것이 최선의 선택이 된다. 그 결과 모든 대학이 연구중심대학이고, 교육중심대학이며, 산학협력을 추구하고, 평생교육 프로그램까지 개설할 뿐만 아니라 거의 모든 전공영역을 망라해서 운영하는 현상이 나타나는 것이다. 이런 측면에서, 한국 대학의 성장 전략과 재벌의 성장 전략은 크게 다르지 않다.

'문어발식 확장' 이 대학 발전을 위한 최선의 전략이 되어버린 것이다(하연섭 외, 2013).

이렇게 볼 때, 대학의 다양화 · 특성화라는 목표를 달성하지 못한 데에는 대학뿐만 아니라 정부의 책임도 크다. 한편으로는 대학의 다양화 · 특성화를 주창하면서도, 다른 한편으로는 정부가 계속해서 복잡하고 비일관된 신호(signal)를 대학에 보내고 있을 뿐이다. 이는 무엇보다도 단절적 정책 설계와 집행에 기인한 바 크다.

5·31 교육개혁방안 중 가장 논쟁적인 정책은 바로 '대학설립준칙주의' 이다. 학령인구의 감소로 말미암아 대학 구조개혁이 주요 정책과제로 떠오른 오늘날의 시각에서 볼 때 실패한 정책의 전형으로 떠오르는 것이 대학설립준칙주의이다. 1996년 문민정부의 제2차 교육개혁안을 통해 도입된 대학설립준칙주의의 목적은 대학 시장의 진입장벽을 허물어 소규모의 다양한 대학설립을 촉진함으로써 대학의 다양화 · 특성화를 이루고자 하는 데에 있었다. 대학설립준칙주의의 기본 철학은, 원하는 사람이면 누구든지 대학교육을 받을 수 있는 기회를 주어야 한다는 것이고, 자유경쟁원리를 도입하면 대학 간 경쟁이 격화되어 대학의 질 제고가 이루어질 수 있으며, 대학의 진입과 퇴출이 시장 메커니즘에 의해 이루어진다면 대학의 과잉 설립 문제는 걱정할 것이 없다는 소박한 믿음이다.

모든 대학들이 유사하다면(그리하여 대체가능하다면), 대학 설립의 자유화가 대학 간 경쟁을 촉진할 수 있을 것이다. 그러나 대학 간 뚜렷한 질적 차이가 존재한다면 대학 수의 증가가 대학 간 경쟁의 심화와는 정반대의 결과, 즉 소수 명문대학의 지위 강화로 이어질 수밖에 없다. 대학의 전체 수가 늘어날수록 소위 명문대학의 상대적 희소성은 더 높아지기 때문이다. 게다가 시장원리가 제대로 작동하기 위해서는 완벽한 정보와 완벽한 이동성이 보장되어야 한다. 그러나 대학교육의 소비자인 학생과 학부모가 개별 대학이 제공하는 교육의 질에 대해 제대로 된 정보를 확보하기 어렵고 질 낮은 대학으로부터 다른 대학으로 학생 이동이 자유롭지 않을 뿐만 아니라 대학의 퇴출이 자유롭게 이루어지지 않는 고착화 현상이 나타날 경우, 대학설립준칙주의는 부실대학의 양산으로 나타날 수밖에 없는 것이다.

대학설립준칙주의의 기본 정신은 '규제완화'였다고 할 수 있다. 대학교육에 대한 초과수요가 존재하는 상태에서 대학설립은 매력적인 '사업'이었으며, 이 상황에서 대학설립 인가권을 가지고 있는 교육부의 권한은 막강한 것이었다. 따라서 기본 요건만 갖추면 대학설립을 허가해 주도록 하는 대학설립준칙주의의 도입은 규제완화 차원에서 도입된 대표적인 정책이라고 할 수 있다. 그러나 규제완화와 자유화는 대학교육의 질 관리를 위한 엄격한 재규제(re-regulation)를 필요로 하는 것이었지만, 대학에 대한 질 관리 시스템을 제때에 구축하지 못함으로써 결국 대학 구조개혁이라는 정책을 추진할 수밖에 없게 된 것이다.

4. 평생학습사회와 열린교육 : 평생 · 직업교육 정책에 대한 비판적 검토

5·31 교육개혁에서 평생학습사회를 강조한 이유는 지식정보화 사회의 도래로 지식의 생명주기가 짧아지기 때문에 지속적으로 개인과 국가의 경쟁력을 확보하기 위해서는 학습과 교육이 학령기에만 국한될 것이 아니라 생애 전체에 걸쳐서 이루어져야 한다는 인식 때문이었다. 즉, 지식정보화 사회의 도래에 따라 급변하는 산업구조와 고용시장의 변화에 대응하여 지속적 고용능력(sustainable employability)을 유지하기 위해서는, 개별 노동주체가 전 생애 주기에 걸쳐 계속적인 능력개발을 하지 않으면

안 된다는 것이다.

평생학습사회에서 학교교육과 평생학습은 절연된 관계가 아니라 유기적으로 연계된 관계여야 한다. 왜냐하면 학교교육은 종국교육이 아닌 평생학습의 기초교육으로 변모해야 하기 때문이다. 학교교육에서는 핵심능력과 자기주도적 학습능력 함양을 중시하는 데 반해, 평생교육 차원에서는 직무능력과 전업을 위한 직업능력 개발에 역점을 두게 되는 것이다.

평생학습사회가 도래하게 되면(혹은 도래하도록 하기 위해서는) 학교교육과 평생교육의 관계가 Knapper and Cropley(2000)가 주장한 것처럼 전통적 학습모형에서 새로운 학습모형으로 바뀌어야 한다. 전통적 학습모형은 [그림 9-1]에 표현되어 있는데, 학생들이 성장해 가고 직업세계에서의 삶에 특화할수록 학교에서 받는 교육의 내용이 좁아져 가는 것을 보여준다. 이에 따라 학교에서의 학습은 삼각형을 닮게 되는데, 초기 단계에서는 기반이 넓다가 종료 단계에서는 좁아지는 것을 보여준다. 그리고 이 모형에서는 학교에서의 학습이 끝나고 난 이후에야 학교 밖에서의 학습이 시작되는 것으로 상정한다. 즉, 학교교육과 평생학습이 완전히 분리되

[그림 9-1] 전통적 학습모형

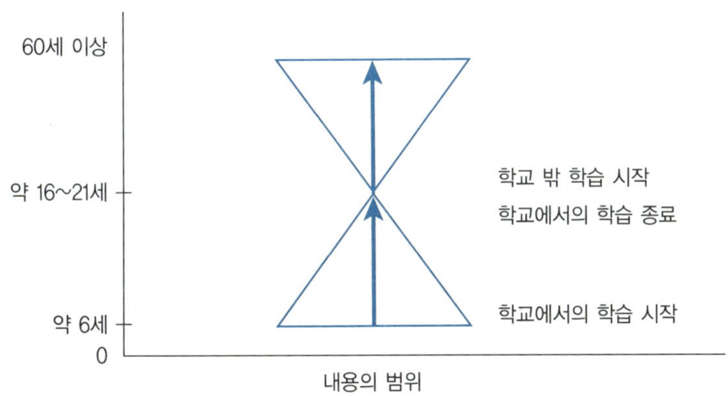

출처 : Knapper and Cropley(2000).

[그림 9-2] 새로운 학습모형

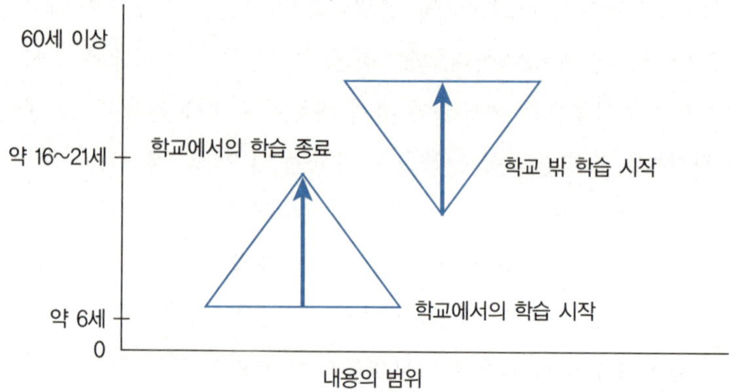

출처 : Knapper and Cropley(2000).

어 있는 것이 특징이다(하연섭, 2005).

이와는 달리 [그림 9-2]는 평생학습 모형을 보여준다. 이 모형에서는 학습이 모든 연령에서 광범위하게 이루어지며, 학교 안에서의 학습뿐만 아니라 학교 바깥에서의 학습을 중시한다. 학교에서 이루어지는 학습의 비중은 시간이 흐름에 따라 줄어들며, 학교 바깥에서의 학습의 비중은 상대적으로 높아지는 것이 특징이다. 따라서 평생학습 모형에서는 학교에서의 학습과 학교 이후의 학습의 구분 자체가 약해진다(Knapper and Cropley, 2000).

평생학습사회의 도래는 학습이 생애의 전 과정에서 일어날 뿐만 아니라 일상생활에서 광범위하게 이루어지는 사회의 도래를 의미한다. 이는 곧 학습이 학교라는 독립적 · 폐쇄적 제도 내에서만 이루어지는 것이 아니라 사회 각 분야에서 학습이 보편화된다는 것을 의미한다. 이렇게 볼 때, 5·31 교육개혁에서 강조한 평생학습사회가 실현되기 위한 출발점은 그동안 폐쇄형 모형과 종점형 모형으로 운영되어 왔던 학교 운영 시스템의 근본적인 변화와 동시에 학교와 가정, 직장, 지역사회와의 파트너십

형성이었다고 할 것이다. 그러나 5·31 교육개혁 이후 진행된 평생학습사회 실현을 위한 정책은 모두 폐쇄형 모형과 종점형 모형에 기반을 둔 잔여적 형태의 평생학습 진흥 정책이었다고 해도 틀리지 않다. 평생학습사회 실현을 위한 기초로서 학교 교육의 내용과 과정이 바뀌지도 않았을 뿐만 아니라 학점은행제, 사이버대학 등 매우 제한적 형태의 제도 개혁을 제외하고 나면 학교–가정–직장–지역사회와의 파트너십은 매우 약한 상태에 머물러 있는 실정이다.

특히, 우리나라의 경우 학교교육과 평생학습의 연계가 아니라 오히려 초기교육 단계에 대한 과도한 투자로 말미암아 평생학습이 저해되고 있는 현실에도 주목할 필요가 있다. 이는 두 가지 차원에서 나타난다. 첫째, 초·중등교육 단계에 교육투자가 집중됨에 따라 생애에 걸친 평생학습에 대한 투자가 상당히 낮은 수준에 머물고 있다는 것이다. 둘째, 청소년기에 교육투자와 교육열의가 집중됨으로써 고등교육기관 진학 후, 특히 노동시장 진입 후 학습의욕과 학습참여가 대단히 낮아진다는 점이다. 이에 따라 평생학습을 위한 기초교육으로서의 초기교육의 정상화라는 정책목표와 초기교육에 집중된 교육투자를 평생교육단계로 재분배해야만 하는 정책목표를 어떻게 조화롭게 추진할 것인가가 향후 해결해야 할 정책과제라고 할 것이다(하연섭, 2005).

5·31 교육개혁에서 평생학습사회와 열린교육을 강조한 근본적인 이유는 교육정책이 소기의 성과를 내기 위해서는 교육영역에만 초점을 맞추는 것으로는 부족하고 교육정책이 인적자원개발정책, 노동정책, 산업정책 등과 긴밀하게 연계된 상태에서 입안되고 집행되어야 한다는 인식 때문이었다. 그러나 문민정부 이후 다른 사회경제정책들과 거의 완전하게 분리된 상태에서 평생 · 직업교육정책이 입안되고 집행되었다고 보는 것이 보다 정확한 관찰일 것이다. 그 결과 직업교육정책이 제대로 된 성과를 내지 못한 것은 결코 놀랄 일이 아니다.

우리 사회에서 직업교육정책이 제대로 된 성과를 내지 못하는 근본적인 원인은 개인들이 일반 숙련을 강력히 선호하기 때문이다. 숙련은 크게 어느 직종 혹은 어느 기업에서나 활용할 수 있는 일반 숙련(general skills)과 특정 산업 혹은 특정 기업에서만 활용할 수 있는 특정 숙련(specific skills)으로 대별할 수 있다. 특정 숙련은 다시 활용 범위가 특정 산업에만 국한되는 산업 특정적 숙련(industry-specific skills)과 특정 기업에만 국한되는 기업 특정적 숙련(firm-specific skills)으로 나눌 수 있다. 개별 기업의 입장에서는 기업이 요구하는 전문기술을 갖춘 기업 특정적 숙련 혹은 산업 특정적 숙련을 당연히 선호한다. 그러나 개별 노동자의 선택은 이보다 훨씬 복잡하다. 개별 노동자의 입장에서는 고용이나 임금의 불안정성이 제거되지 않는 한 특정 숙련에 대한 투자는 무모한 것이다. 다시 말해서, 기업은 자신의 요구에 근접하는 숙련을 더 선호하지만, 개별 노동자의 입장에서는 일반 숙련에 투자하는 것이 훨씬 합리적이라는 것이다(하연섭, 2011; Crouch *et al.*, 2001). 각 개인이 기업이나 산업이 원하는 특정 숙련에 투자할 수 있도록 하기 위해서는 고용불안 해소가 필수적이다. 고용불안 해소를 위해서는 적극적 노동시장정책(active labor market policy)과 복지제도 등 사회적 안전망이 갖추어질 필요가 있다. 특정 숙련이 발달되어 있는 북유럽국가와 독일 등에서 이러한 정책이 발달되어 있는 것은 결코 우연이 아니다(Estevez-Abe *et al.*, 2001; Iversen and Soskice, 2001; Iversen, 2005).

일반 숙련은 개별 노동자의 입장에서는 사회적 안전망이 확보되지 않은 상태에서 고용 및 임금 리스크를 최소화하기 위한 합리적 선택이다. 이 상태에서 대기업의 특권적 지위가 강화되고 경제의 양극화가 심화되면 특정 숙련을 가르치는 직업교육은 이류로 내몰리게 된다. 그 결과 교육영역에서는 직업계 학교가, 경제영역에서는 중소기업이 이류로 내몰린다. 전문계 고등학교와 전문대학은 차선의 선택일 수밖에 없으며, 지위경쟁에서 밀려난 낙오자들의 집합소로 낙인찍히게 된다. 전문계 고교와 전문대학의 허약성은 중급숙련(intermediate skills)의 부족으로 나타나며, 이는 중소기업 부문의 허약성의 원인인 동시에 결과이기도 하다. 중급숙련의 부족이 중소기업의 어려움을 가중시킨다면, 동시에 허약한 중소기업 부문이 중급숙련에 대한 투자를 위축시키는 요인이 되는 것이다. 대기업과 중소기업 간 격차에 따라 자연히 중산층 이상의 자녀들은 직업교육이나 기술교육을 회피하고 고등교육을 이수하려는 유인을 갖게 되었고, 그 결과가 고등교육의 과잉팽창과 청년실업으로 나타나고 있는 것이다(하연섭, 2011). 경제의 양극화, 대학교육의 팽창, 직업교육의 약화, 청년실업, 사교육의 팽창은 결코 분리된 현상이 아니다. 일반 숙련 중심으로 교육과 경제의 무게중심이 갈 수밖에 없는 구조하에서 나타나는 상호 연결된 현상일 뿐이다.

결국 우리나라에서 직업교육의 상대적 위축과 사교육의 팽창은 동전의 양면과 같은 현상이다. 승자독식 경쟁(winner-takes-all competition)이 이루어지는 한 사교육이 지속적으로 늘어나고 직업교육이 위축되는 것은 피할 수 없는 현상이다. 따라서 우리 사회에서 직업교육이 활성화될 수 있기 위해서는 전문계 고교-전문대-중소기업의 경로를 밟더라도 개별 노동자가 고용과 소득에서 보호받을 수 있어야 한다. 이것이 교육정책, 산업정책, 노동정책이 연계되어야 하는 이유이다.

5. 미완의 과제

그동안 우리가 역대 정권을 통하여 수많은 교육개혁을 추진하여 왔으나 따지고 보면 우리나라 교육의 대표적인 쟁점인 대학입시정책, 고교평준화정책, 사교육비경감대책, 그리고 인적자원개발정책, 그 어느 것도 제대로 해결하지 못하고 있다(국정브리핑 특별기획팀, 2007). 이들 쟁점들은 이미 교육쟁점이라기보다, 사회적 쟁점 내지 정치적 쟁점의 성격을 띠고 있다.

그런가 하면 문민정부의 교육개혁 과제 중 성안과정에서부터 어려움을 겪어 제3차 혹은 제4차 교육개혁방안에 속해 있던 과제들로서는 교육자치제도의 개혁, 사학의 자율과 책임의 제고, 유아교육의 공교육체제 확립, 과외대책을 통한 사교육비 경감대책을 들 수 있다.

이 중 지방교육자치제도의 개혁은 거의 20년이 지난 오늘날까지도 미완의 형태로 남아 있다. 김대중 정부와 노무현 정부 때 이루어졌던 지방교육자치제도 개혁은 모두 교육감과 교육위원의 선출 방식에 관련된 개선만이 있었을 뿐 근본적인 개혁에는 이르지 못했다.

지방교육자치제도 개혁에서 제기되는 쟁점은 크게 세 가지라고 할 수 있다. 첫째, 교육행정권한의 수직적 배분 문제이다. 즉, 중앙정부(교육부)–광역자치단체(교육청)–기초자치단체(교육지원청)–단위학교 간 기능과 권한의 배분을 어떤 방식으로 할 것인가의 문제이다. 현재 사회적 관심으로 떠오른 자율형 사립 고등학교의 지정과 취소 권한에 관한 논란도 사실상 이러한 교육행정권한의 수직적 배분에 관한 원칙과 법적 규정이 미비하기 때문에 생겨나는 문제이다. 교육행정권한의 수직적 배분의 문제를 해결하는 데 있어서는 개별 교육기능이 갖는 편익의 지역적 범위가 가장 중요한 고려 사항이 되어야 할 것이며, 이른바 보충성의 원칙(subsidiarity principle)이 기본 원칙이 되어야 할 것이다.

두 번째 제기되는 문제는 교육행정에 대한 민주적 통제의 문제이다. 교육 기능의 효율적 수행을 위해 교육행정기관의 자율성이 보장되는 것은 당연하다. 그러나 교육행정의 자율성은 상위의 원칙이라고 할 수 있는 납세자에 의한 민주적 통제 원칙을 벗어날 수는 없는 것이다. 민주주의의 가장 중요한 원칙이 납세자에 대한 책무성(accountability)이라고 할 때,

교육행정기관도 궁극적으로는 납세자에 대해 책임을 질 수 있는 기제가 마련되어 있어야 한다. 이러한 민주적 책무성의 원칙은 교육행정권한의 수평적 배분에 대한 재검토, 즉 일반행정과 교육행정의 관계 재설정을 요구하는 원칙이라고 할 것이다.

셋째, 지방교육행정 기능의 수행과 관련된 비효율과 혼란을 최소화할 수 있어야 한다. 교육행정권한의 수직적 배분 문제와 수평적 배분 문제가 해결되지 않고 있기 때문에 우리나라에서 교육정책 집행이 사안마다 혼란을 겪을 수밖에 없다. 그런데 교육감에 대한 주민직선이 더해짐으로써 교육정책 결정 및 집행 과정에 이른바 거부점(veto point)이 더 늘어나게 되었고, 이것이 지방교육행정 기능 수행에 있어서 비효율과 혼란을 증폭시키고 있다. 차제에 지방교육자치제도의 전면적 개혁을 위한 사회적 논의가 시작되어야 할 것이라고 본다.

유아교육의 공교육 체제에의 편입이라는 5·31 교육개혁의 기본 방향에도 불구하고 유아교육 문제도 여전히 미완의 과제로 남아 있다. 최근 들어 거의 모든 나라에서 새삼 강조하고 있는 것이 유아 단계에서 양질의 보육과 교육을 제공하는 것인데, 아직도 우리나라에서는 유아교육과 보육의 통합, 무상보육의 바람직한 범위와 형태, 그리고 유아 단계의 교육과 보육에 대한 중앙과 지방의 역할 분담이 해결되지 않음으로써 유아교육을 위한 기본적인 제도적 장치 마련에 이르지 못하고 있다. 이 또한 사회적 합의를 이루어 나가는 것이 필요하다.

'사학의 자율과 책임의 제고' 라는 과제도 미완의 과제로 남아 있다. 노무현 정부에서 시도한 사학법 개정과 뒤 이은 재개정 과정은 사학의 자율성 대 사학의 책임성 중 어떤 가치를 더 중시할 것인가에 관련된 갈등이었다고 할 수 있다. 그러나 아직까지 사학의 자율성과 책임성 그 어느 것도 제대로 실현시킬 수 있는 제도적 장치를 마련하지 못했다고 평가할 수 있다. 이 또한 정교한 제도 설계와 사회적 합의 형성이 필요한 과제이다.

4부

결 론

제10장 교육정책의 미래 방향

제 10 장

교육정책의 미래 방향

1. 교육정책 기본 방향의 재조정 : 경쟁과 상생의 조화

2015년은 가히 우리 교육의 '패러다임 전환' 이라고 말할 수 있는 5·31 교육개혁이 발표된 지 20년이 되는 해이다. 그동안 한국 교육은 학교 환경 등 교육여건의 개선과 교육 정보화의 진척,[1] 그리고 학생들의 학업성취도의 제고 등에서 괄목할 만한 성과를 거뒀다. 그러나 지식교육, 경쟁교육에 치중하다 보니 학교에서 '학습의 즐거움' 은 사라진 지 오래고 인성교육은 한낱 수사(修辭)에 머물고 있다.[2] 그런 가운데, 교육의 첫 번째

1) 교육인적자원부는 한국교육학술정보원과 공동으로 2007년 1월 12일 프랑스 파리 유네스코 본부에서 제1회 UNESCO-바레인국왕 교육정보화상을 수상한 바 있다. 이 상은 2005년 유네스코가 제정한 최초의 교육정보화 분야 상으로서, 세계 각국의 교육현장에서 ICT 활용에 기여한 국가나 기관 또는 개인의 공적을 기리는 특별상이다.

2) 만 15세 학생들을 대상으로 OECD가 주관하는 학업성취도 국제비교(PISA)와 국제교육협의회(IEA)가 주관하는 수학, 과학 성취도 국제 비교 연구(TIMMS)에서 우리 학생들은 세계가 주목할 만한 높은 학업성취도를 보이고 있다. 2012년 12월 발표된 PISA 결과, 한국은 수학 1위, 읽기 1~2위, 과학 2~4위로 나타났다. 2012년 12월 발표된 TIMSS에서 우리나라 초등생의 수학과목 성취도는 50개국 중 2위, 중학생은 42개국 중 1위였으며, 과

목표인 '사람다운 사람'을 만드는 데 크게 실패했다는 실로 더없이 뼈아픈 비판을 받고 있다(안병영, 2015). 따라서 한국 교육의 일그러진 모습으로 21세기 새 한국을 건설하기에는 명분이나 역량 모두 크게 부족하다. 그런 의미에서 우리 사회는 교육에 대한 심각한 위기의식을 공유하고 있다. 그렇다면 한국 교육이 자기 혁신을 위해 지향해야 할 거시적인 정책 방향은 무엇인가?

5·31 교육개혁에서 제시한 정부의 역할은 '권위' 관계에 기초해서 폐쇄적으로 운영되던 교육이 '열린교육', '자율과 경쟁'이 살아 숨 쉬는 교육으로 나아갈 수 있도록 교육을 둘러싼 제도적 환경을 근본적으로 바꾸는 것이었다. 그런 가운데, 교육영역에서도 시장 기제가 활성화될 수 있는 환경을 조성하는 것이 정부의 중요한 역할이었다.

그러나 5·31 교육개혁 이후 20년이 지난 현 시점에서 정부의 역할은 교육영역에서 시장 기제의 활성화라는 초기 역할에 머무르기보다는, 여기서 한 걸음 더 나아가 교육 영역에서 시장이 가져올 수 있는 부정적 효과를 치유하고 극복하는 역할을 크게 강화할 필요가 있다. '교육의 시장화(marketization of education)'가 거대한 흐름으로 자리 잡고 있는 현 시점에서는, 교육 영역에서도 공동체의 구성원으로서 '시민(citizen)'의 개념보다는 구매력을 가진 전략적 소비자(strategic consumers)의 개념이 훨씬 중요시되고 있다(하연섭, 2005). 이와 동시에 교육이 가지는 공공재(public good)적 성격보다는 사적재(private good), 더 나아가 지위재(positional good)의 의미가 더 강화되어 가고 있다. 이처럼 교육이 갖는 지위재적 성격이 강화되면 될수록 엘리트 교육과 수월성 교육에 대한 요구가 증대될 가능성은 높아진다. 더욱 심각한 문제는 부모 세대의 경제력 격차가 교육 불평등으로 연결되고 이것이 다시 다음 세대의 경제력 격차

학은 초등생이 1위, 중학생이 3위였다. 그러나 같은 조사(TIMSS)에서 우리 학생들의 학업 흥미, 자아 효능감, 가치 인식 등은 최하위에 머물렀다.

를 심화시키는 악순환이 되풀이될 가능성이 높다는 것이다(하연섭 외, 2012).

이제 교육에 있어서 시장 기제의 활성화는 추구해야 할 정책목표가 아니라 이미 지배적인 경향으로 자리 잡고 있는 것이다. 따라서 향후 교육정책의 방향은 시장 기제의 활성화라는 트렌드 순응적인 정책의 비중을 낮추고, 대신 교육의 시장화 · 상업화 · 개인화가 초래할 수 있는 부정적 측면을 치유하는 정책의 비중을 크게 높일 필요가 있다. 경쟁과 상생의 조화와 균형을 위한 이러한 각고의 노력 없이는 오늘 한국 교육이 처하고 있는 난국에서 벗어날 수 없다. 구체적으로 이는 교육복지 기능의 확대, 초·중등교육 단계에서 경쟁의 논리보다는 공공성과 형평성의 강조, 그리고 인성교육의 강화로 나타나야 할 것이다.

경쟁과 상생 혹은 수월성과 형평성의 조화를 추구한다 하더라도 그 상대적 비중과 실천 전략은 교육단계별로 다르게 할 필요가 있다. 유·초등학교에서는 가능한 한 인성교육에 보다 더 큰 비중을 두고, 이에 더하여 창의력의 씨앗에서 싹이 움트도록 교육과정을 설계할 필요가 있다.[3] 아울러 암기식 지식교육과 시험을 통한 줄 세우기 등의 경쟁교육은 가능한 한 줄여야 한다. 그런 맥락에서 이 시기의 정책지향은 수월성보다는 형평성에 역점이 주어져야 할 것이다.

유·초등교육 과정에서 인성교육의 꽃을 제대로 피게 하면, 중·고등학교에 오르면, 인성교육의 비중은 조금씩 줄이면서 창의성 개발과 연계된 지식교육의 강도를 높일 필요가 있다. 중·고등학교 교육에서는 형평성과 수월성을 조화롭게 배합하는 것이 바람직하며, 대학교육에서는 보다 수월성에 우선적 가치를 부여할 필요가 있다. 이는 다시 말해, 학습자가 유·

3) '교육한다'는 라틴어의 e-(밖으로)와 -ducare(끄집어내다)의 합성어다. 밖으로 끌어낸다는 말은 그 안에 무엇인가가 있다는 말이다. 즉 내면에 이미 존재하는 가능성의 씨앗, 깨달음의 씨앗을, 다시 말해 인성과 창의성의 씨앗을 밖으로 끌어내어 싹을 틔우고 꽃을 피워 열매를 맺도록 하는 것을 의미한다(이병남, 2014).

초등교육 과정에서 인격의 기본적 바탕을 세우고 창의성의 샘을 발견한 후, 중등교육 과정에서는 보다 대중적, 보편교육의 틀 속에서 저마다 지적 · 정서적 능력개발에 힘쓰다가, 대학의 교육과정을 거치면서 특성화와 다양화의 틀 속에서 그의 총체적 경쟁력이 최고도에 달하도록 설계하고, 이를 정책적으로 지원하자는 구상이다(안병영, 2015).

2. 사회투자적 정책접근과 교육정책의 전략적 · 조정적 기능 강화

사회투자국가(social investment state)의 개념에 기초한 사회투자적 정책접근은 후기산업사회의 도래, 인구고령화 등 급변하는 정책 환경에 대응하여 1990년대 후반 이후 서구의 사회정책 및 교육정책에서 두드러지게 나타난 거시적 정책접근이다. 이 모형은 신자유주의가 지향하는 경제적 효율성과 기존의 사회민주주의적 복지국가가 표방했던 사회적 형평성 사이에 조화를 추구하는 정책노선이라 할 수 있다. 무엇보다도 이 접근은 지식기반경제에서 생산성 향상과 경제성장의 요체라 할 수 있는 인적자원에 대한 적극적인 투자를 강조하며, 결과의 평등 대신 (생애)기회의 평등과 지식기반사회의 새로운 위험들(경력단절, 저숙련 등)을 극복할 수 있는 능력, 즉 '지속적 고용능력'의 제고에 큰 비중을 둔다. 이런 측면에서 사회투자적 정책접근에서 사회정책은 급여와 권리에 초점을 두었던 재분배적, 소비적인 기존의 복지국가 지향을 넘어 생산의 효율적인 조직화(efficient organization of production) 수단으로서의 의미를 강하게 지닌다(Morel *et al.*, 2012).

사회투자적 접근은 성장과 복지의 선순환, '생산적', '사회투자적' 복지 및 교육에 역점을 두며, 투자의 효율성, '사전예방적 투자(preventive investment)' 에 초점을 맞춘다. 이 정책접근은 특히 교육과 복지정책이 체제의 경쟁력을 높이는 데 기여하도록 배려하는 데 큰 관심을 쏟는다. 사회투자적 접근은 교육체제와 교육과정의 '투자적' 효용성에 대해 정책적 관심을 기울이며, 적정 수준의 시장경제원리의 도입에 대해서도 개방적 입장을 보인다. 학부모와 학생들의 선택권을 확대하고, 공급자(학교, 교사) 사이에 경쟁을 강화하는 것도 그 예이다. 그러나 사회투자적 접근은 경제적 생산성과 사회정의 실천의 조화를 추구하기 때문에, 교육에 대한 보편적 투자와 더불어 사회적 · 교육적 취약자에 대한 정책적 배려에도 큰 힘을 쏟는다. 따라서 소외계층 · 집단에 대한 교육기회의 확대와 교육복지 서비스의 제고에도 매우 적극적이다(양재진 외, 2008).

사회투자적 접근에 입각할 때, 교육에 있어서 수월성과 형평성이나 사회복지의 보편주의와 선별주의는 양자택일의 문제가 아니라 조화와 균형, 그리고 슬기로운 조합의 문제이다. 따라서 거기에는 이념적 대결보다 어떤 정책혼합(policy mix)이 국리민복을 위해 보다 더 도움이 되고, 투자효과가 있나, 그리고 실현가능한가 등에 대한 합리적 토론이 있을 뿐이다. 사회투자국가와 사회투자적 정책접근은 시대적 변화를 수용하면서, 보다 열린 마음으로 수월성과 형평성을 아우르는 정책지형을 선사한다는 점에서 우리에게 많은 것을 시사한다(안병영, 2010; 2015).

5·31 교육개혁이 '열린교육체제', '평생학습사회'를 지향한 이유는 세계화, 정보화, 지식기반경제로의 전환이라는 세계사적 대전환에서 지속적인 국가경쟁력을 확보하기 위해서는 교육정책이 더 이상 학교 울타리 안에서의 교육과정 운영과 교육 내용 설계에만 매몰되어 있을 수 없다는 인식에서 출발했다고 할 수 있다. 그러나 20년이 지난 오늘날에도 우리 교육은 여전히 학교 울타리 안 교육과정과 교육내용의 구성, 사회의 다른 분야와 절연된 교육정책에만 초점을 맞추고 있고, 평생학습사회로의 전환은 더디게 이루어지고 있을 뿐이다.

사회의 다른 분야와의 연관성 속에서 교육정책이 구상되고 설계되어야 하는 가장 근본적인 이유는 교육의 실용성 강화 필요성에서 찾을 수 있다. 지식기반 경제로의 전환에 따라 산업현장에 직접 응용가능한 지식에 대한 요구가 증가하고 있으며, 바로 이 이유 때문에 한국 기업들이 우리 교육에 대해 갖는 가장 큰 불만이 교육의 현장 적용성이 떨어진다는 것이다. 따라서 앞으로 교육정책의 초점이 공식교육의 내용과 산업계의 수요를 어떻게 연계할 것인지에 두어질 것으로 예상할 수 있다.

한 가지 예를 들어 보자. 산업계가 요구하는 유능한 중견 기술인력을 키우기 위해서는 산업체의 수요 변화에 민감하게 반응해야 한다. 일반 숙련(general skills)에 대한 선호로부터 기업 특정적 숙련(firm-specific skills) 혹은 산업 특정적 숙련(industry-specific skills)에 대한 선호 증가가 산업계의 추세다. 그런데 기업의 수요 변화가 학생 입장에서의 공급 변화로 연결되기 위해서는 개별 학생을 둘러싼 유인 구조가 변화하지 않으면 안 된다. 그런데 개별 학생의 입장에서는 특정 숙련이 아니라 일반 숙련을 습득하는 것이 합리적인 선택이라는 점을 인식할 필요가 있다. 개별 학생이 특정 기업이나 특정 산업에만 통용될 수 있는 기술을 배우기 위해서는 상당한 위험을 감수해야 한다. 즉, 개별 노동자의 입장에서는 특정 기업이나 산업에 취업이 되었을 때 평생고용이 보장되거나 혹은 중간에 실직을 하더라도 국가의 보호를 받거나 곧 다시 취직을 할 수 있는 가능성이 있어야만 특정 숙련을 연마하는 것이 합리적 선택이 된다. 특정 숙련에 대한 투자가 이루어질 수 있기 위해서는 세월이 지나도 기업으로부터 임금이 보장된다는 '임금보호(wage protection)', 실업을 당할 위험이 크지 않다는 '고용보호(employment protection)', 비록 실업을 경험한다 할지라도 새로운 직장을 찾을 때까지 국가가 나서서 생활을 보호한다는 '실업보호(unemployment protection)'가 전제되어 있어야 한다는 것이다(Estevez-Abe *et al.*, 2001). 이것이 의미하는 바는 교육과 노동시장의 연계 강화를 위해서는 사회적 안전망의 구축과 복지제도의 확대가 전제되어야 한다는 사실이다. 교육정책이 고용정책, 복지정책, 그리고 산업정책과 긴밀한 연계하에 설계되고 집행되어야 하는 이유이다. 이를 위해서는 교육을 포함하는 광의의 사회정책 영역에서 전략적 · 조정적 기능이 더욱 강화될 필요가 있다.

3. 지위경쟁 해소를 통한 교육의 정상화

5·31 교육개혁이 터하고 있는 기본적인 전제는 자율과 경쟁을 통해서 공교육을 정상화할 수 있다는 강력한 믿음이다. 그러나 한국 교육의 특성과 문제를 극명하게 보여주는 현상이 바로 사교육비이기 때문에, 공교육의 정상화가 사교육비 경감으로 어떻게 연결되며, 또한 '자율과 경쟁'이 궁극적으로 어떻게 사교육비 경감으로 연결되는지 비판적으로 검토해 볼 필요가 있다.

우리는 항용 사교육이 번창하는 원인으로 공교육의 실패를 드는 데 주저하지 않는다. 공교육이 실패했기 때문에 이를 대체하기 위해 사교육이 발달하고 있다는 것이다. 일견 명쾌한 논리이다. 그러나 이러한 진단은 두 가지 관점에서 잘못된 것이다. 첫째는 공교육과 사교육이 대체제가 아니라는 것이다.[4] 그리고 두 번째는 교육이 지니는 절대적 차원과 상대적

---

4) 경제학적인 의미에서 대체재란 수요가 한정되어 있을 때 이 한정된 수요 충족을 목표로 서로 경쟁하는 두 상품 상호 간에 성립하는 관계이다. 그러나 공교육과 사교육은 동일한 성격의 한정된 수요를 놓고 서로 경쟁하는 것이 아니다. 학교는 미성숙한 학생의 공간적 수용과 보호, 정통적인 지식의 분류와 축적 등 학생들의 학습을 제공하는 것 이상의 다양한 기능을 지니고 있으며, 학생들의 학습에만 치중하는 사교육이 지향하는 교육수요와는 다른 포괄적이고 다양한 수요의 충족을 지향한다. 따라서 양자는 서로 그 기능을 달리하고 있으며 서로 동일한 수요의 충족을 목표로 경쟁하는 것이 아니다. 공교육과 사교육이

차원을 구별하지 못한 데서 오는 오류이다. 〈5·31 교육개혁〉 이래 우리 정부가 추구했던 공교육 정상화와 사교육비 경감대책이 소기의 결과를 낳을 수 없었던 근본적인 이유는 우리 사회에서 교육이 갖는 상대적 차원으로부터 필연적으로 야기되는 지위경쟁의 원인과 결과를 제대로 이해하지 못한 데서 찾을 수 있다(하연섭, 2012).

사교육비 경감과 초·중등교육의 정상화를 위해서는 우리 사회에 뿌리 깊은 학벌주의와 승자독식의 구조를 약화시킬 필요가 있다. 그러나 이러한 변화는 단순히 학부모과 학생의 의식개혁만으로 이루어지지는 않는다. 무엇보다도 학부모와 학생이 교육을 통해 얻을 수 있으리라고 기대하는 유인 구조를 바꾸지 않으면 안 된다. 교육 내적으로는 작지만 강한 교육중심대학을 집중 육성함으로써 소수 명문대를 정점으로 한 서열구조를 타파해야 한다. 학부교육에 중점을 두면서 폭넓은 교양교육과 함께 교육내용이 질 높은 취업과 연계될 수 있는 특성화된 교육중심대학 육성을 위해 정부의 일관된 정책과 지속적인 투자가 필요한 이유이다.

교육 외적으로는 대학교육이 갖는 프리미엄을 약화시킬 수 있는 정책이 필요하다. 우리나라에서 명문대를 가기 위한 방편으로 이루어지는 사교육에 대한 투자는 지위경쟁에서 패배했을 때 감수해야 하는 상대적 손해가 너무 크기 때문이다. 공부 전쟁에서 지더라도 '미생'으로 전락하지 않을 고용정책과 사회정책이 뒷받침된다면 지위경쟁의 강도는 훨씬 약해질 것이다. 또한 전문계 고교–전문대–중소기업으로 연결되는 경로가 명문대 졸업자들에 비해 삶의 질에서 크게 차이가 없다면, 지위경쟁 나아가

서로 대체재 관계에 있지 않다는 것은 흔히 말하는 "공교육 내실화"를 통해 사교육의 감소를 기대하는 정책이 원리적으로 성립되기 어렵다는 것을 시사한다. 양자는 서로 다른 기능을 수행하고 있는 것이며 정책의 목표는 공교육을 내실화하여 사교육을 축소하는 것이 아니라 이 양자 간의 관계가 서로 충돌하지 않도록, 특히 사교육으로 인하여 공교육의 기능이 위축되지 않도록 하는 데 놓여져야 한다. 과외 금지는 이러한 목적을 위하여 동원된 극단적 · 위헌적 정책조치의 대표적인 사례이다.

우리나라의 사교육 열풍은 크게 줄어들 것이다. 우리나라에서 사교육비 경감, 공교육 정상화가 경제민주화와 연결되는 이유이다. 스웨덴, 핀란드 등 북구 여러 나라의 교육과정 속에서 우리처럼 지위경쟁이 치열하지 않은 까닭은, 학력차별과 직업에 대한 편견이 크지 않고, 적극적 노동시장 정책과 사회보장정책의 뒷받침이 두드러지기 때문이다.

이와 연관하여 우리가 직시해야 할 것은, 한국의 교육생태계의 제반 문제를 해결할 수 있는 주요한 고리가 바로 대학이라는 점이다. 대학입시정책에 따라 초·중등교육 현장이 크게 개선될 수 있으며, 대학의 노력 여하에 따라 교육과 연구의 특성화와 함께 국가역량 강화가 이루어질 수 있으며, 장기적으로는 대학 서열화의 문제도 풀어갈 수 있다. 따라서 대학들은 초·중등교육의 정상화, 사회구조의 변화, 더 나아가 우리 사회의 가치와 정신 그리고 문화를 바로 세우는 데 주체적 노력을 아끼지 말아야 할 것이다. 대학들이 대학 본래의 이념과 사명을 되돌아보고 글로벌 시대, 위기의 시대에 부응하는 사회적 책무성과 공공성을 새롭게 정립해야 할 때인 것이다(민경찬, 2015). 특히 이를 위한 이른바 '명문대학' 들의 사회적 책임은 더 없이 중요하다.[5]

4. 생애주기에 따른 평생학습사회의 구축

5·31 교육개혁에서 평생학습사회를 강조한 이유는 지식정보화 사회의 도래로 지식의 생명주기가 짧아지기 때문에 지속적으로 개인과 국가의 경쟁력을 확보하기 위해서는 학습과 교육이 학령기에만 국한될 것이 아

5) 이른바 '명문대학' 들이 지금까지의 상호경쟁과 단기적인 이익 추구에서 벗어나, 국가와 전체사회의 발전을 위한 주요 과제에 대해 '연대' 하여 새로운 변화를 주도할 때, 그 사회적 영향력과 파급효과는 매우 클 것이다(2015년 동아일보 교육심포지엄의 종합토론).

니라 생애 전체에 걸쳐서 이루어져야 한다는 인식 때문이었다. 즉, 지식정보화 사회의 도래에 따른 산업구조와 고용시장의 변화에 대응하여 지속적 고용능력을 유지하기 위해서는, 개별 노동주체가 전 생애주기에 걸쳐 계속적인 능력개발을 하지 않으면 안 된다는 것이다.

평생학습사회는 학습이 생애의 전 과정에서 일상화되고, 삶의 모든 장면에서 광범위하게 이루어지는 새로운 사회의 도래를 말한다. 이는 곧 학습이 학교라는 독립적 · 폐쇄적 제도의 울타리를 넘어 사회 각 분야에서 보편화되는 것을 의미한다. 그러므로 개방형 평생학습지원체제가 바르게 구축되기 위해서는 학교의 운영시스템이 폐쇄형 · 종점형 모형에서 개방형 · 연계형 모형으로 변화하여야 하며, 동시에 평생학습이 전 생애주기에 확산될 수 있도록 학교와 가정, 직장, 지역사회와의 파트너십이 형성되어야 한다. 그러나 우리의 경우, 학교교육과 평생교육 간의 관계를 살펴보면, 아직도 폐쇄형 · 종점형 모형에 기반을 둔 전통적 학습모형이 주종을 이루고 있고, 평생학습은 잔여적 형태로 그 주변에 머물고 있는 형국이다. 예컨대 참여적 민주시민을 위한 교육도 학교교육과 평생교육 간의 유기적 연계를 통하여 상보적으로 이루어져야 하는데, 이에 대한 사회적 인식이나 정책적 · 제도적 노력이 크게 부족하다. 교육, 인권, 환경, 복지와 연관한 시민교육도 마찬가지다. 또한 건강하고 성숙한 시민을 위한 시민교육은 따지고 보면 학교교육과 평생교육을 넘어, 우리의 일상적 삶의 과정 속에서 경험하는 다양한 학습과 성찰을 통해서 이루어진다는 점을 바르게 인식할 필요가 있다. 따라서 앞으로 우리 사회의 민주성, 공정성 및 투명성을 높이는 데 줄기찬 노력을 경주해야 할 것이다.

사회투자적 정책 관점에서 볼 때, 우선 생애주기별 배열의 첫 단계인 취학 전 아동의 학습능력 배양에 보다 높은 우선순위가 부여되어야 마땅하다. '미래의 시민' 인 영·유아의 공공보육 및 교육의 강화와 질적 제고는 유아단계 교육투자의 탁월한 효과성, 출발선에서의 교육평등의 실현,

저출산 완화 및 여성근로 촉진 등 실로 다양한 맥락에서 그 사회투자정책적 중요성이 크게 인정된다. 많은 연구에 따르면, 유아기 아동의 학습능력은 가정의 소득수준과 문화수준에 크게 영향을 받는다. 따라서 빈곤의 대물림과 사회적 이동성의 고착화를 막기 위해서는 저소득 가정의 아동에게 취학 전 적정수준의 보육과 교육을 제공할 필요성이 매우 높다.

다음으로 우리가 사회투자적 정책 관심을 크게 높여야 할 분야는 고등교육 분야이다. 고등교육은 세계화 시대에 국가경쟁력 제고의 핵심 분야이다. 그런데 우리나라의 고등교육에 대한 정부부담 비율은 초·중등교육과의 비교에서나, 다른 OECD 국가와 비교할 때, 모두 상대적으로 열악한 수준에 머물러 있다. 따라서 향후 고등교육의 질적 고양과 대학교육의 사회적 적합성 제고에 대한 사회적 합의를 바탕으로 고등교육에 대한 재정투자를 계속 확대해 나가야 될 것이다. 이와 동시에 대학에 바로 진학하는 경로 외에도 청년들의 진로에 대한 선택의 폭을 넓혀 나가면서 중견 전문 인력을 조직적으로 양성하기 위한 직업교육을 활성화하고, 실질적 산학연 연계를 강화하는 한편, 고용정책과 사회보장정책을 통해 그들의 지속적 고용능력의 바탕이 흔들리지 않도록 강력히 뒷받침할 필요가 있다.

사회투자적 접근에 입각할 때, 무엇보다 생애주기에서 한창 고용상태에 있는 청년 및 근로세대에게 지속가능한 고용능력을 보장하는 일은 매우 중요하다. 그런데 이를 위해서는 평생학습 지향의 교육정책만으로는 충분치 않다. 여기서 교육정책이 노동시장정책과 사회복지정책과 연계되어 포괄적 · 유기적으로 관리되는 것이 바람직하다. 그러한 맥락에서 최근 덴마크를 비롯한 서구 여러 나라들이 평생학습체제와 '유연안정성(flexicurity)'의 결합을 시도하는 노력이 돋보인다. 여기서 유연안정성은 노동시장의 유연성 + 적극적 노동시장정책(active labor market policy) + 사회보장을 포괄하는 개념이다. 이러한 통합적 연계정책을 풀어서 설명하면, 경제 활성화를 위해 노동시장의 유연화는 불가피하다. 그러나 그 경우라도, 평생학습지원체제가 제구실을 하고, 적극적 노동시장정책을 통해 다양한 형태의 교육과 직업훈련, 고용관련 정보 및 서비스 제공, 취업알선 등 적극적이고 예방적인 고용창출 노력을 계속하며, 아울러 사회보험 등을 통해 적정수준의 사회보장을 뒷받침하는 경우, 지속가능한 고용이 가능하다는 것이다.

노인에 대한 사회투자적 접근의 정책목표는 고용가능성 증가와 노후보장이다. 이를 위해 고령자 직업 교육, 훈련 및 고용촉진, 공적 연금개혁, 예방적 건강서비스, 장기요양서비스, 기초소득보장연금 등이 연계되어 통합적으로 관리될 필요가 있다. 아울러 저소득층, 다문화 가정, 새터민 및 장애학생 등에 대한 교육 및 사회복지 차원의 지원 대책이 절실히 요구된다(안병영, 2015).

5. 미래 지향적 교육재정 시스템의 구축

5·31 교육개혁이 소기의 성과를 낼 수 있었던 요인 중 하나는 GNP 대비 교육재정 5% 확보라는 목표를 설정하고 이를 달성하기 위한 구체적인 방안까지 설계했기 때문이다. 외환 · 금융위기 때문에 당초 목표한 바를 대상 기간 내에 달성하지는 못했지만, 교육재정의 규모는 그 이후에도 지속적으로 증가하여 2011년 현재 교육에 대한 정부부담이 GDP 대비 4.9%에 달하고 있다. 그러나 저출산 · 고령화라는 인구구조의 변화, 복지지출의 지속적 증가, 그리고 재정건전성의 확보 등을 고려할 때 앞으로 교육재정이 획기적으로 증가할 가능성은 높지 않다. 따라서 앞으로 교육재정의 과제는 총량의 증가보다는 배분적 효율성(allocative efficiency)과 운영적 효율성(operational efficiency)을 제고할 수 있는 방안을 찾는 데

있다고 할 것이다.

지금까지 우리나라 교육투자의 패턴은 '다이아몬드' 형이었다고 할 수 있다.[6] 처음과 끝을 이루는 유아교육부문과 고등교육부문 그리고 평생 · 직업교육부문이 교육재정에서 차지하는 비중은 상대적으로 작았던 반면, 초·중등교육에 교육투자가 집중되는 양상을 보여 왔다. 이렇게 '다이아몬드' 형 교육투자 패턴이 나타난 근본적인 원인은 초·중등교육만을 국가의 기본적인 책무로 설정하고 나머지 영역은 민간이 책임질 영역으로 설정한 것에 기인한다고 할 것이다. 그렇지만 최근 들어 누리과정을 비롯한 유아교육 단계에 대한 투자 증대, '반값 등록금 논쟁' 에서 비롯된 고등교육 단계에 대한 투자 증대, 그리고 평생 · 직업교육의 중요성 증가는 모두 지금까지 사적 영역으로 치부되어 왔던 세 가지 영역에서 정부 역할의 확대를 요구하는 변화라고 할 수 있다. 국가경쟁력 강화라는 경제적 요인뿐만 아니라 유아교육의 공교육화, 등록금 부담 완화 등 정치 · 사회적 측면에서도 이 세 영역에 대한 재정투자는 대폭 확대될 필요가 있다.

특히, 우리나라의 고등교육에 대한 정부부담 비율은 초·중등교육과 비교할 때나 다른 OECD 국가와 비교할 때, 모두 상대적으로 열악한 수준에 머물러 있다. 따라서 향후 교육재정의 배분 방향은 고등교육에 대한 지원 확대에 두어야 할 것이다. 그러나 고등교육만을 위한 칸막이식 재정지원보다는 국가재정운용제도의 중기재정계획 틀을 이용하여 고등교육의 중요성에 대한 사회적 합의를 바탕으로 고등교육에 대한 재정투자를 확대해 나가는 것이 바람직하다고 본다. 이와 동시에 직업교육의 활성화, 실질적 산학연 연계 강화 등에 대한 투자도 확대해 갈 필요가 있다고 할 것이다.

---

6) 이 부분에 대한 논의는 하연섭 외(2012)의 관련 내용을 주로 참고하고 있음.

6. 제언 : '미래한국교육위원회' 의 창설

한국 교육에 있어서 중대한 전환점이라 할 수 있는 5·31 교육개혁의 여러 가지 성과에도 불구하고, 5·31 교육개혁이 권위주의적 자율화와 정부의 미시적 개입의 지속으로 귀결될 수밖에 없었던 이유는 자율화, 분권화, 열린교육을 위한 제도적 전제조건의 구축에 실패했기 때문이다. 국가의 후퇴(the retreat of the state)는 자율적 조정능력을 지닌 중간조직의 성장을 필요로 하며, 민주적 의사결정은 조정적 담론과 소통적 담론의 활성화를 전제로 한다.

더욱이 최근 한국 교육의 개혁을 가로막는 가장 큰 장애물은 교육영역에 과도하게 침투된 이념 과잉이다. 주요한 정책쟁점이 부상하면 여야 정당은 물론 시민사회나 언론계, 교육계, 그리고 일반 국민들까지도 양극으로 갈라져 치열한 이념논쟁을 벌이는 바람에 주요 개혁정책들이 교착상태에 빠지고, 그 수렁에서 진정한 교육개혁은 물 건너가거나 실기(失期)하는 경우가 다반사였다.

자율적 조정능력을 지닌 중간조직의 성장을 단기적으로 기대하기 어려운 상태에서 교육영역에 과도하게 침투된 이념 과잉이 더 이상의 교육혁신을 가로막는다면, 이 난관을 어떻게 극복할 것인가? 그 해답은 정부의 정책결정방식을 우리 사회의 정치 · 사회적 이해관계자의 조정적 담론을 활성화하는 협력적 거버넌스로 전환하는 데서 찾을 수 있다. 여기서는 이를 위해 장기적 · 거시적 관점에서 정권의 수명을 넘어 주요한 교육정책에 관한 사회적 합의를 구하기 위한 대타협기구로 〈미래한국교육위원회(가칭)〉의 구성을 제안하고자 한다. 이는 정치 · 사회지도자, 언론계, 교육전문가, 학부모 등이 두루 참여하는 초당파적 협의체로, 미래 한국 교육의 비전과 거시적 정책방향, 그리고 주요한 정책쟁점[7]에 대해 장기간 집중적인 토의와 이해관계의 조정을 통하여 사회적 합의에 이르기 위한 협력적 거버넌스이다. 이 기구가 정권의 수명을 넘어 존속하기 위해서는 이 위원회의 임기를 9년으로 잡아, 3년 임기의 위원을 3분의 1씩(중임가능) 바꿔나가는 게 어떨까 한다.[8]

이 협의체를 구성하기 위한 다른 주요한 조건은 대통령의 결단과 주요 정당 간의 초당적 합의이다. 또한 이 협의체가 제구실을 하기 위해서는 정치권이 나라의 백년대계를 위해 교육의 '정치화', '이념화'를 자제하고, 상생의 정신으로 적어도 교육을 정쟁의 도구로 삼는 일을 포기하겠다는 굳은 결의가 전제되어야 한다.

20년 전 태동했던 5·31 교육개혁이 '상대적' 성공을 거둘 수 있었던 것은, 한국 최초의 문민정부 대통령이 정치적 정당성을 바탕삼아, '문명사적 전환'에 대응한다는 역사의식을 앞세워 비교적 초당파적인 교육개혁 기구를 창설하고, 여기서 합의된 정책방안을 전폭적인 정부지원을 통해 집행으로 연결시켰기 때문이다. 그런 의미에서 5·31 교육개혁 당시, 교육개혁위원회의 구성과 활동은 하나의 참고가 될 수 있다. 그러나 그것이 여기서 제안하는 〈미래한국교육위원회〉의 준거 틀이나 교본이 되기에는 적절치 못한 점이 분명히 있다. 그간 진행된 우리 사회의 이념화 수준을 감안할 때, 한 정권의 대통령 한 사람의 결단으로, 또 그 임기 중 활동의

---

7) 예컨대 우리 초·중·고등교육의 아킬레스건이라고 할 수 있는 대학입시 문제의 해답을 구하기 위해서는 정부, 대학, 고교, 학부모, 시민단체, 경제계 등 모든 관련자들의 공동의 노력이 요구된다. 입시 위주의 교육 탈피와 진정한 교육기능 회복의 중요성을 감안할 때, 우리 교육의 새로운 패러다임에 관한 사회적 합의를 이끌어낼 수 있는 새로운 논의구조의 구축이 무엇보다 시급하다.

8) 안병영은 2015년 2월 10일 동아일보가 주최한 '무한경쟁에서 개성존중의 시대로'라는 주제의 교육심포지움의 기조강연에서 〈미래한국교육위원회〉를 제안하면서, 당초 위원회 위원 임기를 7년으로 구상했다. 그러나 이후 서남수 전 교육부 장관, 심규선 동아일보 대기자 등과의 계속된 토론과정에서 이 기구의 임기를 9년 임기, 3년마다 1/3 교체로 조정했다.

일환으로 이러한 협의체가 구성된다면, 그것은 미래 한국의 교육문제 해결, 더 나아가서 '새 한국인'을 만들어 내기에는 크게 부족하다. 따라서 이제 우리는 한 단계를 더 올라가야 된다. 〈미래한국교육위원회〉의 구성과 주된 활동 내용에 대해 주요 정당 간의 정치적 합의가 전제되어야 하는 까닭이 바로 여기에 있다. 이 정책협의체에서 주요 쟁점에 대한 합의가 이루어지더라도 그것이 제도화되고, 실천으로 이어지기 위해서는 입법화 단계를 거쳐야 하는 경우가 많다. 그런데 초당적 지원에 대한 합의가 없다면 그중 많은 정책안이 의회의 문턱을 넘지 못할 것이고, 또다시 이념의 소용돌이에 빠져들기 십상이기 때문이다.

그러므로 이러한 협의체가 구성되기 위해서는 무엇보다 정권이익이나 이념지향을 넘어서는 대통령의 역사적 결단이 필요하고, 아울러 주요 정당들의 초당적 합의가 뒤따라야 한다. 또한 언론과 시민사회의 여론 조성 노력이 함께해야 한다. 그런가 하면 협의체의 인적 구성과 작업방식에도 세심한 주의가 필요하다. 다양한 구성은 필요하나 거기에는 이념적 편향성이 가급적 배제되어야 하며, 내적 균형과 조화가 필요하다. 또한 공동목표에 대한 합의, 이성적 토론과 적절한 수준의 관용과 상호이해가 필수적이다. 그러나 심화된 '신뢰의 위기' 속에 '합의문화'의 수준이 낮은 우리 사회의 현주소를 감안할 때, 이들 전제들을 충족시킨다는 일은 실로 지난(至難)하기 짝이 없는 일임을 절감한다.

예상되는 이러한 난관에도 불구하고 우리가 교육개혁을 지렛대로 삼아 21세기 새로운 한국을 건설하기 위해서는 대승적 관점에서 새로운 역사적 결단과 각고의 노력이 필요한 때라고 생각한다. 그런 의미에서 정권의 수명을 넘어서는 초당파적 〈(가칭)미래한국교육위원회〉의 구성을 제안한다(안병영, 2015; 심규선, 동아일보 2015.02.16.).

보론
(補論)

성공적 개혁의 조건은 무엇인가?

여기서 논의하는 '성공적 개혁의 조건' 은 위의 모든 논의를 통해서 얻어낸 사색의 결과이다. 이 주제는 거시적 개혁을 추구하는 모든 정치가, 정책관료, 그리고 개혁가, 정책연구자들의 관심사가 아닐까 한다.

여기서 논의하는 개혁은 전체 사회에 영향을 미칠 수 있는 거시적 · 포괄적 수준의 큰 개혁을 뜻한다. 따라서 부처 수준에서 추진하는 중범위 수준의 개혁이나, 관료제 내부에서 시도하는 미시적 차원과는 차이가 난다. 대체로 이러한 유형의 거시적 개혁은 최고 통치자인 대통령의 이름으로 추진되며, 기존의 사고의 틀을 넘어서는 패러다임적 전환의 의미를 가진다. 또 그 정책적 파장도 자신의 영역을 넘어 전 사회에 미친다. 5·31 교육개혁이 그 좋은 예가 될 것이다. '성공적 개혁의 조건' 을 열거하면 아래와 같다.

1. 장기적 조망 : 역사의식과 비전

거시적 개혁이 성공하기 위해서는 그 개혁방안이 장기적 조망 아래서 미래지향적으로 마련되어 국민의 열망과 공감을 불러일으켜야 한다. 그런 의미에서 개혁의 비전과 목표에 역사의식과 시대정신을 담고 있어야 한다.

이런 측면에서 5·31 교육개혁은 다른 개혁정책들과 크게 달랐다. 그것은 민주화의 열망 속에서 세계화, 정보화라는 거시적 역사의 흐름에 대응하여 마련된 미래전략이었다. 따라서 대입제도의 개선이나 사교육 경감대책 등과 같은 눈앞의 한국적 교육문제 해결을 위한 미시적 정책접근과는 근본적으로 차이가 있었다.

5·31 교육개혁과 더불어 수면으로 부상했던 '신한국,' '교육혁명,' '세계화,' '정보화,' '열린교육,' '평생학습' 등의 개념들은 이 방대한 정책들이 우리 국민이 나아갈 역사적 도정과 나라의 미래 전략과 깊이 연관된다는 상징성을 가지면서, 부지불식간에 그에 대한 정당성을 설득하고, 지지를 동원하는 데 긍정적으로 작용했다.

2. 전체사회와의 연관구조

우리 사회는 정치, 경제, 사회, 문화 등 여러 하위체제로 구성되어 있고 그들이 끊임없이 상호작용하며 서로 영향을 주고받는다. 그러므로 교육정책이라고 해서 그것이 교육이라는 한정된 영역 안에서만 작동하는 것이 아니라, 그를 둘러싼 다양한 제도적 환경과 부단한 교섭 속에서 때로는 독립변수로, 때로는 종속변수로 기능하며 상호밀접하게 작용한다.

특히 교육은 사람을 대상으로 하는 영역이다. 사람은 원래 복잡한 존재이며, 생활인으로서의 그는 '정치인' 도 되고 '경제인' 도 되며, 평생학습 사회에서는 전 생애주기에 걸쳐 '학습인' 이기도 하다. 따라서 사람을 대상으로 변화를 추구하는 교육개혁의 경우, 교육문제를 다른 하위체제와 절연하여 미시적으로 자기 영역에만 한정해서 보아서는 안 되며, 전체사회와의 연관 구조 속에서 살펴보고, 그 관계 속에서 문제해결을 추구해야 한다. 이 책에서 교육정책은 인적자원정책, 노동시장정책, 산업정책, 사회복지정책과의 연관 속에서 추구해야 하고, 그럴 때만이 정책적 실효성을 높일 수 있다고 강조했던 것도 그 때문이다.

5·31 교육개혁이 지녔던 강점은 교육개혁을 전체사회와의 연관구조 속에서 보았다는 점이다. 세계화, 정보화, 지식사회화라는 역사적 · 문명사적 변화 속에서, 그리고 평생학습사회로의 전환 속에서 교육문제를 보았고, 또 그 해결책을 모색했다. 교육과 노동시장의 연계를 강화한 직업교육 3법이나, 교육과 정보통신을 연계한 각종 교육정보화 사업, 그리고 학습이 학교라는 독립적 · 폐쇄적 제도의 울타리를 넘어 사회 각 분야로 보편화되는 개방형 평생학습 지원체제의 구축 등이 그러한 노력들의 예였다.

사회적 연관구조 속에서 살펴볼 때, 현 단계에서 크게 우려해야 할 점이 교육에 대한 과도한 정치 및 이념의 투하이다. 국민의 정부 이후 점차 강도가 높아진 교육에 대한 정치의 영향력은 이미 우려의 수준을 넘어서고 있다. 따라서 이를 적정수준에 머물도록 하기 위한 시민사회와 언론, 그리고 국민적 노력이 필요한 때이다. 앞에서 제안한 '미래한국교육위원회' 의 창설도 이러한 시도의 하나이다.

3. 점진적 개혁 추구 : 이상과 현실의 조화

인간은 누구나 보다 나은 세상을 희구하며 한걸음씩 그 이상세계를 향해 변화를 추구한다. 개혁정책은 이러한 갈망의 표현이며, 그런 의미에서 모든 개혁은 현실극복의 의지가 담겨 있다. 그러나 여기서 개혁의 폭과 깊이를 어떻게 할 것인가의 문제가 제기된다. 현실적 조건이 너무나 가혹하고 참담해서 웬만한 조치로서는 전혀 개선의 여지가 없을 때, 개혁당국은 '변혁' 수준의 큰 변화를 추구할 개연성이 높다. 일거(一擧)의 큰 개혁으로 '새 판'을 짜보려는 유혹이 그것이다.

그러나 합의를 바탕으로 정책을 수행하는 민주사회의 경우, 변혁수준의 대개혁은 매우 조심하지 않으면 안 된다. 더욱이 사회경제적, 이념적 갈등이 심화된 사회에서 한 쪽 축을 대표하는 집권세력이 이러한 '대못박기' 식 개혁을 시도하는 일은 매우 위험한 일이다. 그러한 개혁은 자칫 국민의 분열과 정치사회의 큰 혼란을 불러일으키기 십상이며, 그 소용돌이 속에서 정작 정부가 마땅히 해야 할 다른 주요한 개혁도 수행하기 어렵게 된다. 그 뿐이 아니다. 만약 정권교체에 의해 다른 이념적 지향을 갖는 차기 정권이 들어서는 경우, 새 정부는 필연적으로 모든 것에 앞서 '대못빼기' 에 나서게 되므로 대결정치의 악순환은 더욱 격화된다.

개혁은 이상과 현실의 대화이다. 과도하게 현실에 집착하여 좌고우면하다보면 개혁의 꿈은 빛을 잃는다. 반면, 지나친 이상의 추구는 자칫 교조주의의 수렁에 빠지게 된다. 따라서 민주사회에서의 개혁은 점진적 개혁이 바람직하다. 그런 의미에서 성숙한 민주사회에서의 개혁은 이념이 다른 차기 정권에서도 이어갈 수 있는 수준의 합리적 개혁이어야 한다. 그것은 파격적 · 교조적 개혁이 아닌, 중용 추구의 점진적 개혁이어야 한다. 수월성과 형평성의 조화, 경쟁과 상생의 조화가 중요한 것도 같은 이유에서이다.

4. 지도자의 결단

정치지도자의 결단과 투신은 정책개혁 성공의 필수적인 조건이다. 대통령제에서 대통령이 일정 개혁정책을 표방하고, 이를 지속적으로 그리고 큰 폭으로 지원하면 전 정책과정이 원활하게 진행되며 개혁수행에 큰 추동력을 얻는다. 특히 입법과정과 예산편성에서 많은 장애요인들이 손쉽게 극복되며, 집행과정에서 부처 간의 협력이 원활하게 이루어진다. 해당 장관은 물론이거니와 국무총리와 청와대 유관 수석의 정치적 · 정책적 관심도 배가 되며, 모두가 한 배를 타게 된다.

이때 대통령은 수사적으로 상징적인 개념이나 어구를 사용하거나 의례적 절차를 통하여 자신의 개혁의지를 극적으로 천명하는 경우가 많다. 대체로 이성적인 상징조작(credenda)을 활용하나, 드물게 감성적인 상징조작(miranda)에 호소하는 경우도 없지 않다. 5·31 교육개혁의 경우도 김영삼 대통령이 이미 후보자 시절부터 거듭해서 '교육혁명' 의 절박함을 강조하면서 스스로 '교육대통령' 을 자처했던 일도 그렇거니와 네 차례에 걸쳐 대통령에게 보고하고 이를 접수하는 교육개혁안 보고행사 또한 매우 진지하고 엄숙한 분위기 속에서 극화되었고, 다양한 매체를 통해 전 국민에게 집중 보도되었다.

거시적 차원의 큰 개혁이 대통령의 관심 없이 성공하기란 결코 쉽지 않다. 그러나 중간수준의 정책개혁은 장관의 주도에 의해 성공하는 경우가 많다. 그러나 이 경우도 대통령의 작은 관심이나 지원이 정책수행에 큰 도움이 될 수 있다.

장관의 지도자로서의 자질 또한 매우 중요하다. 그의 개혁정책에 대한 비전과 전략적 기획능력, 그리고 관료제 동원능력은 정책성공을 위해 불가결의 요소이다. 아무리 대통령의 지원이 뒷받침되는 경우도 개혁정책의 시행책임자인 장관의 개혁의지와 정책능력이 수준 이하인 경우, 정책성공의 가능성은 크게 떨어질 수밖에 없다.

5. 사회적 합의 추구

큰 개혁일수록 사회적 합의를 구하는 일이 중요하다. 권위주의 체제의 경우에도 정치지도자들은 나름대로 국민의 열망과 기대를 읽으려고 노력하고, 가능한 매체를 통해 정책을 국민에게 선전 · 홍보한다. 다만 그것이 '위로부터', '일방적으로' 그리고 '자의적으로' 이루어지는 게 상례이다. 그러나 민주사회의 경우 사회적 합의의 수준과 그 농담(濃淡)의 정도는 개혁의 성패에 결정적인 영향을 미친다.

사회적 합의는 주로 정치집단 간, 이해관계 집단 간, 그리고 국민과의 관계에서 이루어진다. 주요 정당 간의 정책합의는 무척 중요하며, 이는 정책형성 및 집행과정, 그리고 환류(feedback) 모두에 큰 영향을 미친다. 특히 여야 간의 첨예한 이념적 대립으로 주요 개혁안에 대한 합의가 이루어지지 않으면 대부분의 정책개혁은 좌초할 수밖에 없다. 이념적으로 양극화된 사회에서는 비단 정치세력뿐만 아니라, 시민사회나 언론, 그리고 국민들도 양분되어 격돌하는 바람에 정책 불임(不妊)이 일상화되는 경우가 많다. 정치세력 간의 합의를 위해서는 연정(聯政)과 같은 합의적 정치제도, 패키지 딜(package deal)과 같은 협상방식 등 다양한 전략적 제휴와 '주고 받기'가 이루어진다.

이해관계 집단 간의 합의 역시 매우 중요하다. 개혁정치의 주역들은 주요 이해관계 집단 간 이해관계의 조정과 중재, 그리고 이른바 조정적 담론을 지속해야 하며 그들의 참여와 공감대를 지속적으로 높여야 한다. 유럽의 경우에는 개혁정책의 형성과 집행과정에서 정부와 관련 사회집단 간의 다자교섭(multilateral negotiation)과 집단적 합의(collective agreement)가 일상화되어 있다. 노·사·정 간의 사회적 파트너십과 같은 제도적 장치가 그 대표적 예다.

거시적 개혁일수록 국민과의 소통이 중요하다. 주요 개혁정책일수록 다양한 계층의 국민 여론을 수렴할 필요가 있으며, 개혁정치의 주역들은 그들이 추구하는 정책의 필요성과 적정성을 국민에게 설득하기 위하여 소통적 담론을 통하여 지속적으로 국민과 대화를 해야 한다. 개혁이 장기화되는 경우 국민들은 '개혁 피로'를 느끼게 되며, 이는 개혁에 대한 공감대와 지지도의 감쇠로 이어지기 때문이다.

아울러 개혁동력을 유지 · 강화하기 위해서는 개혁에 참여하는 주요 집단들에 대한 적절한 보상체계와 유인제공이 필요하다. 이런 맥락에서 볼 때, 5·31 교육개혁은 교육개혁의 주역으로 일하는 교사와 공무원의 사기 진작을 위한 보상체계가 크게 미흡했다.

6. 역사적 시간의 선택

개혁의 성공을 위해서는 역사적 시간을 바르게 선택해야 한다, 한국 역사상 초유의 민주정부의 출범이라는 역사적 시간은 5·31 교육개혁 성공을 위해 더할 수 없이 좋은 시점이었다. 김정남 수석의 말대로 바로 그때 온 국민이 '원점'에 서 있다는 공감대를 가졌기 때문이다. 문민정부 출범이라는 역사적 시간은 교육개혁을 비롯한 다수의 정치 · 사회개혁을 위한 절호의 시간이었다. 또한 그 시점이 세계화, 정보화라는 문명사적 전환기와 때를 같이했다는 점도 개혁의 필요성과 시의성을 뒷받침하기에 더없이 좋은 시점이었다.

그러나 안타깝게도 문민정부 초기의 질풍노도처럼 진행된 일련의 정치개혁 일정에 밀려 교육개혁위원회의 출범이 늦춰졌고, 교개위의 활동 또한 예상보다 늦어졌다. 그 바람에 교육부의 개혁사업 집행도 적지 않은 어려움을 겪었다. 그렇게 볼 때, 5·31 교육개혁은 역사의 거시적 시점은 좋았으나, 정책실천을 위한 구체적 시간 선택에서는 차질이 있었다고 할 수 있다.

거시적 개혁 연구가들이 입을 모아 주장하는 것은, 이러한 유형의 개혁은 정권 초기에 집행되는 것이 바람직하다는 것이다(Williamson, 1994). 바로 이 시점이 국민적 열망과 기대가 한창 치솟고, 정부지도자나 정부의 정치력이 고조되어 있을 뿐 아니라 시간적으로도 여유가 있기 때문이다. 그런 점에서 5·31 교육개혁은 정권초기의 황금시기를 놓쳤다고 볼 수 있다.

7. 집행능력

아무리 양질의 개혁정책이 의제화되더라도 그것의 정책적 성패를 좌우하는 것은 관료제의 집행능력이다. 여기서 중요한 것은 관료제의 개혁의지, 기획능력 그리고 집행능력이다. 우선 그들이 규범적으로 정책개혁에 공감하고 그 성취를 위해 자신의 열정과 헌신을 다할 채비가 되어 있어야 한다. 그러므로 그들이 개혁목표에 대해 반대하거나 반신반의 혹은 회의하는 경우, 개혁성공을 기대하기 어려울 수밖에 없다. 관료들의 기획능력과 집행능력은 효율적 정책집행의 필수 조건인데, 이를 위해서는 적정수준의 전문성과 창의성 그리고 행정경험이 요구된다. 또한 관료제에서는 그 수장인 장관의 리더십이 관료제의 발전 잠재력을 최대한으로 활용하는 데 지렛대 역할을 한다.

5·31 교육개혁의 경우, 1980년대 및 1990년대 초에 이미 적지 않은 수의 사무관, 서기관들이 선진 외국에 연수를 다녀와 그들 나라의 선진교육과 교육개혁의 선례를 익혔다. 다만 개혁의지가 넘치고 견문과 전문성을 갖춘 신진인재들이 마땅히 그들이 있어야 할 자리에 있지 못했다. 그러나 이들이 인사개혁을 통해 자신의 능력을 발휘할 수 있는 적재적소에서 교육개혁을 위한 변화의 역군(change agent)으로 역할을 하게 되자, 교육부의 집행역량은 크게 증폭되었다. 교육부 정책관료들은 5·31 교육개혁이라는 큰 개혁정책을 주도하는 과정에서 그들의 정책기획 능력을 크게 신장했고 이것은 이후 교육문제를 해결하는 데 큰 힘이 되었다.

참고문헌

강명희 외. (2005). 「한국의 교육정보화 모델 총론」. 서울 : 한국교육학술정보원.

곽병선. (2008). "1945~1960 경제발전의 기초교육수립." 한국교육발전경험분석(Ⅱ). 제2차 정책포럼 토론자료. 한국교육개발원.

교육개혁위원회. (1995). 「신교육체제 수립을 위한 교육개혁방안」 제1차 대통령보고서. 1995.5.31.

———. (1996a). 「신교육체제 수립을 위한 교육개혁방안」 제2차 대통령보고서. 1996.2.9.

———. (1996b). 「신교육체제 수립을 위한 교육개혁방안」 제3차 대통령보고서. 1996.8.20.

———. (1996c). 「신교육체제 수립을 위한 교육개혁보고서」.

———. (1997a). 「신교육체제 수립을 위한 교육개혁방안」 제4차 대통령보고서. 1997.6.2.

———. (1997b). 「신교육체제 수립을 위한 교육개혁방안」(요약본).

———. (1998). 「한국교육개혁백서」.

교육개혁평가연구회. (1997). 「21세기의 새 지평 교육개혁」. 서울 : 교육부 교육개혁평가연구회.

교육부. (1995~1998). 「교육월보」.

———. (1996a). 「교육규제완화백서」.

———. (1996b). 「교육복지종합대책(1)」.

———. (1996c). 「대학이 변하고 있다」.

———. (1997a). 「교육복지종합대책(2)」.

———. (1997b). 「초등영어교육정책자료집」. 1997.12.

———. (1998a). 「교육개혁 추진성과 1995~1998」.

———. (1998b). 「교육개혁요람」.

교육부 교육정보관리국. (1997). "교육 정보화 촉진 시행계획." 「교육월보」 1997.3.

교육부 · 교육학술정보원. (2013). 「교육정보화백서」.

교육부 지방교육자치제도개선 특별위원회. (1999). 「지방교육자치제도 개선방안 연구」.

교육인적자원부. (2003). 「국민의 정부 인적자원백서」.

———————. (2007). 「대안교육백서 1997~2007」.

교육인적자원부 · 한국학술진흥재단. (2004). 「두뇌한국 21 사업성과보고서」.

구학봉. (1997). "열린교육의 정책방향." 「'열린교육' 교원 일반연수-원격영상 강의 교재」. 서울 : 한국방송통신대학교 평생교육원.

국립대학 통·폐합 연차평가 위원회. (2014). 「2014년도 국립대학 통·폐합 지원사업 연차평가 결과 보고서」.

국정브리핑 특별기획팀. (2007). 「대한민국 교육 40년 : 공교육 정상화 · 대학발전 · 평생학습사회를 위한 진전」. 서울 : 한스미디어.

권대봉. (2008). 「한국교육 60년의 반성과 선진화 기본과제- '한 줄 세우기' 에서 '여러 줄 밟기' 로」. 포럼 굿 소사이어티 제3차 공개토론회. 2008.4. 29. 남촌리더십센터.

김광웅. (2007). 「장관리더십」. Book지혜로.

김광조. (1998). "98년도 학교운영위원회의 개선방향." 「교육월보」 1998.4.

김동석. (2001). "교육개혁과 정책의 책무성 : 국민의 정부 교육개혁정책의 평가와 책무성 확보 방안." 「한국행정연구」 10(2).

김수경. (2013). "이명박 정부의 고등교육재정지원 정책 분석." 「교육재정경제연구」 22(1).

김신복. (2003). "OECD와 우리나라의 교육개혁." 「OECD FOCUS」 2003.1.

김안나. (2005). "5·31 교육개혁 이후의 한국 고등교육정책의 변화와 쟁점." 「교육정치학연구」 12(1).

김영삼. (1992). 「2000 신한국」. 서울 : 동광출판사.

김영석. (2007). "5·31 교육개혁의 추진 과정에 대한 분석 및 평가." 「미래 교육개혁의 방향과 정책기조 마련을 위한 토론회」. 사단법인 한국교육연구네트워크.

김영철. (2009). 「고등교육의 보편화」. 한국교육개발원 한국교육정책 성공사례 시리즈.

김용일. (2001). 「위험한 실험. 교육개혁의 정치학」. 서울 : 문음사.

김종엽. (1999). "국민의 정부 고등교육개혁 비판." 「경제와 사회」 43.

김홍원 · 김갑성. (2005). 「교육갈등 현황 및 정책 과제」. 서울 : 경제인문사회연구회.

김화진. (1999). "대학에 대한 국가의 재정지원과 배분의 정책방향." 「대학교육」 제87호.

김흥주. (2003). "지방교육자치제도 재구조화 정책." 한국교육개발원, 「2002 한국교육평론」.

대통령자문 교육개혁위원회. (1995, 1996, 1997). 「세계화 · 정보화시대를 주도하는 신교육체제 수립을 위한 교육개혁방안」. 제1차, 제2차, 제3차, 제4차 보고서.

————————. (1996). 「신교육체제수립을 위한 교육개혁보고서」. 교육개혁위원회.

————————. (1998). 「한국교육개혁백서」.

대통령자문 새교육공동체위원회. (1999). 「21세기 지식기반사회를 대비한 국가발전 전략과 교육개혁」. 교육개혁대토론회. 1999.5.11.

대한민국정부. (1998). 「국민과 함께 내일을 연다 : 국민의 정부 경제 청사진」.

민경찬. (2015). "우리는 지금 무엇을 추구하고 있는가?" 「무한경쟁에서 개성존중의 시대로」. 동아일보 교육심포지엄. 2015.2.10.

민교협 외. (2005). 「5·31 교육개혁안 10년, 한국교육의 오늘과 내일」. 국회헌정기념관.

박도순 외. (2007). 「한국 교육개혁의 평가와 대안 탐색 연구」. 서울 : 교육인적자원부.

박세일. (2008). 「대한민국국가전략」. 21세기북스.

———. (2010a). 「창조적 세계화론」. 서울대학교 출판문화원.

———. (2010b). "5·31 교육개혁과 향후 교육개혁의 방향." 대한민국 교육정책 : 과거 · 현재 · 미래 – 5·31 교육개혁 평가와 미래교육의 비전 · 전략.

———. (2013). 「선진통일전략」. 21세기북스.

박정수. (2010). "5·31 이후 교육개혁의 전개와 향후 과제." 대한민국 교육정책 : 과거 · 현재 · 미래 – 5·31 교육개혁 평가와 미래교육의 비전 · 전략.

변기용. (2009). "대학 자율화 정책의 쟁점과 대안 : 5·31 교육개혁 이후의 '시장적' 대학자율화 논의를 중심으로." 「교육정치학연구」 16(1).

서정화. (2010). "교육개혁의 주요 현황과 평가." 대한민국 교육정책 : 과거 · 현재 · 미래 – 5·31 교육개혁 평가와 미래교육의 비전 · 전략.

서정화 · 김지희. (2013). "교육개혁 자문기구의 평가와 과제." 한국교육개발원 *Issue Paper* 第8호.

성기옥. (1997). "열린교육을 생각해 봅시다." 「'열린교육' 교원 일반연수–원격영상강의 교재」. 서울 : 한국방송통신대학교 평생교육원.

성태제. (2015). "평가와 선발제도, 바꾸어야 한다." 「무한경쟁에서 개성존중의 시대로」 동아일보 교육심포지엄. 2015.2.10.

세계화추진위원회. (1998). 「세계화백서」.

손병길. (2009). 「교육정보화」. 한국교육개발원 한국교육정책 성공사례 시리즈.

송호근. (1997) "배제적 민주화(exclusive democratization)와 유보된 이중전환(dual transition)." 최장집 · 임현진 (공편). 「한국사회와 민주주의 : 한국 민주화 10년의 평가와 반성」. 서울 : 나남출판.

———. (2015). "시민교육, 더 이상 늦출 수 없다." 「무한경쟁에서 개성존중의 시대로」 동아일보 교육심포지엄. 2015.2.10.

신현석. (2000). 「한국의 교육개혁정책」. 서울 : 학지사.

———. (2003). "국민의 정부 교육개혁 평가." 「교육문제연구」 18.

———. (2005). "교육개혁의 이념과 철학 : 교육개혁 10년의 반성과 과제." 「교육정치학연구」 12(1).

심규선. (2015). "교육개혁기구를 강력히 원하는 이유." 동아일보. 2015.2.16.

안병영. (1989). "국가 · 관료제 그리고 국민 : 억압발전관료제에서 복지관료제로." 「계간 사상」 창간호.

———. (1993). "김영삼 개혁의 성격." 「신동아」 1993년 11월호.

———. (1998a). "한국교육 50년의 회고와 전망." 「교육체제의 구조조정 방안」. 정부수립 50주년 기념 제1차 교육개혁 대토론회. 한국교육개발원.

———. (1998b). "세계화의 도전과 민주주의." 「사회과학논집」 29.
———. (1998c). "세계화를 다시 생각하는 이유." 「계간 사상」 39(4).
———. (1999). "세계화와 국가역할의 변화." 「계간 사상」 42(3).
———. (2000). "21세기 국가역할의 변화와 국정관리." 「계간 사상」 44(1).
———. (2001). "장관의 교체와 정책의 일관성 : 정책연속성 확보를 위한 시론." 「한국행정연구」 10(4).
———. (2003). "한국 장관의 역할, 유형, 그리고 정책영향력." 「사회과학논집」.
———. (2008a). "2008 대학입학제도 개선안의 정책과정." 오석홍 외 공저 「행정개혁실천론」. 서울 : 법문사.
———. (2008b). "체험적 장관론." 전상인 · 정범모 · 김형국(공편). 「배움과 한국인의 삶」. 나남.
———. (2010). "한국교육의 수월성과 형평성을 위하여." 「사회과학논집」.
———. (2011). "전인교육과 교육정책." 「전인교육」. 제3권.
———. (2013). "EBS 수능과 관련하여 기억해야 될 이야기들"(기조연설), 「교육복지 실현 : EBS 수능강의의 성과와 발전방향」 2013.10.15. 한국교육방송공사.
———. (2014). "장관의 철학과 혁신 – 〈EBS 수능〉의 출범(1997)과 인터넷 확대과정(2004)을 중심으로." 서울대학교 행정대학원 제51회 국가리더십 포럼. 2014.2.19.
———. (2015). "21세기 새로운 한국, 교육에서 길을 찾자." 「무한경쟁에서 개성 존중의 시대로」. 동아일보 교육심포지엄. 2015.2.10.
안병영 · 김인희. (2009). 「교육복지정책론」. 서울 : 다산출판사.
안선회. (2013). "국민 모두의 행복을 위한 교육개혁." 「계간 민주」 6.
양재진 외. (2008). 「사회정책의 제3의 길」. 서울 : 백산서당.
양정호 · 김지희. (2012). "대통령 자문 교육개혁위원에 대한 연구." 「교육정치학연구」 19(2).
이돈희. (1997). "열린교육의 방향과 과제." 「교육개혁 2주년 기념 열린교육 심포지엄」. 열린교육학회.
이무근. (2004). "준칙주의에 의한 대학설립의 실상." 「대학교육」 132호.

이미화 외. (2013). 「한국형 유아교육 · 보육 발전 로드맵 연구」. 서울 : 육아정책연구소.

이병남. (2014). 「경영은 사람이다」. 서울 : 김영사.

이병환. (2002). "신자유주의 교육개혁의 성격과 평가." 「한국교육」 29(2).

이상진. (2008). 「국가발전전략과 교육정책」. 한국교육개발원 한국교육정책 성공사례 시리즈.

이영탁 · 정기오 · 정본근. (1999). 「지식기반경제를 위한 교육혁명」. 서울 : 삼성경제연구소.

이일용. (2005). "초·중등분야 교육개혁 10년의 성과와 과제. 「교육정치학연구」 12(1).

이종재 외. (2010). 「한국교육 60년」. 서울 : 서울대학교 출판문화원.

이주호 외. (2011). 「인재대국 : 이명박 정부의 교육과학기술정책」. 서울 : 한국경제신문사.

이태정. (2001). "학부제와 대학교육의 파행." 「규제연구」 10(1).

임천순 외. (2005). 「교육개혁 10년의 성과와 과제」. 한국교육정치학회.

장명림. (2013). "유아교육 발전 방향 및 차기정부의 정책 과제." 「육아정책포럼」 34.

장명림 · 황성은 · 김미나. (2012). 「2013~2017 유아교육 중장기 발전 방향」. 서울 : 육아정책연구소.

장수명. (2009). "5·31 대학정책 분석 : 규제완화를 중심으로." 「동향과 전망」 77.

전영평. (2014). "장관의 철학과 혁신 – 〈EBS 수능〉의 출범(1997)과 인터넷 확대과정(2004)을 중심으로." 서울대학교 행정대학원 제51회 국가리더십포럼. 2014.2.19.

정광필. (2015). "학교 현장에서 본 시민교육의 역동성." 「무한경쟁에서 개성 존중의 시대로」. 동아일보 교육심포지엄. 2015.2.10.

정기오. (2003). 「인적자원개발 관점의 초·중등, 고등, 평생 교육 혁신방안 연구」. 인적자원정책개발연구 2003-2. 교육인적자원부.

정기오 · 엄기형. (2004). "5·31 교육개혁 이후의 교육개혁 정책과정 분석연구." 교육인적자원부 교육정책연구과제 보고서.

정범모. (2012). 「다시 생각해야 할 한국교육의 신화」. 서울 : 학지사.

정성무. (2013). "ICT 발전에 따른 교육정보화 정책의 변화." 「2013 교육정보화백서」. 한국교육학술정보원.

정일용. (2012). "핀란드 교육의 특징과 교육혁신이 성공요인." 「세계교육정책 인포메이션」 11호. 한국교육개발원 교육정책네트워크 연구실.

정진곤. (1997). "열린교육의 발전과정." 「열린교육의 이론과 교수방법」. 서울 : 한국방송통신대학교 평생교육원.

정진상. (2005) "국립대 구조개혁의 방향과 과제." 「5·31 교육개혁안 10년, 한국교육의 오늘과 내일」. 민교협 외.

조성종. (1998). "교육정보화의 정책과 과제." 「교육월보」 '98.1.

주경복. (2005). "대학, 고등교육 그리고 학술연구 제도의 혁신을 위한 종합적 정책방향." 「5·31 교육개혁안 10년, 한국교육의 오늘과 내일」. 민교협 외.

주재현. (2008). 「정책과정론」. 서울 : 대영문화사.

최재성. (2005). 「대학설립준칙주의 10년, 오늘과 내일」. 국회교육위원회.

최태호. (2012). "한국의 '방과후교육' 정책 : 정책변동의 관점." 한국교원대학교 박사학위논문.

하연섭. (2005). 「지식 · 정보화 사회와 교육의 미래」. 21세기 한국 메가트렌드 시리즈 Ⅲ. 과천 : 정보통신정책연구원.

———. (2006). "정책아이디어와 제도변화 : 우리나라에서 신자유주의의 해석과 적용을 중심으로." 「행정논총」 44(4).

———. (2007). "스승과 제자, 부총리와 정책보좌관." 현강 안병영교수 정년기념 수필집 「큰 스승 현강 안병영」. 서울 : 백산서당.

———. (2008). "인적자원개발정책의 비교 분석 : 생산레짐이론을 중심으로." 「행정논총」 46(2).

———. (2011). 「제도분석 : 이론과 쟁점」. 제2판. 서울 : 다산출판사.

———. (2012). "지위경쟁과 사교육비 대책." 서울대학교 행정대학원 정책과 지식 포럼 발표 논문.

———. (2014). "잦은 교육개혁, 거래비용 고려해야." 「새교육」 2014년 9월호.

하연섭 · 김병주 · 나민주 · 류장수 · 박경호 · 이정미 · 장덕호. (2013). 「고등교육 재정지원사업 현황 분석 및 추진계획 수립 연구 : 대학 교육역량강화 사업 등 재정지원사업을 중심으로」. 서울 : 한국대학교육협의회.

하연섭 · 김이경 · 박동열 · 배상훈 · 이영 · 최상덕. (2012). 「중장기 교육 발전 방안에 관한 연구」. 교육과학기술부 정책연구과제 보고서.

하연섭 · 주재현 · 강민아 · 나태준 · 장지호. (2006). 「사회의사결정구조 개선방안 연구」. 대통령자문 정책기획위원회.

한국교육개발원. 「교육통계연보」. 각 연도.

한국대학신문. 「특별기획」 2014.06.01; 2014.06.09; 2014.06.16.

한만길 외. (2007). 「5·31 교육개혁의 성과와 과제」. 서울 : 대통령자문 교육혁신위원회.

한만중. (2007). "5·31 교육개혁 조치와 한국의 교육." 「미래 교육개혁의 방향과 정책기조마련을 위한 토론회」. 사단법인 한국교육연구네트워크.

한반도선진화재단 교육개혁패널 편. (2007). 「대한민국 교육개혁의 선진화 구상과 실천」. 서울: 한반도선진화재단.

한숭희. (2005). "문민정부 교육개혁과 평생교육 정책의 방향." 「교육정치학연구」 12(1).

———. (2010). 「평생교육정책」. 한국교육개발원 한국교육정책 성공사례 시리즈.

한용진. (2015). "어떤 인재와 인간이 필요한가." 「무한경쟁에서 개성 존중의 시대로」. 동아일보 교육심포지엄. 2015.2.10.

한유경. (1997). "신교육체제와 교육재정 : 문제와 개선방향." 「한국행정연구」 6(1).

———. (2003). "단위학교 자율화 정책 : 단위학교 책임 경영제를 중심으로." 한국교육개발원, 「2002 한국교육평론」.

한준상. (2005). 「국가과외 : 누가 한국교육을 죽이는가」. 서울 : 학지사.

함수곤. (2003). "제7차 교육과정의 도입과 시행." 한국교육개발원, 「2002 한국교육평론」.

EBS수능강의백서발간편집위원회. (2004). 「Open! e-러닝시대」. 김영사.

Bae, Seong-Geun. (2002). "Incorporating Alternative Schools into the Public School System in South Korea: A Case Study of Changes at Two Alternative Schools since Government Approval." Ph.D. Dissertation. The Florida State University.

Boyer, Robert. (1990). "The Convergence Hypothesis Revisited: Globalization But Still the Century of Nations?" in S. Berger and R. Dore (eds.). *National Diversity and Global Capitalism*. Ithaca: Cornell University Press.

Brown, Phillip, Hugh Lauder, and David Ashton. (2011). *The Global Auction: The Broken Promises of Education, Jobs, and Incomes*. Oxford: Oxford University Press.

Cox, Robert. (1997). "Structural Issues of Global Governance: Implications for Europe." in R. Falk and T. Szenies (eds.). *A New Europe in the Changing Global System*. Tokyo: United Nations University Press.

Crouch, Colin, David Finegold, and Mark Sako. (2001). *Are Skills the Answer? The Political Economy of Skill Creation in Advanced Industrial Countries*. New York: Oxford University Press.

Diamond, Larry J. (1994). "Toward Democratic Consolidation." *Journal of Democracy* 5(3).

Estevez-Abe, Margarita, Torben Iversen, and David Soskice. (2001). "Social Protection and the Formation of Skills: A Reinterpretation of the Welfare State." in Peter A. Hall and David Soskice (eds.). *Varieties of Capitalism: The Institutional Foundations of Comparative Advantage*. New York: Oxford University Press.

Giddens, Anthony. (1994). *Beyond Left and Right: The Future of Radical Politics*. Stanford: Stanford University Press.

————————. (1998). *The Third Way: The Renewal of Social Democracy*. Cambridge: Polity Press.

OECD. (2006). "Reviews of Regulatory Reform: KOREA." *Progress in Implementing Regulatory Reform*. Paris: OECD.

Ha, Yeonseob, Jaehyun Joo, Minah Kang, T. J. Lah, and Jiho Jang. (2009). "Social Conflicts and Policy-Making in Korea: Interpretation of Policy Failures Through a Public Discourse Perspective." *International Review of Administrative Sciences* 75(4).

Held, David. (1987). *Models of Democracy*. Stanford: Stanford University Press.

Hirsch, Fred. (1976). *Social Limits to Growth*. London: Routledge & Kegan Paul.

Huber, Evelyne, Dietrich Rueschemeyer, and John D. Stephens. (1997). "The Paradoxes of Contemporary Democracy: Formal, Participatory, and Social Dimensions." *Comparative Politics* 29(3).

Huntington, Samuel. (1991). *The Third Wave: Democratization in the Late Twentieth Century*. Norman: University of Oklahoma Press.

Iversen, Torben. (2005). *Capitalism, Democracy and Welfare: The Changing Nature of Production, Elections, and Social Protection in Modern Capitalism*. Cambridge, MA: Harvard University Press.

Iversen, Torben and David Soskice. (2001). "An Asset Theory of Social Policy Preferences." *American Political Science Review* 95(4).

Knapper, Christopher K. and Arthur J. Cropley. (2000). *Lifelong Learning in Higher Education*. 3rd ed., London: Kogan Page.

Kuhn, Thomas. S. (2012). *The Structure of Scientific Revolutions*. 4th ed., Chicago: Univeristy of Chicago Press.

Lee, Dongjin. (2005). "Globalization and South Korean Educational Reform in the Mid-1990s." Ph.D. Dissertation, The Florida State University.

Martin, Hans-Peter and H. Schuman. (1998). *Die Globalisierungsgefalle: Der Angriff auf Demokratie und Wohlstand*. Rowald.

Moon, Chung-In and Jonryn Mo. (1999). "The Kim Young-Sam Government: Its Legacies and Prospects for Governance in South Korea." in Moon and Mo (eds.). *Democratization and Globalization in Korea: Assessments and Prospects*. Seoul: Yonsei University Press.

Morel, Nathalie, Bruno Palier, and Joakim Palme. (2012). "Beyond the Welfare State as We Knew It?" in Nathalie Morel, Bruno Palier, and Joakim Palme (eds.), *Towards a Social Investment Welfare State? Ideas, Policies and Challenges*. Bristol: The Policy Press.

O'Donnell, Guillermo. (1993). "On the State, Democratization and Some Conceptual Problems: A Latin American View with Glances at Some Postcommunist Countries." *World Development* 21(8).

Ostrom, Elinor. (1990). *Governing the Commons: The Evolution of Institutions for Collective Action*. New York: Cambridge University Press.

Park, Se-Il. (2000). *Managing Education Reform. Lessons from the Korean Experience: 1995-97*. Seoul: Korea Development Institute.

Reich, Robert. (1991). *The Work of Nations: Preparing Ourselves for 21st-Century Capitalism*. New York: Vintage Books.

Rieger, E. and S. Keibfried. (1998). "Welfare State Limits to Globalization." *Politics and Society* 26(3).

Rifkin, Jeremy. (2014). 「한계비용 제로사회(*The Zero Marginal Cost Society*)」. 안진환 옮김. 서울 : 민음사.

Schlesinger, Jr., (1997). "Has Democracy a Future?" *Foreign Affairs* 76(5).

Schmidt, Vivien A. (2002). *The Futures of European Capitalism*. New York: Oxford University Press.

Schmidt, Vivien A. and Claudio M. Radaelli. (2004). "Policy Change and Discourse in Europe: Conceptual and Methodological Issues." *West European Politics* 27(2).

Schmitter, Philippe C. and O' Donnell, Guillermo. (1986). *Transitions from Authoritarian Rule: Tentative Conclusions about Uncertain Democracies*. Baltimore: The Johns Hopkins University Press.

Tedesco, Juan Carlos. (1997). *The New Educational Pact-Education, Competitiveness and Citizenship in Modern Society*. UNESCO International Bureau of Education.

Tiebout, Charles. (1956). "A Pure Theory of Local Expenditures." *Journal of Political Economy* 64.

Tyack, David and Larry Cuban. (2011). 「학교 없는 교육개혁 : 유토피아를 꿈꾼 미국 교육개혁 100년사」. 권창욱 · 박대권 옮김. 서울 : 럭스미디어.

Williamson, John (ed.). (1994). *The Political Economy of Policy Reform*. Washington, D.C.: Institute for International Economics.

인터뷰 대상자 명단

〈교육개혁위원회〉

- 이명현(제1기 교개위 상임위원, 후에 교육부 장관)
- 문용린(제2기 교개위 상임위원, 후에 교육부 장관)
- 이돈희(제1, 2기 교개위 위원, 후에 교육부 장관)
- 최충옥(제1기 교개위 상임 전문위원, 현 경기대학교 교수)
- 강충열(제1, 2기 교개위 전문위원, 현 교원대학교 교수)
- 강인수(제1기 교개위 전문위원, 현 수원대학교 부총장)
- 이원영(제2기 교개위 위원, 현 중앙대학교 명예교수)
- 성기옥(제2기 교개위 전문위원, 현 세계화교육문화재단 회장)
- 이원근, 정일용(교개위 사무국, 후에 교육부 국장)

〈대통령비서실〉

- 김정남(당시 청와대 사회교육문화 수석)
- 박세일(제1기 교개위 위원, 후에 청와대 정책기획 및 사회복지 수석)
- 김광조, 정기오, 김남일(청와대 행정관, 후에 교육부 국장, 차관보)

〈교육부〉

- 서남수(주무 과장, 후에 교육부 장관)
- 이영탁(차관), 서범석(차관), 김영식(차관), 이종서(차관)
- 조성종, 신진기, 구관서, 박경재, 김경회, 정기언(이상 주무 과장, 후에 실장, 차관보)
- 김정기, 이승무, 김규태, 김익로(이상 장관 비서실, 후에 차관보, 국장, 과장)
- 김준형(행정정보담당관, 현 경희사이버대학 교수)

〈전문가〉

- 신현석(고려대학교 교육학과 교수)
- 한유경(이화여자대학교 교육학과 교수)
- 장덕호(상명대학교 교육학과 교수)
- 정성무(교육학술정보원 수석연구위원)

찾아보기

ㅇ

ㅈ

〔저 자 소 개〕

안병영은 연세대학교 정치외교학과와 서울대학교 행정대학원을 졸업하고 오스트리아 빈(Wien) 대학교에서 정치학 박사학위를 받았다. 한국외국어대학교(1972~1975)를 거쳐 연세대학교 행정학과(1975~2007)에서 교수로 재직했고, 한국행정학회장(1991), 한국사회과학연구협의회장(1998~2000)을 역임했다. 교육부 장관(1995.12.~1997.8.)과 부총리 겸 교육인적자원부 장관(2003.12.~2005.1.)으로 국정에 참여했다. 저서로 「현대 공산주의 연구」, 「자유민주주의를 위한 변론」, 「자유와 평등의 변증법」, 「왜 오스트리아 모델인가」를 비롯해, 공저로 「한국정치론」, 「한국의 공공부문」, 「교육복지정책론」 등이 있다. 한국 교육에 대한 공헌을 인정받아 2014년에는 '인촌상' (교육부문)을 수상한 바 있다.

하연섭은 연세대학교 행정학과를 졸업하고 미국 인디애나대학교에서 행정학 석사와 정책학 박사 학위를 취득했으며, 현재 연세대학교 행정학과 교수로 재직 중이다. 재무행정, 제도분석, 비교정책, 교육정책이 주요 관심분야이며, 저서로 「정부예산과 재무행정」, 「제도분석: 이론과 쟁점」, 「재정학의 이해」 등이 있으며, 이 중 「제도분석: 이론과 쟁점」은 중국어로 번역되어 2014년 12월에 중국 인민대학 출판사에서 출간되었다. 교육부총리 정책보좌관(2004.2.~2005.1.)을 역임했으며, 한국행정학회 학술상, 연세학술상 등을 수상한 바 있다.

5·31 교육개혁 그리고 20년

2015년 5월 20일 제1판 1쇄 발행
2017년 10월 30일 제1판 3쇄 발행

저 자 안 병 영 · 하 연 섭
발행인 강 희 일 · 박 은 자

발행처 다 산 출 판 사

서울특별시 마포구 용강동 494 - 85
등 록 1979. 6. 5. 제 3-86 호(윤)
전 화 717-3661~2, 718-1751~2
FAX 716-9945
조 판 민 하 디 지 탈 아 트

정가 25,000원 파본은 바꾸어 드립니다.

http://www.dasanbooks.co.kr

ISBN 978-89-7110-484-2 93370